高等院校"十三五"经管专业实训实践教材

人力资源诊断与决策实训教程

奚国泉　徐国华　主　编

印文郁　陈　明
汪　峥　徐林海　副主编

上海财经大学出版社

图书在版编目(CIP)数据

人力资源诊断与决策实训教程/奚国泉,徐国华主编.—上海:上海财经大学出版社,2016.11

(高等院校"十三五"经管专业实训实践教材)

ISBN 978-7-5642-2500-1/F·2500

Ⅰ.①人… Ⅱ.①奚…②徐… Ⅲ.①企业管理-劳动力资源-资源管理-高等学校-教材 Ⅳ.①F272.92

中国版本图书馆 CIP 数据核字(2016)第 160962 号

□ 责任编辑 刘 兵
□ 封面设计 钱宇辰

RENLI ZIYUAN ZHENDUAN YU JUECE SHIXUN JIAOCHENG

人力资源诊断与决策实训教程

奚国泉 徐国华 主 编
印文郁 陈 明 副主编
汪 峥 徐林海

上海财经大学出版社出版发行
(上海市武东路 321 号乙 邮编 200434)
网 址:http://www.sufep.com
电子邮箱:webmaster @ sufep.com
全国新华书店经销
上海景条印刷有限公司印刷装订
2016 年 11 月第 1 版 2016 年 11 月第 1 次印刷

787mm×1092mm 1/16 16.25 印张 416 千字
定价:48.00 元

编委会

主　编：奚国泉　徐国华

副主编：印文郁　陈　明　汪　峥　徐林海

前　言

人是生产诸要素中最重要的因素，人也是企业各种资源中最宝贵的资源，因而企业活力的源泉在于企业中的全体员工，员工素质的高低决定了企业的盛衰。企业人力资源管理诊断与决策是管理咨询人员通过对企业人力资源管理诸环节的运行、实施的实际状况和管理效果进行调查评估，分析人力资源管理工作的性质、特点和存在的问题，提出合理的改革方案以使企业人力资源管理工作达到"人"与"事"的动态适应性目的的一种管理活动。可见，人力资源管理诊断与决策过程应视为帮助企业人力资源管理人员做出改进工作、提高管理效率、开发和引导人力资源的有效途径。

人力资源管理诊断与决策的作用一方面体现在诊断人员能凭自己丰富的管理知识优势，较为迅速地帮助企业发现人力资源管理工作中存在的问题，提高管理水平；另一方面，通过人力资源管理诊断活动，可以使企业管理者与诊断人员双方的实践经验和知识技能得以交流，有利于提高企业管理者的经营能力。

《人力资源管理诊断与决策实训教程》一书以企业战略管理理论为基础，系统阐述了企业人力资源战略、组织与工作设计、员工流动管理、培训与开发、绩效管理、薪酬福利管理、企业文化七大关键领域的诊断与决策的理论和原理，根据人才培养目标，精心编写相关企业典型案例。通过案例分析，开展企业经营诊断与决策的实训。教材采用定性分析和量化分析相结合的方法，从问题的剖析、问卷调查的设计、诊断指标体系的构建、数据采集和数据分析、诊断结论到决策方案设计与制定，环环相扣地问题分析、方案设计和决策练习，培养学生企业经营诊断的分析能力与决策能力。

以往我国各大院校开设的人力资源管理诊断与决策课程或人力资源管理咨询课程的教科书是以理论教学为主的教材体系，而本课程的实质是人力资源管理类理论课程的延续，是一门具有综合性、实践性特征的专业能力拓展性课程。我校结合全国"十三五"高等教育规划中的创新创业教育的发展要求，进行了人力资源管理诊断与决策的实验实践需求分析，联合奥派公司开发了人力资源管理诊断与决策实验软件，便于开展人力资源管理诊断与决策仿真训练和实践活动。《人力资源管理诊断与决策实训教程》一书对原理的介绍深入浅出，实训结合软件采用实验室仿真模拟训练或社会实践的方法，实操性极强。本书也可独立应用于课程的课堂教学。

《人力资源管理诊断与决策实训教程》的编写得到了南京财经大学、兄弟院校和相关技术企业的大力支持，参加编写的人员有蔡娟、李湾湾、吴海兵、刘志铭、马卫东、林振洲、刘飒，在此一并感谢。《人力资源管理诊断与决策实训教程》的编写是一项教学创新活动，书中可能有一些不完善或不成熟的地方，我们希望加强合作，为培养具有创新创业能力的人才而共同努力。

南京财经大学
奚国泉
2016 年 7 月

目 录

前言/1

第一章　人力资源诊断与决策概论/1
第一节　人力资源诊断与决策的概念/1
第二节　人力资源诊断与决策的理论研究/4
第三节　人力资源诊断与决策的基本方法与技术/6
第四节　人力资源诊断与决策的支持系统/10

第二章　人力资源诊断与决策流程与方法/13
第一节　人力资源诊断与决策的前期准备/14
第二节　人力资源诊断与决策的过程管理/16
第三节　人力资源诊断与决策的后期总结/19
第四节　人力资源诊断与决策的方法/20

第三章　人力资源诊断与决策的项目管理/26
第一节　人力资源诊断与决策项目管理的概念和特征/26
第二节　人力资源诊断与决策项目生命期管理/28
第三节　人力资源诊断与决策项目质量管理/30
第四节　人力资源诊断与决策项目的成本管理/35

第四章　人力资源战略诊断与决策/38
第一节　人力资源战略诊断与决策原理/38
第二节　人力资源战略实训/49
第三节　人力资源战略实验操作/57

第五章　组织与工作设计诊断与决策/75
第一节　组织与工作设计诊断与决策原理/75
第二节　组织与工作设计实训/87
第三节　组织与工作设计实验操作/96

第六章　人力资源流动管理诊断与决策/108
　　第一节　人力资源流动管理诊断与决策原理/108
　　第二节　人力资源流动管理实训/120
　　第三节　人力资源流动管理实验操作/127

第七章　人力资源培训与开发、诊断与决策/139
　　第一节　人力资源培训与开发、诊断与决策原理/139
　　第二节　人力资源培训与开发实训/149
　　第三节　人力资源培训与开发实验操作/157

第八章　人力资源绩效管理诊断与决策/170
　　第一节　人力资源绩效管理诊断与决策原理/170
　　第二节　人力资源绩效管理实训/182
　　第三节　人力资源绩效管理实验操作/188

第九章　人力资源薪酬福利管理诊断与决策/201
　　第一节　人力资源薪酬福利管理诊断与决策原理/201
　　第二节　人力资源薪酬福利管理实训/209
　　第三节　人力资源薪酬福利管理实验操作/214

第十章　企业文化诊断与决策/227
　　第一节　企业文化诊断与决策原理/227
　　第二节　企业文化实训/234
　　第三节　企业文化实验操作/240

参考文献/250

第一章

人力资源诊断与决策概论

第一节 人力资源诊断与决策的概念

一、人力资源诊断的概念

人力资源诊断是在了解企业某一情况的基础上，对其呈现的状况进行分析、做出判断、提出相应的改善或解决意见的一个过程。一般而言，对人力资源进行诊断包括两个基本层面的含义：一是对组织人力资源情况本身的诊断分析，二是对组织人力资源管理体系优劣的诊断。而这两个诊断层面的终极价值归属在于组织人力资源价值的提升。因此，可以从以下两方面对人力资源诊断的本质进行界定和分析：第一方面，对人力资源本身诊断，是对企业或部门的各种人力资源情况，包括人员的数量、年龄比例、性别比例、专业结构、学历、能力结构和层次等各方面进行分析和判断。其目的是了解组织现有人力资源的基本状况，判断现有的状况是否能够满足企业的需要，适应和推动企业的发展。第二方面，对人力资源管理体系的诊断，即主要对企业内部人力资源管理机制和系统，包括组织结构、职位体系、能力管理体系、绩效管理体系和薪酬管理体系进行分析和判断。其主要目的在于了解企业现有人力资源管理体系的状况，判断这个体系是否合理，能否有效组织和督促员工，最大限度地激励员工，发挥个人的能力，为企业的发展贡献才智和能力。

人力资源诊断是人力资源管理中理论性与实践性比较强的分支领域，诊断模型的建构与实施，是人力资源诊断的重要环节。其中最为典型的是美国著名运筹学家匹兹堡大学教授萨蒂（T. L. Saaty）建立的层次分析模型。其诊断方法主要是将定性评价与定量分析相结合，把复杂问题分解为若干层次，在层次上将人们的主观判断数量化。层次分析假定层次之间存在一定的递进结构，从高到低或从低到高，建立层次结构模型，其前提是对所分析的问题进行层次划分，然后建立判断矩阵，将不同层次的元素两两比较，是定性过渡到定量分析的重要环节。因此，在复杂的人力资源诊断中，都必须通过层次分析法进行诊断，由此得出人力资源的现状及问题，进而为改进人力资源现状和提升人力资源效率提供参考依据。

在确定了人力资源诊断的核心内容和层次体系之后，就要为人力资源诊断价值的回归与实现提供基础，因此，人力资源诊断是为企业"把脉"，它能洞悉企业的人力资源本身和人力资源管理体系的实际情况，即企业的"实有情况"，另一方面，根据企业的战略目标和发展计划，结合企业的自身特点以及现有的软硬件条件和人力资源条件，根据诊断结果勾勒出一幅应有的企业和企业人力资源发展图景。由此实现诊断价值："将实有情况与应有情况进行比较，根据现有条件提出改善和提高的意见。简言之,人力资源诊断的价值在于发现差距,找出不足,提出意见"。

二、人力资源决策的概念

决策是人类社会自古就有的活动,决策科学化肇始于20世纪初。第二次世界大战以后,决策研究在吸收了行为科学、系统理论、运筹学、计算机科学等多门科学成果的基础上,结合决策实践,到20世纪60年代形成了一门专门研究和探索人们做出正确决策规律的科学——决策学。决策学研究决策的范畴、概念、结构、决策原则、决策程序、决策方法、决策组织等,并探索这些理论与方法的应用规律。随着决策理论与方法研究的深入与发展,决策渗透到社会经济、生活各个领域,尤其应用在企业经营活动中,进而产生了经营管理决策。

人力资源的诊断为人力资源的决策提供了依据,而说到人力资源的决策就必须说到它的起源——西蒙的满意决策理论。从逻辑上讲,完全理性追求的是最优决策,有限理性追求的是满意决策。西蒙正是在有限理性的基础上提出了满意型决策的概念。相对于完全理性的"经济人",西蒙提出了有限理性的"管理人"。西蒙将"经济人"与"管理人"两者进行了对比:"经济人寻找最优决策,而管理人只寻找满意决策。"西蒙指出,不同于旨在与现实世界一切复杂要素打交道的经济人,管理人感知的世界只是纷繁复杂的现实世界的极度简化模型,只考虑少数几个最攸关也最关键的情境要素。"因为管理者追求'满意'而不是'最优',所以他们在做出抉择之前,不需要考察所有可能的行为方案。"这样,"管理人只用相对简单的经验法则,对思维能力不提过高要求就能够制定决策。"在现实中,或者是受人类行为的非理性方面的限制,或者是最优选择的信息条件不可能得到满足,或者是在无限接近最优的过程中极大地增加决策成本而得不偿失,最优决策是难以实现的。因此,西蒙提出用满意型决策代替最优型决策。

在西蒙看来,满意型决策只需要满足两个条件即可:一是有相应的最低满意标准,二是策略选择能够超过最低满意标准。在现实决策中,"遵循满意决策可以解决如下两个问题:选定决策方案之前,不必探索所有可能的代替方案,也没有必要对所有方案一一排队,而只需找到符合或超过目标值的方案即可;对于多目标的决策,只需找到能达到或超过所有目标值的方案即可决策,而不必把所有目标都划为单一目标值。"西蒙在研究国际象棋与人工智能的关系时发现,有经验的棋手下棋时通常只考虑几步有意义并符合基本常理的少数棋路。棋手对所走的步骤,按照有可能获胜的经验估计,通过试探,受到启发,寻找接近答案的某种满意方案,即进行启发式搜索,而不是漫无目的地瞎找。这种启发式搜索实质上是在下棋策略中放弃"寻求最优"而代之以"寻求满意"。受此启发,西蒙认为,在现实决策中的问题求解与此是极为类似的。问题求解往往是在极为巨大的问题空间中进行有选择的搜索,特别是如果选择的初始条件没有给予决策者,则决策者必须进行启发式搜索以缩小求解空间。启发式搜索会趋向于将搜索导入有可能解决问题的区域,这也就意味着选择不是由问题的客观特征所唯一确定的,而是取决于用来达成决策的启发式过程。当然,这种启发式搜索机制是在存储于人类长期记忆中的丰富信息背景下活动的。另外,这种启发式搜索必须立足于寻求满意的前提基础,因为寻求最优对于搜索而言很可能是一件无法做到的事,寻求满意则等于假设存在影响决策者对他找到的选择进行判断的某种期望,一旦他发现了一种选项满足他的期望水平,就会终止搜索,选中该选项。换句话说,在极为巨大的问题空间中搜索极小一部分后就能够发现满意解。显然,问题求解的这些理论适合于有限理性的理论框架。问题形式中的实际决策过程和有限理性理论是接近一致的,从这个意义上来说,有限理性其实是"将不可解决策问题转换为可解决策问题"。正因为如此,西蒙认为,满意决策和启发式搜索这两种概念对于有限理性的刻画起到了核心作用,他也将有限理性的一般特征视作是在满意决策和启发式搜索等已经成为一系列基础共识上的综合。反之,借助于满意决策和启发式搜索这两个概念,将极大加深人们对有限理性的理解。

三、人力资源诊断与决策的关系与内容

人力资源决策也是基于有限理性,人力资源诊断提供的大量资源,为人力资源决策提供了一个参考基础。而在进行人力资源诊断的过程中,提出的意见就已经将相关决策包含其中,因而笔者认为,人力资源诊断与决策应作为一个整体去考虑,人力资源诊断包含决策,人力资源决策需要依据人力资源诊断,相辅相成。

人力资源诊断与决策的内容主要为以下六个方面。

(一)修订、制定企业人力资源规划

许多大中型企业在深入开展人力资源集约化管理,这要求有完善的、强有力的人力资源规划作为基础;规划目标值要做到及时滚动修订;分析企业组织机构设置和人员编制;配备人员的来源、素质条件;专业技能与岗位相匹配。特别要做好企业人力资源用工总量现状分析,分别按用工形式、年龄结构、文化程度、技能等级、技术水平、收入水平等多口径多维度进行数据分析,计算当前人工成本和劳动生产率,预测未来人力资源相应数据指标。

(二)分析优化企业劳动组织

分析优化企业劳动组织应从优化组织结构编制管理入手,根据企业上级主管部门组织结构要求,进一步规范企业内部组织机构的设立和调整程序。检查企业员工编制、级别、职数是否符合规定标准等情况。再核检员工岗位管理情况,包括岗位管理制度建设、岗位设立程序、工作标准体系建设、信息系统中岗位信息规范、岗位职责是否明确、上岗人员是否符合岗位任职条件等情况。再检测企业员工定员管理,包括定员管理制度建设和落实、建立劳动定员设备台账,按新定员标准是否存在超员、结构性缺员,制定消纳超员措施、解决结构性缺员等情况。

(三)分析劳动用工管理现状

一是对近2~3年的新员工综合能力进行全面分析,分析分配培训、使用、流失、培养情况,是否做到人岗匹配,检查一线岗位工作年限落实情况。梳理劳动用工合同管理情况,包括劳动合同管理制度的建立,合同订立、变更、解除、终止是否规范,签订合同用工与其他用工之间的结构关系等情况。二是对劳务派遣用工管理进行分析诊断,梳理检查是否存在计划外使用劳务派遣用工,派遣岗位分布情况,适用岗位分析,派遣机构依法合规情况等;规范用工做法、是否建立统一的劳务派遣机构准入条件、下一步规范劳务派遣用工的措施等现状。三是对其他用工形式的用工情况也要进行全盘摸底分析。

(四)分析修订绩效管理考核办法指标

绩效管理办法的有效性和绩效管理考核指标的适用性,对提升企业各级管理人员和员工的效能有着至关重要的作用。一是对根据企业发展实际和上级主管单位有关绩效管理的部署要求,分析修订企业绩效管理办法,修订企业负责人业绩考核指标。检测企业绩效管理组织体系建立和运转效能,加强企业负责人业绩考核制度建设、完善关键业绩指标体系完善、业绩考核责任书签订、业绩考核看板监控、考核结果分级和各级别比例。二是企业全员绩效考核指标。在分析修订企业全员绩效管理实施办法的基础上,进一步落实宣贯新内容新办法,应着重根据岗位变化和人员业务流转变化,修订岗位绩效合约考核具体指标,签订全员绩效合约,加

强管理机关"目标任务制"考核、一线班组"工作积分制"考核,建立各级绩效看板监控、考核结果分级和各级别比例、员工年度绩效等级积分制度执行,以及考核结果应用等情况。三是分析以往考勤管理数据及应用情况。修订企业考勤管理办法,开展考勤管理专项检查落实工作,严格日常考勤执行、强化考勤结果应用、建立考勤工作定期检查督导制度,以及对在册不在岗、不在岗领薪等人员的排查排除情况。

（五）分析诊断员工教育培训

分析诊断员工教育培训应从评估员工教育培训工作效果入手,评估工作也要分别从员工受训第一反应评估和员工所在岗位负责人对受训员工岗位能力表现实践评估两个角度开展,才能全面反映培训效果,分析找出效果偏差原因,制定改进措施,修订相应制约培训效果的制度条款,完善培训管理制度和各项考核机制,整合优化培训资源,改善培训设施建设,进一步严格培训班和学员的管理,优化提升内部培训师队伍结构和能力水平,充足培训经费的来源等情况。加快企业人才队伍培训、培养和使用。

（六）分析人力资源信息化运用效率

目前,许多大中型企业人力资源工作均已上线,实现了集约化、自动化和信息化,在线监测功能日益强大,为推进企业人力资源管理起到了强大的助推作用,其中自动化系统运行维护应用检测工作则显得特别重要和繁重。分析人力资源信息化运用效率则要全面分析检测企业员工是否全部纳入信息系统管控,数据信息维护现状是否及时、准确、完整,统计分析人力资源信息统计结果应用效果等情况。根据未来企业人力资源全面数值指标,提前完善人力资源信息化系统,做好人力资源全面保障工作,提升人力资源工作效能。

第二节 人力资源诊断与决策的理论研究

一、人力资源管理研究的兴起与发展

20世纪50年代初至60年代初,是人力资源管理的萌芽阶段。"人力资源"一词是由当代著名的管理学家彼得·F.德鲁克(Peter F. Drucker)于1954年在其《管理的实践》一书中首次提出,而E.怀特·巴克(E. Wight Bakke)在1958年发表了《人力资源功能》一书,详细阐述了有关管理人力资源的问题,他们认识到人力资源管理活动建立在企业中的每一个个体都是有价值的资源这一理念基础之上。20世纪70年代到80年代是人力资源管理的发展时期,比尔、弗鲁姆、沃顿、莱格等研究了人力资源管理与组织、文化的关系,人力资源管理的体系和内容逐步完善。20世纪90年代以后的研究向具体化发展,从员工招聘、发展、绩效、薪酬等方面的具体研究日益深入并与实践相结合。20世纪80年代,人力资源管理的概念从西方传入我国,20世纪90年代中期开始日益受到我国学术界和企业界的重视,众多学者把西方理论与中国特殊国情相结合,在方法研究与实证分析方面都取得了一定的成果。

二、企业诊断研究的国内外发展状况

企业诊断起源于20世纪30年代的美国,称为管理咨询。其后,一些人以经营顾问身份为企业生产部门提供咨询服务,这标志着企业诊断的真正开始。在现代科学技术不断进步、社会大生产发展迅猛、经营管理作用日益增大的新形势下,企业即使拥有雄厚的资金、先进的技术装备、熟练的工人,如果不能相应地提高经营管理水平,也难免在日益激烈的竞争中被淘汰。

为了企业的生存与发展,企业经营者们迫切要求借助专门的技术、管理人才,帮助他们改善经营管理,以提高生产效率、降低生产成本,这就促使企业诊断这门科学的应运而生。第二次世界大战以后各种新兴科学方法与技术的应用使企业诊断技术出现了质的提高。在诊断方法上主要有以下研究成果:

(一)人工诊断方法

这是最常见的传统诊断方法。咨询公司首先派一些调查人员对企业现状进行调研,在获取大量企业相关信息之后,对各种数据资料进行统计,然后将统计结果交给相关的专家或专家组对企业的各种进程做出诊断。该方法受到专家经验和一些复杂数值的限制。

(二)基于知识的诊断方法

这是随着人工智能的兴起以及计算机科学的迅猛发展而出现的新方法,是基于"症状·故障"这样一种因果模式进行推理的,结果偏于封闭和模糊。

(三)基于模型的诊断方法

将企业抽象为一个可以计算化的模型,通过该模型可将被诊断系统的内部结构和行为等方面的深层知识应用于企业诊断中,提供更可靠的诊断结果,但计算量过大。

我国的企业诊断起源于 20 世纪 80 年代的机械工业部,90 年代演化为质量诊断和体系认证并出现了相应的咨询机构,后来才发展到企业财务系统、人力资源系统等的企业全面诊断方法。

三、人力资源诊断与决策的方法与技术的理论发展

中国企业的现代人力资源管理比发达国家起步要晚 30～40 年。现在所用的人力资源管理理论、技术和方法基本上是学习和模仿西方发达国家的。目前,国内学者在人力资源诊断与决策的方法上,主要的研究成果有:林泽炎博士在其人力资源管理丛书(《理论导师》《诊断专家》《制度创建》)中说明了如何诊断中国企业人力资源管理现状。赵曙明教授在舒斯特教授关于人力资源指数研究的基础上,根据中国企业的实际情况重新设计了一套符合中国国情的人力资源管理测评系统;并已经在中国 10 多个城市近 100 家企业进行了调查研究,研究成果分别在《管理世界》《中国工业经济》《世界经济与政治》等中文核心刊物上发表。中国人民大学的彭剑锋教授等根据其对中国数十家企业提供人力资源管理咨询的经验,提出了提升企业战略能力的人力资源管理模型,该模型的核心在于形成"战略—组织—人力资源"的传导机制,并通过企业的任职资格提升、组织变革来有效支撑企业的战略转型,使企业实现战略目标的能力获得全面提升。中国人民大学的文跃然教授在研究国内外资源战略理论的基础上,提出了对企业的竞争力和可持续发展能力进行评价和诊断的 GREP 模型。该模型提出,企业的竞争力可以通过企业的治理结构(Governance)、企业的资源(Resource)、企业的企业家(Enterpriser)和企业的产品与服务(Product & Service)四个方面来进行评价。通过将企业的战略目标按照 GREP 的结构来进行分解,最终得出人力资源管理各个方面需要改进的要点。如果这个过程可逆,就可以通过改进与 GREP 相关的人力资源管理的工作,获得企业的竞争力的提升,从而增强企业的竞争优势。佟天佑在其著作《人力资源动态诊断手册》中,提出了议论文式结构的系统诊断流程,并汇总了人力资源诊断可采取的方法:调查问卷法、量表检查法、面谈沟通法、统计分析法、图像描绘法。王佑在《像咨询顾问一样思考》中,提出"万变不离其宗:管理咨询也有方法论"。提出了管理咨询的方法和原则——以假设为前提,以事实为依据,进行结构化的论证;还总结了管理咨询的流程——问题的描述、问题的分解、问题的规划、信息收集、分析论

证、提出建议、方案展示。总体来说,我国企业人力资源管理方面的理论、技术与方法大多是模仿借鉴学习西方的先进理论;企业诊断尤其是企业人力资源诊断与决策在中国尚处于起步阶段,人力资源诊断与决策的方法与技术尚不系统、不全面。

人力资源诊断与决策是将现代企业人力资源管理理论与方法和企业诊断理论与方法相结合而产生的新兴学科领域,其主要实现途径是把企业诊断的科学方法与技术做相应的修改后应用于人力资源诊断与决策,使其适应人力资源诊断与决策的需要。在传统管理向现代化管理过渡以后,各种新的科学方法和技术,如运筹学、系统工程、价值工程、网络分析以及电子计算机应用技术等,在企业人力资源诊断与决策中得到广泛应用并促进了其发展。主要有以下几类方法:

1. 专家咨询法

组织有关领域的专家,运用专业方面的知识和经验,通过直接归纳、综合分析与科学研究,提出咨询方案的方法。专家研讨咨询的形式主要有:头脑风暴法、哥顿法、缺点列举法、希望列举法等。

2. 系统分析诊断法

美国兰德公司对系统分析所下的定义是,系统分析是一种研究方略,它能在不确定的情况下,通过对问题的充分调查,找出其目标和各种可行方案,并通过直觉和判断,对这些方案的结果进行比较,帮助决策者在复杂问题中做出最佳科学决策。

3. 预测咨询法

对咨询课题的未来发展趋势、发展结果的推断和估计,为科学决策提供依据的咨询方法。从本质上讲,预测方法就是根据决策目标的要求,研究实现这一目标的过程中,将要出现哪些影响因素,指出在不同条件下的发展结果,并尽可能提供各种可供选择的对策。该法数量很多。根据美国斯坦福国际研究所的资料,总共有150多种,广泛使用的有31种,经常使用的有12种;最常见的有德尔菲法、主观概率法和关联树法等。

4. 问题树

在咨询过程中从最初的假设开始分岔为每一个问题,然后对每一个问题进行再分岔,最终形成的一种树状图。

5. 鱼骨图解法

鱼骨图解法由日本东京大学的伊什卡瓦教授首创,它原来是质量管理中专门用于分析质量问题原因的方法;目前主要用于寻找所有可能导致某一问题的原因。

6. 价值树法

对管理人员进行绩效考核时所使用的树状图:可以从数量上测量各相关因素对指标的影响程度,可以帮助抓住主要矛盾或者更有说服力地评价绩效。

7. 多因素评分法

将某些问题从一定角度划分为多种因素的综合,按照每一种因素的重要性确定不同的评分标准,再按照各种因素的影响程度确定其评分等级,然后将所得分数相加,得出对问题的总体评价。

第三节　人力资源诊断与决策的基本方法与技术

要对企业人力资源管理进行科学的诊断,科学、合理的方法与技术就必不可少。目前我国学术界关于人力资源诊断与决策方法的研究和论述基本上集中在具体的方法上,而缺少方法论意义上的归纳与总结。在下文中,笔者将使用北京大学袁方教授主编的《社会研究方法教程》中关于社会研究方法的分类法,将企业人力资源诊断与决策的方法做简单的分层次、分类别的阐述,包括方法论、研究方式和具体方法与技术。

一、人力资源诊断与决策的方法论

方法论主要探讨研究的基本假设、逻辑、原则、规则、程序等问题,它是指导研究的一般思想方法或哲学。也就是说,研究必须以一定的理论和方法论为指导。企业人力资源诊断与决策中,主要采用实证方法把握企业人力资源管理现状,并用数量分析来发现企业人力资源管理的规律,进而改善企业人力资源管理。企业人力资源诊断与决策的方法论相关的知识,主要是管理的人性假设和企业人力资源诊断与决策的相关学科的基础方法。

(一)管理的人性假设

各种管理思想都涉及一个贯穿管理始终的核心问题,即对人的管理和管理中的人,管理者在其管理活动中,无法回避对人性或人的基本看法这个根本问题,它是我们管理思想及理论得以建立的逻辑点。在马克思看来,人性是自然属性、社会属性和思维属性的综合体。不同环境下,不同的人性假设,推演出不同的管理理念。在经济人假设下,如泰勒所指出那样,把人视为一头牛,采用"胡萝卜加大棒"的方法管理工人。在社会人假设下,大力改善工作气氛,建立良好的人际关系,实行有人情味的管理。在自我实现人的假设下,必须是工作本身能满足职工的兴趣爱好,使员工在工作中取得成就,满足其自尊和自我实现的需要。在复杂人假设下,相应的是权变理论的观点,作为领导者就得适人、适地、适时地提出相应的管理措施。按照儒家的思想,则认为是"管理之道,归于用人",管理最根本的东西,都可以归结为两个字:用人。人是管理的中心,用人是管理之道中起关键作用的因素。孟子把人性的特质看作天生的,提出性善论,"恻隐之心,人皆有之;羞恶之心,人皆有之;恭敬之心,人皆有之;是非之心,人皆有之"(《孟子·告子上》);并认为仁义礼智是人的本性,并在仁义礼智这些道德基础上提出"仁政"。管理者应该依人所具有的善良本性去推行管理,要把"恻隐之心"推广运用到全部管理活动中,做到"老吾老,以及人之老;幼吾幼,以及人之幼",倘若管理者自己能努力培养和扩充人性中的"善端",就一定能形成"乐民之乐者,民亦乐其乐;忧民之忧者,民亦忧其忧"的良好社会氛围,被管理者就会与管理者趋向同一,整个人类的善良本性自然会长存不灭,管理者的管理工作就"可运于掌上"了。荀子主张性恶论,"人之性恶,其善者伪也"(《荀子·性恶》),他认为人的生理本能、人的天生的情欲是人之本性,如果按照人性的发展,就争夺不已,因而需要礼仪教化,主张通过以"隆礼重法"为主要内容的"王政"。人性的本能只有采用某些外在强制性的手段对"恶"的人性进行"伪",即人为加工改造,由恶变善,"化性起伪",人性才会表现出"善"。总体来看,人性善与人性恶的问题是中国传统管理人性论讨论的中心问题。孟子的性善论意在说明管理的合理性,从而论证了被管理者接受管理层行为规范的可能性。荀子的性恶论意在说明管理的必然性,从而论证了管理层对被管理者行为进行约束的必要性。

(二)人力资源诊断与决策相关学科的方法

运筹学是企业诊断初期普遍采用的工作法则,运筹学强调在从事一项工作之前,要经过反复的讨论和论证,以确定其目的;然后制定一个效果衡量指标,对不同的方案评估其达到目标的程度,从中选择最优方案。系统论是企业诊断的指导思想。奥地利生物学家贝塔朗菲于20世纪30年代论述了一般系统论原则,指出"我们提出一门称为一般系统论的新学科,这是逻辑和数学的领域,它的任务是确立适应各种系统的一般原则"。根据他的原则,系统论的主要内容包括整体观点、科学知识的整体化、自然界的统一性、重视人的因素。现代数学是企业诊断的基本工具。数学方法是运用数学所提供的理论和方法,对研究对象进行定量的分析、描述、推导和计算,从而从量的关系上精确地揭示被研究对象的发展变化规律。人力资源诊断与决策是现代咨询,尤其是企业诊断的重要组成部分,现代咨询的理论基础同样适用于人力资源诊断与决策。由于企业人力资源管理本身就牵涉多个领域、学科,涉及管理学、心理学、统计学等。一般来说,进行企业人力资源诊断与决策需要掌握以下几方面知识:①关于人的心理、行为及其本性的一些认识;②心理、行为测评及其分析技术,即测什么、怎么测、效果如何等;③职务分析和岗位评价技术,即了解工作内容、责任者、工作岗位、工作时间、怎么操作、为什么做等方面的技术。

二、人力资源诊断与决策的研究方式

研究方式是指贯穿于研究全过程的程序和操作方式,它表明研究的主要手段与步骤。研究方式包括研究方法与研究设计类型。

（一）研究方法

研究方法表明研究的实施过程和操作方式的主要特征,它由一些具体的方法所组成,但是它不等同于在研究的某一阶段中使用的具体方法。区分研究方法的主要标准是:①资料的类型;②收集资料的途径或方法;③分析资料的手段和技术。根据这些,标准研究方法主要可以分为统计调查研究、实地研究、实验研究和文献研究。

统计调查研究。统计调查的资料是由直接调查得来的资料,主要通过自然状态下的直接询问、观察或者由被调查者本人填写得来的。研究者事先根据研究假设确定好要了解每一个调查对象的哪些属性和特征,并规定了统一的记录格式,这样,所调查到的每个个案的情况都可以在统一的资料格式中汇总起来。这种研究方式在人力资源诊断与决策中应用非常广泛。

实地研究。实地研究是不带假设直接到社会生活中去收集资料（对于人力资源诊断与决策主要是直接到企业中）,然后依靠研究者诊断者本人的理解和抽象从经验资料中概括出一般性的结论。实地研究也常常被称为个案研究或参与观察。

实验研究。实验是自然科学的主要方法,它最适用于解释现象之间的因果关系。由实验法收集的数据资料是精确量度的,能反映出调查对象的细微差异。

文献研究。文献研究侧重从历史资料中发掘事实和证据。文献研究的特点在于它不直接与研究对象接触,不会产生由于这种接触对研究对象的"干扰",因而不会造成资料的失真。在人力资源诊断与决策中这种研究方式也很常用,如可以通过各种报表、工作日志等文献资料发现企业存在的问题。

（二）研究设计类型

1. 探索性研究、描述性研究和解释性研究

从研究目的来说,可以分为探索性研究、描述性研究和解释性研究。探索性研究是对研究的现象或问题进行初步了解,以获得初步的印象和感性认识,同时为今后更周全、更深入的研究提供基础和方向的研究类型。描述性研究是对社会现象的状况、过程和特征进行客观、准确的描述,即描述社会现象是什么,它是如何发展的,它的特点和性质是什么。解释性研究的主要目的是说明社会现象的原因,预测事物的发展趋势或后果、探寻现象之间的因果联系,从而揭示现象为什么产生、为什么变化。在企业人力资源诊断与决策流程中,前期类似于探索性研

究，重在把握企业人力资源管理的大体情况；接着进行类似于描述性研究的研究，把握人力资源管理的现状；后期类似于解释性研究，对企业现状进行解释，发现企业疾病发生原因，揭示企业系统的各个组成部分的关系，预测企业的发展趋势，在此基础上才能对企业进行有针对性的治疗。

2. 横剖研究和纵贯研究

从研究的时间尺度上可分为横剖研究与纵贯研究两种类型。横剖研究是在某一个时间点对研究对象进行横断面的研究。优点是调查面广、多半采用统计调查的方式、资料的格式比较统一且来源相同，因而可对各种类型的研究对象进行描述和比较，但资料的深度和广度较差。纵贯研究是在不同时点或较长的时期内观察和研究社会现象，其包括三种类型：趋势研究、同期群研究和追踪研究。

（三）分析方法

资料整理。原始资料通常是粗糙、杂乱的，虽然代表着事物的某种特征，但是它们本身不能深刻揭示事物或者现象的本质。资料整理是对收集到的原始数据进行检查、分类和简化，使之系统化、条理化，为进一步分析提供条件的过程。资料整理是资料收集工作的继续，也是我们进行资料分析的前提。

统计分析法。我们既可以对企业人力资源管理部门提供的有关报表用数理统计方法分析综合，揭示某方面的变动趋势；也可以对调查问卷进行统计分析。常用的统计方法有单变量统计描述（变量的分布、集中趋势分析、离中趋势分析），双变量统计分析（列联表、相关分析、方差分析、回归分析），统计推论（参数估计与假设检验等）。由于统计分析手段较客观，所得出的数据也较有说服力。同时，对于统计结果的解释，还要与定性资料相结合，并参考其他分析方法所得到的结果。

图像描绘法。企业人力资源诊断与决策的目的在于改善人力资源管理状况，最终需通过诊断人员、企业管理者和全体员工三方共同努力，促进企业的发展。因此，诊断人员将分析结果加以量化成图像，让全体人员参观，并听取诊断人员的解释和评论。显然，用这种方法所取得的效果比刻板的说教更易于让员工理解，也较容易获得他们的支持。相反，大量的文字和数据则往往使人不知所措，因而缺乏说服力。统计分析法和图像描绘法通常是结合在一起使用的，这样容易做到更加通俗易懂，而且说服力更强。常用的图形有柱状图、饼图、散点图、折线图等。近十几年来，随着计算机的飞速发展和普及，人们借助计算机来解决数据处理和分析问题方面的能力有了极大的提高。

（四）分析模型

1. PEST 分析。通过对政治、经济、社会、技术四个方面展开分析，是对企业外部的宏观环境因素进行的分析。

2. SWOT 分析。综合考虑企业内部条件（S 是指企业的内部优势，W 是指企业内部劣势）和外部环境（O 是指企业外部环境的机会，T 是指外部环境的威胁）的各种要素而进行最佳战略选择的方法。

3. 7-S 模型。20 世纪 80 年代由麦肯锡公司开发用来分析高业绩组织的一种方法。7-S 是指结构、战略、系统、风格、员工、专长、共有价值观。

4. 关键成功因素。Hofer 和 Schendel 于 1977 在《战略表达：分析概念》中提出关键成功因素——企业在特定市场中获取利润必须拥有的技能和资源。

5. 人力资源指数法。由美国佛罗里达大西洋管理学院教授弗雷里克·舒斯特博士于

1977年设计(其概念由李克特在20世纪60年代从事人力资源统计时提出),主要用于企业自上而下沟通的气氛调查,可以用于评估员工的态度、满意度和对组织目标所做的贡献,准确地找出特别麻烦的症结和需要集中考虑的问题,并为开辟双向沟通和组织发展奠定有益的基础。

6. 平衡计分卡。罗伯特·卡普兰的平衡计分卡理论被《哈佛商业评论》评为75年来最具影响力的管理学说。平衡计分卡起源于20世纪90年代的美国,哈佛商学院的罗伯特·卡普兰和大卫·诺顿在90年代后期经过与绩效测评方面处于领先地位的12家公司进行了为期一年的项目研究,发明了"平衡计分卡测评法"。随着工业社会向信息社会的转变,传统的以财务指标为主的业绩管理方法并不全面,公司必须通过在客户、供应商、员工、企业流程、技术和革新等方面的投资,获得持续发展的动力。因此,公司应从学习与成长、业务流程、顾客、财务四个角度审视自身业绩;通过引入学习与成长、业务流程、顾客三套绩效测评指标来补充财务测评指标。

第四节　人力资源诊断与决策的支持系统

随着信息技术的发展和经济全球化趋势的加快,企业信息化的普及程度越来越高,但是,管理信息系统只是尽可能及时全面地提供信息和数据,使我们的工作做得更快、更高效,却不能辅助我们做出决策。决策支持系统是一个科学的工具,它能够通过分析已有数据,运用各种模型进行分析,为企业提供数据分析和决策支持,提升企业运行效率,节约人力成本,提高信息利用率,减少决策失误,从而提高企业的经营利润,保证企业持续、高效、稳步的发展。

一、决策支持系统理论在国外的发展和应用

决策支持系统是在计算机用于管理的过程中逐渐产生的,具体发展过程如下。

(一)20世纪50年代到60年代数据处理(Data Proeessing)阶段

在这一时期,计算机主要用于记账性的数据处理,数据处理是电子计算机应用中最广泛的领域,约占70%。人们当时主要考虑的是提高工作的效率,降低人工的费用,减轻工作的负担。数据处理的数量和应用的范围能够体现一个国家现代化水平的高低。

(二)20世纪60年代到70年代管理信息系统(MIS)阶段

20世纪60年代,数据处理在各领域应用成功,随之而来的是美国、英国等兴起的对管理信息系统的研究。建立管理信息系统的设想是由Gallamher提出的,其基本思想就是了解系统中信息处理的实际情况,然后在这个基础上合理地改善信息处理的组织方式与技术手段。管理信息系统是一门新的学科,产生比较晚,其理论体系依然处于发展和完善的过程中。研究者从应用数学、决策理论、计算机科学与技术、运筹学、管理理论等相关学科中抽取相关的理论,构成管理信息系统的理论基础,使它成为一个有着鲜明特色的边缘性、交叉性学科。

(三)20世纪70年代中期:运筹学应用期,要对决策的设计与抉择阶段进行支持,需要面向模型的系统

当时,管理学科领域中已经广泛地使用了运筹学的方法进行优化管理,因此,运筹学的模型逐渐进化成决策支持系统,形成了面向数据和模型互相结合的决策支持系统。但是,运筹学的模型具有很强的刚性,只有当模型十分准确地反映实际情况时,它的优化结果才是正确的。

(四)20世纪70年代末到80年代中期:决策支持系统(DSS)集成阶段

集成期决策支持系统是在总结前十年的决策支持研究与应用的基础上,进一步发展为高

层综合决策服务的集成化的决策支持系统。在这之前,决策支持系统没有提供给决策者及决策本身要求相互匹配的支持,假如没有提供给决策者熟悉的表达,而决策者往往不得不去处理不熟悉的概念与表示,这样就难以真正实现支持决策的目的。美国社会系统公司的 SIMPLAN 系统,主要是由计划、数据库管理、预测模型和经济计量模拟这 4 个子系统集成的,不仅可以支持用户进行公司的长期计划、财务预测、投资计算等多种决策,还能依靠自身的模型化系统为用户提供定义具体问题和建立模型的语言,大大提高了决策支持的适应性(沈旅欧,2004)。

(五)20 世纪 80 年代至今:智能决策支持系统(IDSS)阶段

这个阶段的决策支持技术有了很大的提高,不仅应用了模型技术,还集成了数据仓库、数据挖掘等商业智能技术,完善了决策支持技术的体系结构,在处理信息方面也有了很大的提高。决策支持系统(Decisions Support System),记为 DSS,是 20 世纪 70 年代由麻省理工学院 Micheal Scott Morton 首先提出来的。1971 年 Scott Morton 在《管理决策系统》一书中首次提出了"决策支持系统"的概念,指出了计算机对于决策支持的作用。他研究了计算机和分析模型如何辅助管理人员制定决策,并开发了测试系统"Management Decision System"(MihirPari 等,2001)。决策支持系统不同于传统的管理信息系统,早期的管理信息系统主要为管理者提供预定的报告,而 DSS 则是在人和计算机交互的过程中帮助决策者探索可能的方案,为管理者提供决策所需的信息。

从决策支持系统的构架发展来说,20 世纪 70 年代是决策支持系统的初级发展阶段。许多人开始研究 DSS,大部分人认为,DSS 就是交互式的计算机系统,大多由模型库、数据库及人机交互系统三个部件组成(Martin. D 等,1986)。20 世纪 80 年代,DSS 得到了迅速发展。1980 年,Sprague 提出了决策支持系统三部件结构:人机对话部件、数据部件、模型部件。该结构形式为决策支持系统的发展起到了很大的推动作用。后来又增加了知识库,构成了三库或四库系统,模型库的出现是决策支持系统区别于管理信息系统的主要标志(Liang. T 等,1985)。1990 年以后,Billxnmon 和 Ralph Kimball 积极推崇使用关系数据库技术建立决策支持系统,即建立数据驱动的决策支持系统(Steven Alter,2004),这便是现在十分流行的数据仓库的前身。在国外,决策支持系统的应用越来越广泛,新的研究所、学术团体和各种学术刊物不断出现(Traci J.等,2000)。人们越来越重视决策支持系统,不仅在学术和科研上有了很大进展,而且在社会科学和经济学的应用上,也取得了长足的进步(李春生等,2009)。

二、决策支持系统理论在国内的发展和应用

从 20 世纪 80 年代中期开始,我国的决策支持系统研究和开发也开始逐步开展起来,但从长远的观点来看,我国的决策支持系统的研究仍然处于初级阶段,各种理论和体系还不健全。随着政府和社会对决策支持系统的重视,近几年发展也比较迅速,各领域内的研究正在如火如荼地展开。我国虽然起步较晚,但是因为需求比较大,所以在各领域内也都有了不少成果。就目前的研究情况来看,我国的 DSS 与开发还存在着如下一些主要问题(杨乃定,李怀祖,2004):①理论研究薄弱,软件研究比模型研究差,而心理学和决策科学的研究又比软件研究差。②开发的组织结构与应用不相适应,很多 DSS 开发与决策研究相脱离,与使用单位的内外部环境和用户需求存在较大的差异。③DSS 没能支持决策的全过程,有些只能支持到规划,缺少监测和反馈,不能使系统形成闭环,难以使计划"滚动"。

以上这些问题,有些是在 DSS 刚开始出现就随之而来的,其中有的在国外已得到了解决,

有的至今仍然存在；而有些问题是由于起步阶段经验缺乏所致。只有我们充分认识了这些问题和困难，才能在以后的开发应用中借鉴别人成功的经验，吸取别人失败的教训，使开发工作少走弯路(Jun Tiana等,2007)。

三、目前决策支持系统的应用领域

目前决策支持系统已应用于许多领域，在企业应用较多的是在客户关系管理(CRM)和供应链管理等系统上。以下列举了决策支持系统在各领域的具体应用方向。

(一)零售业

1. 预测：对需求进行预测，根据预测结果更好地管理库存。

2. 营销：对顾客数据进行分析，从而不仅了解卖掉了什么，同时了解"谁"买了什么，实现由消费者"拉"动的营销。

3. 产品销售模式：某种产品的销售特点，不同产品之间的关联关系，作为进货和商店布局的参考。

(二)保险业

1. 理赔分析：根据险种、保单持有人、理赔类型以及其他特征分析理赔趋势，以确定准备金的数量，理赔分析可以帮助识别保险欺诈。

2. 顾客利润率分析：分别按不同的品种、不同的地区、不同的代理人、不同的客户群的服务成本和所得到的收益进行量化分析，找出利润率差异的原因，以利开发新品种、对于已有品种进行客户化改进并识别能带来高利润率的顾客。

3. 客户价值分析：顾客利润率不是评价顾客对于保险公司价值的唯一指标，也许一个顾客具备在将来购买高利润率保险产品的潜力，也许会成为很好的高利润率顾客的介绍人，因此要考虑顾客在与保险公司打交道的整个过程中的价值。

4. 风险分析：了解引入新险种和发展新客户的风险。识别高风险客户群和能带来机会的客户群，减少理赔频率。

(三)金融和证券业

1. 顾客利润率分析：了解各个顾客在当前和长远的利润率，尽量提高对于高价值顾客的销售，减少用于低价值顾客的成本。

2. 信用管理：了解各种产品的信用状况，建立不同顾客群的信用模式，及早帮助顾客避免信用问题的发生，预测信用政策变化所产生的影响，减少信用损失。

(四)电信业

1. 用户划分：分析用户使用电信产品的历史数据，进行用户呼叫行为分析，提供个性化服务和有效的激励手段。

2. 需求分析：分析用户各种产品使用及其花费数据，深入了解顾客对于新产品服务的需求，对于通信网络投资、定价和竞争性进行分析。

第 二 章

人力资源诊断与决策流程与方法

进行人力资源诊断与决策,需要遵循一定的流程;并且在诊断的不同阶段,应该有侧重点地采用合适的诊断方法。企业人力资源诊断与决策流程分为三大部分:前期准备、过程管理、后期总结(如图2-1所示)。

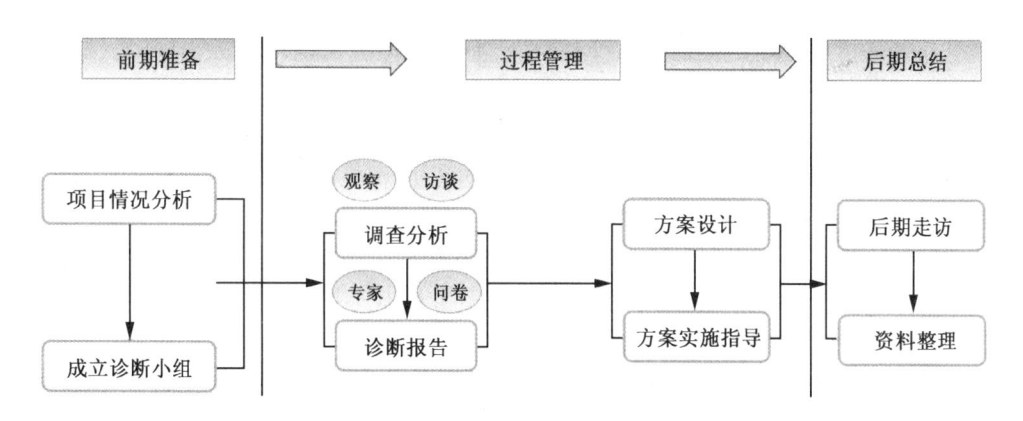

图 2-1 企业人力资源诊断与决策流程

在确定诊断项目阶段,首先要制订项目计划。项目计划是指导项目执行和项目控制的一份正式批准的文件。它将被用于指导项目的实施,为进度测定和项目控制提供基准计划,并有利于项目中人与人之间的沟通。项目计划的第一步就是要明确项目目标,实施项目的预期结果,它可能是一种预期的产品,也可能是一项服务。项目计划书包括非常丰富的内容,如项目总结、财务说明和现金流预测、工作说明、范围说明、综合进度计划、预算和成本控制系统、项目组织计划、项目人事计划、变更控制系统、风险评估等。

在确定诊断项目阶段,一般来说,所经历的时间较短,在人力、物力和财力的投入上也相对较少,但在资源的投入上已明显超过了项目的概念阶段。在这一阶段的工作中,仍然体现出以"智力劳动"为主的性质。在确定项目阶段,就是用图和文字的形式来规定如何执行、描绘未来标的物及项目目标的性质,这一阶段从整体上已决定着项目目标的性质。

项目的实施就是一种追求这种目标的过程,因此项目目标的界定要在所诊断公司与诊断项目组之间达成一致,而且必须明确、具体、切实可行。

第一节　人力资源诊断与决策的前期准备

一、项目情况分析

每个企业所要面临的问题千差万别,在项目情况分析阶段,我们需要对企业做一个整体性的分析。任何企业的经营活动,都是在市场中进行的,而市场又受国家的政治、经济、技术、社会文化的限定与影响。所以,企业从事生产经营活动,必须从环境的研究与分析开始。企业环境是指与企业生产经营有关的所有因素的总和,可以分为外部环境和内部环境两大类。企业外部环境是影响企业生存和发展各种外部因素的总和;企业内部环境又称企业内部条件,是企业内部物质和文化因素的总和。企业与环境之间存在着密切的联系。一方面,环境是企业赖以生存的基础。企业经营的一切要素都要从外部环境中获取,如人力、材料、能源、资金、技术、信息等,没有这些要素,企业就无法进行生产经营活动。同时,企业的产品也必须通过外部市场进行营销,没有市场,企业的产品就无法得到社会承认,企业也就无法生存和发展。同时,环境能给企业带来机遇,也会造成威胁。问题在于企业如何去认识环境、把握机遇、避开威胁。另一方面,企业是一种具有活力的社会组织,它并不是只能被动地为环境所支配,而是在适应环境的同时也对环境产生影响,推动社会进步和经济繁荣。企业与环境之间的基本关系,是在局部与整体的基本架构之下的相互依存和互动的动态平衡关系。因此,企业必须研究环境,主动适应环境,在环境中求得生存和发展。

企业外部环境又分为宏观环境和微观环境两个层次。宏观环境因素包括政治环境、经济环境、技术环境、社会文化环境。这些因素对企业及其微观环境的影响力较大,一般都是通过微观环境对企业间接产生影响的。微观环境因素,包括市场需求、竞争环境、资源环境等,涉及行业性质、竞争者状况、消费者、供应商、中间商及其他社会利益集团等多种因素,这些因素会直接影响企业的生产经营活动。

(一) 宏观环境分析

宏观环境一般包括四类因素,即政治、经济、技术、社会文化,简称 PEST(Political, Economic, Social, Technological)。另外还有自然环境,即一家企业所在地区或市场的地理、气候、资源分布、生态环境等因素。由于自然环境各因素的变化速度较慢,企业较易应对,因而不作为重点研究对象。

1. 政治环境:是指那些影响和制约企业的政治要素和法律系统,以及其运行状态。具体包括国家政治制度、政治军事形势、方针政策、法律法令法规及执法体系等因素。在稳定的政治环境中,企业能够通过公平竞争获取正当权益,得以生存和发展。国家的政策法规对企业生产经营活动具有控制、调节作用,相同的政策法规给不同的企业可能会带来不同的机会或制约。

2. 经济环境:是指构成企业生存和发展的社会经济状况及国家的经济政策。具体包括社会经济制度、经济结构、宏观经济政策、经济发展水平以及未来的经济走势等。其中,重点分析的内容有宏观经济形势、行业经济环境、市场及其竞争状况。衡量经济环境的指标有:国民生产总值、国民收入、就业水平、物价水平、消费支出分配规模、国际收支状况,以及利率、通货供应量、政府支出、汇率等国家财政货币政策。

3. 技术环境:是指与本企业有关的科学技术现有水平、发展趋势和发展速度,以及国家科技体制、科技政策等。如科技研究的领域、科技成果的门类分布及先进程度、科技研究与开发的实力等。在知识经济兴起和科技迅速发展的情况下,技术环境对企业的影响可能是创造性的,也可能是破坏性的,企业必须预见这些新技术带来的变化,采取相应的措施予以应对。

4. 社会文化环境:是指企业所处地区的社会结构、风俗习惯、宗教信仰、价值观念、行为规范、生活方式、文化水平、人口规模与地理分布等因素的形成与变动。社会文化环境对企业的生产经营有着潜移默化的影响,如文化水平会影响人们的需求层次;风俗习惯和宗教信仰可能抵制或禁止企业某些活动的进行;人口规模与地理分布会影响产品的社会需求与消费等。

(二)微观环境分析

微观环境是企业生存与发展的具体环境。与宏观环境相比微观环境因素更能够直接地给一个企业提供更为有用的信息,同时也更容易被企业所识别。

企业内部环境包括企业的物质环境和文化环境。它反映了企业所拥有的客观物质条件和工作状况以及企业的综合能力,是企业系统运转的内部基础。因此,企业内部环境分析也可称为企业内部条件分析,其目的在于掌握企业实力现状,找出影响企业生产经营的关键因素,辨别企业的优势和劣势,以便寻找外部发展机会,确定企业战略。如果说外部环境给企业提供了可以利用的机会,那么内部条件则是抓住和利用这种机会的关键。只有在内外环境都适宜的情况下,企业才能健康发展。

1. 企业资源分析。企业的任何活动都需要借助一定的资源来进行,企业资源的拥有和利用情况决定其活动的效率和规模。企业资源包括人、财、物、技术、信息等,可分为有形资源和无形资源两大类。

2. 企业文化分析。企业文化分析主要是分析企业文化的现状、特点以及它对企业活动的影响。企业文化是企业战略制定与成功实施的重要条件和手段,它与企业内部物质条件共同组成了企业的内部约束力量,是企业环境分析的重要内容。

3. 企业能力分析。企业能力是指企业有效地利用资源的能力。拥有资源不一定能有效运用,因而企业有效地利用资源的能力就成为企业内部条件分析的重要因素。

二、成立诊断小组

在成立诊断小组阶段,我们必须首先明确人力资源诊断与决策的基本原则:统筹全局,尊重现状,全员参与,稳中有变、逐步推进。

(一)统筹全局

"虑及全局、辩证施医"原理,是指企业人力资源诊断必须对一切与人力资源开发和管理有关的子系统状况进行全面的相关分析,例如分析企业的产品构成、核心优势、资本状况、市场份额、组织目标、经营政策、人员结构、发展战略等。

(二)尊重现状

"适用的才是最好的"是管理界的箴言。咨询界有一句共同的牢骚:搞企业诊断真累——可重复率太低。一家企业得以生存发展,其原有的人力资源管理制度、体系和流程与企业生产经营的性质和管理风格有密切联系,片面否定企业的原有做法可能造成企业管理上的混乱。因此,我们在企业人力资源诊断工作中一定要强调:必须以分析企业组织表现出来的情况为主要依据,必须以研究企业组织表现出来的特殊性为基础工作,必须以求变通、求对症、求因地制宜为指导思想。

(三)全员参与

毛主席曾经说过:"群众是真正的英雄。"企业人力资源诊断与决策工作者是作为专家进入企业的,但专家们要有自知之明,不可自以为是、自我夸张、摆出"救世主"的架子。须知:企业状况要靠本企业员工来提供;改进方案要靠本企业员工来校正;对策实施要靠本企业员工来执行;专家不过是出主意、提忠告、做咨询的辅助性人物。既不要试图主宰企业主管,也不要一味替代管理人员。

(四)稳中有变、逐步推进

"有所为,必有所不为"原理。在设计改进方案、决定变革措施时一定要充分考虑"病来如山倒,病去如抽丝"这个客观规律,恪守循序渐进,有所为,必有所不为。为此,一定要做到"三不":一不搞理想境界。条件永远是有限的,有所为必有所不为。因此,不求完美、不好高骛远是非常重要的。二不搞全面出击。任何事情都一样,都必须先突破一点,再扩大战果才可能有所作为。如果上来就四面出击、八方并举,常常会因力量不足而流于失败。鉴于此,在确定战略重点时一定要想"能干什么干什么",而不能立足"想干什么干什么"。三不搞急于求成。做事应三思而后行,要有时间上的顺序性,要步步为营,做好一步走一步,切不可急于求成乱方寸,牢记"欲速则不达"。

一般来说,诊断工作小组由三部分构成:①企业自己人力资源部门的专业人员,作为外部专家的助手,协调专家与企业各部门关系、安排专家的工作、执行认可的实施方案,在诊断工作中起辅助作用;②企业决策层中的高级管理人员,作为用户代表提出工作目标、保证工作条件、鉴定诊断结果,在诊断工作中起认购作用;③企业聘请来的外部人力资源诊断专家,作为提供咨询的专家,提出思想、提供技术、组织诊断,在诊断工作中起主持作用。

第二节 人力资源诊断与决策的过程管理

一、深入调查与分析

第一,要收集与诊断对象有关的资料,如组织结构图、近几年的统计资料以及人力资源有关的规章制度。根据人力资源诊断与决策的项目特点,提供的资料也不相同,但大体来说,接受诊断企业要提供以下18项资料。

(1)企业从业人员数及构成情况;
(2)组织机构及职权范围;
(3)劳动纪律和出勤情况;
(4)过去一年的生产情况;
(5)各类人员的变动情况;
(6)工资和奖金的情况;
(7)离职、退休制度及其执行情况;
(8)作业规则的实施情况;
(9)人事考核和能力评价的方法;
(10)现场整顿和安全卫生状况;
(11)教育训练情况及其效果;
(12)提薪、晋级手续及执行状况;

(13) 部门之间、人员之间的情报交流情况；
(14) 福利保健设施及利用状况；
(15) 领导及从业人员的素质状况；
(16) 人际关系状况；
(17) 从业人员的工作热情；
(18) 近三年的劳动生产率变化情况。

第二，收集和整理现行的人力资源政策和人力资源管理程序，包括受诊企业的上级行政部门在人力资源工作方面的例行原则、工作贯彻等。

第三，了解受诊企业劳动环境的特殊性，了解和掌握同行业的劳动生产率水平、人员结构状况、行业内享有较高知名度的人物及其成长过程。了解和掌握企业的经营战略与组织战略，以及围绕经营战略而拟定的产品发展计划、技术进步计划和投资计划，还包括与人力资源开发有关的其他资料或初步设想。在这一阶段主要通过文字性的资料，得出受诊企业所处的行业的一些基本特点，熟悉该企业的基本情况，为准备诊断计划和调查问卷打下基础。诊断人员应该深入企业进行调查研究。这一阶段常采用的方法是观察法、访谈法、专家法和问卷调查法。

第四，进行分析时主要是用模型分析与专家诊断。专家诊断主要采用基于证据理论的专家组综合评价诊断。证据理论是一种重要的不确定性推理方法，证据综合公式能够有效地综合不同专家之间的知识和不确定结论，从而能够将不同评价方法(或者不同专家)从不同角度所获得的结果综合起来，形成综合评价。层次分析法用于对复杂的大系统进行分析、评价。层次分析方法的主要工作是要构造评价系统的多级递阶模型。

评价指标体系是三层的递阶结构，上层是目标层，表达对人力资源的评价结果；中间层是准则层，包括素质准则、知识准则、能力准则和成果准则等；下层是因素层，分别细化各准则的评价条件。例如对于能力准则，其指标包括组织能力、研究能力、创新能力等因素。对于同级要素以上级要素为准则进行两两比较，建立判断矩阵；计算各要素的相对重要程度；计算各要素的综合重要程度，并对各个待评价对象依据全部要素进行评价。目前，许多测评模型在层次分析方法的基础上进行改进，引入神经网络、模糊技术、产生式规则等技术，目的是提高评价工作的规范化、科学化和定量化，不断地完善测评技术。比较简单的评价，一般采用平均值法。

判断矩阵是通过收集评价专家的意见来建立的，不同的专家具有不同的评价标准，因而对同级因素之间的相对重要程度具有不同的认识，需要将专家的意见综合起来，尽可能地形成一致意见，从而有效地保证最终结果的可靠性。但是，对于同样的指标体系和同样的初始专家意见，采用不同方法获得的结果并不相同。需要将这些结论综合起来，以获得综合的评价结果。通过对企业人力资源管理的全方位诊断与分析，在这一阶段，一般来说要出具企业人力资源管理的诊断报告。这份报告是受诊企业人力资源管理的客观总结和评价，有助于客观认识企业人力资源管理方面存在的优点和不足，客观地评价企业人力资源的运作情况，是受诊企业建立现代人力资源管理体系，制定人力资源管理改进措施的依据，为下一步人力资源系统建设提供数据和分析资讯。

二、方案设计

深入调查与分析结束后，就进入了方案设计阶段。
(一) 诊断小组提出备选方案
在方案设计阶段，诊断小组的第一项工作是通过内部研讨和与企业相关人员讨论提出备选方案。通常，备选方案只涉及方案的总体思路和框架。

（二）组织备选方案评审会，诊断小组修改备选方案并定稿

诊断小组提交备选方案后，委员会要和公司相关部门的关键人员一起对备选方案进行评审，并由企业最高层对备选方案进行选择。评审会后诊断小组要根据得到的意见，对企业选择的备选方案进行修正，并再次提交委员会评审。经过多次重复这个过程，由委员会审核定稿。

（三）诊断小组设计详细方案初稿

在确定备选方案后，诊断小组要以备选方案为基础，进行详细方案设计。在具体设计时，诊断小组需要和委员会成员、公司相关部门人员进行广泛而频繁的沟通，并召开多次方案研讨会，通过反复研讨最终完成详细方案初稿。其中，诊断小组可能会把一部分工作交给公司相关部门来做。如在人力资源管理诊断中，诊断小组通常会事先设计好职位说明书和绩效指标模板，然后让公司相关部门人员填写职位说明书初稿和备选绩效指标。

（四）组织详细方案评审会，诊断小组修改详细方案并定稿

诊断小组提交详细方案初稿后，委员会、企业其他高层、项目主要涉及部门的关键人员以及受项目影响的其他部门的代表要对详细方案进行评审。由于详细方案评审会通常是各方表达意见的最后机会，因此诊断小组在会上能够得到公司各方最真实的意见。会后诊断小组要根据得到的意见，对详细方案进行修改，并提交委员会进行评审。在对详细方案进行最后修改时，企业（公司最高层）应在顾问的协助下对关键问题做出最终决策，确定最终方案。

（五）委员会公布最终方案

这是方案设计阶段的最后一项工作。委员会要通过召开最终方案汇报会或中高层会议，正式向组织发布最终方案。同时，企业要把最终方案中适宜向全公司发布的信息通过各种沟通渠道向公司内部发布，使其了解诊断成果，并做好变革准备。

三、方案实施指导

方案实施阶段是人力资源诊断与决策的另一个核心阶段，实施的好坏影响着方案能否发挥作用，也最终决定着诊断项目的成败。在方案实施阶段，企业和诊断小组很重要的一项工作是要做好变革管理。

（一）组建方案实施小组

通常，企业要建立三种类型的方案实施小组：方案领导小组、行动小组和辅助小组。其中，领导小组主要负责实施计划的审核、相关事项的协调、制度的颁发等工作；行动小组负责具体的方案实施工作；辅导小组由顾问组成，负责为领导小组和行动小组提供培训和指导，并参与计划工作。

（二）顾问方对领导小组进行变革管理培训

在制订方案实施计划前，顾问方要对领导小组进行变革管理和领导力等方面的培训，使其掌握变革管理的要点，从而更好地领导方案实施工作。

（三）行动小组制订方案实施计划并由领导小组审批确认

方案实施计划应细化到每一周或每一天的行动安排，包括领导小组、行动小组、辅导小组分别从事的工作，需要实现的成果，其他相关部门应该协助的事项以及方案实施阶段的绩效考评办法等。方案实施计划审批通过后，要以发文的形式向公司内部发布。

（四）召开方案实施动员大会

实施动员大会是方案正式开始实施的标志。会上，企业高层和顾问方要分别对方案的意

义和计划进行讲解。对方案实施工作进行宣传,并组织公司内部讨论。

1. 顾问方对公司各级管理人员和员工进行实施相关培训

顾问方对管理人员的培训要重点使其了解其所在部门在实施中的职责和作用,而对员工的培训则应以制度和方案操作方法为主。除开展正式培训外,诊断小组还要编制方案操作指导手册,为相关人员提供指导。

2. 选择方案试点单位,方案试运行及评估

完成上述工作后,领导小组要在顾问的指导下确定试点单位,并由行动小组进行试点工作。在方案试运行过程中,领导小组要定期监测方案运行效果,识别运行中存在的问题,并在试运行结束后和顾问一起对试运行进行评估。

3. 方案修改和正式运行

如果方案能大体上实现既定目标,则应在消除方案存在的问题之后,正式运行新的方案。反之,则应对方案进行修正,并重新进行上述步骤,直到方案可以正式运行。

第三节　人力资源诊断与决策的后期总结

目前企业界存在一种误解,认为实施诊断变革方案后,就能够解决企业的全部问题。而实际上,诊断只是就企业要求的某个方面来提供解决方案,而任何企业面临的问题都涉及方方面面;改变某一个方面,就有可能牵一发而动全身。同时企业也处在不断变化的过程之中;在诊断方案实施一段时间后,应该对实施效果进行反馈与评价,以确定诊断效果或者对出现的新问题进行方案调整。

在这一阶段,企业要对诊断项目的所有成果进行验收,并与顾问一起对项目进行评价。企业要确保在项目正式结束前所有预期的目标得到实现,所有遗留问题得到适当处理。

一、成果验收

企业组织公司相关人员对项目成果进行验收,并由咨询顾问对验收中发现的问题予以解决。

二、项目后评价

评价的内容应主要包括两部分:一是项目的经验和教训,二是双方人员在项目中的表现。前者将成为双方的知识资产,为以后开展类似的工作提供参考,后者则有助于双方发现人才,为对各自人员进行奖惩和调整提供依据。

三、与顾问方约定案后服务

在顾问离开后,企业在执行方案时可能还会遇到其他问题。因此,企业应在项目结案前与顾问方就案后服务进行协商,以备未来需要。

四、召开项目结案典礼,对项目进行总结

管理咨询项目要有始有终。完成上述事项后,企业要和顾问一起,召开项目结案典礼。会上,企业高层要对项目总体情况进行总结,并对在项目中表现优异的部门和员工进行表彰。结案典礼结束后,企业要按约定向咨询公司支付相应款项,并对合同进行相应的处理。

总之，如果我们进行企业人力资源诊断与决策中，以管理哲学为基础，遵循一定的流程，有侧重点地在不同的诊断阶段采用合适的诊断方法，基本上可以把握企业人力资源管理的现状，找出存在的问题，并采取有针对性的措施改善企业人力资源管理。

第四节 人力资源诊断与决策的方法

一、观察法

观察法是指研究者根据一定的研究目的、研究提纲或观察表，用自己的感官和辅助工具去直接观察被研究对象，从而获得资料的一种方法。科学的观察具有目的性和计划性、系统性和可重复性。常见的观察方法有核对清单法、级别量表法、记叙性描述。观察一般利用眼睛、耳朵等感觉器官去感知观察对象。由于人的感觉器官具有一定的局限性，观察者往往要借助各种现代化的仪器和手段，如照相机、录音机、显微录像机等来辅助观察。

观察法准备阶段需要检查文件，形成工作的总体概念：工作的使命、主要职责和任务、工作流程。继而准备一个初步的观察任务清单，作为观察的框架，并为数据收集过程中涉及的还不清楚的主要项目做注释。在部门主管的协助下，对员工的工作进行观察。在观察中，要适时地做记录。根据观察情况，最好再选择一个主管或有经验的员工进行面谈。最后需要检查最初的任务或问题清单，确保每一项都已经被回答或确认。将信息进行合并：把所收集到的各种信息合并为一个综合的工作描述，这些信息包括主管、工作者、现场观察者、有关工作的书面材料。在合并阶段，工作分析人员应该随时获得补充材料。把工作描述分发给主管和工作的承担者，并附上反馈意见表。根据反馈意见，逐步逐句地检查整个工作描述，并在遗漏和含糊地方做出标记。召集所有观察对象，进行面谈，补充工作描述的遗漏和明确其含糊的地方。最后形成完整和精确的工作描述。

二、访谈法

访谈法是由访谈员根据研究所确定的要求与目的，按照访谈提纲或问卷，通过个别面访或集体交谈的方式，系统而有计划地收集资料的一种方法。它是访谈员与访谈对象双方的社会互动过程，并通过这一互动过程来获得资料。访谈法与观察法一样，也是一种深入调查的方法。访谈法以研究人员和被询问者直接或者间接发生社会心理的相互影响为基础。

访谈前的准备工作通常包括抽取访谈对象、确定访谈时间和地点、建立访谈关系、设计访谈提纲等。建立访谈关系是访谈的重要一环。访谈成功与否在很大程度上取决于访谈者与受访者之间的关系。访谈前，访谈者在向受访者告知自己的研究时问题时，要尽量做到坦率、真诚，尽自己的可能回答对方提出的问题，帮助对方消除疑虑。访谈者应该向被访者许诺自愿原则，尊重受访者的语言，鼓励其用母语进行表达。如果需要录音，要争得访谈者的同意。至于访谈时间的确定要尽量以受访者方便为宜。另外还有访谈提纲的设计，访谈者要保持一种开放、灵活的态度，要尽量避免太多的预设。

访谈工作要有技巧，访谈有自己的艺术。访谈中除了言语行为，还有非言语行为，如动作、面部表情、眼神、人际距离等，可提供言语行为无法提供的信息。言语行为和非言语行为的良好结合标志着访谈的成功。这主要从提问、倾听和回应三方面表现出来。

(一)提问的艺术

访谈提出的问题千变万化,依研究的问题、访谈者的习惯、受访者的个性以及当时的具体情境不同,问题也有所不同。访谈的问题有三种类型:开放型与封闭性问题、具体性与抽象性问题、清晰型与含混性问题。在开放型访谈开始时一般使用开放型的问题,问题的结构和内容都应较为灵活、宽松,为受访者用自己的语言表达自己的想法留有余地,但需要掌握好"开放"的度。对于"开放",会使受访者对访谈的意图感到不解,因此产生心理上的焦虑。在一些特殊的情况下,访谈者可以适当地使用一些封闭性问题。一般情况下,如果受访者在结束访谈时还没有谈及一些访谈者认为十分重要的问题,访谈者可以采用相对封闭的方式对这些问题进行比较有针对性的提问。封闭型问题一定要慎用,以免约束受访者的思维,影响回答的质量。

如果研究的目的是了解受访人的独特经历和想法或探寻某一事件的来龙去脉,访谈者应该尽量使用具体性问题,抽象性问题应慎用。由于思维理性化的影响,人们习惯在理性层面探讨问题,不习惯落实到具体的实处。如果访谈问题抽象,受访者往往在理性层面回答问题。访谈者应该从具体细节着手,进行情境化的、过程化的、多角度的分析,然后加以概括化,而不是听受访者的"大道理"。访谈问题大多带有抽象性,在访谈中这种抽象的问题需要被具体化,然后在归纳的基础上进行抽象。如果直接从抽象到抽象,是不可能获得"真实""生动"的访谈内容的。抽象的问题应该通过具体的访谈问题而体现出来。具体的问题可以调动受访者的情绪和情感反应,还可以将受访者的注意力集中在可见、可触、可闻的细节上。

一般来说,访谈者提问的方式、词语的选择以及问题的内容范围都要适合受访者的身心发展程度、知识水平和谈话习惯。要能够使对方听得懂。在访谈中应遵循口语化、生活化、通俗化和地方化的原则,尽量熟悉受访者的语言,用他们听得懂的语言进行交谈。在访谈中,想对有关问题进行深入的探讨,一般要使用追问这一手段。追问是指访谈者就受访者前面所说的某一观点、概念、语词、事件、行为进行进一步探询,将其挑选出来继续向对方发问。访谈中最忌讳的追问方式是,访谈者不管对方在说什么或想什么,只是按照自己事先设计的访谈提纲挨个地把问题抛出去。要想追问适度,访谈者必须首先将自己的"先见"悬置起来,全身心地倾听对方谈话。

(二)倾听的艺术

"问"是访谈者所作的有形的工作;而"听"是访谈者所做的无形的工作。访谈的主要目的是了解和理解受访者对研究问题的看法,因此访谈者应该注意倾听他们的心声,了解他们看问题的方式和语言表达方式。听是心与心的交流。访谈中的听包括行为、认知和情感三个层面。

1. 行为层面上的"听"。它是一种听的态度,大致表现为"表面的听""消极的听"和"积极的听"三种状态。"表面的听"指访谈者只是做出一种听的姿态,并没有认真地将对方所说的话听进去。"消极的听"指的是访谈者被动地听进了对方所说的一些话,但是没有将这些话所表示的意义听进去,更不用说言外之意了。访谈者并不有意进行积极的思维活动,也没有在自己的情感上产生任何共鸣。"积极的听"指的是访谈者将自己全部的注意力都放在受访者的身上,给与对方最大的、无条件的、真诚的关注。很显然,"积极的听"是访谈中最佳的选择。在访谈者积极主动的关注下,受访者会觉得自己十分重要,自己所说的话非常有意思,因而一直不停地说下去。

2. 认知层面上的"听"。它可以分成"强加的听""接受的听"和"建构的听"三种情况。"强加的听"指的是访谈者将受访者所说的话迅速纳入习惯的概念分类系统,用自己的意义体系来理解对方的话,并且很快对对方的内容做出自己的价值判断。这种"听"往往使受访者感到被误解,也容易引起受访者的反感。另外,这种"强加"容易造成对受访者的话理解表面化,使受访者对访谈者产生蔑视,认为访谈者肤浅,从而影响访谈的质量。"接受的听"指的是访谈者暂且将自己的判断"悬置"起来,主动接受和捕捉受访者发出的信息,注意他们使用的本土概念,探询他们所说语言背后的含义,了解他们建构意义的方式。"建构的听"指的是访谈者在倾听时积极地与对方进行对话,在反省自己的"倾见"和假设的同时与对方进行平等的交流,与对方共同建构对"现实"的定义。"建构的听"对访谈者的素质要求较高,访谈者需要有较强的自我反省能力。

3. 情感层面上的"听"。它可分为"无感情的听""有感情的听"和"共情的听"。"无感情的听"指的是访谈者在听的时候不仅自己没有感情投入,而且对对方的情感表露也无动于衷。"有感情的听"指的是访谈者对对方的谈话有情感表露,能够接纳对方所有的情感反应,而且表现出自己对对方的情感表达方式的理解。"共情的听"指的是访谈者在倾听中与受访者在情感上达到了共振,双方同欢喜、共悲伤。共情有两种:认可的共情和准确的共情。在访谈中,访谈者要做到"有感情的听"和"共情的听"。这并不排除理智上的理解,正是具有情感上的共振,访谈者才可能比较准确地理解对方。在倾听时,访谈者还要切记:不要轻易打断对方的谈话,并且能够容忍沉默。沉默有多种原因,其中,访谈者要注意的一点是:沉默可能代表受访者在思考问题,所以访谈者要敏于判断,能够耐心等待。

(三)回应的艺术

在访谈中,访谈者不仅要主动地提问、认真地倾听,而且还要适当地做出回应。"回应"指的是:在访谈过程中访谈者对受访者的言行做出的反应,其中包括言语反应和非言语反应。回应的目的是建立一种对话关系,传递自己的意向、态度和想法。回应直接影响到谈话风格和谈话内容,而且在一定程度上限制访谈整体结构、运行节奏和轮换原则。一般常用的回应方式有:认可,重复、重组和总结,自我暴露,鼓励对方。它们分别起到接受、理解、询问、共情等作用。

1. 认可。它指的是访谈者对受访者所说的话表示已经听到了,希望对方继续说下去。表示认可可以用微笑、点头、鼓励的目光等非言语行为,也可以用"嗯""对""是吗"等言语行为。

2. 重复、重组和总结。"重复"指的是重复受访者所说的话,目的是使受访者继续说下去,同时检验自己的理解。"重组"指的是访谈者将受访者所说的话换一个方式说出来,检验理解是否正确,邀请对方纠正。"总结"是访谈者将受访者所说的一番话用一两句话概括地说出来,目的是理清思路,鼓励对方继续谈话,检验理解的正确性。重复、重组和总结主要是帮助双方理清思路,检验理解是否正确,鼓励受访者说下去。

3. 自我暴露。它指的是访谈者对受访者所谈的内容就自己有关的经历或经验做出回应。访谈者的自我暴露可以拉近自己与受访者之间的距离,使谈话关系变得轻松而平等,富有合作性和互动性。自我暴露需要把握一个"度"。

4. 鼓励对方。受访者通常有一些顾虑,不知道自己所说的内容是否符合访谈的要求。受访者往往希望得到对方的鼓励。尤其在要求对方披露自己的个人隐私的时候,以及比较伤心的事情等情况下,更需要访谈者不带有偏见的理解和鼓励。

有两种应避免的回应方式,它们是"论说式回应"和"评价式回应"。"论说式回应"指的是访谈者利用社会科学中的一些现成的理论或者访谈者自己的经验对受访者所说的内容做出回应。论说式回应不仅在态度上给受访者一种居高临下的感觉,而且在知识权力上显示出访谈者的优越感和霸权,应该尽量避免使用它。"评价式回应"指的是访谈者对受访者的谈话内容进行价值上的判断,其中隐含有"好"与"不好"的意思。评价式回应通常反映的是访谈者自己的价值观念和评价标准,不仅不一定适合受访者的具体情况,而且表现出自己对对方的不尊重。过多的评价还表明访谈者个人不够成熟,不能够接受事物的多样性、不确定性以及道德两难性,不能容忍受访者与自己不同的观点和感受。

其实,访谈中需要一些原则。但毕竟还要具体情况具体分析。访谈中访谈者要对受访者高度尊重和关注。访谈者需要审视自己的言语行为和非言语行为,时刻对自己的思维方式和行为方式进行充分反省,才能获得高质量的第一手资料。

三、专家法

专家法又称德尔菲法。德尔菲法是采用背对背的通信方式征询专家小组成员的预测意见,经过几轮征询,使专家小组的预测意见趋于集中,最后做出符合市场未来发展趋势的预测结论。德尔菲法依据系统的程序,采用匿名发表意见的方式,即团队成员之间不得互相讨论,不发生横向联系,只能与调查人员发生关系,以反复的填写问卷,以集结问卷填写人的共识及收集各方意见用来构造团队沟通流程,应对复杂任务难题的管理技术。

德尔菲法是一种利用函询形式进行的集体匿名思想交流过程。它有三个明显区别于其他专家预测方法的特点,即匿名性、多次反馈、小组的统计回答。①匿名性。因为采用这种方法时所有专家组成员不直接见面,只是通过函件交流,这样就可以消除权威的影响。这是该方法的主要特征。匿名是德尔菲法极其重要的特点,从事预测的专家彼此互不知道其他有哪些人参加预测,他们是在完全匿名的情况下交流思想的。后来改进的德尔菲法允许专家开会进行专题讨论。②反馈性。该方法需要经过3~4轮的信息反馈,在每次反馈中使调查组和专家组都可以进行深入研究,使得最终结果基本能够反映专家的基本想法和对信息的认识,所以结果较为客观、可信。小组成员的交流是通过回答组织者的问题来实现的,一般要经过若干轮反馈才能完成预测。③统计性。最典型的小组预测结果是反映多数人的观点,少数派的观点至多概括地提及一下,但是这并没有表示出小组的不同意见的状况。而统计回答却不是这样,它报告1个中位数和2个四分点,其中一半落在2个四分点之内,一半落在2个四分点之外。这样,每种观点都包括在这样的统计中,避免了专家会议法只反映多数人观点的缺点。

德尔菲法的具体实施步骤如下:①确定调查题目,拟定调查提纲,准备向专家提供的资料包括预测目的、期限、调查表以及填写方法等。②组成专家小组。按照课题所需要的知识范围,确定专家。专家人数的多少,可根据预测课题的大小和涉及面的宽窄而定,一般不超过20人。③向所有专家提出所要预测的问题及有关要求,并附上有关这个问题的所有背景材料,同时请专家提出还需要什么材料。然后,由专家做书面答复。④各个专家根据他们所收到的材料,提出自己的预测意见,并说明自己是怎样利用这些材料并提出预测值的。⑤将各位专家第一次判断意见汇总,列成图表,进行对比,再分发给各位专家,让专家比较自己同他人的不同意见,修改自己的意见和判断。也可以把各位专家的意见加以整理,或请身份更高的其他专家加以评论,然后把这些意见再分送给各位专家,以便他们参考后修改自己的意见。⑥将所有专家的修改意见收集起来,汇总,再次分发给各位专家,以便做第二次修改。逐轮收集意见并为专家反馈信息是德尔菲法的主要环节。收集意见和信息反馈一般要经过三四轮。在向专家进行反馈的时候,只给出各种意见,但并不说明发表各种意见的专家的具体姓名。这一过程重复进行,直到每一个专家不再改变自己的意见为止。⑦对专家的意见进行综合处理。

德尔菲法的主要优点:①能充分发挥各位专家的作用,集思广益,准确性高。②能把各位专家意见的分歧点表达出来,取各家之长,避各家之短。③德尔菲法能避免专家会议法的缺点,如防止权威人士的意见影响他人的意见;防止有些专家碍于情面,不愿意发表与其他人不同的意见;防止出于自尊心而不愿意修改自己原来不全面的意见。德尔菲法的主要缺点是过程比较复杂,花费时间较长。

四、问卷调查法

问卷调查法是企业诊断收集信息最普通的方法。国内外的一些咨询公司或者机构已经设计了一些定量性质的问卷,它们适合某个特定组织或某一方面信息资料收集的需要。在进行企业人力资源诊断与决策的时候,结合不同公司的实际情况,修改、调整综合这些已有的问卷,往往比从零开始设计更加切实可行。

(一)问卷调查的内容

在企业人力资源诊断与决策中主要的是对于企业内部人力资源管理现状的调查,一般包括以下几个方面的内容:

1. 工作满意度调查

综合调查影响公司士气的主要影响因素,包括对领导、同事、发展前途、工作量和工作条件等的态度。

2. 人力资源状况调查

综合调查公司相关制度的合理性与实施状况、员工个人的期望与发展:公司总体情况的调查包括招聘、培训、绩效考评、薪酬管理与福利政策、公司环境、工作条件;个人期望与发展的调查一般包括工作时间安排、工作挑战性、工作职责、人际关系、部门合作、公司的优势与不足。

3. 人力资源指数调查问卷

旨在调查员工对公司人力资源管理效益的态度,给员工表达建设性意见的机会,以进一步改善企业的人力资源管理;主要可以参考赵曙明教授在舒斯特教授关于人力资源指数研究的基础上,根据中国企业的实际情况重新设计的符合中国国情的人力资源管理测评系统。

(二)问卷设计调查的步骤

1. 探索性工作

要设计一份成功的问卷,首先不是马上列出调查的问题,而是要先做一定的探索性工作,例如去随便问问与研究问题相关的人群,与他们交谈,并观察他们的表情、态度;上网查找一些背景资料,了解是否已经有相关的研究课题,了解目标人群的特点,确定问卷调查要包括的范围,这样可以避免设计出不符合客观实际的问题。

2. 设计问卷初稿

经过探索性工作以后,可以通过以下步骤来进行问卷初稿设计:第一步,根据研究假设和调查的资料,列出调查内容的结构。第二步,根据每个部分的内容,写出一个个问题,这样就会得到零散的很多问题。第三步,根据问卷的整体结构来调整内容的前后顺序和每个内容当中各个问题的前后顺序。第四步,从回答者的角度来考虑回答者填答问题是否方便、是否会形成心理压力、语言措辞是否合适,来调整问题的顺序和问题及答案的措辞。第五步,最后再从整体上进行适当的调整,形成初稿。

3. 试调查

问卷初稿设计好以后，不能直接开始正式调查，必须对问卷进行试用和修改，有两种方法：一种是客观检验法，另一种是主观评价法。

客观检验法的具体做法是打印出若干份问卷，随机抽取一个小样本，对他们进行调查，分析调查的结果，对问卷进行修改。检查的方面主要有：第一，有效回收率。如果收回的废卷很多，那就说明问卷初稿中的问题很多，需要做大的修改。第二，填写错误。如果出现很多答非所问的情况，则说明问题的用语不是很准确，含义不明确，需要对问题的措辞进行修改；如果出现填答方式的错误，则说明卷首语对问题的说明不是很清楚。第三，填答不完全。如果问卷中的某几个问题普遍未做答，则要从内容、形式等方面分析这几个问题，查明未做答的原因；如果是从某一个问题开始，后面的问题都未做答，则要检查问卷的结构和问题的排列顺序是否合理。

主观评价法的具体做法是，将设计好的问卷分别送给该研究领域的专家、典型被调查者，请他们阅读和分析问卷，指出不合理的地方。比如，要对大学生的生活方式进行调查，可以将设计好的问卷交给负责教师或社会学方向的教师或一部分大学生，请他们给问卷提意见。

4. 正式调查

开展正式的调查主要包括以下几个步骤：

(1)挑选调查员。从前面介绍的数据收集途径方法来看，无论是自填问卷法还是电话访问法，都少不了调查员的参与，对于不同的研究课题和调查对象的特点，要选择不同特点的调查员。

(2)选择和联系被调查者。研究人员要根据调查的目的来确定被调查者的人选。

(3)选择调查的方式。对于不同的研究课题和被调查对象的不同，要选择相应的调查方式。例如，个别发送法、邮寄填答法、电话访问法、网络访问法或电话访问法。

(4)调查完后问卷的回收。在进行完调查后，调查员应做好相应的记录，包括被调查者的住址、电话等个人情况，以便于后续的回访和确认；还应记录下调查开始和结束的时间，对问卷进行编号；最后还要再次对被访者表示感谢。

第 三 章

人力资源诊断与决策的项目管理

第一节　人力资源诊断与决策项目管理的概念和特征

一、人力资源诊断与决策项目管理的概念

人类的祖先为我们留下了无数的奇迹：金字塔、万里长城、京杭大运河等，这些都是典型的项目管理案例。工程建设项目是最早也是最广泛运用项目管理知识的领域之一。直到第二次世界大战爆发，因为战争的迫切需要，在开发新式武器装备的项目中，因技术复杂，参与人员众多，时间紧迫，人们开始关注如何能有效地实行项目管理来实现项目目标，项目管理作为一门学科才逐渐发展起来。

1957年，美国杜邦公司把项目管理的方法应用于设备维修。其设在路易斯维尔的化工厂，由于生产过程的要求，必须昼夜连续运行。因此，每年都不得不安排一定的时间，停下生产线进行全面检修。过去的检修时间一般为125个小时，后来，他们把检修流程精细分解，竟然发现，在整个检修过程中所经过的不同路线上的总时间是不一样的。缩短最长路线上工序的工期，就能够缩短整个检修的时间。他们经过反复优化，最后只用了78个小时就完成了检修，节省时间达到38%，当年产生效益达100多万美元。这就是至今项目管理工作者还在应用的著名的项目时间管理技术"关键路径法"，简称CPM。

1958年，美国海军开始研制北极星导弹。这是一个军用项目，技术新、项目巨大，据说当时美国1/3的科学家都参与了这项工作。管理这样一个项目的难度是可想而知了。而当时的项目组织者想出我们今天称作图形评审技术（PERT）的方法，为每个任务估计一个悲观的、一个乐观的和一个最可能的情况下的工期，在关键路径法技术的基础上，用"三值加权"方法进行计划编排，最后竟然只用了4年的时间就完成了预定6年完成的项目，节省时间也达到了33%以上。

两项技术的显著成果说明了有效的"项目管理"对于项目的快速完成具有巨大的功效。这个发现吸引了不少从事项目管理的人走到一起来共同探求其中的奥秘。1965年，以欧洲国家为主的一些国家成立了一个组织——"国际项目管理协会"（International Project Management Association，IPMA）。4年以后，美国也成立了一个相同性质的组织，取名为"项目管理学会"（Project Management Instiute，PMI），它也是一个国际性的组织。由于这两个国际性项目管理组织的出现，大大地推动了项目管理的发展。两个组织成立的初期，主要探讨项目管理的基础和方法，成员们根据自己的体会进行个别专题的交流。随着研究的深入，他们发现虽然

项目的类别不同，但是有不少共性的东西。能否把这些共性的东西抽取出来指导各种项目呢？

项目管理学会首先于1976年提出了制定项目管理标准的设想。经过10年的努力，1987年他们推出了项目管理知识体系指南，简称PMBOK。这是项目管理领域又一个里程碑。因此，项目管理专家们把20世纪80年代以前称为"传统项目管理"阶段，把80年代以后称为"新项目管理阶段"。这个知识体系把项目管理归纳为范围管理、时间管理、成本管理、质量管理、人力资源管理、风险管理、采购管理、沟通管理和综合管理九大知识区域。PMBOK又分别在1996年和2000年进行了两次修订，使该知识体系指南更加成熟和完整。

项目管理知识体系为项目管理提供了指南，但是项目管理最终还是需要人来实现。因此，项目管理专业人才的培养、考核、认可一直是项目管理界的重点工作。各个国际组织和国家也在积极地制定不同的标准和认证方法。PMI从1984年就推出了项目管理专业人员的认证（PMP）。他们注重知识的完整性，在达到了从事项目管理工作时间和数量的基本要求的基础上，通过在4个小时内回答200个问题来决定一个人的资格，在国际上有较大的影响。

随着社会的发展，在当今的组织和机构里，一般有多达50%以上的工作是以项目的形式进行的。组织越来越意识到项目对它们的重要性，项目管理已经变成改进工作的一个焦点。越来越多的组织已经把项目管理作为一种在现今高度竞争的商务环境中维持竞争优势的关键战略。

人力资源诊断与决策项目管理，是指将项目管理应用于人力资源诊断与决策，将管理的知识、工具和技术应用于人力资源诊断与决策上，来达成解决企业的问题或满足企业的需求。

二、人力资源诊断与决策项目管理的特征

（一）经济性

面对日新月异的企业外部环境，人的因素往往起着决定性的作用。在企业的具体人事管理工作中，我们把人力资源管理模块中的招聘、培训、绩效考核等看作一个项目，这样就可以运用项目管理的思想和方法，有效地解决传统人力资源管理中执行效果不好的问题。而且对于烦琐的人事管理工作来说，运用项目管理的系统框架和方法论有助于理清条理、提高工作效率。因此，对于企业来说，人力资源诊断与决策的项目管理具有经济性。

（二）价值创造

关于人力资源诊断与决策项目管理的价值创造问题，我们首先需要分析人力资源价值链。人力资源价值链是指价值创造、价值评价、价值分配三个环节所形成整个人力资源管理的横向链条。价值创造一是指企业的创造理念，即企业为什么要创造价值的问题，实际上是企业文化的建设问题；二是指谁创造了价值，即确定创造价值过程中的重要度和价值贡献度。价值评价一是价值创造过程的评价问题，即如何发挥和挖掘员工的能力和潜力，持续的提高工作效率，以创造更多的价值；二是价值创作成果的评价问题，即对一个员工创造的机制做出科学的评价。价值分配主要涵盖了两个方面，其一，如何回报价值创造要素，即如何确定企业的薪酬战略和薪酬政策；其二，以什么样的方式和什么样的水平回报和激励员工，即薪酬模式的选择问题。

（三）理论指导

人力资源诊断与决策的项目管理是为了顺利完成企业委托的项目任务，根据既定的目标任务设置工作岗位，科学合理地配备人力资源，明确每名成员的工作职责、权限和具体工作任务，调动其工作的积极性和主动性，实现人力资源与工作任务之间的优化配置，并对团队个体

成员进行管理、约束和激励，在项目进程中不断地进行沟通、协调、修正，从而实现"质量高、进度快、投资省"的项目管理目标，对项目人力资源进行规划、获取、管理和发展的过程。人力资源诊断与决策的项目管理具有基础性的理论价值。

三、人力资源诊断与决策项目管理的必要性

伴随着项目管理影响力的不断增强、项目管理应用领域的不断扩大，项目管理的发展明显出现了向一般管理领域渗透的趋势。最近几年，将项目管理方法应用于全面的企业运作，即"按项目管理"的观念在国际上崭露头角并且十分有效。按项目管理是将项目管理的方法和技术在企业所有项目（无论大小）上综合应用，它打破了传统的一般管理的方式和界限，项目的观念渗透到企业所有的业务领域，包括市场、工程、质量管理、战略规划、人力资源管理、组织变革、业务管理等。这种趋势的出现有其深刻的社会经济根源。其一，当前，经济环境变化越来越复杂，技术更新的速度加快，市场竞争空前激烈，企业受到了前所未有的挑战，而项目管理可以成为企业应对这一挑战的有力工具。其二，21世纪是知识经济的时代，知识经济是以不断创新的知识和对这种知识的创造性应用为基础而发展的。在知识经济时代，变化是永恒的主旋律，市场竞争不是以前的"大鱼吃小鱼"，而是"快鱼吃慢鱼"。因此，快速创新是提高竞争力的主流方式，而项目管理是管理创新的最佳方式。

综上所述，我们确实应该以项目管理的方式来进行人力资源诊断与决策。但是不能盲目地将项目管理模式照抄照搬过来，按项目管理的一个基本原则，就是企业所担负的任何一个项目都必须符合企业的发展战略、目标和方针。企业对发展远景的规划通常会转换为发展战略、目标和方针，这些目标和方针又被进一步定义为由各种项目构成的企业发展计划，并由企业所拥有的人力资源和其他资源给予相应的管理和支持。按项目管理的观点来看，企业业务成为一种多项目的组合。所有项目构成了企业的业务内容并支持业务的发展。因此，企业所选择的项目必须满足企业业务发展的方针和目标。

第二节 人力资源诊断与决策项目生命期管理

一、项目生命期管理概述

（一）简单的项目生命期描述

对项目生命期的描述可繁可简。详细的项目生命期描述可以包含图、表和检查清单以提供框架和控制。简单的项目生命期描述应包括技术、交付物、责任和阶段评审四个方面的内容：

(1)项目的各阶段应当从事哪些技术工作。
(2)项目各阶段的可交付物应何时产生，以及如何审查、核实和确认。
(3)项目各阶段需要哪些人员参与。
(4)如何控制和批准项目各阶段。

（二）项目生命期的特征

(1)项目生命期确定了从开始到结束相互连接的各个阶段。例如，当某个组织发现一个可以考虑或利用的机会时，它通常会责成有关人员进行可行性研究，以确定该项目是否值得立项。如果企业建立了项目生命期模型，则可行性研究作为项目的第一个阶段，或者一个独立的

项目。

(2)从项目生命期的一个阶段到另一个阶段的转移通常是某种形式的技术交接。前一阶段产生的可交付成果要接受是否已经完成和是否准确的审查,通过验收之后才能开始下一阶段的工作。但是,如果认为所涉及的风险可以接受,后一阶段可以在前一阶段可交付成果通过验收之前开始,存在项目阶段的重叠,这是一种称为"快速跟进"的项目进度压缩技术的实例。

(3)项目生命期还确定项目开始和结束时,哪些过渡行动应该包括在项目范围内,哪些不应包括在内,从而把项目和项目实施组织持续的日常运作业务联系在一起,又能区分开来。

(4)各阶段顺序排布,以某种形式的技术信息连接。

(5)人力投入和费用,在开始时低,随之增高,在项目接近收尾时迅速下降。

(6)在项目开始时,成功地完成项目的可能性最低,因此风险和不确定性最高。随着项目的进展,成功地完成项目的可能性通常会逐渐提高。

(7)项目开始时,项目利害关系人对项目产品最后特点和最后成本的影响力最强,而随着项目的进展,这种影响逐步降低。造成这种现象的主要原因是随着项目的进展,变更计划和纠正失误的代价通常与日俱增。

(三)项目阶段特征

既然项目生命期是由一个一个的项目阶段组成的,每一个项目阶段都应具有清晰的统一的项目阶段特征,以保证阶段的完整性。阶段划分是构建项目生命期模型的基础。

每个项目阶段都是以一个或数个可交付成果的完成为标志。可交付成果是某种有形的、可验证的工作成果,如技术规格说明书、可行性研究报告、详细设计文档或可以工作的样品。某些可交付成果对应着项目管理过程。任何具体的项目,由于项目规模、复杂度、风险程度和现金流制约等方面的原因,阶段可以划分为子阶段。为了便于监控,每一个子阶段都要与一个或多个具体的可交付成果联系起来。这些子阶段的可交付成果大多数都同基本阶段交付成果相联系,而且子阶段一般根据其可交付成果命名,如要求说明书、设计、建造、试验、试车、上线、交付等,具体视情况而定。

项目阶段的结束通常以对完成的工作与可交付成果的审查为标志,目的是确定是否接收、是否需要增加进一步的工作或者是否考虑结束该阶段。经常要进行管理层审查,以便决定在没有结束当前阶段的情况下开始下一阶段的活动,例如,项目经理选择"快速跟进"作为行动步骤时,就需要管理层审查。

阶段正式完成不表示随后阶段的核准。为了有效地控制项目,每一阶段都要有正式的启动,以确定在该阶段中允许和期望什么。在前一阶段末,可以进行一次合并审查,目的是取得结束当前阶段并启动下一阶段的核准。这种阶段末的审查通常也称为"阶段关卡""阶段门"或"验收站"。阶段门不应只是设在阶段末,而应通过多种形式将其前置,以加强项目的控制,减少返工和浪费。对于较大的项目阶段更是如此。

二、项目生命期的作用

项目生命期是项目管理的基础,是项目管理过程作用的对象。项目管理的主要焦点应该放在项目生命期的管理上,众多学者从多项目策略、风险管理、成本管理等多方面探讨了基于项目生命期的项目管理应用。

1. 界定项目和日常运作

项目生命期是界定项目和日常运作的工具。任何组织的活动都可以分为两种:项目

(Proejct)和运作(Operation)。项目通常作为实现组织战略规划的一种手段。项目与运作的最大不同表现为活动的持续循环性,运作是持续进行的重复性的活动,而项目是一次性的、有时限活动。项目生命期确定项目开始和结束时的哪些过渡行动应该包括在项目范围内,哪些则不应包括在内,从而把项目和项目实施组织持续的日常运作业务联系在一起,又能区分开来。使用项目生命期锁定项目内容,包括活动、成本和风险,减少项目对日常运作的影响,通过项目成果促进日常运作能力的提升。

2. 项目风险管理

项目风险管理是指对一般项目的风险管理进行研究,建立基于项目生命期的风险管理方法处理模型,按照生命期的各个阶段分别进行风险管理。

基于项目生命期的风险管理方法是:以项目生命期为基础框架,分层次有步骤地总体和全面地把握项目风险,进行定义、风险规划、识别、整理、分析、评价、计划、监控的系统处理。在项目生命期的不同阶段,风险管理过程应该有所不同。项目本身的变化以及对项目了解程度的变化,这两者对项目生命期的不同时期风险管理影响是深刻的。进一步地,基于项目生命期对不同行业和性质的项目风险管理实践也取得进展和预期效果。有人总结研发项目基本活动特征,按初始论证(识别需求和提出方案)、研发(早期、中间和市场)和研发后三个阶段,有针对性地制定相应的战略与策略,有成效地对每一个阶段的活动进行风险管理,保证整个项目风险管理的有效进行。

3. 项目进度和资源消耗管理

项目的进度、所耗资源等之间有着密切的联系。进度加快,资源消耗必然增多,进度减慢,资源消耗必然减少。项目进度的变化情况同时也反映了资源消耗等因素的变化情况。因此,项目的生命期可以认为是项目的进度、资源消耗等随着时间的推移而变化的一种模型描述。

4. 项目冲突管理

一般把项目的生命期分为四个阶段:概念阶段、规划阶段、实施阶段和收尾阶段。在项目生命期的不同阶段,各种冲突发生的频率和强度各不相同。因此,只有从项目的整个生命期角度出发来考察冲突,分辨各个阶段可能发生的主要冲突,才能有效地管理与解决冲突。

5. 项目知识管理

咨询项目中的知识共享与项目管理紧密相关,在项目生命期的不同阶段,有不同的形式和特点。

第三节　人力资源诊断与决策项目质量管理

一、项目质量管理的内涵

项目质量是指项目的可交付成果能够满足客户需求的程度。项目质量有两方面的含义,一方面是指项目产品质量。即指项目所提交的产品或服务是否符合客户的技术性能要求,它是项目的最终目标,产品的质量会在项目结束后的很长时间都会产生影响。另一方面则是指项目管理过程的质量。即指项目能否在规定的时间内、在批准的预算内、在规定的范围内完成任务。项目质量包含项目生命期各阶段的质量,如可行性研究的质量、项目决策质量、项目计划质量、项目设计质量、项目施工质量、项目竣工验收质量等。

为确保项目满足它所要求的质量,就必须引入项目质量管理的概念,也就是说项目的质量是靠有效的管理手段来实现的。项目质量管理是为了保证项目的可交付成果能够满足客户的需求,围绕项目的质量而进行的计划、协调、控制等活动。项目质量管理的目的是确保项目的可交付成果能够满足客户的需求,项目团队必须与客户建立良好的关系,理解他们明确的需求以及隐含的需求,因为客户是项目质量是否达到要求的最终裁判者。

二、项目质量控制措施

(一)项目人员素质管理

对于企业来说,项目人员素质管理包含两项重点工作:选择满意的诊断公司、审核负责本项目的顾问的资历并确定其为本项目服务的工作时间。

1. 选择满意的诊断公司

项目人员素质是项目结果的质量能否让企业满意的重要因素,但作为委托方企业来说,很难对每一个具体的人员进行深入细致的了解,因此选择一家优秀的诊断公司就是对诊断人员素质的基本保证。由于人力资源诊断与决策项目的特殊性,委托方在遵循企业招投标流程的同时,在项目采购即诊断公司的选择中还需要注意重点审核以下几方面。

(1)诊断公司的规模和专业背景。诊断公司的规模决定了其经营内容和规范程度。一般来说规模越大的诊断公司,其经营的内容越广泛,可供选择的优秀诊断顾问数量越多,诊断服务更加规范。如跨国知名诊断公司和国内一流诊断公司的服务,他们有成熟的诊断项目管理经验和方法论,对诊断顾问有规范的管理要求。而且规模较大诊断公司会经常开设各种公开培训课程,企业相关人员能够得到多种多样的培训机会。但并不是说诊断公司规模越大、名气越大就越好。对于特定行业而言,如果需要解决的是专业性很强的业务问题,选择一家业内有实力的诊断公司是非常必要的。

(2)整个售前、售中、售后过程中的服务内容及服务承诺履行。一个好的诊断公司的服务不仅仅是在诊断期间,也要看诊断完成之后的服务是怎样的。诊断项目启动前,通常每一家诊断公司的市场部人员都会比较积极地与委托方企业联系来争取到订单,在这个过程往往会有些人员做出言不副实的承诺,但订单拿到后各种承诺却不一定会完全履行。或者有欺骗委托方的行为,在最初的策划书当中就设下了一些模棱两可的承诺,当要求其履行时,就用种种理由来推诿,使委托方企业不得不吃"哑巴亏"。企业一定要仔细考察诊断公司的承诺是否真正有能力来兑现。诊断工作是一个完整的工作体系,包括整个售前、售中、售后过程中的服务内容及服务承诺履行。体系建立起来后,要保证能够有效地运行,并为企业增加更多的效益。后期的定期服务对帮助企业掌握自行改善的方法是非常重要的。

(3)诊断公司服务人员的素质和专业性。一家有着良好前景和长远打算的诊断公司也必然非常重视员工的内部培训和能力提升,服务人员是否具备良好的个人素养和较高的专业能力体现着一家公司是否重视自身发展,是否有长远规划,也决定着这个企业的路到底能走多远。

(4)诊断公司的人员稳定性。目前的诊断公司数目众多,对这一行业并不了解的企业很难从中分辨出到底哪一家更好,哪一家的服务是最有保障的。其实这并不难,只要看这家公司的诊断顾问和市场服务部的人员是否不停地流动就可以判定,一个工作人员总在流动的公司无论如何都是无法为客户提供良好的专属服务的。

(5)沟通渠道和信息发布平台。信息传递的快慢越来越成为一个企业成败的影响因素,同样,在企业与诊断公司的交流沟通过程中,信息的及时有效沟通则影响着整个工作进展的快慢。多种畅通的沟通渠道是有效沟通的保证,信息的及时回复是工作有序进行的保证。而随着信息的加速传递,良好的信息发布平台则是企业及时获得最新资讯的好伙伴。所以在考察一家诊断公司时,一定要看其是否有良好的沟通渠道和信息发布平台。

2. 审核诊断顾问的资历并确定工作时间

在选定了诊断公司之后,诊断项目质量管理中的"人"是一个重要因素。首先要审核诊断公司作为项目经理的高级诊断顾问的资历是否符合委托方企业的要求,并确认其在本项目的工作时间。

(1)审核项目经理

委托方企业很难逐一对诊断公司项目组成员的情况进行了解,因此选择一名合适的项目经理就格外重要。项目经理是整个项目的牵头人,一般应是诊断公司的总监或高级诊断顾问。优秀的诊断顾问可以秉承科学的管理思想,根据企业的实际情况,利用自己的知识技能和经验为客户提供巨大的附加价值,在尽量为企业节省资金投入的情况下,帮助客户迅速解决面临的复杂问题;而且,一名诊断顾问的背景和经历将会决定他是否有足够的能力来与公司内部的各层级人员进行充分且有效的沟通,进而了解到公司的实际情况,将公司的各种问题从隐藏的角落提升到桌面上来,加以剖析、解决,在体系的建立过程中加以规范;一名好的诊断顾问和他的团队不仅能协助企业建立一套管理体系,同时可以提出帮助企业进行改善的良性建议或方案,提高企业的竞争力。所以选择经验丰富、特别是对本行业类似诊断项目经验丰富的高级诊断顾问作为项目负责人很重要。诊断人员的素质包括职业道德素质和业务素质两个方面,诊断人员的业务素质是诊断课题顺利完成的前提,而良好严谨的职业道德是诊断课题顺利进行的保证,因此优秀的项目负责人除了业务经验之外还需要同时具备以下素质:①强烈的事业心和责任感;②较高的政策水平;③敏锐的信息意识和情报意识;④多学科的知识结构和丰富的实践经验;⑤良好的组织和沟通能力。

(2)明确项目经理和主要诊断顾问的工作时间

在企业实际诊断案例中,经常会出现在诊断项目签约启动后,真正执行项目的诊断人员并非是最初与企业接洽的、企业比较满意的诊断顾问,高级诊断顾问只是挂名,实际操作交由普通诊断人员或实习生是一个普遍存在的现象,因此作为委托方,为保证项目质量,在诊断合同签署中,对项目经理和主要诊断顾问在本项目上的工作时间进行约定就非常必要,同时还可约定在项目的关键阶段、汇报阶段性成果和最终成果时必须由项目经理或高级诊断顾问负责等内容。

(二)诊断项目产品范围的界定

项目是一个特殊的将被完成的有限任务,它是在一定时间内,满足一系列特定目标的多项工作的总称。项目的定义决定了任何项目都必定有一个范围,项目范围管理对于项目的成功来讲是十分关键的。确定不了范围,项目就无法启动,就无法按项目进行管理,计划、进度、工期就无从谈起,成本管理、资源保障、变更控制等就失去了根据;范围定义不明确,意外的变更就会不可避免地出现,项目的进程和节奏就会被打断,进而产生返工、窝工、误工、费用上升甚至项目不能完成等一系列的问题。项目范围包括项目的最终产品或服务以及实现该产品或服务所需要做的各项具体工作,即产品范围和工作范围。产品范围是确定产品或服务中应包含有哪些功能和特征,是对产品要求的度量;工作范围是为了使客户满意而必须做的所有工作内容。

界定项目产品范围的步骤是理清需求、与诊断顾问充分沟通、在项目委托书中明确双方达成一致的项目产品范围,如需要研究哪些问题、要形成哪些方案、提交什么文档等。其中最关键的一项工作是要理清需求。在实际的诊断项目案例中,经常出现委托方在项目开始时没有将需求一次性提出,随着项目进展而随意提出新的需求的现象,诊断公司完全有理由以超出合同约定而要求增加项目费用和时间。因此委托方项目负责人首先一定要正确理解企业启动诊断项目的真实目的,将需要解决的问题考虑全面,并将梳理的结果以书面形式报领导审批,避免在项目实施后才发现遗漏了重大问题,造成企业的损失。但委托方企业同样需要避免走入另一个误区,即认为规定项目产品范围是对自己的限制,项目产品范围越广越好。由于项目产品范围受制于项目时间、项目质量和项目费用,项目产品范围越广,项目时间越长、费用越高,而且需要解决的问难重点就越不突出,项目质量自然也会受到影响。因此,作为一名合格的项目管理者,委托方企业项目负责人应在项目启动阶段即理清全部需求,并与诊断公司就项目产品范围达成一致,并在项目委托书中以文字的形式规定清楚。

(三)诊断项目结果的评价

对于诊断项目而言,委托方项目质量管理就是要通过特定的质量控制方法来确保诊断项目的结果能够满足委托方的需要。而诊断项目的结果是通过诊断公司对委托方企业的调查、诊断形成的对委托方企业的建议或方案,并非实物产品,具有无形性。那么究竟应该如何评价诊断项目的结果是否满足委托方的需要呢?通过对多个诊断项目的实际管理经验的总结,对诊断项目结果进行评价有两个主要步骤:清晰定义诊断项目的结果、明确诊断项目结果的评价方法。

1. 清晰定义诊断项目的结果

要对诊断项目结果进行合理的评价,在项目正式启动前,委托方和诊断公司必须首先清晰定义诊断项目的结果,并达成共识,在项目任务书中明确规定项目的任务和目标、项目可交付成果的内容、展现形式、评价标准等,做到项目评价时有据可依。那么诊断项目的结果究竟应该如何定义呢?如果单从字面上分析,诊断项目的结果是指诊断项目执行完毕后,由诊断公司项目小组提交的项目成果。但事实上,诊断项目的结果远远不止字面上的内容。客观地讲,诊断项目的结果是委托方企业和诊断公司对项目范围达成高度共识的基础上,对诊断公司项目小组和企业项目组共同提交项目成果的清晰描述。这包括三层含义。

(1)委托方与诊断公司必须在项目范围上达成高度共识

因为诊断项目的结果完全和项目范围挂钩,不可能单独存在,因此项目范围确认在先。而且相当多的诊断项目在执行过程中,会因为某些原因而改变项目的范围或问题的优先级,从而改变项目的结果,只定义结果可能最后无法适用。所以只有在委托方企业和诊断公司对项目范围达成高度共识的基础上,项目结果的描述才有意义。

(2)诊断项目的结果不是诊断公司单方面操作和提交的

和医生治病一样,病人如果不将全部症状和情况告知医生或没有配合和遵循医嘱,再高明的医生也很难控制治疗效果。同样,企业作为诊断项目被实施方,应当积极地参与到项目的实施中去,经常沟通和提供支持,对先期的假设进行比较与更正,而不是坐等其成。

(3)诊断项目的结果是一个清晰的描述

诊断项目的结果虽然具有无形性,但是可以界定的,也是可以清晰描述的,某些情况还可加以量化。

2. 明确诊断项目结果的评价方法

在委托方企业和诊断公司就诊断项目结果的定义达成一致后,接下来就要明确诊断项目结果的评价方法。对于实施型诊断项目和混合型诊断项目实施部分的结果评价是相对清晰的,即委托方企业根据诊断项目的成果——实施方案进行实际操作,在约定的实施时间到期后,约定的量化指标是否得以实现。一般来说,大部分量化指标是委托方企业内部的业务数据,如"业务收入的增长""采购成本的降低"等,委托方企业可以得到准确真实的数据来对项目结果进行评价;但是对于"市场占有率的提高""客户满意度的提高"等企业外部的量化指标,为了客观、公正地评价项目结果,双方可以约定由第三方机构对项目实施的效果进行评估,如通过事先约定的权威机构进行调查。在此类诊断项目实施前,委托方企业应注意在合同中规定分期付款的条款,即在项目实施结果经过评价合格后再付全款。但对于建议式诊断项目和混合型诊断项目的建议部分,诊断项目的结果就不能通过量化指标来评价。在诊断项目的实施中,对于此类项目通常采用评审会的方式进行评价。因为诊断项目的结果是通过诊断公司对委托方企业的调查、诊断形成的对委托方企业的建议或方案,其实建议或方案能不能得到委托方企业领导的认可,委托方企业领导是否满意就是项目结果的评价标准,因此通过召开评审会对项目进行评审是对此类项目结果进行评价最合适的方式。

(四)诊断项目进度控制和过程控制

选择了满意的诊断公司和合适的项目负责人,对项目结果做出清晰定义并明确了评价方法之后,委托方企业是否就可以高枕无忧、坐享其成了呢?答案是否定的。前面已分析过,诊断项目的显著特点是过程的持续性和主观性,诊断项目的实施过程依靠诊断顾问对企业的调查、访谈以及后期的研究和方案设计,带有很强的主观性;而且诊断项目一般都会持续一段时间,少则两三个月,多则半年1年。一般来说,委托方企业的项目负责人都是兼职的,因此很难对项目实施过程进行全程跟踪和管理。但是如果委托方企业对项目实施过程"大撒把",往往会出现等到项目临近收尾,项目负责人召集诊断公司提交结项报告的时候,才发现诊断公司提出的建议方案偏离了企业的目标或者项目负责人认为满意的咨询结论,结果自然是需要耗费更多的时间和精力去矫正,导致项目延误。企业作为诊断项目被实施方,应当积极参与到项目的实施中去,经常沟通和提供支持,对先期的假设进行比较与更正,而不是坐等其成。因此,对委托方企业来说,项目产品质量管理的目的是要让项目的成果能解决企业的问题,而项目过程质量管理的目的是让企业在规定的时间内获得能解决企业问题的项目成果。上文已分析,鉴于诊断项目的实施时间较长、诊断过程的主观性又较强,诊断项目委托方难以对诊断项目的实施过程进行全程跟踪和管理,为解决这个问题,我们可以将诊断项目划分为若干阶段,通过设定阶段目标和进度、实施、检查并改进的方法达到控制全程质量、在规定的时间内获得想要的成果的目的。

1. 项目进度控制

"规定的时间"对企业来说是一个非常重要的指标。对于委托方企业而言,下决心启动诊断项目一般都是因为遇到了棘手、急需解决的问题,在市场竞争如此激烈的环境下,时间对一个企业意味着什么不言而喻。项目时间管理同样是项目管理九大知识领域中的重要的一环,有很多关于项目时间管理的程序、技术工具。项目时间管理的主要过程包括以下几点。

(1)活动定义。指确认一些特定的工作,通过完成这些活动就完成了工程项目的各项目细目。

(2)活动排序。明确各活动间的相互联系性。

(3)活动时间估计。估计各活动所需时间。

(4)进度安排。分析活动间排序,活动所需时间和资源以做出项目进度计划。

(5)进度控制。控制项目进度变化。

对于诊断项目委托方而言,对项目时间管理主要是对项目进度进行控制,要求诊断公司按时间计划完成各项工作,至于活动定义、排序和进度安排等工作是诊断公司应考虑的内容。

2. 项目过程控制

诊断项目都可以划分为启动、初期、中期、终期、评审五个阶段,对于一般的建议式诊断项目,这五个阶段的标志性工作分别是选定诊断公司及编写项目委托书、前期数据调研、数据处理及选择方案、确定方案及撰写诊断报告、报告评审;对于实施型诊断项目和混合型诊断项目,还应包括方案试点实施、效果跟踪评估、反馈改进等工作。委托方企业应要求诊断公司在规定的时间进度内提供项目策划方案、数据整理结果、测算方案等阶段报告,通过对阶段报告进行评审来检查项目研究内容是否有偏差、是否符合企业的要求,从而达到质量控制的目的。项目过程质量控制所使用的工具和方法包括检查法、因果图法、控制图法、流程图法等。其中流程图是流经一个系统的信息流、观点流或部件流的图形代表。在企业中,流程图主要用来说明某一过程,这种过程既可以是生产线上的工艺流程,也可以是完成一项任务必需的管理过程。作为诊断工具,它能够辅助决策制定,让管理者清楚地知道,问题可能出在什么地方,从而确定出可供选择的行动方案。

(五)诊断项目沟通管理

诊断项目是由委托方将项目交付给诊断公司,由诊断公司通过情报收集、市场调查、企业内部调研等得到一手材料,再根据诊断人员的经验和掌握的方法来进行研究、分析、诊断,最终得出对委托方企业生产经营、管理等相关问题的建议或方案,这就决定了诊断项目必定至少是两家企业间的业务活动。同样,企业作为诊断项目被实施方,应当积极参与到项目的实施中去,经常沟通和提供支持,对先期的假设进行比较与更正,这就决定了委托方企业在项目质量管理过程中必须高度重视双方的沟通管理。同时,诊断项目虽然是由企业内某个部门发起的,但由于诊断的内容往往涉及企业整体发展战略、业务流程、IT规划等,决定了诊断的过程必不可少会牵扯企业内部的多个部门,因此对于委托方企业项目负责人而言,做好本企业内部的资源协调和横向沟通也是非常必要的。

第四节 人力资源诊断与决策项目的成本管理

一、项目成本管理的含义

成本是指为达到特定目的而发生或要付出的价值牺牲;它可用货币单位加以衡量。成本管理是指对所发生的成本费用支出进行有组织、有系统的预测、决策、计划、控制、核算、分析与考核等一系列科学管理。而项目成本管理是指企业根据项目总体目标和项目具体要求,在项目实施过程中,对项目成本进行有效的组织、实施、控制、跟踪、分析和考核等管理活动,以达到强化经营管理、完善成本管理制度、提高成本核算水平、降低工程成本、实现目标利润、创造良好经济效益的目的,主要包括项目资源计划、项目费用估计、项目费用安排和项目费用控制。

二、项目成本的编制

项目成本编制是指在项目的具体实施过程中,为了保证完成项目所花费的实际成本不超过预算成本而展开的项目成本估算、项目预算编制和项目成本控制等方面的管理活动。其过程如下：

1. 资源计划编制。决定为实施项目活动需要使用什么资源（人员、资金和物资）以及每种资源的用量，产生一个资源需求清单。

2. 成本估算。估计完成项目所需资源成本的近似值，成本估算过程的主要输出是成本估算、辅助的细节和成本管理计划。

3. 成本预算。将整体成本估算配置到各项工作中，以建立一个衡量绩效的基准计划。成本预算过程的主要输出是产生一个成本基准计划。

4. 成本控制。控制项目预算变化，不断修正成本估算，更新预算，进行完工估算，总结经验教训。

三、项目成本构成

成本是一种耗费劳动的货币表现形式。更形象地说，成本是各种牺牲的一般形式。项目成本由许多支出的费用所组成。由于各种费用的性质和特点不同以及对项目成本管理观念的介绍，必须对这些费用进行科学的分类。

1. 按成本发生时间来划分

预算成本。预算成本是由工程量定额标准计算出的工程成本，是项目成本分析、决策、报价、落实责任和安排资源资金的依据，是决定产品盈亏的前提条件。

计划成本。计划成本是根据项目具体情况，以优化的技术方案为依据，按企业的管理水平、消耗定额、作业效率进行分析，确定预算费用。为了采用目标管理的方法，将计划成本进行分解，以明确控制的范围和要求。

实际成本。实际成本是项目在实施过程中直接消耗在项目上的实际费用，反映实际支出，确定项目的最终盈亏。在项目成本控制过程中，预算成本是编制和控制计划成本的依据，计划成本可用来指导实际成本的支出，实际成本又反过来考核计划成本的水平。

2. 按生产费用计入成本的方法划分

直接成本。指直接用于并能计入产品的费用。

间接成本。指非直接用于也无法直接计入产品的、但为生产产品所必须发生的费用，如管理费用、内部物流费用等，通常是按照直接成本的比例计算。

3. 按生产成本与工作量关系来划分

固定成本。指在一定工程量范围内，发生的成本不受工作量增减变动的影响而相对固定的成本。

变动成本。指发生总额随着工程量的变动而成正比例变动的费用。

四、项目成本估算的工具和技术

项目成本估算是将预算费用折算到项目每个环节，构成项目计划费用。项目报价决定了产品或服务涉及的费用，成本估算仅是报价的一部分或因素之一。成本估算直接决定了项目决策和实施，因此项目估算在项目中的地位至关重要。成本估算常用的方法有类比估算法、参数模型法。

（一）类比估算法

类比估算法主要体现的是管理层依据自身的经验和已完成项目的数据做出的判断。一个项目往往是管理层根据自身对项目的估计做出决策，并传达到下一层直至施工人员。类比估算法有其明显的缺陷：项目成本估算受管理层自身经验、能力和已完成项目数据的影响，项目成本估算容易出现很大偏差。下层人员对管理层决策的理解能力和执行能力对项目成本估算影响很大。以上两点决定了类比估算法做出的成本估算往往较实际出入很大，给项目造成困难。

（二）参数模型法

参数模型法主要三种方式：

指数估算法：主要应用于项目实施和设备采购方面，有特定的公式，公式依不同项目、行业等设定不同的参数。

系数估算法：是根据已知项目投资估算出新项目的投资的一种方法，不同行业、不同项目设定不同的系数。

因素估算法：是以往项目的各种因素（规模、费用等）形成曲线图，并依此推断出新项目的各类数据的方法。

第四章

人力资源战略诊断与决策

第一节 人力资源战略诊断与决策原理

一、人力资源战略概述

人力资源战略(Human Resource Strategy),是指根据企业总体战略的要求,为适应企业生存和发展的需要,分析企业的内外部环境,确定企业未来的发展方向和目标,同时从人力资源管理的角度,对企业人力资源进行开发,并制定相适应的人力资源战略规划,提高职工队伍的整体素质,从中发现和培养出一大批优秀人才,所进行的长远性的人力资源管理方面的专业谋划和方略。

人力资源战略把选人招聘、工作分析、工作设计、员工开发、绩效管理、薪酬开发、激励保障和员工退出等环节作为一个系统整体来研究和细化,并加强对各个环节的监控。它将确定一个企业如何从人力资源的角度进行战略管理以实现企业的战略目标,同时提供了通过人力资源管理获得和保持竞争优势的发展思路(如图4—1所示)。

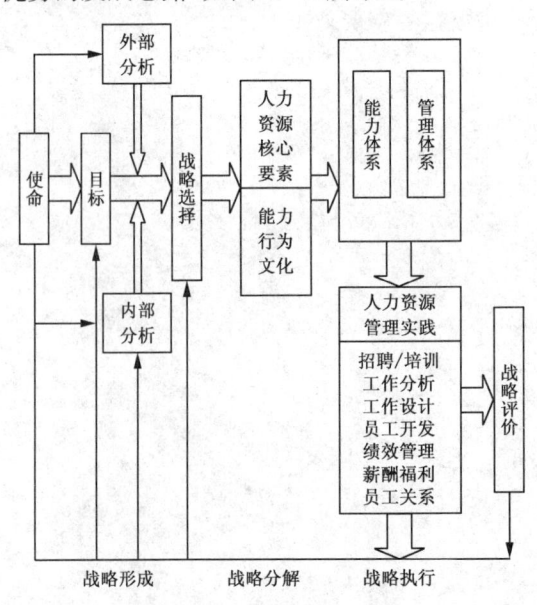

图4—1 人力资源战略框架

(一)人力资源战略与人力资源规划

人力资源战略是指企业为实现其战略目标而制定的一系列有关人力和人才资源开发与管理的总体规划,是企业发展战略的重要组成部分,是抓住组织的战略目标和目的,并将其转化为前后一致的、整体化的、完善的员工管理计划和政策,是从人力资源的质和量入手,评估目前人力资源的质量与企业目前及未来发展变化所需之间的差距,并能够满足这些要求的过程。

人力资源规划是一项系统的战略工程,它以企业发展战略为指导,以全面核查现有人力资源、分析企业内外部条件为基础,以预测组织对人员的未来供需为切入点,内容包括晋升规划、补充规划、培训开发规划、人员调配规划、工资规划等,基本涵盖了人力资源的各项管理工作,人力资源规划还通过人事政策的制定对人力资源管理活动产生持续和重要的影响。

简单来讲,人力资源战略主要是指企业的人力资源管理应该做哪些工作,是应该做什么的问题(What);人力资源规划主要是指企业的人力资源管理工作如何开展,是如何做的问题(How)。

(二)人力资源战略与企业战略的关系

人力资源战略要服从于企业战略,人力资源战略是企业战略的重要组成部分,是企业核心竞争力之一。它属于专业战略领域,而企业战略则属于总体战略。二者的制定过程应该是同时的,没有人力资源战略的保障,企业的一切战略如市场营销战略、开发战略、生产战略等都无从谈起。

(三)人力资源战略规划

人力资源战略规划有广义和狭义之分。

广义的人力资源战略规划是指根据组织的发展战略、目标及组织内外环境的变化,预测未来的组织任务和环境对组织的要求,以及为完成这些任务,满足这些要求而提供人力资源的过程。

狭义的人力资源战略规划是指对可能的人员需求、供给情况做出预测,并据此储备或减少相应的人力资源。

二、人力资源战略诊断

在企业集团管理模式下,人力资源战略规划应当实现如下目标:(1)根据企业集团战略目标,确定人力资源发展战略;(2)深入分析企业人力资源面临的内外部环境,发现问题和潜在风险,提出应对措施;(3)合理预测企业中长期人力资源需求和供给,规划和控制各业务板块人力资源发展规模;(4)规划核心人才职业生涯发展,打造企业核心人才竞争优势;(5)规划重点专业/技术/技能操作领域员工队伍发展,提高员工综合素质;(6)提出人力资源管理政策和制度的改进建议,提升整体管理水平。

人力资源战略管理的诊断流程包括:(1)企业发展战略分析诊断;(2)人力资源战略环境分析诊断;(3)人力资源战略方案准备与评估。

人力资源战略管理的决策流程包括:(1)人力资源战略选择和战略目标确定诊断;(2)人力资源战略实施诊断。

(一)人力资源战略诊断模型

人力资源战略诊断模型如图4-2所示。

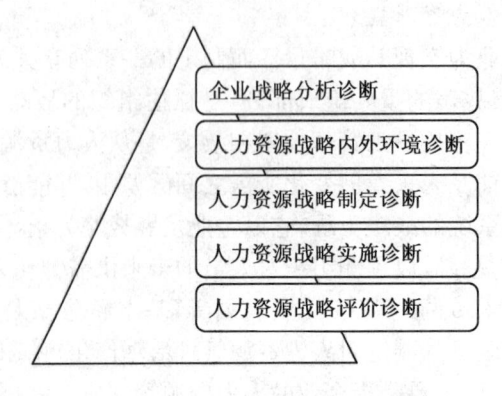

图 4—2　人力资源战略诊断模型

1. 企业战略分析诊断

企业战略是指企业根据环境的变化、本身的资源和实力选择适合的经营领域和产品,形成自己的核心竞争力,并通过差异化在竞争中取胜。随着世界经济全球化和一体化进程的加快和随之而来的国际竞争的加剧,对企业战略的要求越来越高。对企业战略的诊断可以从是否具有明确的经营发展战略、战略与企业自身资源与实力的适应情况等方面着手。

2. 人力资源战略内外环境诊断

战略环境分析是战略管理过程的第一个环节,也是制定战略的开端。战略环境分析的目的是展望企业的未来,这是制定战略的基础,战略是根据环境制定的,是为了使企业的发展目标与环境变化和企业能力实现动态的平衡。人力资源战略环境包括外部环境和内部环境(内部资源和能力)。对人力资源战略内外环境的分析有助于了解企业人力资源战略的环境适应性及与企业发展目标的匹配性如何,从而发现问题和不足,有针对性地进行人力资源战略调整。人力资源战略内外环境诊断主要应包括以下方面:是否进行了企业内外部环境分析;是否能针对内外环境优劣势采取正确举措,发挥优势并减轻劣势可能给企业造成的不良影响;是否进行风险和意外分析等。

3. 人力资源战略制定诊断

人力资源战略制定是确定企业人力资源战略目标,认定企业人力资源的外部机会与威胁,认定企业内部优势与弱点,建立人力资源规划目标,制定供选择战略,以及选择特定的实施战略,是企业人力资源战略的一个重要组成部分。对人力资源战略制定的诊断可以从如下几方面入手:是否以科学的方法与程序制定人力资源战略;人力资源是否与企业战略保持一致;人力资源战略规划定位的准确性以及有无专门人力资源战略管理部门等。

4. 人力资源战略实施诊断

战略实施是为实现企业战略目标而对战略规划的执行。企业在明晰了自己的战略目标后,就必须专注于如何将其落实转化为实际的行为并确保实现。战略实施是战略目标和规划实现的关键过程。人力资源战略的强有力的推行和稳健的实施,有利于企业人力资源战略目标的实现。对人力资源战略实施诊断应主要考察以下方面:战略实施的各种条件是否具体;战略实施推进和完成情况与战略制定的一致性;战略实施对企业现有人力资源问题的解决是否有帮助;战略实施过程是否科学;战略实施过程中的控制与协调是否得当等。

5. 人力资源战略评价诊断

战略评估是指以战略的实施过程及其结果为对象,通过对影响并反映战略管理质量的各要素的总结和分析,判断战略是否实现预期目标的管理活动。企业所在的内外部环境的变动性,决定了要保证人力资源战略管理过程的顺利实现,必须通过战略评估体系对制定并实施的战略效果进行评价,以便采取相应的完善措施。可见战略评估决定着战略管理的成败。通过对人力资源战略的评价,能够及时了解人力资源战略管理中可能存在的问题与不足,总结得与失,在后续的工作中改进。对人力资源战略评价诊断的目的在于帮助企业接下来制定更加适应企业情况,更加易于实现的人力资源战略,可以从是否有相应的评价方案、有无根据反馈意见对人力资源战略进行修正、调整等方面着手。

(二)企业生命周期分析与人力资源战略的诊断

企业是一个生命的有机体,有其诞生、成长、壮大、衰退直到死亡的过程,一个企业从其诞生到其死亡的生产经营活动的全部过程就叫企业的生命周期。在这个生命周期内,不同的阶段,企业的生产经营和人才使用有着不同的特点。这里,我们以企业的可持续发展为前提,把企业生命周期划分为创业期、成长期、成熟期和衰退期。通过分析各个阶段企业的主要矛盾和特点,研究制定企业的人力资源发展战略。

1. 创业期

创业期的企业就是一个新企业的诞生过程,这个时期企业的不利因素很多:产品质量不稳定、花色品种单一、产量低、市场占有率低、产品的成本高、价格高、竞争对手少、管理水平低、不规范、企业缺乏资金、知名度低,企业人员少,人才少,没有明确的分工,常常是以一当十。人才使用的特点是高低配置,即高级人才低位使用。因为是初创时期,大家不分彼此,名誉、地位、金钱均靠其后,唯一有的是创业者的极大热情和雄心,极强的创新精神。

这一时期人力资源战略的核心是:充分发挥创始人的人格魅力、创造力和影响力,注意利用"外脑",向他人学习,向外单位学习;在工作中发现一批技术型和管理型人才,为以后企业向规范化、制度化方向发展打下坚实的基础;促进人才组织化,帮助员工设计自己的职业生涯。

2. 成长期

这一阶段企业典型的特征是产品有市场、销售量也有增加、企业的生产人员和销售人员也大量增加;企业人员的增长、销售量的增加,使企业的规模迅速地扩大。正因为这样的原因,企业的规章开始建立起来,企业的组织机构也开始明确,企业进入规范化管理阶段,有一定的创新能力和核心竞争力,顾客、社会开始关注这类企业,企业也开始注意自己的形象。企业在快速发展的同时,也存在大量的问题,结构脆弱、人才短缺,其表现是:低级人才高位使用。主要原因是新进人员熟悉企业环境慢,不能迅速认可企业文化;技术人员不能赶上技术发展趋势、技术优势减弱;市场人员不能充分了解产品和市场情况,服务能力不足,市场竞争力差;管理人员难以行使有效的职能;开发个人潜能少,难以满足个人发展需要。

这一时期人力资源战略的核心是完善组织结构,加强组织建设和人才培养,大量吸纳高级人才,让员工从事具有挑战性的工作,丰富工作内容,承担更多责任;根据市场法则确定员工与企业双方的权利、义务和利益关系;企业与员工建立共同愿景,在共同愿景的基础上就核心价值观达成一致;员工与组织的心理期望和组织与员工心理期望达成默契,在员工与企业间建立信任与承诺关系,实现员工的自我发展和管理。

3. 成熟期

成熟期是企业最辉煌的时期,规模、销量、利润、职工、市场占有率、竞争能力、研发能力、生产能力、社会认可度等都达到了最佳状态,但企业也容易得"大企业病",即企业易骄傲自满、沟通不畅、滋生官僚主义、创新精神减弱。人力资源方面出现高高配置,即高级人才高位使用。

这一时期的人力资源战略核心是激励组织的灵活性,具体措施是建立"学习型组织"、提供企业发展远景规划、建立人力资源储备库,采取比竞争对手更为优秀的人才垄断战略;组织岗位设计分析,明确人员职责;加强针对性培训,解决老员工知识老化问题;激励手段多样化,吸引、留着企业所需人才;制定关键人力资源"长名单"(即企业在关键岗位上制定的2~3个层级的后备接替人名单),以防止关键人力资源跳槽或突发事件的发生。

4. 衰退期

企业在衰退时期,管理不善,销售和利润大幅度下降,设备和工艺落后,产品更新速度慢,市场占有率下降、负债增加、财务状况恶化、职工队伍不稳定,员工士气不高,不公平感增强,对自己职业生涯发展期望值降低,敬业精神弱化,人才浪费严重,企业缺乏激励上进的组织气氛。企业的人力资源是低低配置,即低级人才低级使用。此时的企业有两种前途:要么衰亡,要么蜕变。此时的人力资源战略核心是人才转型,对职工后期发展出路给予指导,在新的领域进行人才招聘和培训,实现企业的二次创业。

企业在生命周期的不同阶段有不同的矛盾和特点,其人力资源战略的重心有所不同,采取的措施也有所不同,企业必须根据自身的条件,不断地解决这些矛盾,采取不同的人力资源战略,才有可能实现可持续发展。

(三)人力资源战略的环境分析诊断

环境是指某一事物赖以生存和发展的各种外部条件或因素。人力资源存在于特定的环境中,人力资源战略与所处的环境因素之间是相互促进、相互制约的。人力资源战略的环境包括外部环境和内部环境。

1. 外部环境

与人力资源战略相关的外部环境因素主要包括政治法律环境、社会文化环境、经济环境、科学技术环境、人口环境和自然环境、组织所处的行业环境等。

(1)政治法律环境

政治法律环境是指一个国家或地区的政治制度、体制、国家方针政策以及法律、法规等方面的因素。这些因素制约、影响着组织的发展。政治因素主要是指国家的方针、政策,它对组织的生存与发展有着深远的影响。比如,我国规定达到一定学术成就的人员,可以将户口迁移到发达的城市,并给予优厚的待遇。法律因素是指中央和地方的法规和有关规定,其中与经济法律法规的关系更为密切。经济法律法规是为调整经济活动中的法律关系、发展社会生产力服务的。它规定了组织可以做什么、不可以做什么。例如,随着我国社会的发展和法制的不断完善,劳动保护的相关法律越来越健全,组织不能再盲目地追求产出、效益,而要给员工提供相应的劳动保护措施,这就要求培训的时候不仅要对员工技能进行培训,对于他们的自我保护能力也需要进行培训。

(2)经济环境

经济环境是影响组织,特别是影响人力资源战略的重要因素,是指构成企业生存和发展的社会经济状况和国家经济政策。经济环境又可分为宏观经济环境和微观经济环境。

(3)社会文化环境

社会文化环境是指一个国家或地区的居民受教育程度和文化水平、宗教信仰、风俗习惯、审美观点、价值观念等。这些环境是经过千百年逐渐形成的,它影响和制约着人们的观念和思维,影响着人们的行为。其中,教育程度和文明水平会直接影响劳动者的基本素质;宗教信仰和风俗习惯、禁忌会抵制某些活动的进行,这对组织的人力资源管理有特殊的要求;审美观点则会影响劳动者对组织活动内容、活动方式以及活动成果的态度；价值观念会影响到劳动者对组织目标、组织活动以及组织本身的认可与否，也会影响组织文化的形成。例如，美国文化受新教伦理的影响，强调一种人定胜天的精神，于是在早期汽车生产中就形成了大批量的生产方式。而同期的日本，推崇天人合一的精神，于是形成了精益求精的生产方式。

(4)科学技术环境

科学技术环境是一个极活跃的因素。它对人力资源战略的影响是多重的。

①组织机械化和自动化的提高使劳动变得单调，一线的员工容易产生疲倦和感到枯燥，从而影响其工作效率。为了避免这些，组织需要采用岗位轮换、技术考评、激励等多种方式提高工作丰富化程度。

②知识经济时代的到来，电脑网络化的普及使得知识的更新换代越来越快，组织中人员的技能和知识结构逐渐老化，需要持续、不断地更新。

③科技进步进一步加深了组织对掌握先进科学知识的人力资源的依赖。

(5)人口环境和自然环境

人口环境是指人口的数量、质量和结构，劳动力的供需状况及其趋势，经济发展速度与劳动力供需间的关系，政府和组织对劳动力素质的投入等。人口环境从人力资源供给的角度对人力资源战略带来了巨大的影响，尤其是人员招聘和培训开发等环节。

自然资源日益短缺，能源成本趋于提高，环境污染日益严重，政府对自然资源管理的干预不断加强。所有这些都直接或间接地给企业带来威胁或机会。

(6)行业环境

行业环境的特点直接影响着组织的竞争能力。美国学者波特认为，影响行业内竞争结构及其强度的主要有现有厂商、潜在的参与竞争者、替代品制造商、原材料供应商以及产品用户五种环境因素。人力资源战略在设计的时候也需要考虑行业中其他成员所采用的人力资源战略，并以此作为本组织制定人力资源战略的参考依据。尤其是竞争对手对优秀人员的激励政策等，值得参考和借鉴。

2. 内部环境

组织的内部环境也会对人力资源战略产生很大的影响。而组织内部影响人力资源战略的因素有以下几种。

(1)现有组织的人力资源状况

组织现有的人力资源是人力资源战略的基础，也是将来发展的起点。组织目标的实现需要有充足的相匹配的人力资源。因此，需要对组织现有的人力资源状况进行全面的了解，如人力资源数量、人力资源质量、人力资源分布、人力资源的利用状况等，并建立相关的档案来进行管理。

(2)企业总体发展战略

企业战略是制定和实施人力资源战略的前提，不同的企业战略要求设置与其相匹配的人力资源战略。因此，企业必须首先明确经营宗旨及战略目标，根据总体战略的要求，确定一定时期内人力资源开发利用的总目标、总政策、实施步骤及总预算安排，并制订一套完善的业务计划进行落实。

(3)企业组织结构

企业组织结构就是把企业的目标任务分解为职位，再把职位综合为部门，由众多的部门组织垂直的权力系统和水平工作协作系统的一个整体机构。企业的组织结构决定企业的职位数量和岗位要求,人力资源管理的目标之一就是要实现人与岗位相匹配,因此,不同的组织结构所导致的人力资源管理的实践活动也不一样。

(4)企业资本实力与经营状况

企业资本实力与经营状况直接关系到人力资源战略的定位,影响到企业人力资源运作模式的选择以及具体管理制度的制定。资本雄厚、经营状况良好的企业可以加大人力资源投资,以更有竞争力的薪酬、福利计划吸引人才,也有能力对员工进行高水平的培训,以良好的职业发展前景获得优秀的人才。而企业资金不足、经营状况不佳时,就只能按需用人,减少储备甚至减薪裁员。

(5)企业文化

人力资源管理的最高层次就是运用企业文化进行管理,因此,企业文化与人力资源战略有着紧密的联系。企业的价值观引导并规范着员工的行为,使他们知道应该怎么想、怎么做;企业精神能激发员工的积极性和创造性;优秀的企业文化不仅协调着员工之间的关系,还将企业中的各种成员凝聚在一起使企业在发展中更具稳定性。

(四)人力资源战略制定的诊断

制定有效的人力资源战略,一般需要经过以下三个步骤。

1. 明确职业化人才队伍需求

人力资源战略作为一种最重要的职能战略受公司战略支配,并反作用于公司战略,不同的公司战略对人力资源战略的需求也不相同。同样,公司的核心价值观也影响并决定着人力资源战略。

道理似乎很简单,但如何才能从公司战略导出人力资源战略?我们知道,核心能力(Core Competency)是用以贯彻公司战略,竞争对手所无法仿效的独一无二的一种系统能力。不同的公司战略要求不同的核心能力。然而,核心能力蕴藏于员工个体,由员工来执行,并经由企业文化与机制对员工承载的能力予以放大。这样,我们就找到了公司战略与人力资源战略之间的桥梁——通过明确公司核心能力,结合公司核心价值观,明确公司需要建设怎样的职业化人才队伍(核心职位/类型/能力)。

2. SWOT分析制定人力资源战略

回答了公司需要建设怎样的职业化人才队伍,接下来就要界定员工的价值定位(P)并对公司的三个选择性战略要素(O、D、A)做出选择,这四者界定了公司的人力资源战略。

(1)明确员工的价值定位

员工的价值定位(Positions)是从员工个人角度界定个人与公司的隐含关系。价值定位决定了公司能够吸引和保留怎样的人才,特别是核心团队、职位、人才。从某种意义上讲,核心人才决定了你的员工价值定位。

(2)三个选择性战略要素

第一,人才获取(Obtain)方式,主要有外部招聘和内部培养两种。所有公司都需要培养人才,问题是招聘过程中有经验的人选应占多少比例,以及配置于什么级别。如内部人才不足以协助公司增长或做出改善,则应考虑把重点暂时转移。

第二,权责(Duty)承担方式,即员工工作与责任是以团队还是以个人为重点,但二者间需要保持适当的平衡。

第三,绩效衡量(Appraise)方式,是指公司强调短期效益还是强调长期成就,公司业务性质在很大程度上影响着你的抉择。

通过以上对公司人力资源战略主要内容的界定，结合公司内外部环境与业务发展状况，就可采用SWOT这一战略分析工具做进一步的分析，并最终制定出公司人力资源战略。

3. 制定人力资源策略与流程

制定出人力资源战略便可以从组织结构与岗位设计、人员招聘、人员配置、个人发展、绩效与激励等方面着手确定公司人力资源管理策略与管理流程。

完成了以上步骤，公司人力资源战略已摆在了你的案头，当然也要考虑通过制订行动计划、预算和流程，将战略付诸实施。同时，在你的行动计划中也要对公司经理人员的角色与行为予以规划。因为无论多么出色的人力资源战略，公司经理人员的角色与行为都足以影响其成败。公司总裁应当成为公司的第一人力资源主管，他会设定人才标准，与人力资源部一同设计人才战略，并有高度影响力的参与；职能经理会视人力资源管理为其工作的主要部分，通过接受培训获取人力资源管理技能，亲自负责其下属的人力资源和绩效管理；而人力资源部则需支持职能经理，并向其提供咨询与统一的人力资源管理平台。

（五）企业人力资源战略的实施与评价诊断

企业战略的管理过程是战略的制定和形成、战略的实施以及战略的评价三个环节的循环与周转的过程。

1. 企业人力资源战略的实施诊断

企业人力资源战略形成之后，应从以下几个方面入手，对人力资源战略的实施进行有效的管理。

（1）认真做到组织落实。为了切实保证人力资源战略决策的实现，企业首先应当组建起一支反应迅速、机动灵活、短小精悍的人力资源管理专业队伍，具有竞争优势的专门管理人才是实现企业战略的组织保证。

（2）实现企业内部资源的合理配置。人力资源战略的实施有赖于企业的技术、财力、物力、信息和人力等资源的合理配置和有效运作，企业应当根据战略规划的要求，建立职能部门项目规划和经费预算，将主要资源相对集中在全局的重点上，以确保战略目标的实现。

（3）建立完善内部战略管理的支持系统。为了保证战略的实施，企业必须对原有人力资源政策和规章制度进行全面检索，并做出必要的调整和更新，使它们成为战略实施的支撑点；建立畅通的信息传输、处理、存储和反馈的渠道，有利于对战略实施过程进行监控；优化职能和业务部门的办事程序，提高组织和人员的工作效率，增强实施战略目标的兼容性；建立机动灵活的内部监控和制衡系统，权限适当下移，重大问题由决策层定夺，一般问题由执行层落实，确保战略方向的准确性和不变性。

（4）有效调动全员的积极因素。企业战略的实施有赖于全体员工的积极性、主动性和创造性，企业应通过企业精神的培育，良好工作氛围的营造，高尚品质和操守的追求，积极进取斗志的激发，一流业绩的倡导，物质与精神的双向激励，即通过一切有效措施调动企业员工的一切积极因素，以推动企业战略的实施。

（5）充分发挥领导者在战略实施中的核心和导向作用。就实质而言，企业战略的制定与实施是企业领导者的神圣天职。在企业战略实施过程中，企业领导者必须以战略家的眼光和胸怀，高瞻远瞩、审时度势、把握机遇、保持正确的方向，最终实现企业的战略目标。

2. 企业人力资源战略的评价与控制

对企业人力资源战略的评价与控制过程包括：

（1）确定评价的内容

评价的具体内容是：①企业战略使命与战略目标的执行情况；②在战略实施过程中局部工作与全局工作协调配合以及具体运作的情况；③影响战略实施的主要因素及其变化情况；④各个部门和员工对战略目标的实现所做出的贡献，通过对这些情况的分析评价，可以全面掌握战略实施的进度和所取得的业绩及成效；⑤人力资源战略与企业总体发展战略以及其他职能性战略的配套性和统一性，即对其实际发挥的作用做出评估。

(2)建立评价衡量标准

监测和衡量企业人力资源战略的具体指标和方法主要有：①岗位员工的适合度，岗位人员配置与人员接替的及时率、岗位工作的负荷率等；②员工的工作满意度，既可以通过上下级之间的沟通和对话来了解实际情况，也可以通过劳动力流动率、岗位人员流失率等统计指标，或发放调查问卷的方法来掌握实际情况；③员工工作绩效，可以通过劳动生产率、出勤率、工时利用率、劳动定额完成率、文件传递速度、目标的实现率或工作进度、利润率、资金周转率等指标衡量；④员工心理和生理承受程度和状态，通过测试、问卷或面谈等方式，掌握实际情况；⑤员工的收入水平与社会平均水平、与同行业同类岗位水平进行对比评估；⑥员工对本企业文化的认知程度，通过面谈或问卷来掌握实际情况；⑦员工接受培训以及素质提高的情况，通过各种统计资料、面谈以及调查问卷等手段采集相关的信息等，根据这些指标可以提出具体评价标准。

(3)评估实际绩效

在战略评价的主要内容和评价标准确定之后，应当定期、定点地对企业人力资源运行的实际情况做出测量记录，为进行有效的战略控制提供必要的数据资料和信息依据。在这个工作阶段，应当注意采用定量分析与定性分析相结合的方法，深入实际进行调查，只有采集到第一手真实的数据资料，才能有利于战略评估的全面性和准确性。

(4)根据分析结果采取行动，对战略决策进行必要的修改调整

在战略评价过程中，用预定的标准对实际取得的业绩进行对比，以便查找出战略实施中存在的主要问题和偏差，如果业绩处于偏差的允许范围内，可以继续按照原定的战略计划执行，如果实际业绩与目标的要求差距太大，必须查明原因，经过比较分析，提出改进和调整的具体对策，并付诸实施。

在战略实施过程中，有两种情况可能导致企业发展目标和方向发生偏移，一是以分目标替代总目标，以局部利益牺牲全局利益；二是以工作方法或手段作为目标来追求。究其原因有三：首先是管理层对战略意图的认知与实际的要求不对称；其次是管理者所掌握的数据资料和相关信息与事实不对称；最后是评价的指标和标准与战略实施的要求不对称。

因此，为了确保工作方向和目标的正确性，首先，应当向员工反复宣传和强调战略目标的内涵和实际意图，使大家对战略实施中的重点、要点以及事关全局的关键步骤达成共识，同时要建立畅通的信息沟通渠道，保证信息传递的及时性和准确性。其次，还应当选择和确定有利于实现企业人力资源战略目标的评价考核指标，对于难以定量考核的因素，可采用政策、规章制度或标准程序进行行为监控，以确保战略目标的实现。

同时，在对战略实施情况进行评价与调控的过程中，企业的高层决策者应当紧紧把握住关系企业发展的全局性问题，借助各种监控手段，有效防止以战术的运行与控制替代战略的运行与控制的倾向，使企业当前的行为不偏离大方向和长远目标，始终沿着正确的道路前进。

三、人力资源战略决策

（一）人力资源开发可选择的战略

1. 整体规划设计战略

整体规划设计，就是按照经济技术或社会发展目标的要求，进行人力资源相配套规划设计。把对人才的培养与教育、预测与规划、管理与使用开发有机地结合起来，整体考虑、系统规划，配套逐步实施。我国从1992年开始就要求将人力资源的规划列入国民经济与社会发展规划。随后一些成功的行业与企事业单位也相继进行人力资源规划。实践证明，这一战略的选择为我国各项事业的发展提供了人力资源需求期望，为人力资源有计划地配置和开发提供了基本依据。

2. 政策性战略

改革开放以来，国家为推动人力资源开发，提出了若干政策，制定了有关促进人才积极发挥作用的法规制度。主要包括培养、使用、保护、支持、尊重、保障等方面的内容。其中关于"政府津贴制度""百千万人才工程""职称改革与资格制度""留学人员规定"等政策，极大地推动了人才为经济及各项事业发展做贡献的积极性。

3. 技术开发战略

技术开发是指在人才的具体管理与开发中运用先进的技术代替传统的管理方法，在注意定性管理的基础上，实行定量化、科学化的现代手段管理。目前，我国已提出了10项新的人事技术即规划设计、考试录用、能力测评、心理测试、业绩考核、潜能开发、培训教育、薪资设计、信息统计分析、综合监控等，运用于各类人员管理和人事工作。一些单位，特别是企业集团应用实践证明，它是推动人力资源有效开发的现代方法性战略。

4. 人才分类开发推进战略

不同类型人才，具有不同的素质和不同的能级，也有不同的职业职务标准，其开发使用的要求也不一样，必须采取不同的开发推进战略。从我国人才知识及能级结构看，主要包括中高级管理人员、博士后及副高以上的专业技术人员、从事科研、教学、生产的初中级专业技术人员，广大的技术工人与普通管理人员等。应对他们采取不同的开发推进战略，包括设立博士后流动站，经济技术开发中心参与联合攻关，参与科研、教学、生产相结合的实验活动，参与重大理论政策研讨等。

5. 创新体系战略

创新是企业发展的革命性手段。组织管理人员、技术人员及生产工人积极参加创新活动，是调动他们积极性、挖掘他们的聪明才智最生动的实战性过程。创新活动必须同实现事业目标、知识产权保护、企业经济效益结合起来，同国家、企事业单位的奖励制度结合起来。

（二）企业人力资源战略设计

企业人力资源战略的设计，应当充分体现"信念、远景、任务、目标、策略"等基本要素的统一性和综合性。

1. 企业人力资源内外部环境的分析

如前所述，企业人力资源受到多种因素的制约和影响，在制定企业人力资源战略时，需要从企业战略的基本概念体系（信念、远景、任务、目标、策略）出发，对企业人力资源环境进行总体的分析研究。

（1）人力资源外部环境分析

企业人力资源外部环境分析的目的是，全面了解和掌握外部环境的状况及其变化的总趋势，并揭示企业在未来发展中可能遇到的机会（发展的机遇）和威胁（面临的风险）。分析的内容包括：

①社会环境分析，主要是对社会经济、政治、科技、文化、教育等方面发展状况和总趋势的分析。

②劳动力市场的环境分析，包括对劳动力市场四大支持系统的分析（就业与失业保险体系、劳动力的培训开发体系、中介服务体系和相关法律法规体系）；对劳动力市场功能的分析，如劳动力市场覆盖率、劳动力流动率以及劳动力流动的结构分析，各类专门人才供给分析，劳动力市场价位变动情况的分析；通过劳动力市场进入本企业的各类劳动力供给来源的分析（地域特点、员工素质状况、劳动力流动率和稳定性等）；劳动力市场的这些变数将会对企业产生何种有利与不利的影响。

③劳动法律法规和政策的环境分析，各种法律法规对企业产生了何种影响，利弊得失如何。

④产业结构调整与变化对企业人力资源供给与需求的影响分析，它对本企业将产生何种影响，企业的优势和劣势是什么。

⑤同行业各类劳动力供给与需求的分析，本企业与同业在人才市场的竞争中具有何种优势和劣势。

⑥竞争对手的分析，掌握竞争对手的相关情况，竞争对于采用何种策略吸引和留住人才，其企业文化状况与人力资源策略的分析，人力资源管理具体模式的分析等。

（2）人力资源内部能力分析

企业人力资源内部能力分析是从企业人力资源的现状出发，通过全面深入的分析，了解并掌握企业在未来发展中的优势和劣势，为人力资源战略的确定提供依据。通过对人力资源内部能力的客观全面分析，将有利于企业针对人力资源现存的问题，有效地克服各种妨碍企业战略目标实现的缺点或缺陷，并就如何继续保持和增强企业人力资源的竞争优势做出正确的决策。

企业人力资源内部能力分析的内容包括：

①企业人力资源的现状分析，各类专门人才（技术人才、管理人才和其他人才）的需求情况分析，人员素质结构的分析，员工岗位适合度与绩效情况的分析等。

②企业组织结构的分析，通过组织分析和诊断，发现组织的优势以及存在的主要问题，提出组织变革和创新的设想。

③人力资源管理的规章制度以及相关的劳动政策的分析，企业在劳动组织、分工与协作、工作小组、工时与轮班制度、安全生产与劳动卫生、薪酬福利与保险，以及劳动关系和劳动争议处理等方面存在的优势和劣势。

④企业文化的分析，从文化的内涵，如企业精神的培育、员工信念的树立、企业价值观的认可，乃至企业形象的设计，通过认真的检讨，找出企业文化的优势与缺陷、不足，并提出意见和建议。

在对人力资源内外部环境条件和能力分析的基础上，还需要进一步对企业人力资源在未来发展中可能获得的机遇以及可能遇到的威胁和挑战，做出冷静客观的分析。机遇包括：经济高速发展，政府政策更加宽松，劳动力市场机制日臻完善，竞争对手决策失误，突破同业的防御进入新的领域，企业全员素质迅速提高，集团凝聚力明显增强等；威胁包括：经济低迷，发展速度明显放慢,不利的政府政策,劳动力市场供求矛盾突出,劳动力成本上涨,竞争对手迅速成长,潜在竞争者进入市场,进攻不利、防御失败等。

3. 企业人力资源战略的决策

一般来说,企业在对外部环境和内部能力系统分析的基础,首先应当就人力资源战略的类型做出正确的抉择。

当外部环境遇到良好的机遇,企业人力资源内部能力与竞争对于相比却处于劣势,宜确定扭转型战略;而当企业人力资源具有较强的优势时,则应采用进攻型战略。当外部环境遇到巨大威胁,企业人力资源内部能力与竞争对手相比却处于劣势,宜确定防御型战略;而当企业人力资源具有较强的优势时,则应运用多样型战略。目前,从我国企业的实际情况来看,大多数外资或合资企业采取了进攻型战略,利用自己的资金、技术等方面的优势,从劳动力市场吸引了大量专门人才,在市场竞争中具有一定的独占性;而一些国有企业无论是从外部环境还是从内部资源的配置来看,都处于巨大的压力之下,因此,这些企业多采用防御型战略,以维系劳动者与企业的关系。一项成功的人力资源战略,不仅要紧紧把握全局性和关键性的问题,还需要从以下六个方面做出全面评析和综合平衡,才能保证人力资源战略的整体性、一致性和正确性。具体包括:(1)人员甄选、晋升和替换的模式;(2)人员绩效考核与评价的重点;(3)人员薪酬、福利与保险的设计;(4)员工培训与技能开发的类型;(5)员工关系调整与员工职业生涯规划的政策;(6)企业内部组织整合、变革与创新的思路。

第二节 人力资源战略实训

一、中视传媒公司的人力资源战略

(一)企业介绍

中视传媒股份有限公司注册于上海浦东,1997年在上海证券交易所挂牌上市(证券代码600088),在北京、江苏无锡、广东南海、浙江杭州四地均设有分支机构。作为中央电视台控股的一家传媒类A股上市公司,中视传媒主营影视拍摄、电视节目制作与销售、影视拍摄基地开发和经营、影视设备租赁和技术服务、媒体广告代理等业务。

公司坚持与时俱进、开拓创新,"影视、旅游、广告"三大主业齐头并进。公司在江苏无锡、广东南海拥有3 000多亩影视拍摄基地,景观纵跨中国魏晋、唐宋、明清、民国等历史年代,集古今精华,年接待摄制组近30余个、游客200万人次。无锡影视基地的三国水浒城,成为全国66家首批5A级旅游景区中唯一的影视旅游文化景区。公司拥有各类影视设备总资产近3亿元,包括世界先进水平的高清晰度摄像设备、后期制作设备及频道宣传包装工作室,是国内最早进入高清晰度电视制作领域的企业,拥有3 000多小时高清节目储备。

(二)企业现状

1. 人力资源优势

中视传媒经过多年的发展,人力资源管理工作日趋成熟,主要表现在公司组织结构完整,部门设置合理,人员总体状况良好。

中视传媒公司高层管理团队包括董事长、常务副董事长、总经理、董事、监事会主席以及监事等。下设各职能部门,分别是企划部、人力资源部、信息部、财务部等。按照传媒公司涉足的业务,中视传媒主营影视拍摄、电视节目制作与销售、影视拍摄基地开发和经营、影视设备租赁和技术服务、媒体广告代理等业务,旗下也涉及了一系列的产业。从目前来看,中视传媒的组织结构完整,部门设置合理,基本满足企业业务发展需要。

中视传媒作为中央电视台控股的一家传媒类 A 股上市公司,在公司总体战略管理、人力资源管理、企业文化建设等方面都取得了一定的成效。在总体管理层面上,既注重程序管理和例行管理,也强调应对突发事件的应有机制和能力;在上层管理人员的选拔和任用等方面都有相应的人力资源绩效考核结果作依据;企业的传统文化在员工心目中已经根深蒂固,时刻影响着员工的一言一行;高级管理人员的任职状况良好。

2. 人力资源劣势

尽管公司从成立之初就十分重视人力资源管理,特别是对年轻人才的引进、培养、任用上非常重视,从而使得公司人才结构比较适合传媒企业的发展,但是在实际运作中也存在不少问题,集中表现如下。

(1) 总部搬迁引起的工作动荡

由于总部的搬迁,岗位和人员的变动,使得各种工作关系尚未理顺,工作中存在推诿扯皮的现象,这就导致了中视传媒内部的人员无法获得安稳的心态;同时也影响了中视传媒工作的进度。

(2) 日常管理流程冗杂

在中视传媒公司内部,人员的日常管理中存在流程仍过于繁复和无效的工作环节,很多员工原本的能力无法得到正常使用和发挥,这就大大影响了公司劳动生产率,也增加了公司的运营成本。

(3) 薪酬激励与绩效考核不合理

薪酬激励和绩效考核体系未能真正实现对员工工作有效的引导、工作业绩的科学评价和激励,更没有实现通过加强管理体系提升员工绩效能力,从而提升中视传媒整体业绩能力的作用。

(4) 员工与组织内部的企业文化未能融合

中视传媒尚未形成快速学习、创新、适应市场变化等一系列现代创新的企业文化,而且员工和公司的价值观未能融合统一,使得员工和公司产生消极和被动的文化氛围。

3. 人力资源威胁

从企业外部环境看,中视传媒也面临着不少的威胁。首先是传媒业竞争激烈,传媒人才缺乏。据近期的一项调查显示,传媒人才正成为近年职场上的"领军人物"。每年 20% 的人才需求增长、30% 的薪资增长,使每年该专业的大学生录取人数不断攀升。但仍有越来越多的传媒机构,尤其是民营传媒企业都在感叹,找不到合适的传媒人才。年轻、有创意、流动率快、薪资高,是传媒人才给外界的一贯印象。但也正是由于这些特点,使传媒人才的培养格外局促。

其次,人才流动两极分化。传媒业人才流动,如今出现一种两极分化格局。有过流动的人才,倾向于继续流动;而不曾流动的人才,倾向于以后也不流动。一方面是因为传媒市场发展迅速,另一方面是因为新办传媒不断涌现,年轻的传媒人才流动越来越频繁,尤其是中层以下的传媒人才,似乎随时都在准备"跳槽",不仅是在同一城市不同传媒之间跳,而且还在全国各大城市之间跳。日益开放与市场化的传媒业,创造了一个"海阔凭鱼跃,天空任鸟飞"的环境。人才流动对于任何行业都是好事,但是,过度流动却是不利于行业繁荣的,超出正常幅度的流动,就反映出浮躁与不稳定。

再次,传媒管理高层更需要专业资格考试。立足国内传媒业的现实,也许更需要专业资格考试的是传媒负责人,因为相对于中级、初级职称的传媒人员来说,肩负一家传媒责任的老总,是否具备应有的专业素质、专业水平,倒是一个事关重大的问题。事实上,近来有些出问题的传媒,其采编人员未必水平差。如果把专业资格考试以及证书升级换代到传媒老总一级,相信对中国传媒事业会有极好的促进与提高。

4. 人力资源机遇

机遇与威胁通常并存,尽管传媒业面临着如此多的威胁,但也有不少机遇值得重视。首先,校企联合传媒人才培养模式的兴起,不但保障了传媒学生就业率,同时给在校大学生提供一个实战演练的平台,把学校的实践不足和社会专业技能型强的需求结合起来,拉动就业增长,提高了人才素质。其次,国内领导阶层对高校传媒人才培养的支持,也对缓解人才压力有一定的帮助,同时有利于传媒后备人才的培养。

(三)中视传媒人力资源战略的制定

根据以上企业人力资源现状的SWOT分析,中视传媒形成了一套适合自己企业实际情况的人力资源管理模式。公司提出主攻人力资源水平的提升,提出"人才强化"的战略。具体来说,包括:

(1)建立公司基于岗位评估的薪酬激励体系,并建立与之配套的绩效管理体系,通过将薪酬与员工业绩表现、公司整体业绩挂钩,实现对员工的有效激励,提升公司人力资源管理水平。

(2)完善公司人力资源管理体系,为公司的进一步发展奠定坚实的人力资源管理基础。

(3)通过项目参与培养内部管理人才。

(四)中视传媒人力资源战略的实施

1. 建立人力资源管理平台

对于中视传媒来说,建立一套能够吸引人才、留住人才和激励人才的人力资源管理平台对于公司未来的持续发展尤为重要。

全面提升中视传媒人力资源管理体系的综合管理水平的具体措施如下:

(1)通过人力资源管理诊断,了解中视传媒人力资源管理现状,同时完善现有的岗位说明书。

(2)通过薪酬激励体系设计,科学评价岗位价值,充分激发员工积极性,解决有效激励的问题。

(3)通过绩效考核体系设计,客观、科学地考核员工的绩效,解决提高员工和组织绩效能力的问题。

(4)通过完善人力资源管理体系,解决在人员招聘、培训、职业生涯发展方面的问题,提高中视传媒的人力资源管理水平。

2. 考虑中视传媒总部的构建现状所采取的措施

(1)进一步加强人力资源管理部门的建设

要全面提高人力资源管理部门人员的政治和业务素质。各单位也要把优秀人员充实到人力资源管理部门,对人力资源管理部门的工作人员要严格要求、严格管理、严格监督,同时也要关心他们的学习、生活和成长。集团将创造条件对从事人力资源管理工作的人员进行业务培训,使其不断更新知识、更新观念。

做好集团人力资源管理的最基础工作,就是集团人力资源基础信息系统的完善,组织相关部门召开集团人力资源基础信息系统操作及信息录入等培训,并完成系统建立工作。

(2)注重各类人才的教育培训

人才教育培训工作是人力资源管理工作的重要方面。近年来，集团积极开展各类培训工作，有力地促进了员工队伍素质的提高。今后集团还应继续大力加强和改进集团人才教育培养工作，培养和造就一支适应集团发展需要的高素质人才队伍。今后三年，教育培训的总体构想是：方式上要分层次、分类别、分渠道等，将在职学习和脱产培训相结合；内容上要坚持理论联系实际，重在培训质量，重在培训应用，明确各级各类人员在理论素养、思想品德、业务能力、知识水平等方面的要求。力争利用三年的时间，将所属单位领导班子成员及后备领导人员基本培训一遍，各所属单位负责各自管理范围的骨干人员的培训。根据这一构想，要在总结"十一五"干部培训规划进展情况的基础上，研究制定今后五年集团人才教育培训规划。

(3) 完善公司内部社会保障工作

自 1997 年 7 月国务院《关于建立统一的企业职工基本养老保险制度的决定》实施以来，1998 年 12 月国务院又发布了《关于建立城镇职工基本医疗保险制度的决定》，要求城镇所有用人单位及职工都要根据属地管理的原则参加基本医疗保险，目前已经初步建立起城镇职工基本养老保险制度、基本医疗保险制度、失业保险制度和城市居民最低生活保障制度，形成了社会保障体系的基本框架。因此，中视传媒参加了各项社会保障，认真研究属地的社会保障政策，积极按照有关政策参加社会保险，按时足额缴纳各项社会保险费用，保证职工的切身利益，确保稳定和改革发展目标的实现，这也有利于公司吸引和稳定人才，有利于公司的长远发展。

(4) 创新招聘用人机制

不拘一格用人才，是成功开拓市场的利剑，中视传媒一方面推行突破地域的"天罗地网搜才计划"，在全球范围内跨国界、跨疆界、全渠道地寻找认同中视传媒核心价值观的人才；通过这种不限地域的招聘方式，力争从招聘开始，打破传统的用人观念，最大范围、最大限度地根据集团的发展规划广纳四方英才，以人才为唯一导向的操作大大提高了人员招聘与选拔的效率和成功率；另一方面是逐步打破身份和资历界限，建立灵活的用人制度，使集团的用人标准转变为以能力为基础择优录用，员工不能再依靠原有身份和资历坐享其成，凡是进入中视传媒的新员工没有终身制的概念，根据能力的提高和相关经验的积累，随着集团的发展，每个员工都有无限的上升空间和提升机会。与此相配套，基于招聘策略和职位管理系统，人们开发了系统化测评工具，将不同层面的职位要求转化为不同核心能力模型和竞争力维度，用于招聘面试、跟进员工培训和员工职业生涯规划的推进工作，这些举措无疑为员工发展平台的建设增添了无穷的动力并给予严格的衡量标准，系统化测评工具不仅为集团招聘与选拔工作提供了科学的参考，更为将来的精细化管理预留了广阔的空间。

可以说，中视传媒用特有的开放而严谨的立体招聘方式和系统科学的面试工具，将越来越多的人才吸引到共创未来的远景之下，为实现个人、集团和环境的共同进步而奋进。从加入中视传媒那一刻起，新员工在统一的教育管理平台上接受中视传媒文化的熏陶和优厚的激励，个个都树立了立志奋发、共享成功的拼搏精神和勇于实践、排除万难的创新精神。同时中视人还以宽广的胸怀千方百计地吸引离职人才回流，目前已取得一定成效。

二、思科的人力资源战略管理

思科公司是全球领先的网络解决方案供应商。Cisco 的名字取自 San Francisco（旧金山），那里有座闻名世界的金门大桥。可以说，依靠自身的技术和对网络经济模式的深刻理解，思科成为网络应用的成功实践者之一。与此同时，思科正在致力于为无数的企业构筑网络间畅通无阻的"桥梁"，并用自己敏锐的洞察力、丰富的行业经验、先进的技术，帮助企业把网络应用转化为战略性的资产,充分挖掘网络的能量,获得竞争的优势。

在接受《IT时代周刊》记者采访时,思科(中国)的人力资源总监关迟自豪地提及:"去年下半年,思科公司曾在全球做过员工对公司整体感觉以及对主管满意度的调查。中国公司的满意度为75分以上。"那么,实情是否如此？记者随机对思科一名普通员工进行采访,该员工表示自己将会考虑出国读书,但令记者意外的是,他表示仍会回到思科工作,不像其他人,只是把出国读书作为另攀高枝的桥梁。

在这个充满了机遇和挑战的年代,思科如何留住属下这一群聪明、活跃而不安分的人才,从而在短短18年中创造出曾经市值全球第一的公司？

(一)高薪只是保健因素

尽管人才流失有综合多方面的因素,但是不可否认,薪酬在其中起着微妙的作用。对此,关迟认为,薪酬只是保健因素,而非激励因素,并明确表示:"思科的薪酬水准只排在业界的前1/4,具有一定的竞争力,但并非思科最大的优势。"

在设置薪酬时,思科会进行全面市场调查,确定员工的底薪不是业界最高的,这样,既不会造成企业运营成本过高,也不会因低于行业标准而影响员工的积极性。思科希望员工的收入能够更多地与其业绩挂钩。

(二)每个人都是潜在的经理

在思科人力资源的管理理念中,从不将某个员工当重点培养。思科认为,"每个人都是潜在的经理"。由于公司雇佣的人都是在其所处领域位于前10%的出色人才,更多时候,他们与其说是和同事竞争,不如说是与自己比赛。如果认为哪个员工优秀,就会派他到海外做短期培训,或调到海外工作。是否真的"优秀",很快就能试出来。在这种氛围的影响下,每个员工都非常努力,因为只要愿意去做,思科会给你很多机会。

(三)培养员工的归属感

事实上,当员工最终选择留在一家公司时,高薪和升迁都不会是终极目标。因为只要有能力,到哪里都可以独当一面。因此,员工最终离去的基本原因是归属感。尽管思科是一家纯粹的美国企业,但是对于全球的分公司来说,其员工却感受不到与美国总部员工的任何差别待遇。

(四)企业该如何将人力资源管理战略做好

人才是指企业人力资源中的优秀的部分,是指那些具有专业知识与技能,能够创造性地发挥才干与专长,为企业的发展做出突出贡献的人。

作为企业的人力资源部门,它必须经常考虑下面三个问题:

(1)所需的各种劳动力能够得到吗？进一步说,在开发和动员企业所需的劳动力去实现企业既定的战略方面,企业应该做些什么？

(2)企业能够负担使用劳动力所花的各种耗费吗？企业有能力从物质上去满足员工,并吸引和维持可观的劳动力资源吗？

(3)企业怎样组织员工精诚合作,为总体目标服务？已经取得的人才如何最大限度发挥其聪明才智？

人才战略在不同的管理层次上活动是不同的,管理层次可以划分为战略层、管理层和作业层。战略层负责制定企业总体目标和政策,有效地确定企业在环境中的地位。管理层负责确保资源有效,并根据战略计划的要求加以分配。在战略计划中,每项经营业务都是明确的,企业要根据各项业务资金、信息、人力资源等方面的要求,综合平衡,保证资源供给。作业层负责组织日常的管理工作。在管理计划的指导下,作业活动可以较为理想地实行。

企业的人才战略,主要包括人才的开发、培训和使用三方面的内容。它们之间是相互关联的,不能截然分开。例如,培训本身也是人才开发的基本方法之一,人才的使用过程,也是岗位培训的过程,这三者完全是有机结合在一起的。人才战略的制定和实施,就是采用一定的手段和方法,确定和表现由上述几方面内容构成的中长期总体规划,为企业的战略目标服务。企业人才战略所要解决的,不是个别岗位和层次上的人才选用,或渴望变化带来的人员安排使用问题,其基本着眼点是根据本企业中长期发展目标,从总体上规划人才队伍的发展目标,制定相应的实施方案与措施,有计划地逐步加以贯彻和实施。

人力资源不仅是企业的一项重要资源,也是一种特殊的资源,这种资源的利用好坏有两方面的影响因素:其一,资源本身质量的好坏,即人才素质的高低是决定企业经营好坏的重要因素,这与原材料、设备等资源一样,有着同样的特点。其二,光有好的人才还不够,还必须有一系列外在因素,即有助于人才充分地发挥其才能的机制和环境,这是其不同于一般资源的特殊性。对于人力资源,这两方面的因素必须同时具备,才能形成有效的投入。正是由于这种特殊性,企业应该重视人才战略,更应该重视人才才能的发挥。前者,企业应该加强人才开发和培训;后者,企业应该加强人才的使用和管理。

三、HTC公司人力资源战略管理

(一)HTC公司人力资源战略与公司发展战略

HTC公司的发展战略是立足科技创新,力求品质和服务更完美,为社会提供数字信息最新产品,以振兴民族通信产业为己任,创通信行业中国名牌。为了保证公司战略的实现,公司人力资源战略的制定应该与公司战略相适应,为公司战略的实现服务。在每个阶段它都与公司战略互相影响,从公司战略中汲取思想,并为公司战略提供思路。

因此根据公司的发展战略,HTC公司的人力资源战略目标为:在2~3年内建立并完善人力资源管理体系,为企业战略的实现提供人力资源上的保证。这种人力资源管理体系是以人力资本运营观念为指导,以企业文化建设为依托,以科学的人力资源管理制度为基础的动态体系。

(二)HTC公司人力资源战略架构

公司人力资源战略目标中提出建立完善的人力资源管理体系,这个体系的建立与实施,需要制定具体的管理制度,需要一定的环境,需要科学的观念指导。其具体架构见图4-3所示。

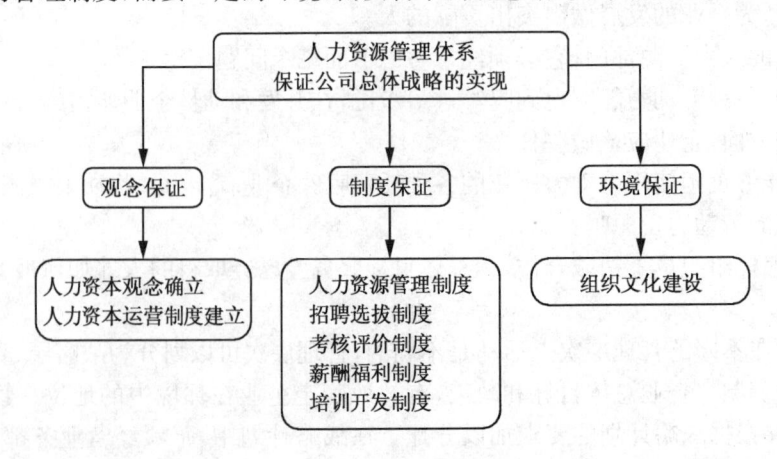

图4-3 HTC公司人力资源战略构成

由图中可以看出,HTC公司的人力资源战略主要由以下三个方面构成。

1. 战略实施的制度保证

建立科学的人力资源管理制度,为人力资源战略的实施提供制度上的保证。

(1)做好工作分析

工作分析是人力资源管理活动的基础,是指对组织中各工作职务特征、规范、要求、流程以及对完成此工作的员工的素质、知识、技能要求等进行描述,它的结果是产生工作描述和任职说明。HTC公司没有进行正式的工作分析,对公司的各个岗位缺乏明确的说明。一个人只有对自己的岗位职责、输入、输出非常了解,才能完成好本职工作。HTC公司要想获得成功,就必须获取与工作要求有关的详细信息,并且还必须保证这些工作的要求与个人素质之间是相互匹配的。

(2)建立高效的招聘制度

有效的招聘方法能帮助公司成功地进行竞争,为使竞争优势最大化,公司必须选择能快速和经济地挑选出最佳候选人的招聘方法。针对HTC公司的招聘现状,公司应该加大改革力度,建立一套科学的招聘制度和方法。首先,对公司的人员需求进行分析、预测,确定人员需求数量。如在不同规模的市场上销售人员、促销人员的数量确定,根据公司人员的流动情况,确定储备人员的数量等。其次,在工作分析的基础上,明确规定人员招聘的要求。再次,拟定招聘计划,根据招聘人员的不同选择不同的招聘渠道。对中高层管理人员的招聘,可以通过报刊、网络、猎头公司等进行,对销售人员、促销人员的招聘可以通过现场招聘会、内部员工推荐等方式进行。最后,在人员的甄选过程中,应注意方法,挑选公司合适的人选。可以采用一些科学的测评方法,或者进行背景调查,以避免日后为公司带来不必要的损失。

(3)建立客观的考评体系,准确评估员工的各种表现

考评工作是人力资源开发与管理的难点问题之一。要做好这项工作,必须建立客观的考评系统,明确考评目标,增强考评的针对性。在考评中一定要做到公平、客观、公正,充分发挥考评的作用。

(4)建立分层次的培训体系,为企业培养各类人才

公司员工一般分为三个层次:高层管理者、中层管理者和一般员工,与此相适应,公司的培训体系也应是分层次的。由于不同层次的人员能力和水平有较大的差异,培训需求也不尽相同,作为公司,应根据不同培训对象的特点,开发不同的培训项目。根据国外企业的培训经验,对高层管理者应重点培养其战略意识、决策能力和用人水平,按照复合型模式进行培养;对中层管理者,应将其培养成为某一方面的专家,按照专家型模式进行培养;对一般员工,应着重于技能方面的培养。

(5)建立行之有效的激励体系,充分挖掘每个员工的潜能。具体种类可分为工作目标激励、晋升激励、报酬激励、制度激励等。

2. 战略实施的环境保证

加强企业文化建设力度,为人力资源管理提供一个良好的环境。企业文化建设作为现代企业管理的重要内容,对企业经营业绩的促进作用已得到大家的公认。企业文化对企业的长期经营业绩有着重大的作用,在21世纪将成为决定企业兴衰的关键因素。因此企业应切实重视企业文化的建设,真正为企业健康发展注入持久的文化推动力。企业的发展是核心竞争力,核心竞争力来自于技术,技术来自于管理,而管理靠的是企业文化。没有企业文化,谈不上先进的管理,更谈不上人力资源管理。企业文化建设不仅仅是提出几个口号,它的实质是将文化

转化为企业制度,并进行有效的管理。在人力资源管理方面,要将其渗透到招聘培训、考评与薪酬各项制度中去。

3. 树立人力资本运营的观念,搞好人力资本运营

虽然人力资本的运营具有高收益的特征,但实践表明这将是一个复杂缓慢、回报隐蔽的过程。外部环境的不断变化,人的性格、禀赋、需求、行为方式的多样性,使人力资本的运营较物质资本的运营具有更多的不确定性和风险性。而且,不同行业、规模和实施不同经营战略的企业对于人力资本运营所采取的形式和手段也千差万别、不尽相同,尽管如此,对于一般意义上的人力资本而言,其运营机制还是有着普遍的和共有的规律可循的,企业人力资本的运营机制主要包括选拔、开发、配置、激励、维护五个环节。

四、基于 GREP 的战略人力资源管理模型

在本节最后,我们介绍一种基于 GREP 的战略人力资源管理模型(如表 4—1 所示)。

表 4—1　　　　　　　　　　基于 GREP 的战略人力资源管理

战略		战略人力资源活动				能　力			
问题	解决方案	Selection 选聘	Training 培训	Appraisal 考核	Reward 薪酬	CA 能力获取	CU 能力使用	CR 能力保留	CD 能力转移
G									
R									
E									
P									

GREP 理论认为企业是一个生命体,它的生命力由企业的治理机构(Corporate Governance)、资源(Resource)、企业家(Entrepreneur)以及产品和服务(Product)四个方面共同决定。T 公司的人力资源战略便是基于该模型进行设计的,这里选取一个分析片断说明战略人力资源活动如何设计以实现其战略意义(如表 4—2 所示)。

表 4—2　　　　　　　　　　战略人力资源活动的设计

		战略人力资源活动			
		Selection 选聘	Training 培训	Appraisal 考核	Reward 薪酬
E 企业家	1. 决策高管层	E1-S	E1-T	E1-A	E1-R
	2. 业务管理层				
	……				
	……				

(一)E1-S 对决策高管层的甄选招聘

1. 侧重于内部选拔,对企业具有较强的路径依赖性,具有丰富的实战经验。
2. 指派、竞聘与民主评议相结合的方式实现"平衡"聘任。
3. 在高端业务能力的基础上,强调全面素质、潜能和领导力。
4. 具有基于企业全局观的战略决策能力。

5. 具有对企业全局、业务实体及专业系统的战略管理能力。

(二)E1-T 对决策高管层的培训开发

1. 业务能力高端专业培训。
2. 素质全面提升培训和领导力培育。
3. 提供企业内部的高端培训。
4. 提供专业资质的认证培训。
5. 在不同的战略期内提供高端轮职计划,全面发展能力。
6. 给予业务单元经营管控权,在经营管理实战中提升相应能力。

(三)E1-A 对决策高管层的考核

1. 考核基础包括战略指标、系统管理状况指标、能力指标、具体业务指标。
2. 其中战略指标+系统管理状况指标可以占60%的权重,能力指标30%,事务指标不高于10%。
3. 在战略实现状况和系统管理状况的考评方式主要以述职制为主,进行民主评议。
4. 考核周期以年考为主。

(四)E1-R 对决策高管层的薪酬

1. 基本工资位于企业工资曲线的最高端,90%分位以上。
2. 与企业经营绩效挂钩的业绩工资占高管整体薪酬的权重可以在60%~80%。
3. 改制后,高管基本工资加绩效工资的均值不超过正式员工均值的12倍。
4. 提供基于股权的长期激励计划。
5. 提供具有激励性福利计划。
6. 基本工资/绩效工资/股权/福利均保持高水平,其中基本工资比重最小。
7. 以年薪制为支付方式。

以此为例可见,通过基于GREP的战略人力资源管理的框架,业务的战略要求落实到了具体的人力资源管理层次及相应的人力资源管理机制上,公司战略在人力资源战略的支持下顺利落地。

第三节 人力资源战略实验操作

本实训采用奥派人力资源管理诊断与决策实验软件。在"学习模式"中可以查看管理诊断的专题案例与综合案例。点击案例图片或者名称,即可查看案例相关内容(如图4-4所示)。

一、人力资源战略理论学习

(一)人力资源战略理论学习(如图4-5所示)

左侧为该案例所属的理论知识,点击【目录】可以概览理论知识的大纲,点击标题可以直接查看该部分内容(如图4-6所示)。

(二)理论阅读与标注

选定理论知识中的一句话或一段话,可以编辑其字号、加粗、斜体、中划线、下划线、改变文字颜色及背景色,还可将这些格式清除;或者为选中的文字添加批注和书签(如图4-7所示)。

图4—4　人力资源战略学习模式

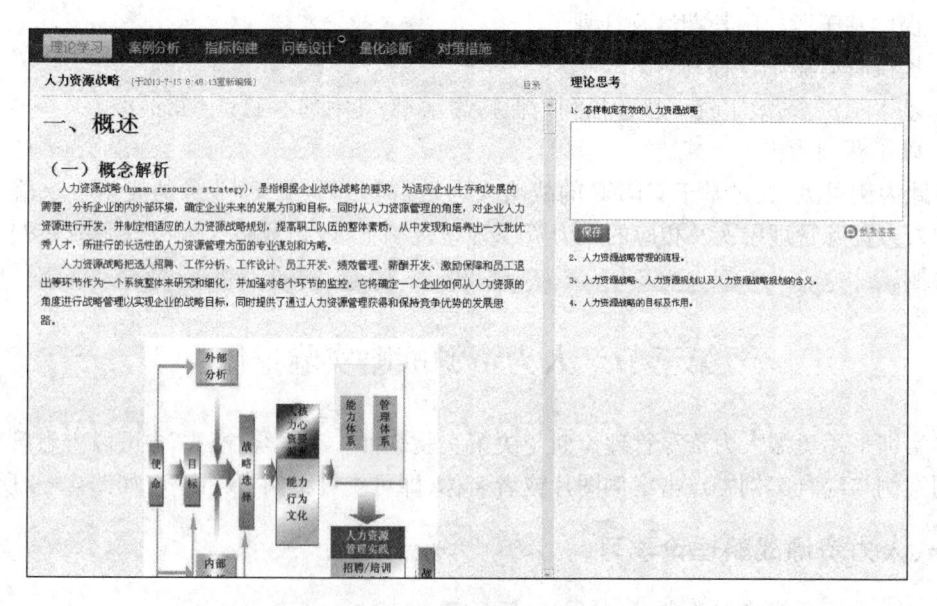

图4—5　人力资源战略理论学习

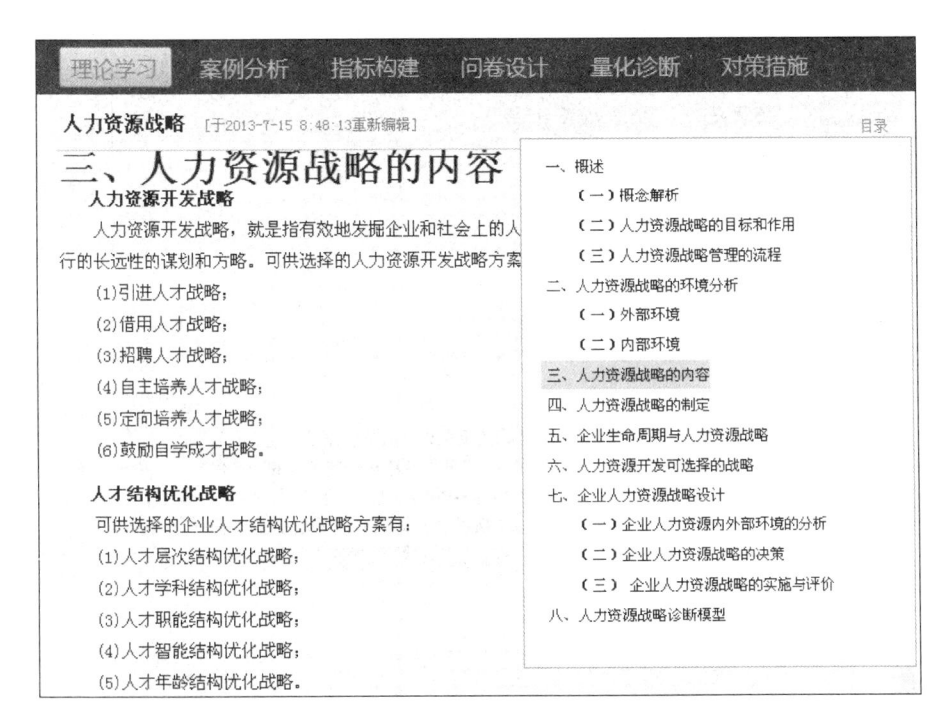

图 4—6　人力资源战略理论

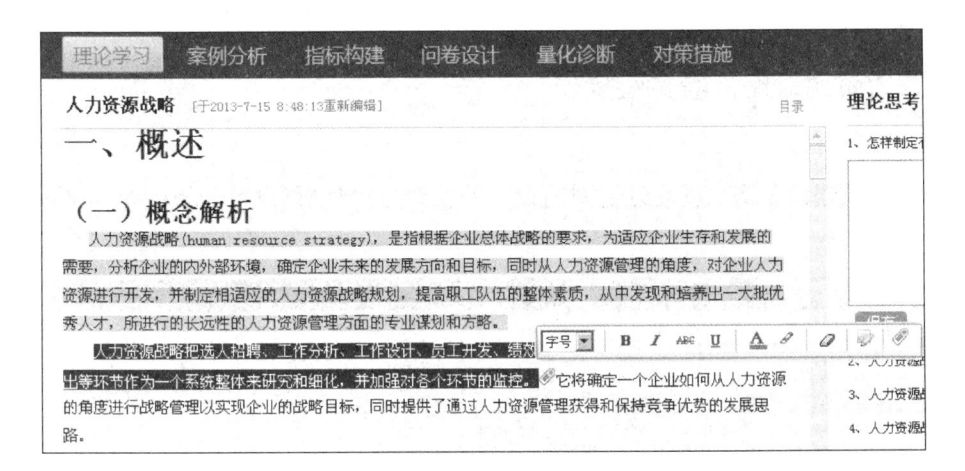

图 4—7　人力资源战略理论阅读

(三)思考与问题

右侧为学习理论后回答的思考题,鼠标放在【参考答案】上会显示系统答案(如图4—8所示)。

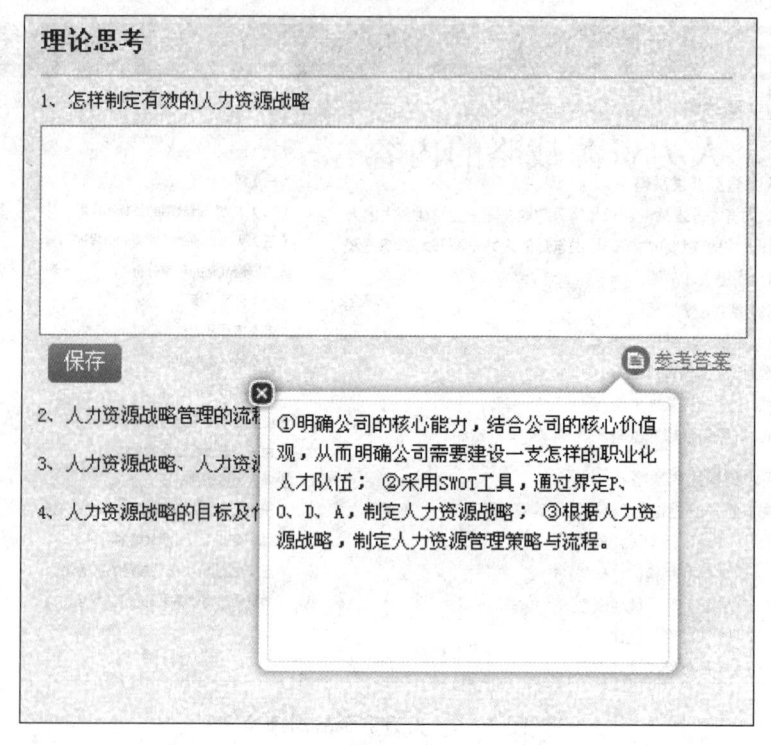

图 4—8　人力资源战略思考与问题

二、人力资源战略诊断实验操作

（一）案例定性分析

人力资源战略诊断实训就是通过对所调查的案例进行分析，设计分析模型，进行数量分析（如图 4—9 所示）。

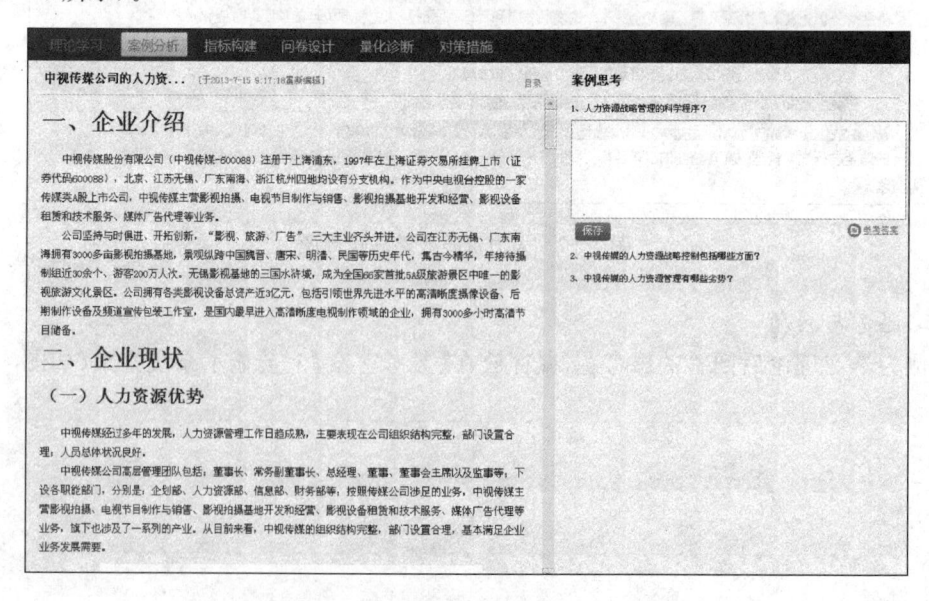

图 4—9　人力资源战略案例的 SWOT 分析

左侧为该案例内容,点击【目录】可以概览案例大纲,点击标题可以直接查看该部分内容(如图 4—10 所示)。

图 4—10　人力资源战略案例的 SWOT 分析

选定案例内容中的一句话或一段话,可以编辑其字号、加粗、斜体、中划线、下划线、改变文字颜色及背景色,还可将这些格式清除;或者为选中的文字添加批注和书签(如图 4—11 所示)。

图 4—11　人力资源战略案例的 SWOT 分析

右侧为阅读案例后回答的思考题,鼠标放在【参考答案】上会显示系统答案(如图4-12所示)。

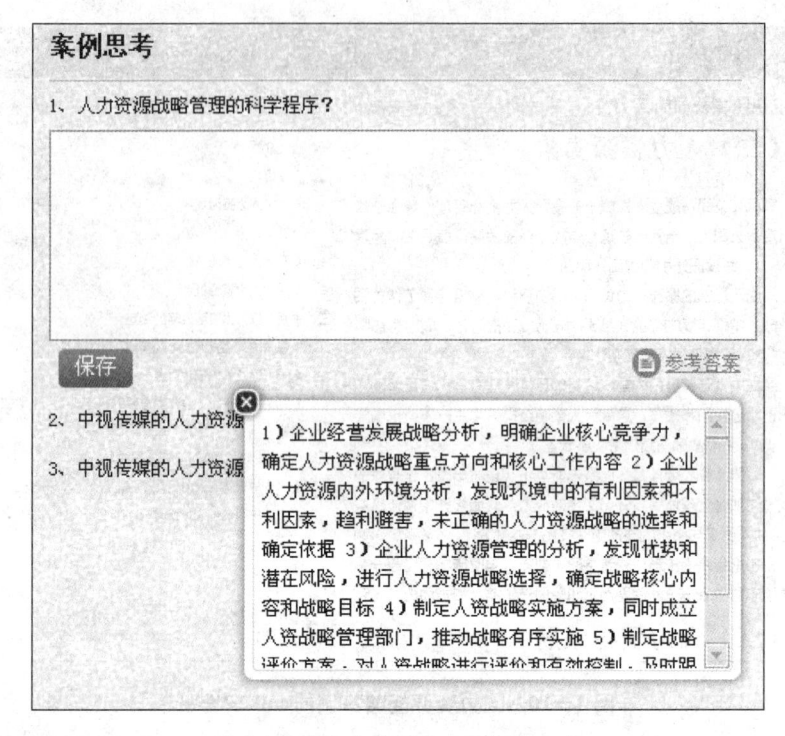

图4-12 人力资源战略案例的思考

(二)案例量化分析

1. 指标构建

根据人力资源战略诊断理论,构建人力资源战略诊断指标体系。选择软件【指标构建】后,可以采用软件所提供的指标模型并创建指标,也可根据所分析的案例独立构建新指标体系(如图4-13所示)。

图4-13 人力资源战略诊断指标构建

查看指标模板，可以此模板创建指标。点击"人力资源战略"，选择【模型构建指标】或【构建新指标】（如图4—14所示）。

图4—14 人力资源战略诊断指标模型

按照逻辑关系添加指标，点击【添加模块】或者【添加直线】，双击模块编辑指标名称，利用直线联系指标间的关系，完成后点击【保存】（如图4—15所示）。

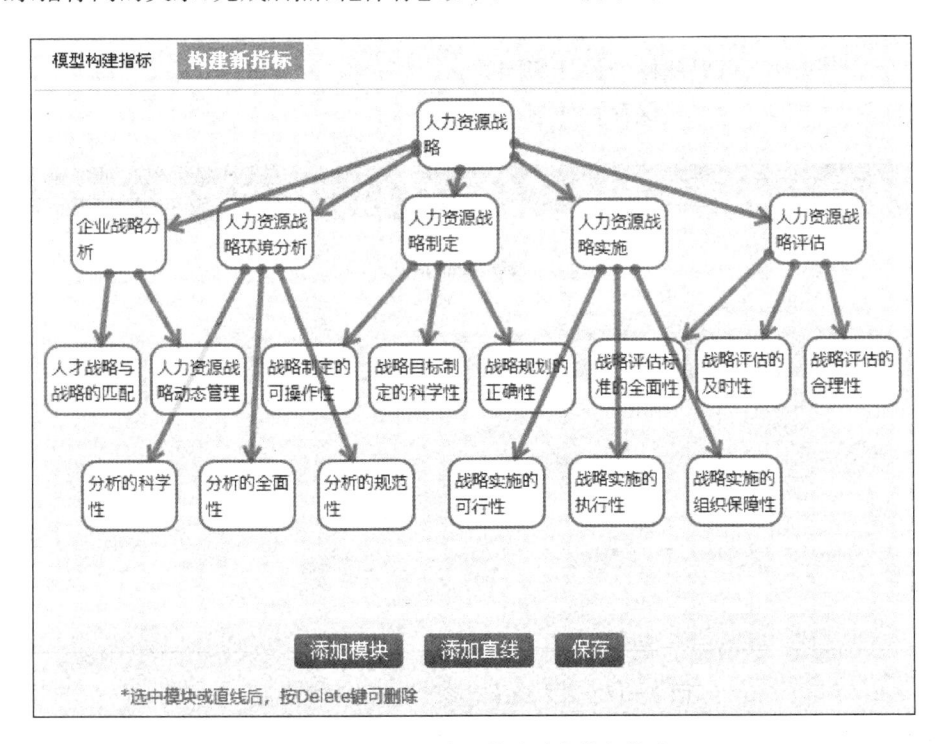

图4—15 人力资源战略诊断指标构建

指标默认创建后,新创建的指标会覆盖之前的指标。若用户已创建指标,可通过"构建新指标"查看当前的指标。

2. 问卷设计

根据构建的人力资源战略诊断指标模型,设计调查问卷,以便各项指标数值的确定和相关指标的量化关系。

(1)选择"问卷设计",学生可以根据模板创建适合相关案例的调查问卷(如图4-16所示)。

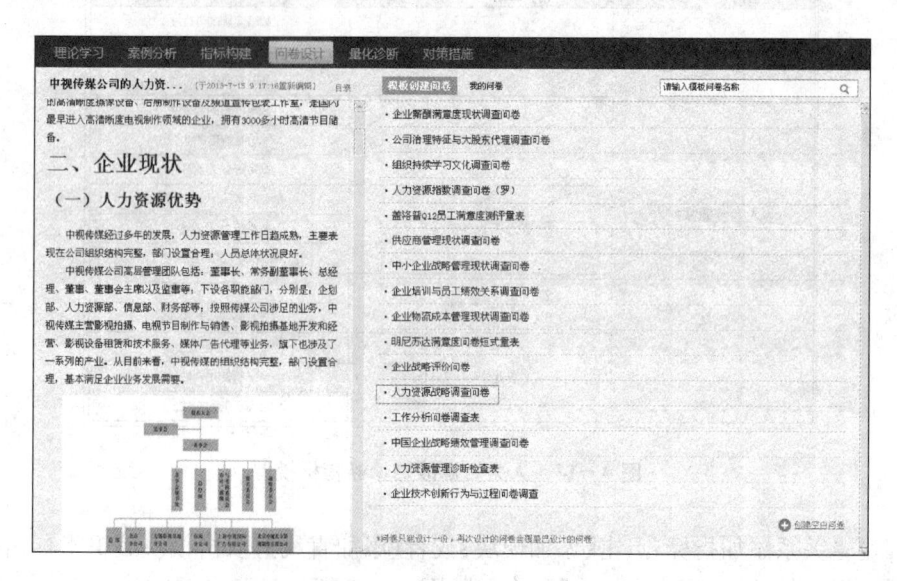

图4-16 人力资源战略诊断问卷设计

(2)查看问卷模板,可以此模板设计新问卷。

编辑问卷基本信息,点击【保存】(如图4-17所示)。

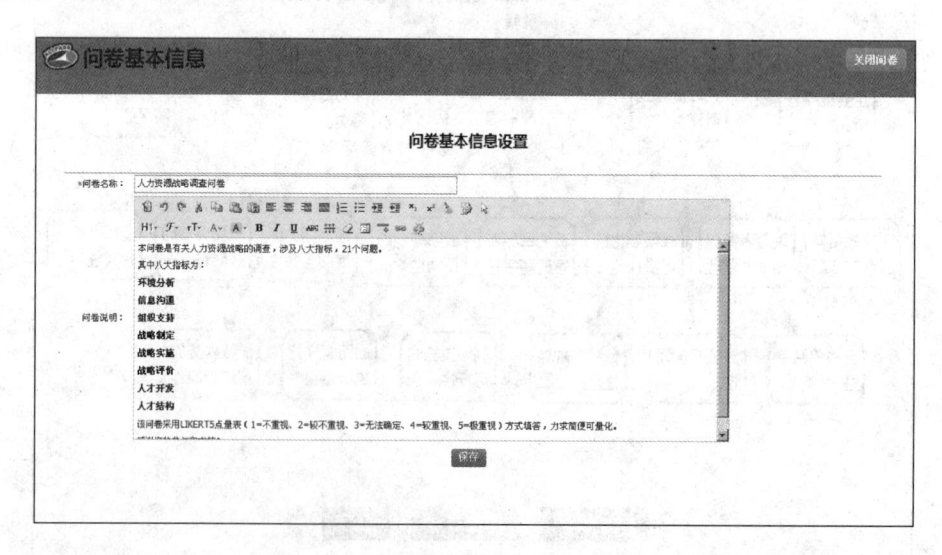

图4-17 人力资源战略诊断问卷基本信息

(3)添加问卷问题。问题类型分为单选题、多选题、量表题与开放式题,根据需要添加各类型的问题,也可直接编辑现有题目(如图4-18所示)。

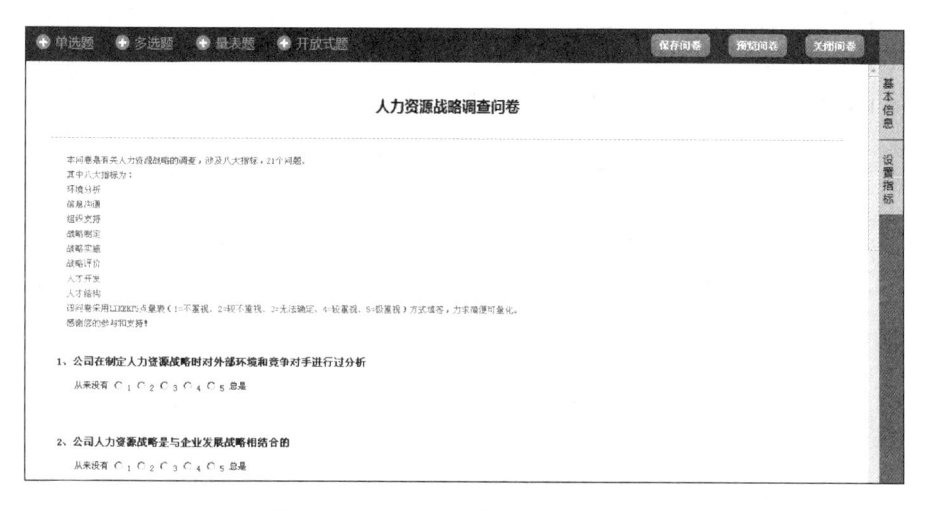

图 4—18　人力资源战略诊断问卷设计

(4)在页面右侧点击【基本信息】,可以重新编辑问卷说明(如图 4—19 所示)。

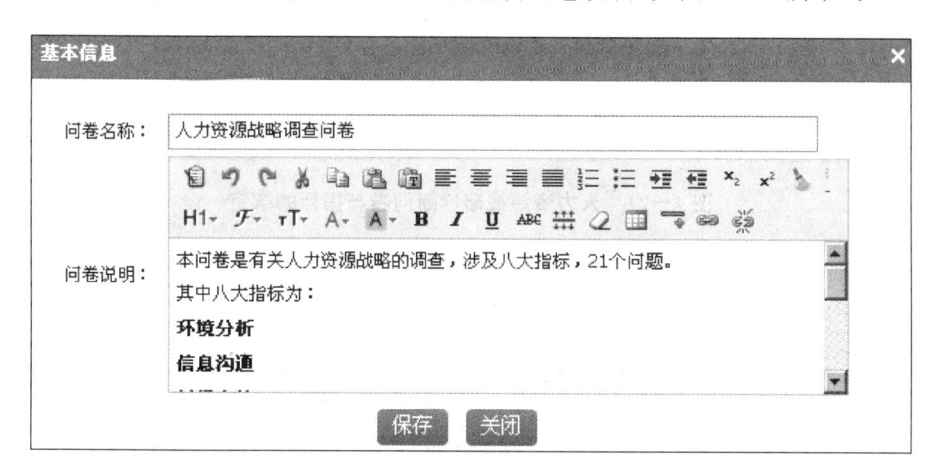

图 4—19　人力资源战略诊断问卷说明

(5)点击【设置指标】,可以设置问题指标,最多可设置 10 个。每个指标名称编辑完成后,按回车键确认。全部指标添加完成后,点击【保存】(如图 4—20 所示)。

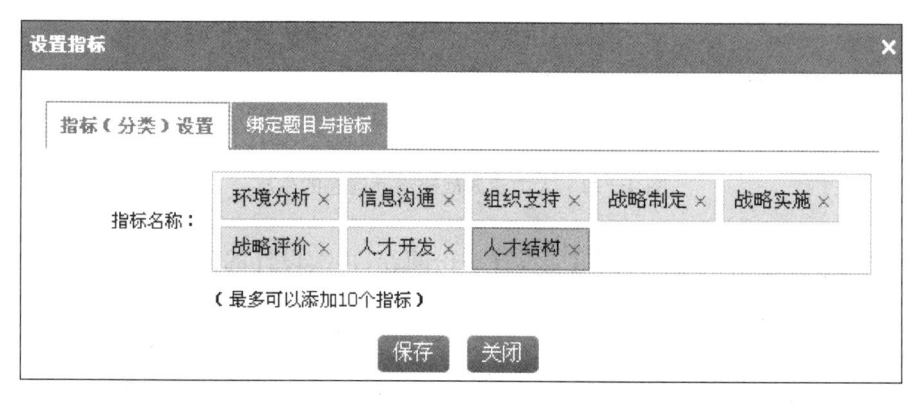

图 4—20　人力资源战略诊断问卷与指标的关联

(6)若学生已创建指标,则此处显示指标模型的第二层即维度层。学生也可根据需要修改,但修改不影响前面的指标模型。

(7)接下来将添加的指标与题目绑定(如图4—21所示)。

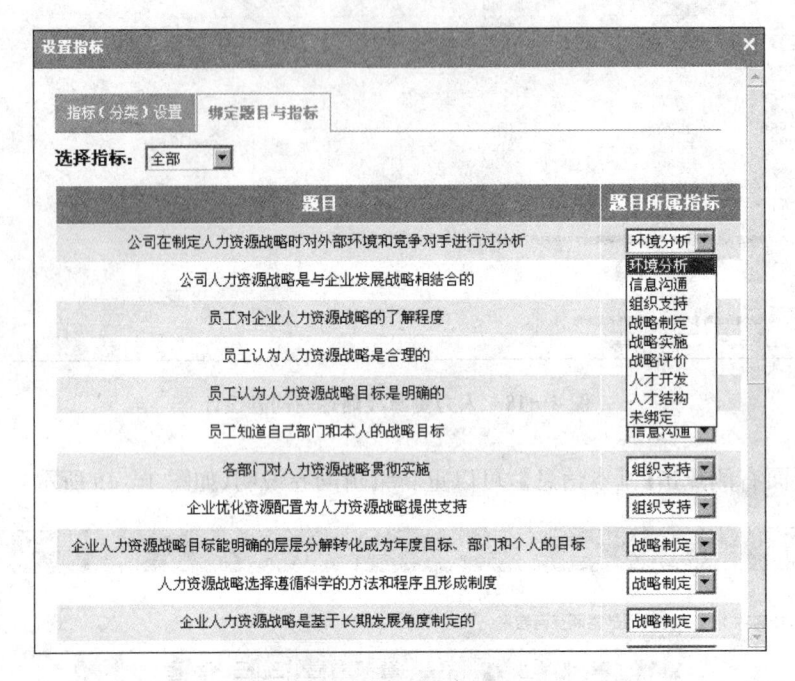

图4—21　人力资源战略诊断问卷与指标的绑定

(8)问卷题目和指标设置完成后,切记要点击页面上方的【保存问卷】(如图4—22所示)。保存后,可以进行预览。

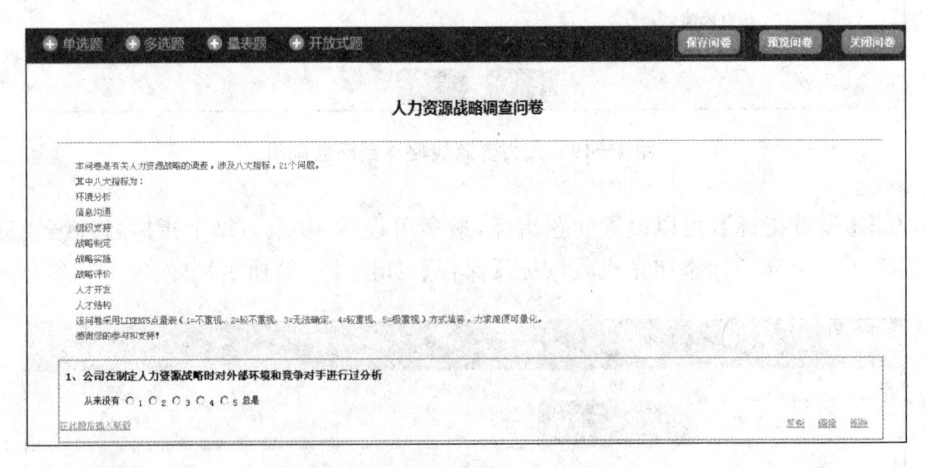

图4—22　人力资源战略诊断问卷的生成

(9)在"我的问卷"中,一个案例只能设计一份问卷,再次设计的问卷会覆盖已设计的问卷(如图4—23所示)。

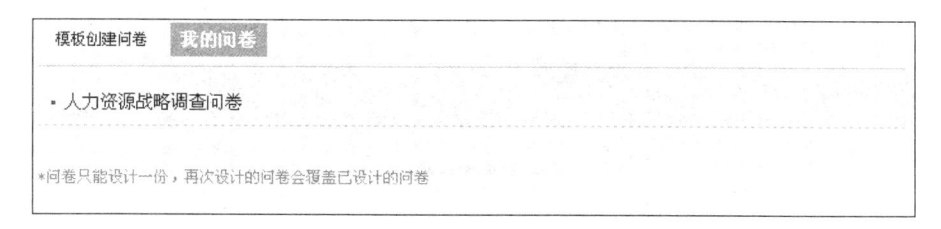

图 4—23　人力资源战略诊断问卷的保存

3. 量化诊断

选择"量化诊断"。

(1)点击【设计问卷】,可返回问卷设计部分,对问卷进行修改。如无修改需要,可点击"发布问卷"(如图 4—24 所示)。

图 4—24　人力资源战略诊断问卷的保存

(2)点击【发布问卷】,则所发布的问卷发送到问卷库中,实验中的其他学生在问卷库中可以看见。其他学生根据所读同一个案例的各自理解和分析,填写问卷。这是一个社会调查的过程。

(3)点击【填写问卷】,是根据自己所读案例的自我理解和分析,填写自己所发布的问卷(如图 4—25 所示)。

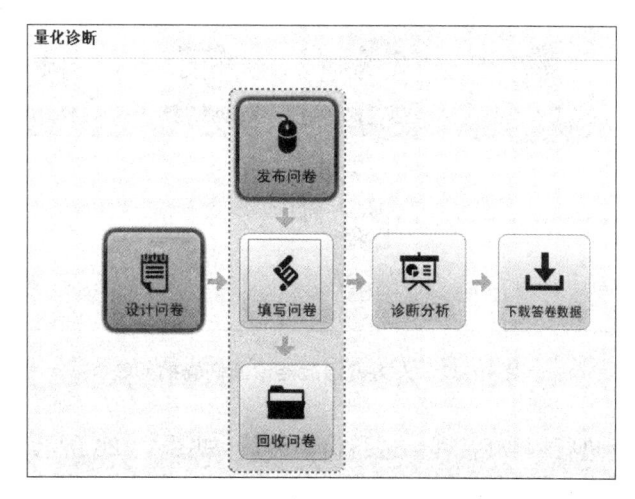

图 4—25　人力资源战略诊断问卷的发布与填写

(4) 填写完所有问题后,点击问卷右上角的【提交问卷】(如图4—26所示)。

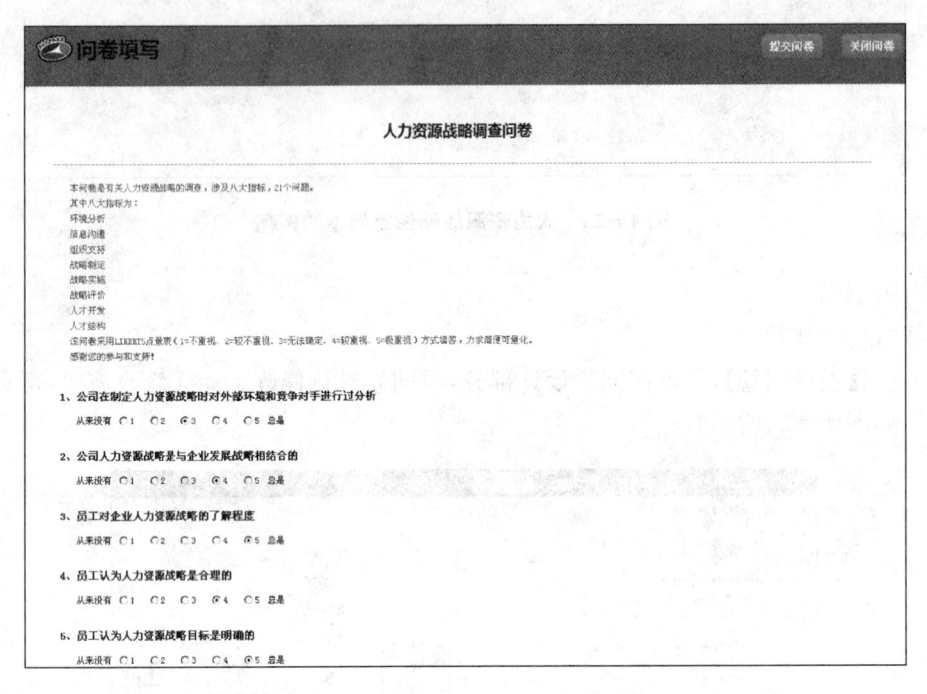

图4—26 人力资源战略诊断问卷的提交

(5) 点击【回收问卷】,问卷回收后不在问卷库显示,其他同学无法填写。若需要收集多份答卷,请确认其他同学完成问卷填写后再回收(如图4—27所示)。

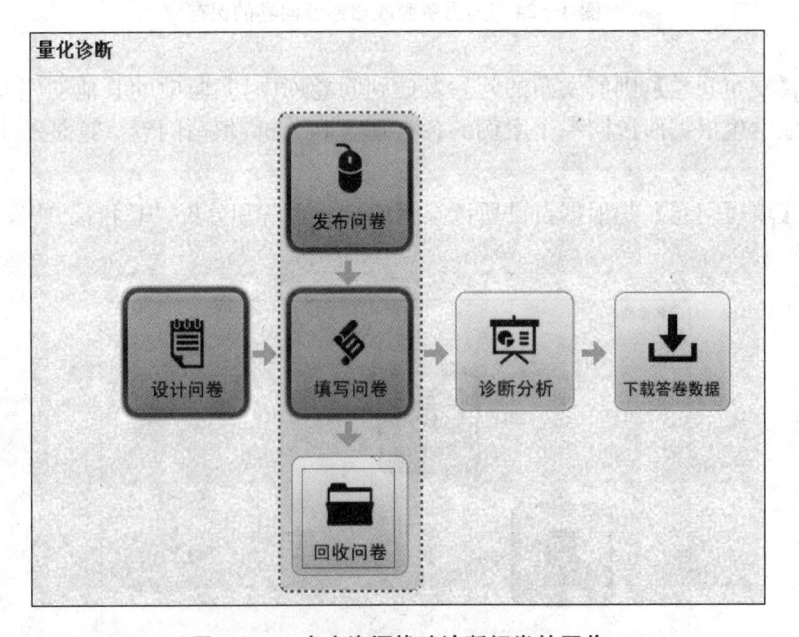

图4—27 人力资源战略诊断问卷的回收

(6) 问卷填写完并进行回收后,开始进行诊断分析(如图4—28所示)。

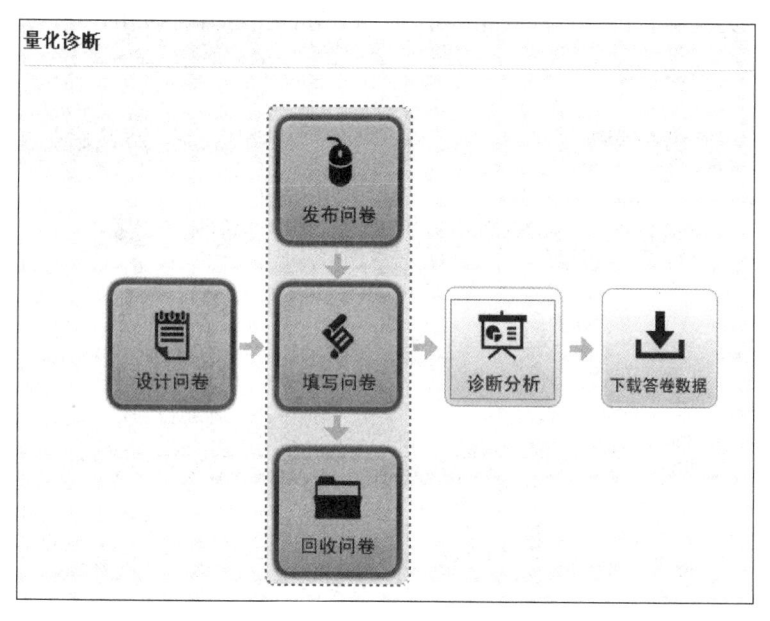

图4—28 人力资源战略问卷的诊断

（7）系统提供三类自动统计：单题统计、分类统计与汇总统计。

点击【单题统计】，可以查看每道题的回答情况（如图4—29所示）。

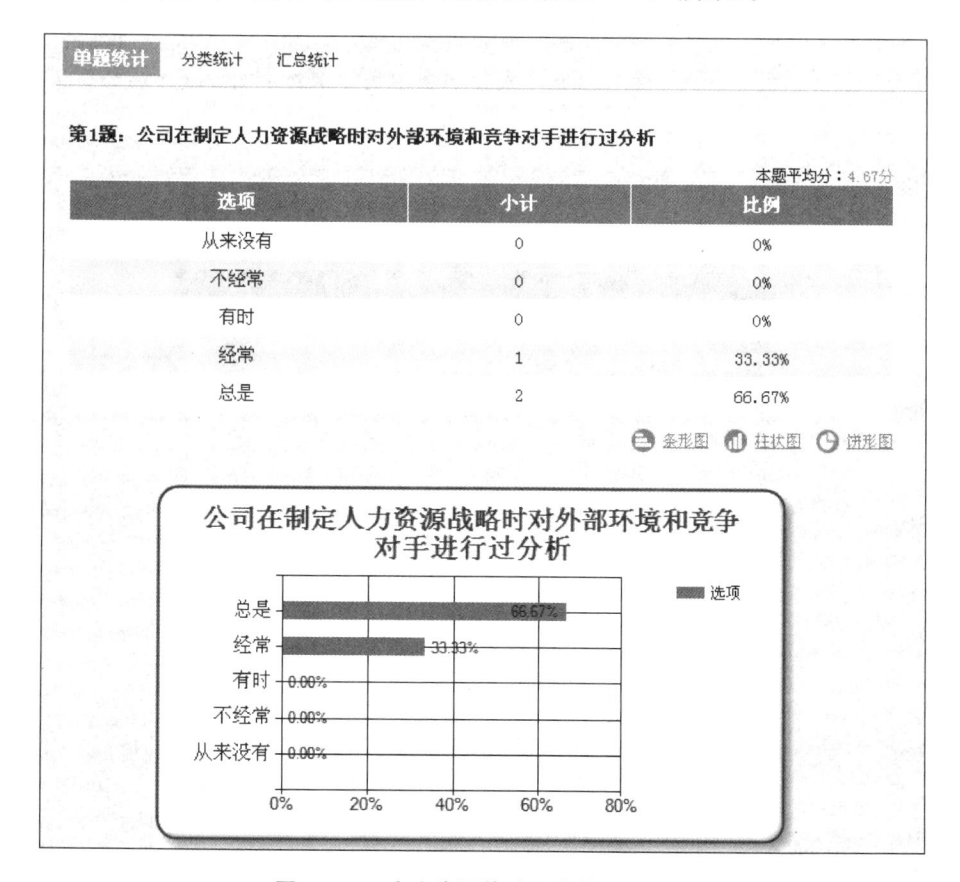

图4—29 人力资源战略问卷的单题统计

(8)点击【分类统计】,可查看同一指标下各个问题的答题情况(如图 4—30 所示)。

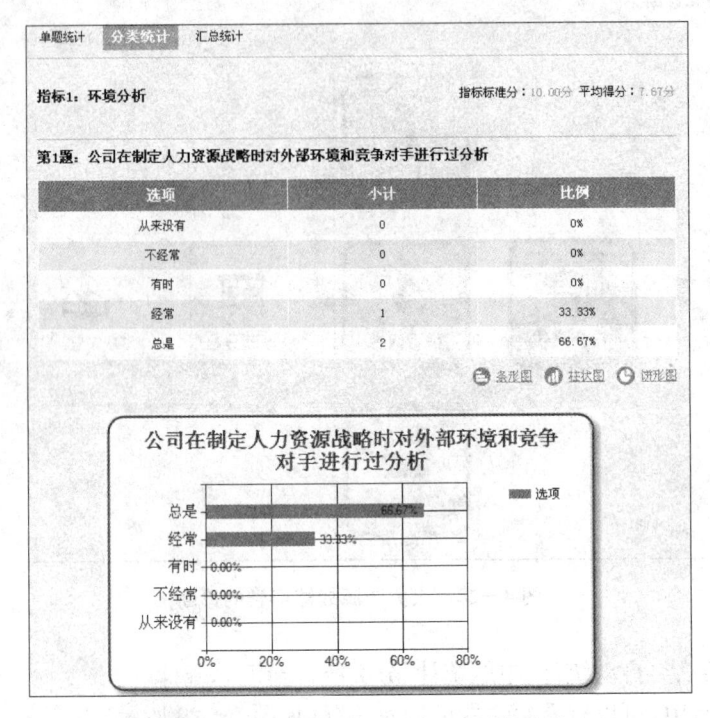

图 4—30　人力资源战略问卷的分类统计

(9)选择"汇总统计",查看问卷汇总统计表。学生也可下载统计报告进行查看(如图 4—31 所示)。

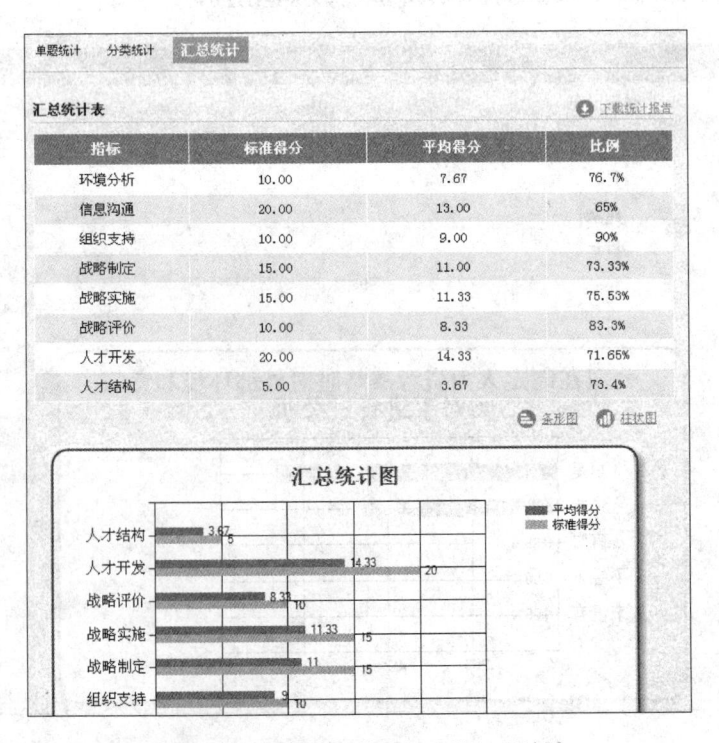

图 4—31　人力资源战略问卷的汇总统计

(10)用户也可下载答卷数据,使用 Excel 或 SPSS 等统计工具对问卷进行二次统计(如图 4—32 所示)。

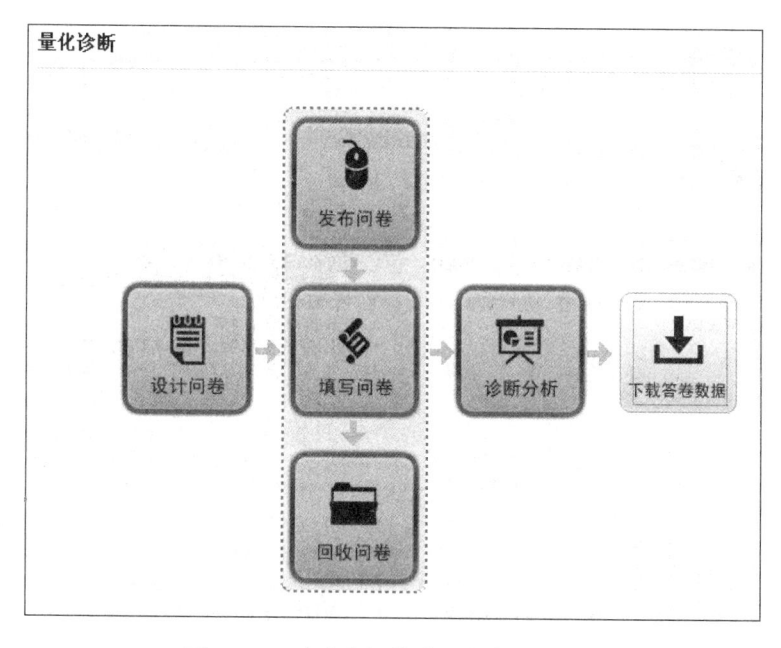

图 4—32　人力资源战略问卷的数据下载

三、人力资源战略决策实验操作

(一)人力资源战略存在问题分析

点击【对策措施】,选择【存在问题】,根据调查数据和图表,分析该企业人力资源战略所存在的问题,填写案例中企业存在的问题(如图 4—33 所示)。

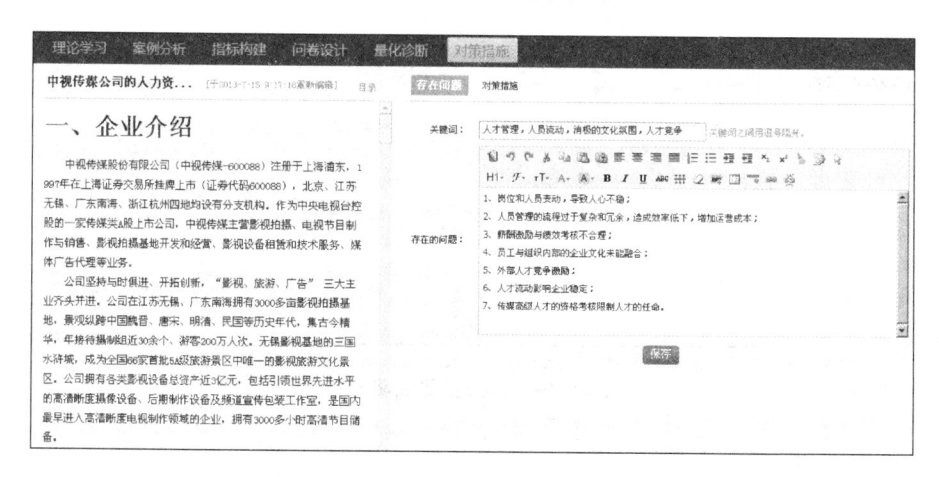

图 4—33　人力资源战略存在问题诊断

(二)人力资源战略的决策

1. 人力资源战略分析

根据案例提供的材料,采用 SWOT 环境评价矩阵,分析企业环境,完成后点击【保存】(如

图 4—34 所示)。

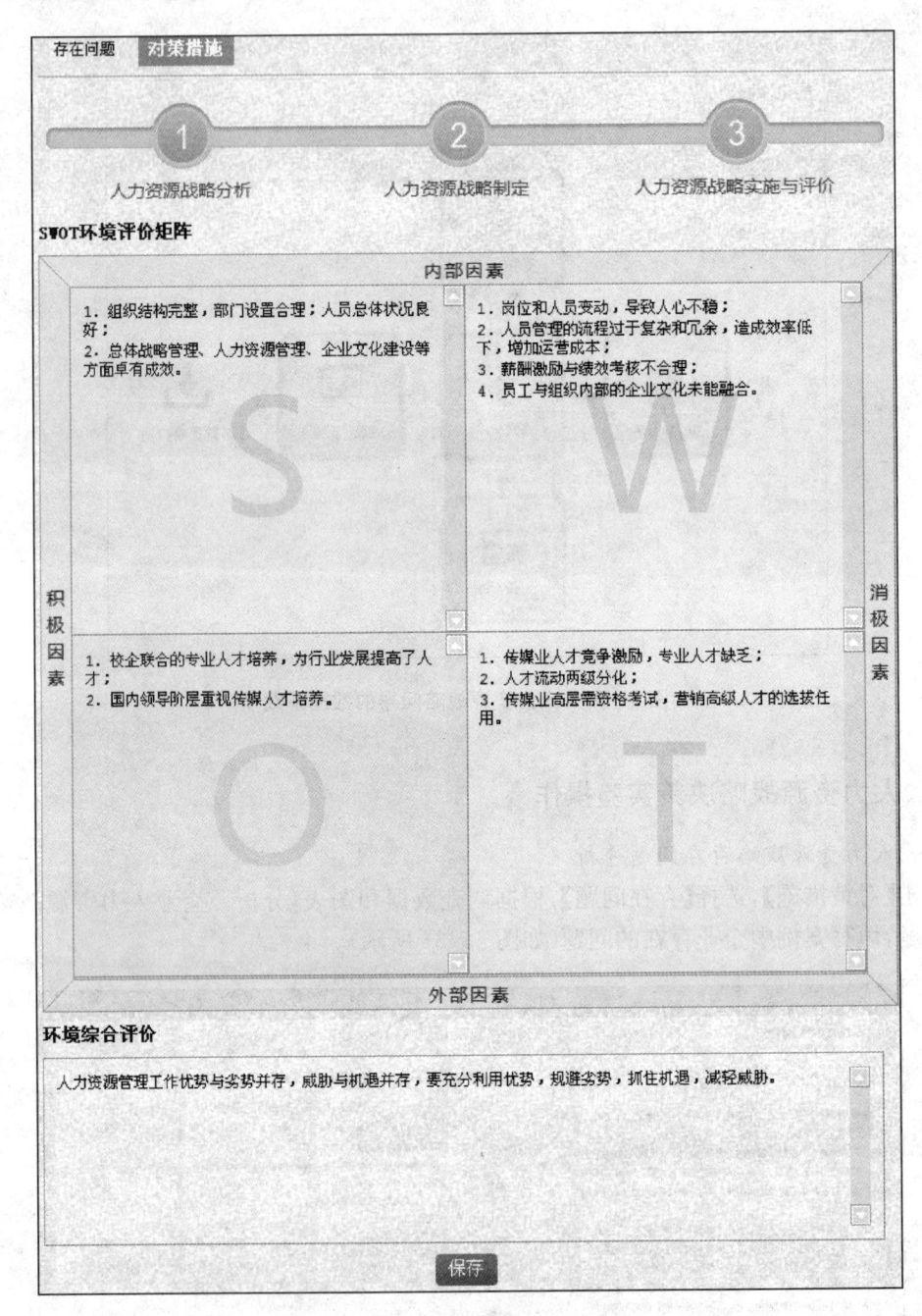

图 4—34 人力资源战略分析

2. 人力资源战略制定

填写 SWOT 战略组合矩阵与战略选择,完成后点击【保存】(如图 4—35 所示)。

SWOT战略组合矩阵

SO
1. 充分利用现有的总体管理优势和人才管理优势，抓住校企人才培养的机遇，加强校企联合的人才培养，储备企业人才；
2. 充分利用国家领导阶层对人才培养的重视，结合企业的优势，在企业内部培育人才。

WO
抓住校企人才培养的机遇，加强校企联合的人才培养，储备企业人才，减低人才流动的风险。

ST
1. 利用企业的总体战略管理、人力资源管理、企业文化建设的优势，吸引优势人才，留住人才；
2. 利用企业的人力资源优势，促进企业内部人才的合理流动，保持企业人员的稳定性。

WT
1. 优化人力资源的日常管理流程，降低人员流动的可能；
2. 建设合理的绩效考核和薪酬激励体系，吸引优秀人才，同时合理淘汰不合适的员工，保证企业内部流动在正常水平。

战略选择

提高人力资源管理水平，实践"人才强化"的战略，具体包括：(1) 建立公司基于岗位评估的薪酬激励体系；(2) 完善人力资源管理体系；(3) 培养内部人才。

图 4—35　人力资源战略制定

3. 人力资源战略实施与评价

填写关键词与对策措施，完成后点击【保存】(如图 4—36 所示)。

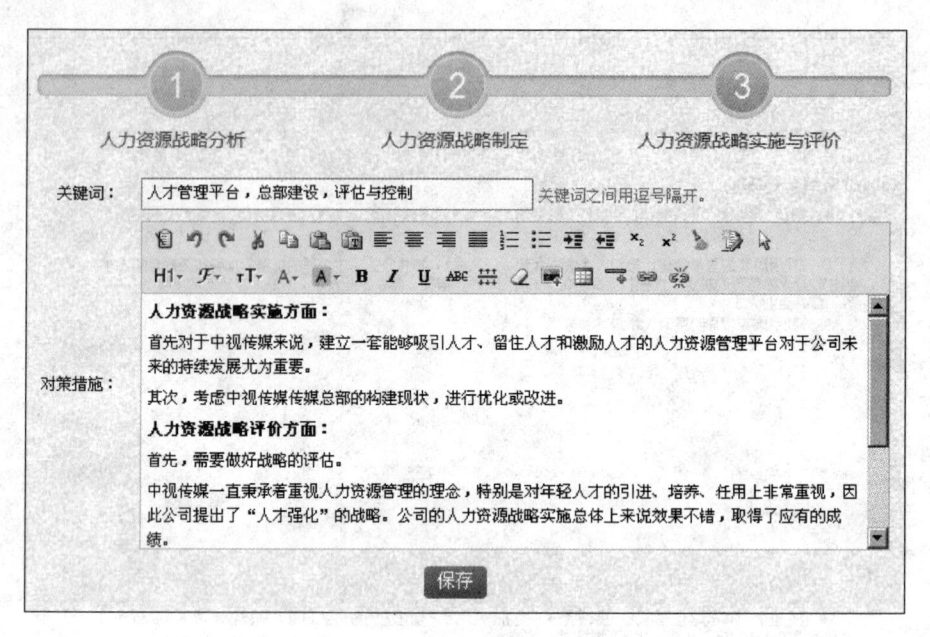

图 4—36　人力资源战略实施

第五章

组织与工作设计诊断与决策

第一节 组织与工作设计诊断与决策原理

一、组织与工作设计概述

(一)组织结构

1. 组织结构定义

组织结构是组织各个部分之间关系的一种模式,即组织是由哪几个方面的内容或部分按一定的隶属关系构成的。组织结构又可称为权责结构,是员工在职、责、权方面的结构体系,分为职能结构、层次结构(即纵向结构)、部门结构(即横向结构)、职权结构四个部分。组织结构设计的最终目的是为了更好地实现公司的战略目标,组织结构设计所考虑的维度有:人员与文化、组织环境、组织战略目标、技术、组织规模。

2. 组织结构的基本类型

(1)直线制组织结构

直线制是一种最早也是最简单的组织形式,其形式犹如一个金字塔,处于最顶端的是一名有绝对权威的领导者,他将组织的总任务分解成多块后分配给下一级负责,而这些下一级负责人员又将自己的任务进一步细分后分配给更下一级,这样沿着一根不间断的链条一直延伸到每一个雇员。其特点是:一条指挥的等级链,即从上到下实行垂直领导,下属部门只接受一个上级的指令;职能的专业化分工,权利和责任一贯性政策,即各级主管负责人对所属单位的一切问题负责。

核心要义:组织中每一名管理者对其直接下属有直接职权;组织中每一个人只能向一名直接上级报告,即"一个人,一个头";管理者在其管辖的范围内,有绝对的职权或完全的职权。

优点:结构比较简单;责任与职权明确。

缺点:在组织规模较大的情况下所有管理职能都集中由一个人承担,是比较困难的;部门间协调差。

特点:权力集中,责任分明,命令统一,控制严密,信息交流少。

适用组织:劳动密集,机械化程度比较高、规模较小的企业。

(2)职能制组织结构

在职能制组织结构中,除主管负责人外,企业从上到下按照相同的职能将各种活动组织起来设立一些职能机构,如所有的营销人员都被安排在营销部,所有的生产人员都被安排在生产部等,这种结构要求主管负责人把相应的管理职责和权力交给相关的职能机构,各职能机构就有权在自己业务范围内向下级行政单位发号施令。因此,下级行政负责人除了接受上级行政主管人指挥外,还必须接受上级各职能机构的领导。

当企业组织的外部环境相对稳定,而且组织内部不需要进行太多的跨越职能部门的协调时,或对于只生产一种或少数几种产品的中小企业组织而言,职能制组织结构不失为一种最为有效的组织形式。但由于环境趋向于不确定,组织结构逐渐向扁平化、横向结构的方向发展,几乎没有成功的企业能够保持严格意义上的职能制结构,企业必须建立横向联系以弥补纵向职能层级的不足,如建立各种综合委员会、内部跨部门的信息系统、各种会议制度、专职整合人员(如项目经理、客户经理等),以协调各方面工作,起到沟通作用。

核心要义:采用按职能分工实行专业化的管理办法来代替直线型的全能管理者;各职能机构在自己业务范围内可以向下级下达命令和指示,直接指挥下属。

优点:(1)管理工作分工较细;(2)由于吸收专家参加管理,减轻了上层管理者的负担,使他们有可能集中注意力以实行自己的职责。

缺点:(1)由于实行多头领导,妨碍了组织的统一指挥,容易管理混乱,不利于明确划分职责与职权;(2)各职能机构往往从本单位的业务出发考虑工作,横向联系差;(3)对于环境发展变化的适应性差,不够灵活;(4)强调专业化,使管理者忽略了本专业以外的知识,不利于培养上层管理者。

特点:权力集中,命令统一,信息交流多,控制严密。

适用组织:劳动密集,重复劳动的中小型企业。

(3)直线—参谋型组织结构

按照组织职能来划分部门和设置机构,实行专业分工;把组织管理机构和人员分为两类,一类是直线指挥部门和人员,一类是参谋部门和人员;这种组织结构实行集权与分权的结合。

核心要义:职能部门能实现很好的经营统一指挥,参谋部门能实现专业化的方案策划和建议,增强了决策的专业化能力。

优点:各级直线管理者都有相应的职能机构和人员作为参谋和助手,因而能够对本部门进行有效管理,以适应现代管理工作比较复杂而细致的特点;每个部门都是由直线人员统一指挥,这就满足了现代组织活动需要统一指挥和实行严格的责任制度的要求。

缺点:下级部门的主动性和积极性的发挥受到限制;部门之间互通信息少,不能集思广益地做出决策;各参谋部门和直线指挥部门之间的目标不统一,容易产生矛盾,协调工作量大;难以从组织内部培养熟悉全面情况的管理人员;整个组织系统的适合性较差。

适用组织:大中型企业组织。

(4)事业部制

事业部制最早是由美国通用汽车公司总裁斯隆于1924年提出的,故有"斯隆模型"之称,也叫"联邦分权化",是一种高度(层)集权下的分权管理体制。事业部是按地区、产品、市场或客户划分的二级经营单位,独立经营、独立核算、自负盈亏,既有利润生产和管理职能,又是产品或市场责任单位。适用于规模庞大、品种繁多、技术复杂的大型企业,是国外较大的联合公司所采用的一种组织形式。

核心要义:集中政策、分散经营;独立经营、单独核算。

特点:集中决策,分散经营,风险多元化,反应灵活,权力适当下放。

适用组织:规模化企业经营单位,权力科学分配,双重职能权力与责任明确界定,考核指标多元化。

(5)矩阵制组织结构

矩阵制组织结构是为了改进直线职能制横向联系差,缺乏弹性的缺点而形成的一种组织形式。它的纵向是职能系统,横向是项目系统,项目系统无固定工作人员,随任务需要随时抽调组合,完成工作后回原部门。项目组既要服从项目管理,又要服从公司各职能部门的管理。因此,这种组织结构非常适用于横向协作和攻关项目。

核心要义:既有按职能划分的垂直领导系统,又有按项目划分的横向领导系统的结构。

优点:灵活性、适应性强;集思广益,有利于把组织垂直联系与横向联系更好地组合起来,加强各职能部门之间的协作。

缺点:小组是临时性的,所以稳定性较差;小组成员要接受双重领导,当两个意见不一致时,就会使他们的工作无所适从。

特点:加强了横向联系,组织的机动性加强,集权和分权相结合,专业人员潜能得到发挥,能培养各种人才。

适用组织:集权、分权优化组合,员工素质较高,创新任务较多,生产经营复杂多变的企业。如项目管理企业、研发型企业、软件公司、工程企业等。

3. 组织架构的内容

企业组织架构包含三个方面的内容:

(1)单位、部门和岗位的设置

企业组织单位、部门和岗位的设置,不是把一个企业组织分成几个部分,而是企业作为一个服务于特定目标的组织,必须由几个相应的部分构成。它不是由整体到部分进行分割,而是整体为了达到特定目标,必须有不同的部分。这种关系不能倒置。

(2)各个单位、部门和岗位的职责、权力的界定

这是对各个部分的目标功能作用的界定。如果一定的构成部分,没有不可或缺的目标功能作用,就像人的尾巴一样会萎缩消失。这种界定就是一种分工,但却是一种有机体内部的分工。

(3)单位、部门和岗位角色相互之间关系的界定

这就是界定各个部分在发挥作用时,彼此如何协调、配合、补充、替代的关系。

4. 组织设计的基本原则

目标一致的原则。组织结构如果能促进个人在实现企业目标中做出贡献,它就是有效的。

效率原则。组织结构如果有助于使意外事件降到最低限度,或用尽可能低的成本来实现企业目标,它就是有效的。

管理宽度原则。每一个管理职务有效地管理下属的人数是有限度的,但是确切的数目则因情况与要求的不同,以及对有效管理时间要求的影响而异。

分级原则。从企业的最高主管部门经理到每一个下属职务的职权,划分得越明确,就越能有效地执行职责和进行信息沟通。

授权原则。授予个别经理的职权必须适当,以便确保他们胜任。

职责的绝对性原则。下属有绝对执行上级指示的责任;而上级也不可以推卸掉组织其下属活动的职责。

职权和职责对等的原则。所承担的责任不可以大于或小于授予他的职权。

统一指挥原则。个人只对一个上级汇报工作的原则贯彻得越彻底,在上级指示中发生矛

盾的问题就越少，个人对最终成果的责任感也就越大。

职权等级的原则。维护所授予的职权就要由该级经理在其职权范围内做出决策而不应上交。

分工原则。组织结构越能反映为实现目标所必要的各项任务和工作的分工以及彼此间的协调，委派的职务越能适合于担任这一职务的人的能力与动机，那么这样的组织结构就越有效。

检查职务与业务部门分设的原则。如果某些业务工作要委任一些人来对它考核检查，而这些检查人员又隶属于受其检查评价的部门，那么负责检查的人员不可能充分地履行其职责。

平衡的原则。原则的应用都必须根据组织结构是否符合企业目标的整体效果来全面权衡。

灵活性原则。所建立的组织结构越灵活，这样的结构就越能充分地实现其目的。这一原则更证明，组织结构的设计必须考虑到可能的环境因素的变化、对变化做出各种战略以及技术调整等。

(二) 工作分析与设计

1. 概念

工作分析(Job Analysis of Human Resources)是现代人力资源管理职能的基石，是组织规划与设计的基础，是人力资源规划、人员招聘、员工培训和发展、绩效管理、薪酬管理等工作的依据。工作分析是对企业所有工作全面评价的过程，它通过"收集、分析、整合"与工作相关的信息来说明工作的目的、内容、方法和技能要求。

工作设计(Job Design of Human Resources)也称工作再设计、岗位设计，是指通过分配或改变员工的具体任务、目标以及预期的工作关系等方法，来提高企业的生产率及员工满意度。工作设计可以根据或兼顾个人的需要来规定某个岗位的任务、责任、权力以及在组织中与其他岗位的关系，来实现优化人力资源、创造更能发挥员工自身能力的工作环境。基于团队的工作设计，有时与公司的流程再造同时进行，涉及对关键工作流程进行再思考和再设计。

2. 工作分析与工作设计的关系

工作设计一般被认为是在现有工作分析成果基础上的重新认定、修改或对新岗位的完整描述，需要利用现有的工作分析的数据。同时也可以被看作工作分析的后续工作和对员工提高的一种方案，两者关系密不可分。一个是对现状的总结、分析和评估，一个是对将来发展的计划、期望和规划，两者相互作用形成一个完整的发展循环链，其目标是员工通过适合自己能力发挥的工作环境，来实现自身更高层次需要的同时，实现公司绩效的相应提高。

3. 工作分析与设计的作用

(1) 为企业发展所需人才的招聘、甄选和录用提供依据

工作分析所形成的文件是工作说明书，它对岗位的工作性质、特征以及工作应具备的资格、条件，都做了详尽的说明和规定，为企业挑选人才提供了明确的招聘标准。对于应聘者来说，也在预先清晰知道应聘职务的任务和各方面能力要求的前提下，来衡量自己的性格、兴趣和特长是否适合这个工作岗位。

(2) 为人力资源开发与培训提供依据

岗位培训是指为了满足职务与职能的需要，有针对性地对在职人员进行专业知识和实际技能的培训。工作分析中的工作描述把每一项工作所需要的职能分析得很透彻，根据这些分析再来确定员工的开发培训方案、安排培训内容，就能做到切合实际，效果比较明显。工作分

析还能够确定哪些员工需要什么样的培训方法。

(3) 为企业员工绩效考评提供了量化的标准和考核依据

现代人事绩效考评主要是以绩效结果为评估依据。工作项目可以通过工作分析进行量化,确定工作标准。也就是说,工作标准是通过工作分析确定的。只有通过科学的工作分析,才能明确各项工作的任务、职责、关系以及工作的标准,为以后的各项工作提供量化的考评指标。

(4) 是企业薪酬设计与薪酬管理的基础

工作分析是岗位评价的基础,岗位评价是岗位工资设计的基础,而岗位工资又是薪酬的重要构成之一。员工劳动报酬的高低,主要取决于其工作的绩效、性质、技术繁简难易程度、工作负荷、责任大小和工作条件等,而工作分析正是从这些基本因素出发,建立了一套完整的评价体系和评价标准,对各个岗位的相对价值进行衡量之后完成了岗位的分级分等工作,这就有效地保证了职务和担当本职务的劳动者与劳动报酬之间的协调和统一,使员工得到公平合理的报酬。许多欧美国家的企业普遍实行工作评价制,其最根本最直接的目的,正是为了使企业工资制度更确切地反映员工与劳动报酬之间的对应关系。

(5) 为组织或团队有效激励员工提供了依据

在调动员工的工作积极性、主动性、提高工作效率方面,工作分析具有重要的推动作用。工作分析使员工明确了自己的职责,以及今后的努力方向;明确了工作所需要的知识、技能与能力。那么他们必然在工作中服从领导,积极工作,不断学习,不断进取,使自己成为优秀的员工。

(6) 是实现企业规范化和规范化管理的重要手段

工作分析对于一个组织实现规范化管理是必不可少的。在进行了科学的工作分析之后,对每个岗位的工作职责、责任、权限、流程等做出了明确的界定,就能基本做到责任明确、工作到人。

(7) 为组织机构设计与定员定编提供依据

工作分析与组织机构的设置与定编定员有十分密切的联系。定编定员是组织管理中一项重要的基础工作,只有不断加强这项工作,才能使一个单位的组织机构达到精简、统一、效能的目的,杜绝人员浪费,实现劳动者与生产资料的最佳配置,促进企业或一个机构经济效益的提高。

(8) 保证企业职业生涯规划与管理的执行

组织要全面提高员工的素质,让员工在业余时间自学,在岗位上成才,实现全员培训,提高生存与发展的竞争力,实现双赢,组织获得利润,员工获得发展。以此来留住优秀人才,就必须开展职业生涯规划与管理。

4. 工作分析与设计的主体、客体及应用

(1) 工作分析与设计的主体

现代工作分析与设计理论中所提到的工作分析与设计的主体是指谁在分析与设计实践中承担主要的具体操作实务和信息的收集等工作,简单地说就是来进行工作分析与设计的人。他们是工作分析与设计能够得以顺利实施的前提,是工作分析与设计的主要策划和实施者。工作分析方案、各种表格的设计、工作分析方法的选择和工作信息的收集等工作都是由工作分析与设计的主体来完成的。

一般认为,工作岗位的任职者是工作分析中的"天然的"最佳主体。工作分析中最为重要的结果就是通过职位描述书来告诉管理者和任职者,该职位(务)做什么,在哪里做,为谁做,应该具备什么样的资格条件等内容,从工作分析与设计的这些内容和期待结果来看,该岗位的员工是最熟悉和了解的。当然,在企业实践中,根据自己的实际情况,还有由人力资源管理经理或外部专家来作为工作分析主体或两个以上相关方综合的方式。

无论采取何种主体方式作为工作分析与设计的主体,从企业角度来讲,一定要调动岗位任职者对该工作分析与设计的积极性,得到他们理解、支持和帮助;同时在进行具体操作之前,对于该工作分析与设计的进程、格式要求、表达等方面予以预先的界定和规范;任职者也需要明白良好的工作分析与设计不仅对其岗位评级定位有帮助,而且对其绩效表现的衡量、薪酬待遇的确定和将来的职业生涯规划会产生重大影响,须认真对待和把握。

(2)工作分析与设计的客体

工作分析与设计的客体是指工作分析的对象,也就是将要进行工作分析与设计所要针对的具体标的物。现代企业当中的工作,本身就是多个任务的集合体,它包括与岗位相关的所有内容,既有工作的职责权限、工作目标、工作关系、工作中使用的工具设备等具体对象,也有考核指标和标准、任职资格和条件等职业评价对象。总体来说,由于工作分析在人力资源管理当中的广泛作用和基础性,导致现代工作分析与设计的客体几乎涵盖了员工在企业中的一切与组织活动有关的任务,这些任务之间的关系,甚至于与这些任务相关的时间、人员构成等。

对于工作分析与设计客体的实践应用,最重要的就是要联系工作分析的目标和现阶段职位环境的具体情况,分清主次细化后再予以实务操作;否则将会使工作分析因其被赋予过多的功能而在适应性、灵活性和经济性等方面不尽如人意。

(3)两者在工作分析与设计中的作用

毋庸置疑,工作分析与设计主客体的明确对于有效实施企业环境下的工作分析和工作设计是非常重要的。工作分析与设计主体是工作分析实践中"人"的因素,工作分析与设计客体是工作分析实践中"事"的因素,可以毫不夸张地讲,两者的有机结合就是一个工作分析与设计循环中的全部内容。我们也只有在工作分析与设计实践的各个阶段做好两者之间的匹配,才能顺利实施工作分析与设计,从而实现既定目标。

二、组织与工作设计诊断

(一)组织结构设计诊断

企业内部的部门是承担某种职能模块的载体,按一定的原则把它们组合在一起,便表现为组织结构。

1. 企业环境

企业面临的环境特点,对组织结构中职权的划分和组织结构的稳定有较大的影响。如果企业面临的环境复杂多变,有较大的不确定性,就要求在划分权力时给中下层管理人员较多的经营决策权和随机处理权,以增强企业对环境变动的适应能力。如果企业面临的环境是稳定的、可把握的,对生产经营的影响不太显著,则可以把管理权较多地集中在企业领导手里,设计比较稳定的组织结构,实行程序化、规模化管理。

2. 企业规模

一般而言,企业规模小,管理工作量小,为管理服务的组织结构也相应简单;企业规模大,管理工作量大,需要设置的管理机构多,各机构间的关系也相对复杂。可以说,组织结构的规模和复杂性是随着企业规模的扩大而相应增长的。

3. 企业战略目标

企业战略目标与组织结构之间是作用与反作用的关系,有什么样的企业战略目标就有什么样的组织结构,同时企业的组织结构又在很大程度上,对企业的战略目标和政策产生很大的影响。企业在进行组织结构设计和调整时,只有对本企业的战略目标及其特点进行深入的了解和分析,才能正确选择企业组织结构的类型和特征。

4. 信息沟通

信息沟通贯穿于管理活动的全过程,组织结构功能的大小,在很大程度上取决于它能否获得足够的信息以及能否及时地利用信息。

总之,组织结构设计必须认真研究上述四个方面的影响因素,并与之保持相互衔接和相互协调,究竟主要考虑哪个因素,应根据企业具体情况而定。一个较大的企业,其整体性的结构模式和局部性的结构模式可以是不同的。例如,在整体上是事业部制的结构,在某个事业部内则可以采用职能制的结构。因此,不应该把不同的结构模式截然对立起来。

(二)工作分析与设计诊断的流程

1. 工作分析与设计的主客体和目标诊断

工作分析与设计的首要任务是确定其主客体和目标,在取得相关方的认同后来进行信息收集工作,而且要对可能用到的资源进行预先计划。在工作分析和工作设计当中,虽然员工是主体要素,但在一些情况下,员工因受所掌握的信息和占有的资源所限,往往不能及时和准确地判断应该在何时约请人力资源管理者进行新一轮的工作分析和设计,所以在这方面占有相对优势的人力资源管理者应当主动承担提醒和督促的作用,这同时也能够赢得员工的信任和对工作分析与设计的欢迎。对工作分析与设计主客体和目标的诊断,应从明确主客体地位和设立正确的目标开始,人力资源管理者应该以积极合作的态度,客观、准确地提供员工所关心的信息,对于超过自身企业职权范围的要求须予以核实后给予及时答复,要求尽量做到"不支持过高的期望又不打击员工的热情和积极性"。

2. 分析与设计的工作诊断

分析与设计的工作诊断是综合和分析前一阶段所收集的信息,对其进行整理、分析、转化和组织,并且运用传统工作设计的成熟方法来制定工作分析与设计草稿的阶段。这个阶段是整个工作分析与设计的核心阶段。员工基于主客体和目标诊断阶段的信息收集,充分了解和掌握了企业团队、职位以及人力资源管理者的期望后,结合自身的特点和当前发展需要,通过工作专业化(Job Specification)、工作轮换(Job Rotation)、工作扩大化(Job Enlargement)和工作丰富化(Job Enrichment)等方法来进行自身的设计和创造。其中,工作轮换和工作扩大化由于简单易行对团队的影响较少,往往会被处于较低职位员工来采用,而工作专业化和工作丰富化则常常被应用于高层职位或对晋升职位员工产生强烈的吸引力。

员工作为自己职业生涯规划和发展的主人,也必须拿出专门的时间来认真思考自己下一步的发展趋向,规划和设计对自己的发展最有利的企业环境。成熟的员工往往会运用到"博弈论"的知识,来尽量制定一些比较切实可行的设想,来增加自己的方案与直线经理在下面的讨论阶段最终能通过的概率。同时,如果员工在计划阶段操作得当,应该理解过分自我的超现实想法往往难以得到企业经营者的支持和认同。这也是实行个性化分析为何首先要限于企业当中的"核心员工"群体当中,对自己个人发展方向的恰当把握,恰恰是一个员工职业发展观的成熟表现。

3. 工作分析与设计的可行性诊断

这个阶段是员工与人力资源管理者(自己的直线经理)就自己设计的"工作分析与设计"草

稿进行讨论、沟通和修改的过程,其成果就是对"工作分析与设计"的内容、格式和前提条件等要件,通过意见交换、讨论、修改、妥协等方式来最终达成共识。该过程在工作分析与设计当中的重要性仅次于工作诊断的另一个关键步骤,也是在整个流程当中对双方沟通技巧要求最高的一个阶段。操作的关键是人力资源管理者一定要放下自己在企业组织环境中因为较高行政职位所带来的优越性,来公平、坦诚地与员工交换自己的看法和建议。应做到以尊重的态度认真倾听对方的观点,并对关键内容和不太理解的内容予以及时澄清;充分重视对方在倾听过程中给予的反馈,并回以清晰的答复来保证自己的观点是否被对方充分理解;陈述自己的观点时要做到准确和简捷,突出重点且善用恰当的比喻,尽可能帮助对方理解自己的想法;在谈话过程中一定要注意控制自己可能引起对方误会的话语、强调、表情和身体语言。

4. 工作分析与设计的实施诊断

工作分析与设计的具体成果也必须依靠双方共同的遵守与实施来实现。确定工作分析与设计成果的实施非常关键,对于任务目标(Objective)的描述尤其如此。一个比较好的技巧就是应用 SMART 灵巧原则,即每个规定的目标必须是精确的(Specific)、可以衡量的(Measurable),在规定时段可以完成的(Achievable),以结果为导向的(Result-oriented),有一具体截止时间约束的(Time-bounded)。这对于工作分析与设计执行过程中的评估和员工绩效考核将会有很大的帮助。另外一个很好的尝试就是人力资源管理经理将讨论当中给予员工的支持承诺(主要是能帮助与员工实现其个性化需求的必要支持)写进工作描述书,一方面是在员工面前代表公司表示诚意,另一方面也起到很好的备忘功能,在日常的回顾当中时刻提醒履行自己的诺言。当然,工作确定的前提是人力资源管理者有足够的管理权限来落实,在没有确切的把握之前不要轻易许诺。

5. 工作分析与设计的评估

评估是针对工作分析与设计成果的检验过程,双方应定期对执行结果予以回顾和评价。对不合理或未考虑在内的新的因素影响进行测算和评价,必要时加入现有的工作分析与设计当中,甚至是启动新一轮的工作分析与设计。同时它也是对整个工作分析和工作设计的实施过程的一次考察,对于出现的问题予以分析、评估和解决,保证整个流程的活力和最大功效。人力资源管理者应该培养自己观察和发现员工个人需求的关键点。即马斯洛的需要层次理论中较低需求层次向较高层次转化的那段时间,往往是有经验的经理人开展个性化评估和新一轮工作分析与设计的好时机。

(三)工作分析与设计的注意事项

1. 企业高级管理层的支持

毋庸置疑,这是任何管理行动能够得以顺利贯彻和执行的基本保障。由于工作分析与设计在开始阶段需要花费一些额外的时间进行解释、准备、讨论,甚至是培训,在操作过程当中还要动用其他部门或团队的资源,甚至有可能还要面对一些超出直线经理授权的情况,所以员工和建议人力资源管理者一定在实施之前将利害关系和可能遇到的情况与企业高管达成共识,得到他们的支持。这是首要原则。

2. 充分发挥核心员工的主观能动性

要知道工作分析与设计的一个重要目标是引导员工成为自己职业生涯管理的主人,知道自己具体的阶段性甚至是终极需要是什么。所以在整个实施过程当中,人力资源管理经理一定要注意让员工多讲、多思考、多做决定,这样才能引导他们成为自己承诺的主人,才能让他们找到能够实现这些目标的终极动力。

3. 成功的工作分析与设计是有效沟通的结果

有效沟通能让员工与高级管理层都深入了解工作分析与设计的重要性，进行有效沟通能在很大程度上减少工作分析与设计的阻力，并能使工作分析与设计的结果得到有效实施。

4. 随时观察、及时反馈和指导

这一点与进行有效管理的要求是一样的，这项原则贯穿于整个工作分析与设计流程当中，甚至是整个人力资源管理过程当中。它能有效地避免员工在工作当中可能会遇到的最悲惨的三件事：第一是感到没人在乎自己的存在，尤其是自己的直线经理；第二是不知道自己的工作做得好不好；第三是感觉到自己的工作结果无论如何都和团队乃至整个公司的成绩都不相关。

(四)工作分析与设计的特点和优势

1. 共识需要和员工的边际需要成为工作分析的客体

为了形象地解释工作分析和工作设计理论，并为了区别于传统意义上的工作分析，我们引入了"边际需要"这个概念。

边际需要存在于企业需要（企业边际需要）和个人需求（个人边际需要）的整体当中，是在工作分析和工作设计当中企业和个人能够为达成双方在现阶段工作分析的共识而可以相互妥协和放弃部分。个人边际需要并不会因为当前的妥协而消亡，只是在现有条件下为了实现更重要目标统一而可以延迟讨论和实现的需要。个人边际需要有可能在日后随着内外环境的变化而变得更加强烈或重要，足以影响主体的表现，那个人一定要纳入新一轮的工作分析和工作设计当中并要赋予足够的重视；当然也有可能因为发生的根本动机条件（如外部竞争环境的变化）或是个人观念、价值观等内在因素的转变而自然消失，将不会影响新一轮的工作分析操作。

具体而言，个人边际需要就是当前公司职位要求暂时还无法满足或完全满足的个人需求。对于一个刚刚从业的大学毕业生，个人的边际需求可能是自己期望中的高薪；而企业边际需要则恰好相反，是由于"物美价廉"的商业理想化引起的急功近利的过高期望，例如企业总是希望花最少的薪水找到一个样样精通的精英。

现代化的工作分析和工作设计所要关注的工作分析客体就是双方的共识部分加上员工的个人边际需求。这和传统的工作分析和工作设计所仅仅关注的企业需求显然有巨大的不同。企业妥协了自己的边际需求而增加了员工个人需求的关注。在这里，需要澄清的是，企业只是针对这个员工个体的特点为了最大限度发挥其工作意愿，鼓励其成为自己工作的主人而做的妥协，企业完全可以把该员工在目前情况下不能准确说是不愿去承担的一些工作职能分担给团队整体或其他团队成员个体；作为交换，此员工有义务去分担其他团队成员所不擅长（或不愿意）承担的职责，并愿意在薪酬待遇等方面做适当的妥协。"边际需求"概念的创造，也间接解释了为什么高绩效团队的组成需要成员能力和素质的多样化，同时也是实现把"合适的人放到合适的岗位"上这一管理者梦寐以求理想状态的比较好的一种操作方法。

2. 现代工作分析与设计解决了实践中的适应性问题

现代工作分析与设计的起始点是以劳资双方的需要为基础，即一旦某一方的需求有了重大变化，则新一轮的工作分析应该马上开始。它解决了传统工作分析当中的"适应性"问题和何时是开始工作分析的最佳时机的问题。我们不难发现工作分析和工作设计是在不断动态变化的，这种变化是由当事人双方需求的内容所决定的，但完全有规律可循、可以被把握的。这种动态的灵活机制使工作分析具有其他工具无可比拟的优势，即它的实施完全可以与企业的内外环境进行联动，甚至于以积极的发展性观点来看是具有先于环境变化而变化的主动性。马斯洛已经为大家揭示了需要发展的总体趋势、阶段目标和终极目标，而赫茨伯格对激励因素的研究成果也给予我们足够的理论指导去在哪些方面来有效激励人。企业作为一个组织，如果丧失了主动变革的积极和主动性，那它绝不是通过没有时效性的工作分析和工作设计所能够拯救的。

3. 工作分析和工作设计具有的经济性优势

在工作分析和工作设计过程当中，人力资源管理者和员工需要额外付出的只是对现有工作描述书进行讨论的时间和可能在一个固定时间段会多次出现的工作分析的"额外成本"。对于前者来讲，成本可以忽略不计，因为这是一个合格的、负责任的人力资源管理者的份内工作。之所以以前没有做好，可能是他的绩效或主要考核方面并不是由属下员工发展和员工作满意度来衡量，大多数企业总是喜爱把中短期的利润和市场目标作为最重要的考核依据；也有可能由于目标比较抽象和表面上看起来所需要较长时间来执行而难以进行监督和成果检验；抑或管理者本人就对管人工作不感兴趣，是当前的职位"逼迫"他来做一些照本宣科的形式工作，自己首先成为传统工作分析方法论的牺牲者。而对于后者，所谓的"额外成本"相对于员工不进行新一轮个性化工作分析所可能付出的"机会成本"，进行工作分析就会减小机会成本，提高效益。如减小核心员工流失或提高核心员工绩效等。

4. 促使人力资源管理者不断提升自己的素质和领导力

把更多的精力放到关注员工所关注的事情并努力创造条件来留住这些企业骨干。那些把公司核心人员频繁流失归罪于当今社会、感叹市场上一将难求和抱怨现有员工绩效不高者，不是碌碌无为的无能者就是巧言令色的推脱责任者，他们都不应该被算为企业的核心员工。那么，作为具有强烈责任感和意愿，并希望在这方面去做出杰出成绩的人力资源管理者，应该如何来进行工作分析和工作设计的个性化尝试呢？

三、组织与工作设计决策

(一)组织结构调整

环境决定战略，战略决定组织。当企业的内外环境发生变化时，企业战略必然发生变化，新的战略必须有相应的组织结构来支持和保证。于是，组织结构调整势在必行。因为组织结构的主要功能在于分工和协调，所以，通过组织结构调整，将企业的目标和战略转化成一定的体系或制度，融合进企业的日常生产经营活动中，发挥指导和协调的作用，以保证企业战略的完成。因此，组织结构调整是企业总体战略实施的重要环节。有效的组织结构调整，是一个复杂的系统工程，要考虑到企业管理的各个环节。在我们的管理实践中，我们感到企业的组织结构调整，有几个原则是必须坚持的，它们不是组织结构调整成功的充要条件，而是必要条件，值得每一位管理者加以思考。

权力和职责对等原则。即赋予下级的权力，必须对等于所分配的职责。该原则要求上级将其权力充分委任给某项职责的下级，从而减轻了上级的工作量。这样的授权方式既能把企业主要领导从繁忙的日常事务中解脱出来而集中精力考虑企业的战略发展，同时能够真正激励下级发挥和提高自己才能，完满地行使职权。

让权不让责原则。这里的"责"指的是责任。在上级领导把某项工作委派给下属部门执行时，同时也需授予完成该项工作的必需的权力，即"授权"。但在职责委派和权力授予的同时，上级领导向其上级所承担的责任与义务并没有随授权而转移下去，他们仍然向其上级承担原来的责任。

谨慎越级指挥。越级指挥会使直接下属和指挥对象无所适从，使直接下属的工作积极性降低，这是一种典型的上级干下级的事，经理人员在发布指令时，应沿指挥链逐级传达下去。避免下级过多，更要杜绝组织中出现"一个上级，一个下级"的情况。尽量避免横向兼职、纵向兼职、交叉兼职。管理理论要求因岗设人、因事择人，但管理实践中，有时也因人设岗。应辩证地因岗设人和因人设岗，坚持命令统一原则，避免多头领导。在高层组织（委员会）的决策过程中，应注意决策效率低下问题和少数人支配问题。

组织中出现非正式组织是一种必然现象。组织管理中应采取积极的方法，正确诱导和运用非正式组织使其为实现企业的正式组织目标服务。随着企业规模的变化和企业内外环境的变化，企业的经营目标和经营战略都会不断发生变化，企业的组织结构也应相应地滚动调整。

（二）工作分析与设计决策

1. 工作分析的方法

（1）通用型工作分析方法

通用型的工作分析方法是指既能够为工作分析活动提供收集和分析信息的方法，同时也可以为其他领域，如评价、决策等方面提供收集和分析信息的方法。其特征是：收集的工作分析信息以定性分析为主，叙述较多；在文字语言上的"语义"使此类信息的使用存在缺陷。因此一般通用型工作分析方法都结合其他方法应用。

通用型工作分析方法主要有访谈法、非定量问卷法、观察法和工作日志法。

访谈法。又称面谈法，是指访谈者依据提纲与访谈对象直接交谈，以收集所需信息的方法。访谈法可分为集体访谈和个别访谈、结构式访谈与非结构式访谈。在工作分析中，访谈法的应用形式为：工作分析者分别访问工作承担者和他们的主管人员，通过面谈，了解工作的有关信息，或确认以前填写的工作任务和内容并做进一步澄清和补充。通过访谈，能够比较详细和深刻地了解工作承担者的工作内容、工作目的和要求、工作态度及具体做法等。访谈法应用面广，能获得更多和更具体的信息，同时还提供了一个良好的交流机会，但同时工作时间成本高，工作信息容易发生偏差和失真，因此常常同观察法结合，使得能够更加准确和高效地分析工作的基本内容、构成基本内容的因素，以及工作内容的有关操作程序。

问卷法。即非定量问卷法，是信息收集常用的方法，在工作分析中，问卷法通过预先设计的调查问卷来获取工作分析的相关信息，从而实现工作分析的目的。在设计问卷时主要考虑调查的目的、调查的内容、样本的构成情况、资料处理分析方法和问卷的使用方法等因素，问卷的长短一般限制在被调查者 30 分钟以内能顺利完成为宜。问卷法能够从员工处迅速得到进行工作分析所需要的资料，节省时间和人力，同时由于样本量大，可增加信息的科学性，调查结果还可多方式、多用途分析，但问卷设计的难度较大，一般员工填写问卷时的态度以及理解上的不一致，可能使信息调查的质量难以保证。

观察法。是指研究者根据一定的研究目的、研究提纲或观察表，用自己的感官和辅助工具去观察研究对象，从而获得第一手原始资料和感性材料的一种方法。在工作分析中，观察法一般都采用直接观察法，较全面地观察工作的整体情况，包括员工的工作过程、行为、内容、特点、性质、工具、工作环境等，并应用文字或图表的形式记录这些信息。观察法不适用于脑力活动较多，或工作周期太长、工作时间和空间没有规律的工作，一般会与访谈法结合使用，比较适用于短期的外显行为特征的分析，常用于相对简单、重复性高且容易观察的工作分析，而不适合于隐藏的、复杂的、不确定性高的工作分析。

工作日志法。也称现场日志法，或工作日记法，它要求工作人员按时间顺序详细记录在一段时间内所从事的各项工作活动或任务，以及完成工作所耗费的时间。通过工作日志法，一般可以了解员工岗位情况、工作任务完成情况,明确各岗位的工作状态及现状,结合工作标准,奖优罚劣,从而调动员工的积极性和潜力。工作日志具有提醒、跟踪和表征绩效三种功能。记录工作日志可获得可靠性较高的信息,费用较低,有利于充分了解工作,但员工可能会夸张或隐藏某些活动和行为,同时可能干扰员工正常工作,因此,工作日志法一般不单独使用,使用时往往采用统一设计格式,并要求其填写者的上级进行必要的检查和校正。

(2) 基于人的工作分析方法

通用型工作分析方法往往费时耗资且容易产生主观偏差,因此,更专业的工作分析方法被开发出来,其中基于人的工作分析方法得到了广泛的应用。基于人的工作分析方法主要有职位分析问卷法、关键事件法和基于胜任力的工作分析法。

职位分析问卷法。这是一种高度结构性的工作分析方法,采用清单的方式来收集、分析和确定职务信息,涉及工作行为、条件和职位特征等,是一种以人员为导向的工作分析方法。职位分析问卷包括194个项目,划分为信息输入、心智过程、工作产出、人际关系、工作环境、其他工作特征6个维度。每个职务因素又采用信息使用程度(U)、对职务的重要性(I)、所需要时间(T)、适用性(A)、发生的可能性(P)、特殊计分(S)六个评价尺度进行度量。这种方法可操作性强,适用性广,但问卷繁复,缺乏特定工作活动的描述,可能歪曲实际的工作任务与问卷描述工作行为活动之间的差异。

关键事件法。由工作分析实施者、管理者或任职人员在收集大量与工作相关信息的基础上详细记录其中的关键事件,以具体分析岗位特征、要求。其中关键事件是由员工个人或团队的关键行为产生的,对个人或团队绩效产生决定性影响的行为结果,关键事件要能够反映个人的行为特征,能够表现出关键行为对工作本身或工作团队或其他部门产生了较大作用,对工作的发展有较深远的影响。应用关键事件法进行工作分析时,需要工作人员记录下能够反映出特别好或特别差工作绩效的特定行为或事件,对其进行描述,在大量收集这些关键事件以后,对其进行分类,并归纳岗位的关键特征和行为要求。关键事件法具备动态性、标准性和高效的统一,但花费时间较多,缺乏完整性,还容易带有访谈者的主观性。

基于胜任力的工作分析法。是指以胜任力为基本框架,通过对优秀员工的关键特征与组织环境、组织变量的两方面分析来确定岗位胜任要求,是一种人员导向的工作分析方法。它包括明确组织目标和确定分析的岗位、定义分析岗位的绩效标准、选取样本收集和分析信息、确定工作任务特征和工作胜任力要求、验证工作任务特征工作胜任力要求、应用六个环节,这种方法强调优秀员工的关键特征,具有很强的工作绩效预测性,容易被岗位承担者接受,还可以与组织的战略目标紧密联系。通过这种方法确定的工作要求一方面能够满足组织当前对岗位的要求,另一方面也能够适应组织发展的需要,而且在实施过程中可以将胜任力作为人力资源管理的一种新思路贯穿到人力资源管理的各项职能中去,使人员—岗位—组织匹配成为企业获取竞争优势的一个关键途径。

(三) 工作分析的结果

工作分析的结果是工作描述、工作规范,最后形成岗位说明书。

1. 工作描述

是指对有关工作职责、工作活动、工作条件以及工作危险程度等工作特性方面的信息所进行的书面描述。其内容主要包括工作名称,工作身份(包括工作部分、上下级、工作关系、岗位编号等),工作概述(工作的总体性质、中心任务和要达到的工作目标),工作职责(工作活动内容、工作权限、工作结果),工作条件(工作场所、工作环境、工作时间、工作强度、工作的舒适程度等)。

2. 工作规范

是指以工作描述的内容为依据来回答从事这份工作的人员应具备什么样的资格,即它是全面反映工作对岗位任职者应具备什么样的资格、品质、特点、技能以及工作背景或经历等方面要求的书面文件。包括两个方面的内容:一是工作所需的技能包括教育或经验、特殊培训、个人性格或能力以及动手能力,具体来说,知识要求包括学历要求、专门知识、政策法规知识、管理知识、外语水平、相关知识等,能力要求包括理解判断能力、组织协调能力、决策能力、开拓能力、社会活动能力、语言文字能力、业务能力等,还有工作经验、工作年限、工作经历、一般公德和职业品德等;二是工作对员工的体能素质要求,包括身体素质、心理素质方面的要求。

3. 岗位说明书

岗位说明书是将工作描述和工作规范相结合而形成,即关于工作是什么和工作任职者应具备什么资格的一种书面文件,一般包括以下项目:工作标识、工作概述、工作联系、工作职责与工作任务、工作权限、工作过程与方法、工作环境、任职资格条件等。

第二节 组织与工作设计实训

一、华为公司的组织体系与变革

(一)企业简介

华为技术有限公司的(下称"华为公司")是一家总部位于中国广东深圳市的生产销售电信设备的员工持股的民营科技公司。华为公司的全资股东是深圳市华为投资控股有限公司(下称"华为控股")。华为控股是100%由员工持有的民营企业,没有任何第三方(包括政府)持有华为控股的股份。

华为公司成立于1987年,经过20多年的发展,当年很小的通信产品代理商,如今已经发展成为国内首屈一指的电信设备供应商。华为公司作为全球领先的下一代电信网络解决方案供应商,从模仿起家,到超越诺基亚、西门子和阿尔卡特朗讯成为全球第二大设备供应商。2009年,华为公司全球销售收入达215亿美元(1 491亿元),同比增长19%。华为公司的产品和解决方案已经应用于全球140多个国家,服务全球运营商50强中的45家及全球1/3的人口。

(二)华为公司组织结构变革

华为公司刚成立时,由于员工数量较少,产品的研发种类也比较集中,组织结构比较简单,因此采取直线制管理结构。这种权责分明、协调容易、快速反应的组织结构,使得华为在创业初期迅速完成了原始资产的积累。

随着公司的高端路由器在市场上取得成功,华为公司员工总数也从最初的6个人发展到800人,产品领域也从单一的交换机向其他数据通信产品及移动通信产品扩张,市场范围遍及全国各地,单纯的直线管理的缺点日益突出:没有专门的职能机构,管理者负担过重,难以满足多种能力要求;一旦全能管理者离职,一时很难找到替代者,部门之间协调性差。

发展中期,华为公司逐渐采用了直线职能制的组织结构。这种结构的优点是把直线制组织结构和职能制组织结构的优点结合起来,既能保持统一指挥,又能发挥参谋人员的作用,各部门效率较高、组织稳定性较高,易于发挥组织的集团效率。但部门间缺乏信息交流,不利于集思广益地做出决策;系统刚性大,适应性差,容易因循守旧,对新情况不易及时做出反应(如

图5—1所示)。

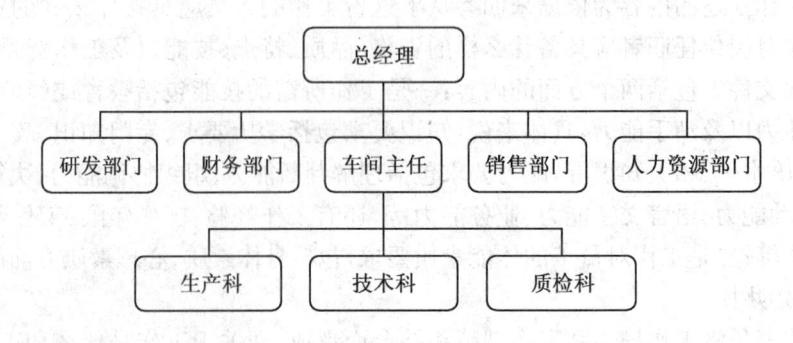

```
                        总经理
         ┌─────┬─────┬─────┬─────┐
      研发部门 财务部门 车间主任 销售部门 人力资源部门
                 ┌─────┼─────┐
               生产科  技术科  质检科
```

图5—1　发展中期华为的直线职能制组织结构

随后在早期直线制结构管理体系基础上进一步完善创新,先后加入了事业部制和地区公司,并按战略性事业划分事业部,按地区战略划分地区公司,作为华为公司最主要的两个利润中心,由事业部的地区公司承担实际盈利的责任,加快了公司的发展速度。

华为公司一直实行中央集权,但其集权不是独裁,而是在集权的基础上进行层层有序的分权,并且在分权的过程中要进行充分的授权,严格监督。由于事业部制很难了解各地市场的动向,因此在事业部的基础上成立了地区公司。由于事业部制对产品的生产和经营实行统一的管理,自主经营,独立核算,所以极大地调动了员工的积极性、主动性。

华为公司一直根据企业战略的变化,进行组织结构的变革。华为公司在以本土市场为核心时实行以集权为主要特征的职能式组织结构,而当战略发生变化,为匹配跨国战略的国际化战略,组织结构呈现矩阵式结构。按职能专业化原则划分的部门与按对象专业化原则划分的部门交叉运作。横向上按照职能专业化原则设立的区域组织,为业务单位提供支持、服务和监管,纵向上是按照业务专业化原则设立的四大业务运营中心。

华为公司组织的矩阵结构,是一个不断适应战略和环境变化,从原有的平衡到不平衡,再到新的平衡的动态演进过程。可以说,华为公司的矩阵结构是有所变化的,有它自己的特色。在华为公司,每3个月就会发生一次大的技术创新,从而带来组织架构的变化。相应的部门会抓住机遇,在部门的牵动下,公司的组织架构发生一定的变形,这种变形只是部门与部门之间的联系的次数和内容发生变化,流程并没有变化。而且这种变形是暂时性的,当阶段性任务完成后,整个组织结构又会回复到常态。

概括来说,这种矩阵式结构能更好地应对不确定的环境,华为公司组织结构的扁平化,决策链也缩短,能够迅速反应、应对、决策与调整。同时,组织结构面对市场设计,也具有前瞻性和扩展性,应对新的产品与市场,进行调整(如图5—2)。

二、银行业金融机构工作分析与设计

(一)银行业金融机构概况

2014年,银行业金融机构认真贯彻落实国家宏观调控政策,努力提升金融服务质量和水平,继续保持平稳运行。资产负债规模稳步增长,资本充足率和资产质量总体保持稳定,但部分行业、领域和地区的风险有所积累,银行业金融机构也面临流动性短期波动增多、信用风险有所上升、盈利增速进一步放缓等挑战。

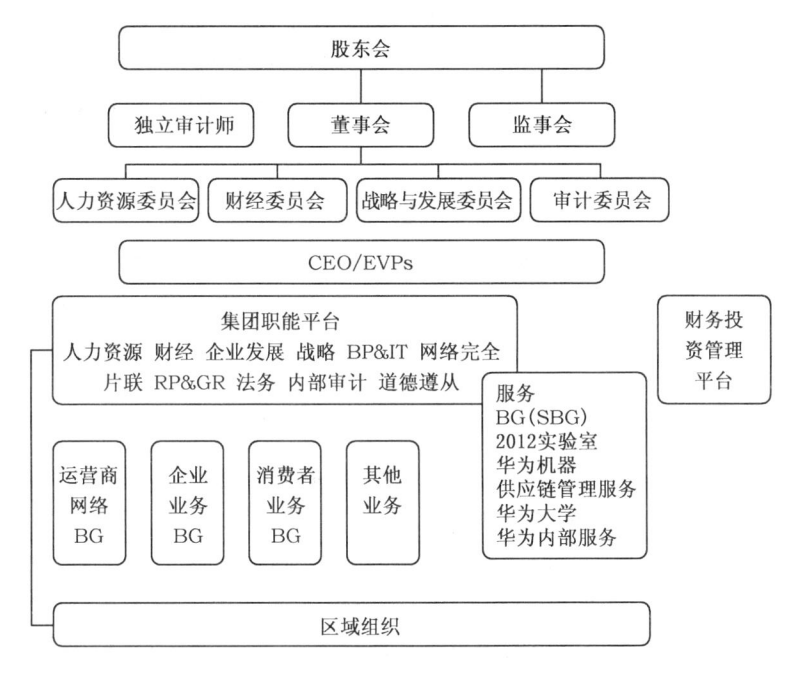

图 5—2　华为公司组织结构(2012)

(二)银行业人力资源现状——基于 SWOT 分析法

1. 银行业金融机构人力资源管理具备的优势

(1)人员总体结构不断改善,可挖掘潜力很大

我国银行业金融机构工作人员整体素质不断提高,截至 2014 年,从事银行业的本科以上人员占所有银行从业人数的 62%,而且拥有中级专业技术职务的人员占银行从业人员的 57%,45 岁以下的人员占银行从业人数的 77.60%,这样的人员结构意味着我国银行业金融机构具有丰富的人力资源,是一个具有很大潜力可挖掘的组织。

(2)高层重视科学管理,开展人力资源管理得到组织保障

我国银行业金融机构的每一届领导班子都十分重视管理工作,认为只有通过"以人为本"的科学的管理方法,才能激发员工的积极性和创造性,才能使银行的工作有序开展,使得从业人员顺利完成各项工作任务,将管理放在了首位,这也才使得我国银行业金融机构对人力资源管理的探索能够得以开展,并且能够在全行开展工作分析。

(3)行业风貌良好,文化氛围浓厚

在刚性约束与柔性推动相结合的科学管理文化引导下,我国银行业体现出较强的人文关怀,而行风行貌更是得到了有业务往来的地方政府机关和金融机构的一致好评,特别是人员结构较年轻的整体情况,在工作中处处显现出蓬勃的朝气和奋发向上的精神风貌,使管理的难度大大降低,而有效性则大大增加。

2. 银行业金融机构人力资源管理存在的缺陷

(1)没有从战略的高度认识和规划人力资源

普遍来说,我国银行业金融机构没有一个明确的人力资源发展战略规划,而目前中国人民银行系统又缺乏行业性的定岗体系和统一的人员定编标准,我国银行业的定岗定编工作以前虽开展过,但工作分析做得很不规范,致使各部门各岗位没有明确的工作内容、工作职责、权

限、任职资格和业绩标准,因此一个岗位一个人的事经常几个人干,或者几个岗位几个人的事一个人干的现象时有出现,使得员工的行为导向模糊,责任心减弱,不利于体现价值。而且各部门各岗位的职能职责规范没有与考核薪酬体系有机地联系起来,从而无法通过利益动力机制来使其有效地推行。

(2)缺乏科学的人力资源管理体系

我国银行业金融机构人力资源管理不够完善,主要偏重于传统人事管理的事务性工作,如考勤、工资发放、人员调动的手续办理以及人事档案管理等,这些工作占用了人事部门大量的时间和精力,缺乏一种系统的、科学的,注重人力资源开发的管理方式。在这样传统的人事管理体制内,人员的积极性很难得到激发,员工的良好的工作态度和精神状态很难长期保持,往往随着领导的重视程度和管理的力度出现起伏。

3. 银行业金融机构人力资源管理面临的机遇

随着改革的不断深入,党中央国务院已认识到搞好人才资源开发的重要性和迫切性,2003年12月《中共中央国务院关于进一步加强人才工作的决定》提出:建立以能力和业绩为导向、科学的社会化的人才评价机制。根据德才兼备的要求,从规范职位分类与职业标准入手,建立以业绩为依据,由品德、知识、能力等要素构成的各类人才评价指标体系。改革各类人才评价方式,积极探索主体明确、各具特色的评价方法。完善人才评价手段,大力开发应用现代人才测评技术,努力提高人才评价的科学水平。这一决定的提出,为全国公务员机关、企事业单位包括人民银行在内开展现代人力资源管理探索提供了最为强有力的政策支持。

4. 银行业金融机构人力资源管理面对的挑战

我国银行业长期的人事管理存在惯性,员工的工资收入分配、考核管理、岗位调整以及选拔任用一直都采用的是传统人事管理,虽然管理的效果和所能起到的激励都很有限,但在员工的思想中已经形成了一种历史传承的惯性,这对于实施现代人力资源管理也形成了一种挑战,必须充分考虑到员工的接受程度,采取渐进的过程,让员工逐步适应。在工作分析的实施过程中,也必须向职工灌输新的管理理念。

(三)我国银行业金融机构工作分析与设计的必要性

1. 银行业工作分析与设计的必要性

(1)编写程序简单

我国银行业的岗位说明书普遍采用的是由下而上层层汇总的编写方式,没有从各个岗位的工作分析系统出发,工作分析人员未受过严格的训练,分析的方法不规范,不懂专业内容或者为了简单了事让从事工作的人员自己撰写职务说明,得出的职务说明书对职务描述不科学规范,岗位设置简单得以实际的操作为依据,在编写过程中只注重总职数的控制(要求总职位数少于编制数),而轻视了对每一岗位的具体分析,导致最后设置的岗位之间工作量很不均衡。

(2)内容不全面

我国银行业编写的岗位说明书包括名称、工作项目、工作概述、工作标准、所需的知识能力及任职资格、转任和升迁方向等方面,但未能考虑工作关系、工作环境、绩效标准,没有系统的岗位编号,对工作权限也没有进行描述,这样导致人力资源的其他工作无法参考职位说明书。

2. 中心支行实施工作分析的必要性

(1)实施工作分析是系统实施现代人力资源管理的必然要求

实施系统的人力资源管理,挖掘人力资源潜力,已经成为我国银行业金融机构从现在到远期一直保持高效履职的必然选择,而要建立起一套完整、科学、规范、系统的人力资源管理体系,作为人力资源管理中一项核心基础职能的工作分析是必须首先建立的。

(2)实施工作分析对于改变现有的管理状况也具有现实意义

通过工作分析的实施,可以对现在的一些不合理和不规范的岗位进行重新界定和调整,明确各岗位的责任与权限,可以很快改变管理环境,可以使我国银行从业人员得到合理配置,同时,工作分析的结果职位说明书中对绩效标准的界定,也可以解决中心支行现有考核过于简单,缺乏量化指标的状况。

3. 我国银行业金融机构工作分析设计与实施

根据我国银行业的实际情况,工作分析将分为准备阶段(明确目的、原则,收集背景资料)、设计阶段(明确方法、设计问卷、确定访谈提纲和方式)、实施阶段(组织调查、收集信息)、结果形成阶段(形成岗位说明书)、应用与反馈阶段(应用、评价、反馈、调整),其间注重对每一个环节的运行控制。流程如图5—3所示。

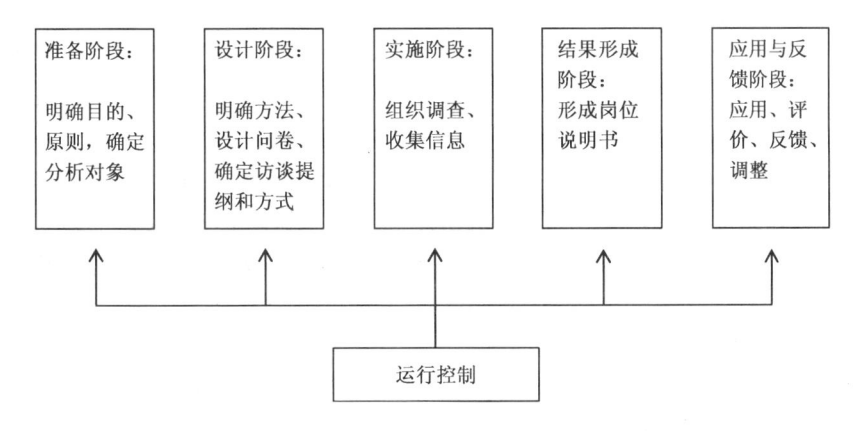

图5—3 我国银行业工作分析设计与实施流程

经过有计划的工作分析与设计,可以大大促进我国银行业管理水平的提高,其主要原因在于通过工作分析,理顺了工作关系,把工作分析的结果运用到了管理的各个层面。

明确了岗位职责。在行政管理方面,有效解决了部门职责重叠的现象,各岗位的干部职工明确了各自的工作职责和权限,因工作职责不清造成的矛盾和相互扯皮推诿现象大大减少,管理效率和生产效率得到提高。

优化了组织机构和工作流程。部门与部门、岗位与岗位之间的工作职责更加清晰明了,岗位工作流程更加畅通,工作效率和质量更高。

制订了新的培训工作计划。按计划实施培训项目,避免了培训的盲目性。员工经过培训,获得岗位必备的专业知识和技能,具备上岗资格,减少了岗位技能欠缺与现实工作需要的矛盾,提高了员工胜任本职工作的能力。并且通过一些前瞻性的培训,提高了全员的综合素质。

建立了绩效考核方案。科学合理的职位说明书是员工考核的依据,绩效考核方案就是以绩效指标作为员工评价指标,然后形成评价标准,在评价标准基础上为每一考核项目打分,结合员工的工作表现,形成对员工的评估,这样的考核方案才是公正的,从而减少了因考评引起的员工冲突,对员工起到了激励的作用。

三、铁路企业工作分析与设计

在2014年年初中国铁路总公司工作会议上,盛光祖同志提出了"努力把铁路总公司打造成安全可控、服务优质、效益良好、管理科学的市场化、现代化、国际化的大型国有企业"的奋斗目标。这为铁路企业人力资源管理部门由"人事部"转变为"人力资源部",从根本上起到人力资源规划、设计、开发与管理的核心作用,从而确保实现既定的奋斗目标提出了新课题。

（一）铁路企业在人力配置中的基本原则

铁路企业由于长期的历史沉淀,在工作分析的过程中,必须结合自身生产经营和效益效率进行分析,主要工作有企业和职工双向的职业规划、岗位需求、岗位标准、人员培养、人员的晋升和平移以及激励机制等。在工作中同样需要遵循人力资源配置的基本原则。

1. 能级对应原则

工作分析和岗位研究是编制人力配置规划的基础,管理部门必须依据工作分析的相关资料来确定需要设立多少个岗位,配备多少人员,人员的任职条件。例如,这名职工将承担哪些责任,给多少工资等问题,铁路企业执行的是"岗职相符,严格岗位准入"的原则。

2. 优势定位原则

工作分析和岗位研究为企业贯彻按劳分配原则,公平合理地支付劳动报酬提供了可靠的保证。职工劳动报酬的高低主要取决于其工作的性质、繁简难易程度、劳动强度、工作负荷和责任的大小以及劳动环境的优劣。岗位研究正是从这些基本因素出发,建立了一套完整的评定指标体系和评定标准,对各个岗位的相对价值进行衡量之后完成岗位分级,这样就有效地保证了岗位和担任本岗位的职工与薪酬之间的协调和统一。铁路企业即为"个人与企业双方面进行严谨的人力资源规划"在人员的使用上采用优势定位"最大效力地利用和发挥人员的作用"原则。

3. 内部为主原则

工作分析和岗位研究以岗位为中心,分析和评定各个岗位功能和要求,明确每个岗位的职责、权限,以及承担本岗位的人所必备的资格和条件。另外,从人力管理工作程序上看,岗位研究是各项绩效考核的前提,岗位研究要为考核的内容、项目和指标体系的确定,提供详尽的数据和资料。对铁路企业来说从内部培养人才,给有能力的人提供机会与挑战,造成紧张与激励气氛,是促成企业发展的动力。

（二）在工作分析基础上铁路企业人力资源配置方法

铁路企业在人力资源配置上主要是从现状出发,在工作分析的基础上进行针对性配置。

1. 合理调整生产一线人员要按照精干、高效的原则。结合铁路企业点多线长的特点,在区域、专业上进行针对性调整,以保证生产一线人员能有旺盛的精力去完成各项生产任务。

2. 按比例配置辅助人员。要根据生产实际需要,按比例配置辅助人员,使之既能保质保量,按时完成生产任务,又不浪费劳动力。

3. 合理配置机关岗位人员。对机关岗位的人员配置,要杜绝因人设岗现象的发生,对可兼职作业的岗位要予以合并,以确保人力资源的合理利用。

4. 公开、公平、公正地实行竞争上岗。让每个上岗人员既有动力,又有压力。

5. 坚持老、中、青三结合的方式,充分发挥传、帮、带的作用。要让每个岗位的年龄结构、知识结构、体能结构都符合优化配置原则,使经验丰富、技术水平高的老职工与精力充沛、体格健壮的年轻职工之间形成一种互补效应,以确保能高效率地完成企业的各项既定目标。

（三）当前铁路人力资源配置优化工作中存在的问题——以成都铁路局为例

1. 满足新线新项目人力资源需求面临挑战

最大限度地满足新线投产和运输能力快速提升对人力资源的需求,实现可持续发展,是我们面临的重大挑战。然而在实际生产中还存在以下问题：一是部分运输站段固守"人多好办事、人多保安全"的观念，遇新技术、新设备投用后工作量增加，不从优化生产组织方式、内部挖潜等方面想办法、找出路，只是简单地做加法，甚至是乘法，一味地要人，不愿在精简机构编制、调整生产方式和劳动组织、优化人员结构等方面下工夫；二是部分非运输企业不能正确面对改革带来的变化，总是以种种理由借口想着留编制保定员。

2. 既有职工队伍不能完全适应路局现代化发展需要

今后几年，是成都局铁路现代化水平快速提升阶段，客运专线的集中投产、新技术装备的大量投用，对人员素质提出全新的要求；同时成都局地处山区，新的形势和运输环境对从业人员的文化水平和业务素质提出了更高要求。目前，成都局主要行车工种岗位技师、高级技师比重有待进一步提高，部分艰苦边远站段的技术力量较为薄弱，培养一支高水准、多领域、多层次的高素质技能人才队伍刻不容缓。

3. 高铁主要行车工种队伍建设面临挑战

近年来，随着高铁和新技术装备陆续投用，铁路运输生产一线职工队伍结构不合理的问题日益突出，高技能人才较为短缺。尽管目前路局高铁线路人员的年龄、技能、文化结构等均优于全路平均水平，但随着渝利铁路和成绵乐客专等新线的即将开通，成都局高速铁路线路人员储备仍然不够，尤其是学历、技能等级和工作经历成为影响高铁主要行车工种岗位人员准入的主要因素。

(四) 运用工作分析理论，推动铁路人力资源的合理动态优化配置

1. 优化运输生产组织和劳动组织，修订提高劳动定员标准，科学配置，通过提高劳效实现劳动力资源利用最大化

由业务处牵头，针对各专业系统不同的作业性质和生产特点，按照有利于安全运输生产、有利于资源利用和效益最大化的原则，清理完善现行规章制度和管理办法，力求避免重复作业和做"无用功"，减少对劳动力的浪费，同时对作业方式、作业流程进行调整，优化劳动组织，合理安排劳动班制，在实行间歇轮班制的班组和流水线作业班组尝试弹性工作制。合理设置生产岗位，实施兼职并岗。结合各系统劳动组织改革，以及新技术新设备的投用，每年对全局各系统劳动定员标准进行修订提高，同时按照先进的用人标准配置高铁生产人员，确保人员配置与劳动效率提高和技术设备更新相匹配。通过劳动定员标准的提高，挖潜解决部分需求缺口。

2. 以相关改革为契机，统筹调剂，充分盘活既有人力资源

一是按照"多元化经营、一体化管理"要求，充分考虑非运输企业和运输辅助单位技术、设备、工艺使用及劳动组织改革等因素，进一步修订完善非运输企业和运输辅助单位劳动定员标准，通过机构精简和全员定岗定编，调剂富余人员到部分运输站段。二是结合货运组织改革进一步深入推进，用好用活从专业运输公司和非运输企业调整到运输站段的人员。运输站段根据生产需要，重新合理设置岗位，优化人员配置，大力开展富余人员的转岗培训，把培训合格人员安置到所需岗位。三是结合旅客列车使用列尾装置的改革，通过转岗培训后把这些人安排到适合的岗位，确保人力资源有效利用。四是强化余缺调剂，根据不同岗位劳动力余缺和新线、新项目开通情况，做好余缺调剂，盘活既有人力资源，提高人力资源使用效率。五是继续采取灵活弹性用工方式，解决季节性、临时性用工需求。针对春暑运、棉农运输、防洪看守等阶段性工作量增加产生的临时性用工需求，要继续立足内部挖潜和节约用人的原则，通过从超员运输站段和非运输企业抽调人员临时支援、弹性使用铁路集体企业职工提供劳务等多种灵活用工方式满足生产需要。

3. 优化接收分配及培养方案,开发利用好新增人力资源

一是结合铁路局职工队伍现状和新线开通等实际情况,科学编制新增人员计划,多接收主专业毕业生。二是根据年度新线、新项目投产情况,对用工需求进行预测,确定岗位配置增量需求计划,同时充分考虑运输站段超缺员现状、退休人数等具体情况,结合录用毕业生专业特点,编制新增人员分配方案,重点配置补充到车、机、供、工、电、辆等系统主要行车工种岗位,并按照"以老带新、新老结合、梯次递补"的思路,在做好新线储备的同时,通过"既有线培养、提速线路锻炼、高速铁路准入"的人员配置流程,加快既有线新人培养。三是加强对高职生的培养使用。根据已入职学生反馈的信息以及征求业务处的意见,利用高职院校回访的机会向校方提出设置、调整相关教学内容的建议,确保贴近实际需要,真正做到学以致用。

4. 围绕既定目标,全面加强技能人才队伍建设

根据《铁路高技能人才振兴计划实施方案》完成高技能人才培养目标:一是严格执行国家就业准入制度,进一步加强职业技能鉴定工作,重点推进已在岗但尚未取得职业资格证书职工的取证工作,并积极鼓励符合条件的技术工人参加技师、高级技师职业技能鉴定、评审。二是进一步规范职业技能竞赛组织管理,积极开展各类各层次职业技能竞赛活动,加大激励力度,积极鼓励职工参加竞赛,让技术尖子能够脱颖而出,获得全路、全局技术能手的按相关规定破格晋升职业技能等级或免试参加考评。三是切实发挥首席技师的技术带头作用,继续完善首席技师考评量化标准,加强考核管理,真正发挥局首席技师在带徒授艺,培养技能人才方面的作用。

5. 健全完善用工激励导向机制

强化对职工收入与单位安全、效益、效率密切挂钩的宣传引导,牢固树立职工收入随单位总体效益好坏能增能减,职工人均收入水平与单位的工资总额成正比,与用工总量成反比的观念。同时,结合工效挂钩办法,通过提高运输效率、增运增收、节支降耗等取得新增效益工资,做大工资总盘子。同时节约用工以提高职工人均收入水平,通过激励导向促进人力资源优化配置和合理流动,进一步完善相关激励机制,加大对各类优秀人才和重点关键岗位人员的激励力度,促进职工实干成才,发挥骨干作用。

四、建筑设施安装公司工作分析与设计——广州 ET 公司岗位标准控制程序

广州 ET 公司是一家以招投标形式承接大型农业建筑设施安装的公司,公司目前在昆明、武汉、天津、乌鲁木齐等全国主要城市都设立了办事处。公司总部设在广州,下设有行政人事管理部、技术中心、生产工厂、采购管理部、市场管理中心、财务中心、调度中心七个部门和四十多个岗位。现有固定员工为 290 多人,加上工程多的时候,在各地临时请的生产施工人员,人员最多的时候近 400 人。一个建筑设施的工程,从承接到完成到交付客户使用,要经过勘测、设计、采购、生产、安装、施工、服务等众多过程,怎样才能控制好施工过程中的每个环节,最简单的办法就是要控制好每一个岗位的职责。为了做到这一点,ET 公司投入了大量的人力和精力,规范了公司所有的岗位职责标准控制程序。经过实践,事实证明这个程序为公司的发展起到了很重要的作用。我们从如下几个方面探讨一下他们的做法。

(一)明确岗位标准控制程序设立的原因

设立岗位标准控制程序原因主要是规范公司各级人员的岗位设置和要求。为员工上岗工作和公司选用人才提供依据,促进公司人力资源平台的建立和完善,规定公司里的每个工作岗位标准制定控制程序及格式和编写要求,适用公司各级人员(含临时工)岗位标准的制定。

(二)各部门所要担当的职责

程序对公司里的每个员工和管理者都提出了要求。人事行政部负责归口公司各级人员岗位标准的控制,督促各部门制定和修订岗位的标准,并对落实情况进行考核,公司各部门配合;各部门主管要积极配合员工完成岗位标准的制定,审核汇总各部门岗位标准,并指导岗位标准的落实执行;各总监负责批准岗位标准;各级员工必须明确任职岗位的要求,按照规定制定/修订岗位标准,并如实执行。标准由人事行政部起草,并负责解释和归口管理。

(三)程序的实施步骤

程序的实施步骤:第一,人事行政部结合公司经营计划和各部门职能对各部门的岗位设置情况进行访谈,针对不同岗位职能分析得出部门人员定编及人员的需求情况;反馈给各部门制定岗位标准。第二,各部门根据部门职能分解职责和确定岗位,由任职员工负责起草本岗位的岗位标准,经部门主管审核,人事行政部会签后报主管工作的总监批准。第三,各部门制定的岗位标准经主管工作的总监批准后,由各部门内务秘书复制一式3份,一份本部门保存,一份送本岗位员工实施,一份送人事行政部门备案。第四,根据新入职员工转为正式员工后的第一个月(必要时)、每年的3月公司规定各部门对岗位标准进行系统的修订、其他部门职能或岗位设置发生改变时等几种情况进行修订。第五,岗位标准的修订必须要有相应的审批手续。第六,公司年度经营计划及部门年度工作计划文件和岗位控制程序以及关于岗位标准编写要求文件都为内部控制文件。科学的程序实施方法和步骤保证岗位控制标准的结果,所以岗位控制标准的工作都要严格按照以上要求进行规范实施和管理。

五、物流企业工作分析与设计——以 M 物流公司为例

M 物流公司是一家国际化物流公司,总部设在丹麦哥本哈根,属于 A 跨国集团拥有的全资子公司。A 跨国集团成立于 1904 年,最初从事北欧近洋的散杂货运输行业,经过了 100 多年的稳健发展,现今已成为涉足航运、物流、石油勘探和开采、零售、化工等行业产品多元化的跨国集团公司,在全球 125 个国家和地区有业务和经营活动,服务网络和办事机构遍及全球六大洲,在航运和物流业,处于世界领先地位。

(一)M 公司人力资源管理现状

M 公司有套完整的、整个集团通用的人力资源管理体系,在进入中国后随即将该系统应用到本地的管理实践中。新员工入门必须要通过智商、情商方面的心理测验和英文水平的检验。只有符合公司招聘岗位的模型期望,该应聘人员才有机会获得参加面试和最后成为公司一员的机会。系统的测试能够把住人员招聘的入门关,但同时以为独特的全面要求造成招聘时间过长,平均需要 50 天左右。该测验结果会全程伴随员工在公司里的整个任职过程,是直线经理挑选下属的重要参考指标。

公司的组织架构、岗位设置、绩效评估和岗位培训等方面的操作主要由行政经理按照公司战略需求进行制定,而公司的人力资源管理部的工作主要是在人员招聘、薪酬管理、工作评价等对人力资源管理专业化技能要求较高的方面。也就是说,行政经理是公司内工作分析和工作设计的主体,他们负责根据公司总体战略和本部门的发展需要来进行相关的工作分析和工作设计操作,并制定职位和相对应的工作描述书。

(二)M 公司进行工作分析与设计的过程

1. 充分利用现有的工作分析成果进行新的工作计划和安排

在进行新一轮的分析之前,区域经理以现行的工作描述书即上一轮工作分析的具体成果

作为标尺,对每个员工的年度表现进行了粗略评估;同时,参阅员工入门时的情商和智商测验结果,主要是个人性格、职业倾向性和智力水平等方面,和面试评语并根据新公司新业务的发展,圈定了两名有潜力的员工,作为公司日后"核心员工"进行重点培养。

2. 让员工制定符合自身需要的"员工个人发展计划"

区域经理走访了公司人力资源经理,并要求她在不违反公司政策的前提下,将员工的心理测验结果和职业发展管理理念与员工进行单独交流和解读。希望员工能够通过与人力资源专家的面对面的沟通,结合自己直线经理的评价反馈来更好地了解自己现阶段的长短处并明确自己的发展方向。随后,员工应区域经理的要求,根据各方面提供的信息,结合自己现阶段的个人需求和个人中长期目标进行分析,总结出现阶段自己的优劣势,并根据自己的人生目标、价值观或长期目标来制定自己的中短期目标、具体的实施计划和所需的必要支持。

3. 多轮沟通达到意见一致

在整个操作过程当中,这个环节花费的时间最多,也是最关键的一步。它的真实性和可行性是整个"新一轮工作分析与设计"的关键。员工,尤其是新员工对自己的需求、中长期目标和职业规划往往不清晰,甚至许多人都没有认真考虑过自己10年后或者整个职业生涯所要期待的结果。我们不强求每名员工在开始阶段为了迎合格式而盲目填写个人中长期目标。但他必须要在讨论和分析中养成对自己的职业生涯规划负责任,不断提高自身能力水平和树立自己远大目标的习惯并为之奋斗的良好习惯。

另外,员工在分析自身缺点时往往会逃避和不愿意反映,在谈论自己个人目标时又会经常羞于开口,这种行为都会严重影响最终计划书的质量。所以,直线经理必须要积极地进行引导、讲解,并对现场情况进行区别对待,目的是打消员工的疑虑,使双方在坦诚和融洽的气氛中进行。

4. 形成"工作描述书"

针对员工的反馈,经过几轮讨论后,区域经理根据双方的共识,将原先制定的个人计划进行了修改,使其在明晰和具体的前提下能够被有效地评估和监督。并将员工的"个人发展计划"按照重要性的不同,分配权重,将计划执行、实施情况和成果纳入到年度的绩效考核当中。最终形成新的、符合员工个人发展与公司发展需要的工作描述书。

第三节　组织与工作设计实验操作

一、组织与工作设计理论学习

进入软件后,页面左侧具有相应的专题案例,点击【组织与工作设计】页面右侧出现对应案例(如图5—4、图5—5所示)。

1. 组织与工作设计理论学习

左侧为该案例所属的理论知识,点击【目录】可以概览理论知识的大纲,点击标题可以直接查看该部分内容(如图5—6所示)。

第五章　组织与工作设计诊断与决策

图5-4　人力资源诊断与决策软件登录

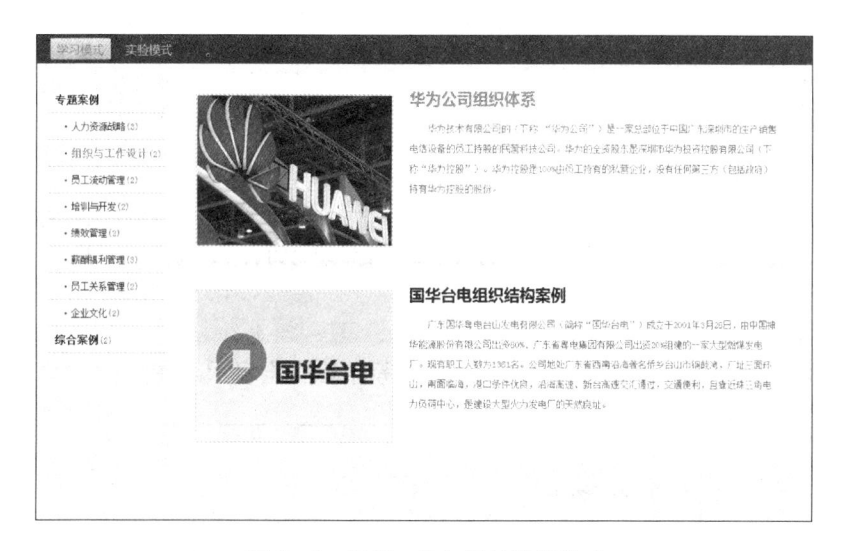

图5-5　组织工作与设计学习模式

图5-6　组织与工作设计理论学习

2. 理论阅读与标注

选定理论知识中的一句话或一段话，可以编辑其字号、加粗、斜体、中划线、下划线、改变文字颜色及背景色，还可将这些格式清除。或者为选中的文字添加批注和书签（如图 5-7 所示）。

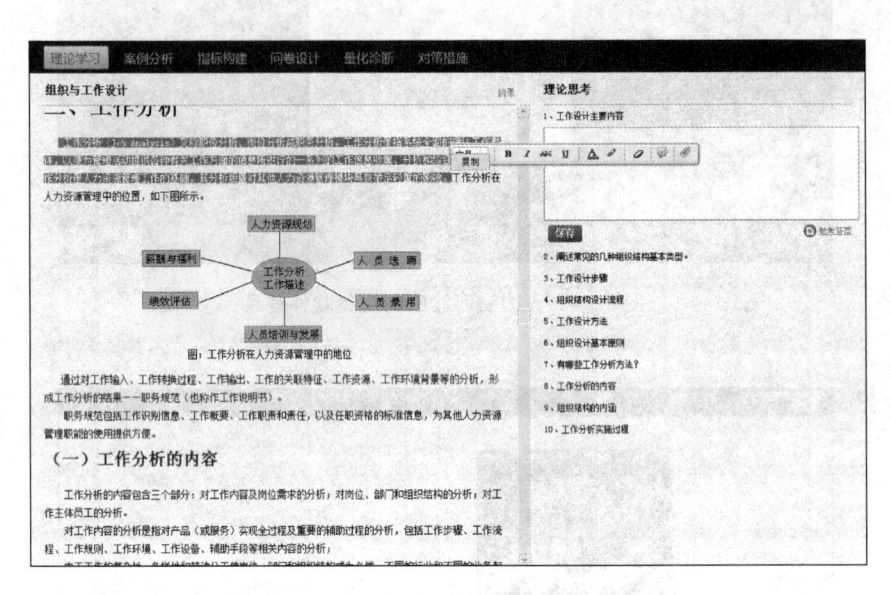

图 5-7 组织与工作设计理论阅读

3. 思考与问题

右侧为学习理论后回答的思考题，鼠标放在【参考答案】上会显示系统答案（如图 5-8 所示）。

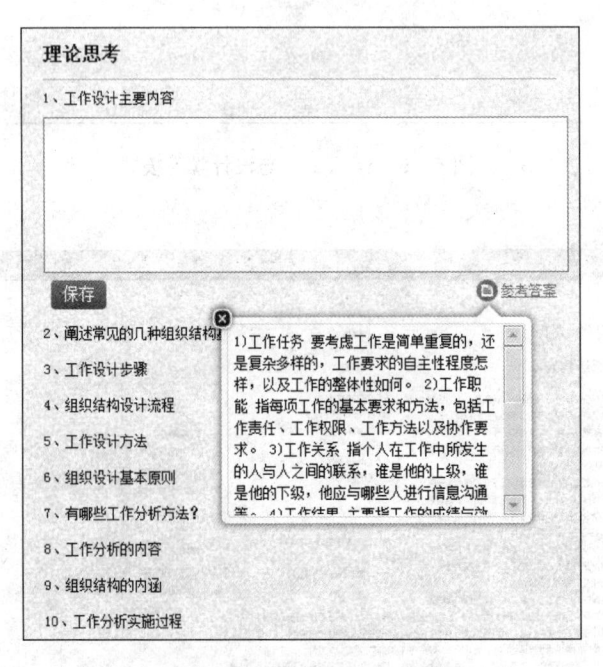

图 5-8 组织与工作设计思考与答案

二、组织与工作设计诊断实验操作

(一)案例定性分析

组织与工作设计诊断实验操作就是通过对调查案例的分析,设计分析模型,进行数量分析(如图 5—9 所示)。

图 5—9　组织与工作设计的案例简介

左侧为该案例内容,点击【目录】可以概览案例大纲,点击标题可以直接查看该部分内容(如图 5—10 所示)。

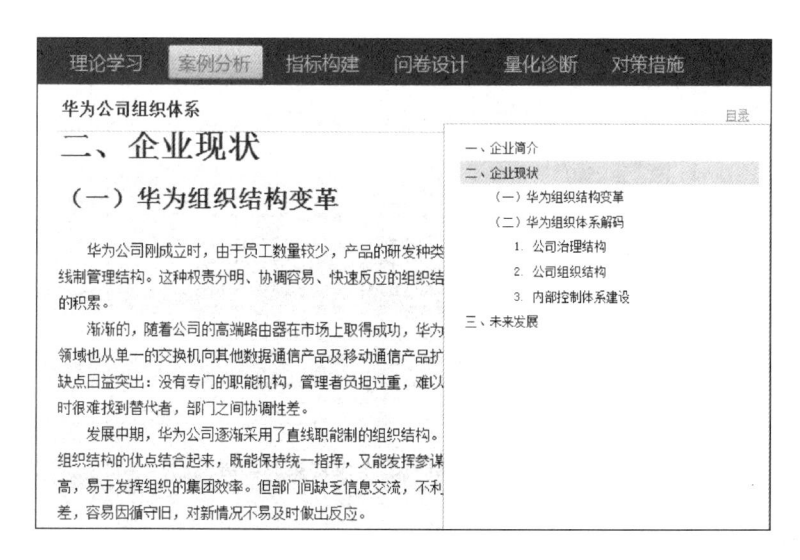

图 5—10　案例的组织结构分析

选定案例内容中的一句话或一段话,可以编辑其字号、加粗、斜体、中划线、下划线、改变文字颜色及背景色,还可将这些格式清除。或者为选中的文字添加批注和书签(如图5-11所示)。

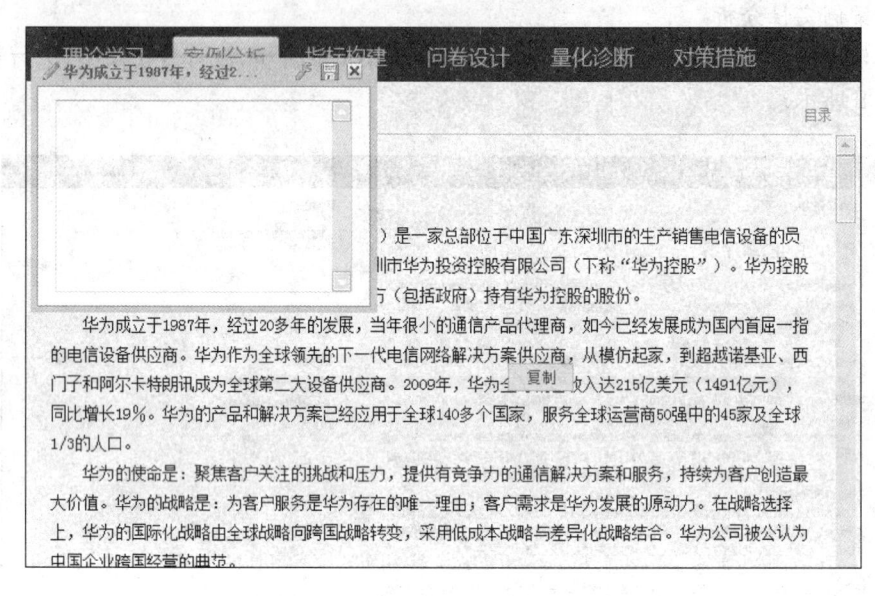

图5-11 组织与工作设计案例编辑

右侧为阅读案例后回答的思考题,鼠标放在【参考答案】上会显示系统答案(如图5-12所示)。

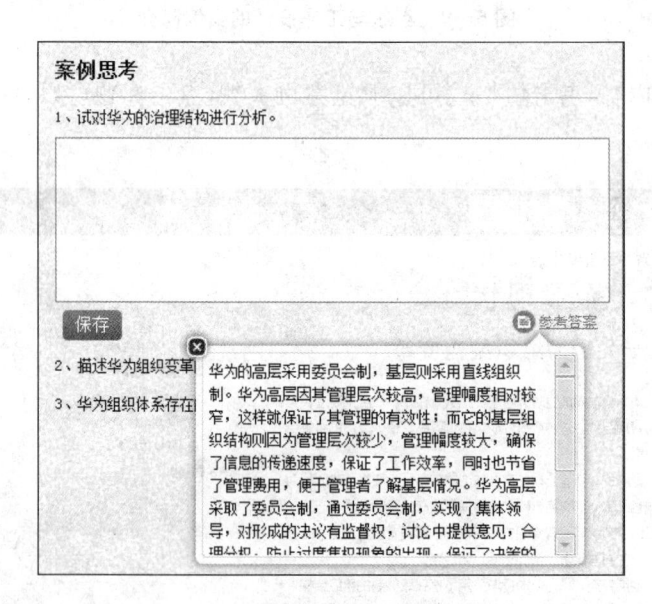

图5-12 组织与工作设计案例思考

(二)案例量化分析
1. 指标构建
根据组织与工作设计诊断理论,构建组织与工作设计诊断指标体系。选择软件【指标构建】后,可以采用软件所提供的指标模型选用并创建指标,也可根据所分析的案例独立构建新指标体系(如图 5-13 所示)。

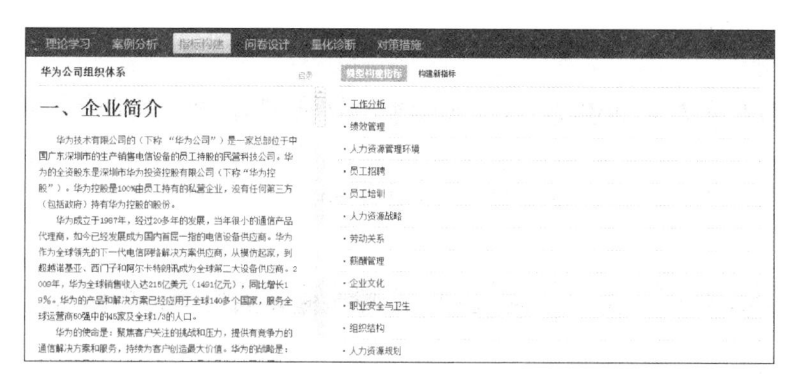

图 5-13　组织与工作设计指标构建

查看指标模板,可以此模板创建指标。点击"工作分析",选择【模型构建指标】或【构建新指标】(如图 5-14 所示)。

图 5-14　工作分析指标模型

按照逻辑关系添加指标,点击【添加模块】或者【添加直线】,双击模块编辑指标名称,利用直线联系指标间的关系,完成后点击【保存】(如图 5-15 所示)。

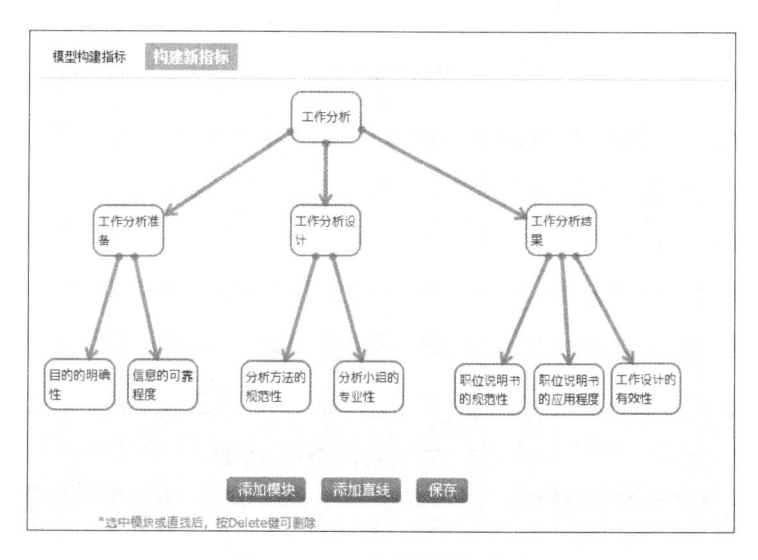

图 5-15　工作分析指标构建

指标默认创建后,新创建的指标会覆盖之前的指标。若用户已创建指标,可通过"构建新指标"查看当前的指标。

2. 问卷设计

根据构建的人力分析指标模型,设计调查问卷,以便各项指标数值的确定和相关指标的量化关系。

(1)选择"问卷设计",学生可以根据模板创建适合相关案例的调查问卷(如图 5-16 所示)。

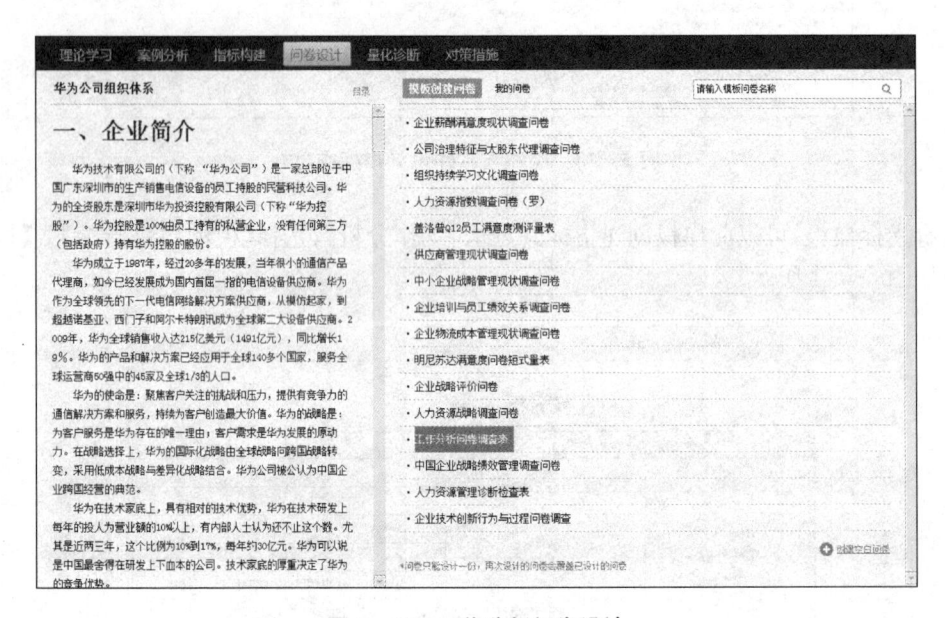

图 5-16 工作分析问卷设计

(2)查看问卷模板,可以此模板设计新问卷。

编辑问卷基本信息,点击【保存】(如图 5-17 所示)。

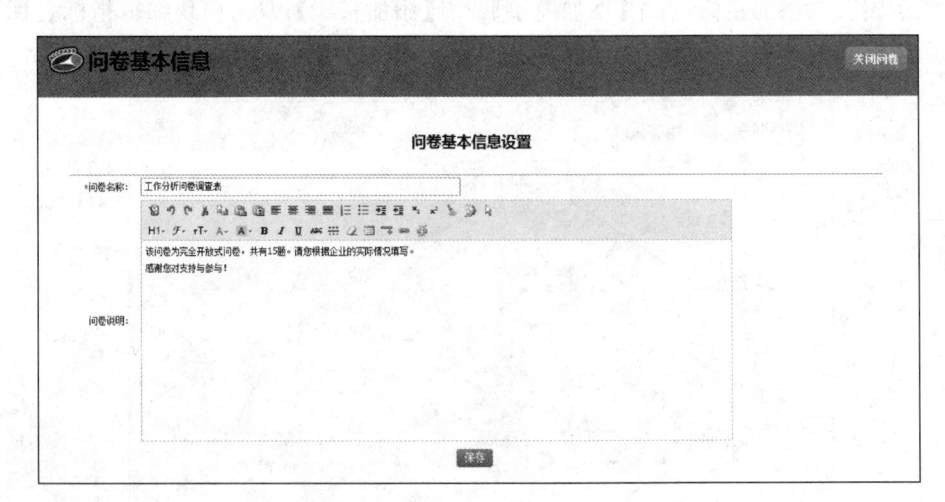

图 5-17 工作分析问卷基本信息

(3)添加问卷问题。问题类型分为单选题、多选题、量表题与开放式题,根据需要添加各类型的问题,也可直接编辑现有题目。

(4)在页面右侧点击【基本信息】,可以重新编辑问卷说明(如图 5—18 所示)。

图 5—18　工作分析问卷设计

(5)点击【设置指标】,可以设置问题指标,最多可设置 10 个。每个指标名称编辑完成后,按回车键确认。全部指标添加完成后,点击【保存】(如图 5—19 所示)。

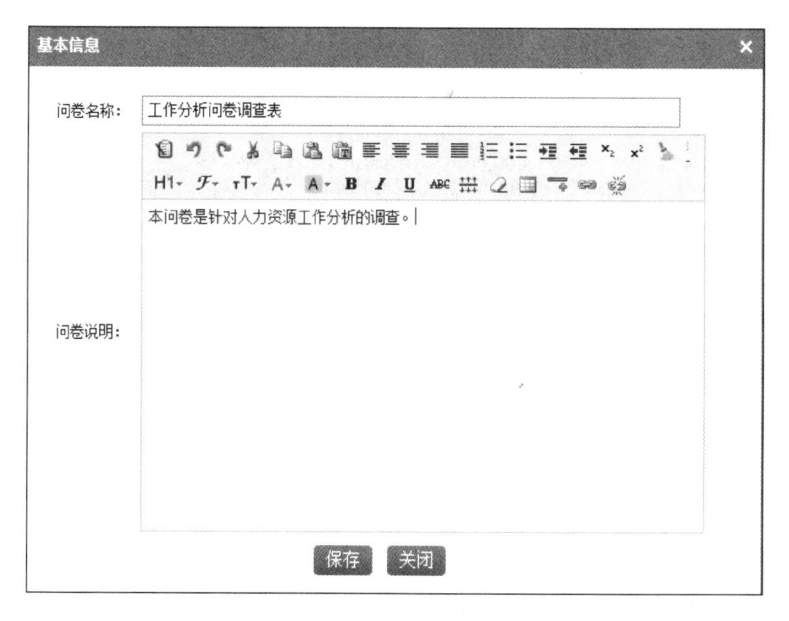

图 5—19　工作分析问卷说明

(6)若根据指标构建步骤,学生已创建指标,则此处显示指标模型的第二层即维度层。学生亦可根据需要修改,但修改不影响前面的指标模型(如图 5—20 所示)。

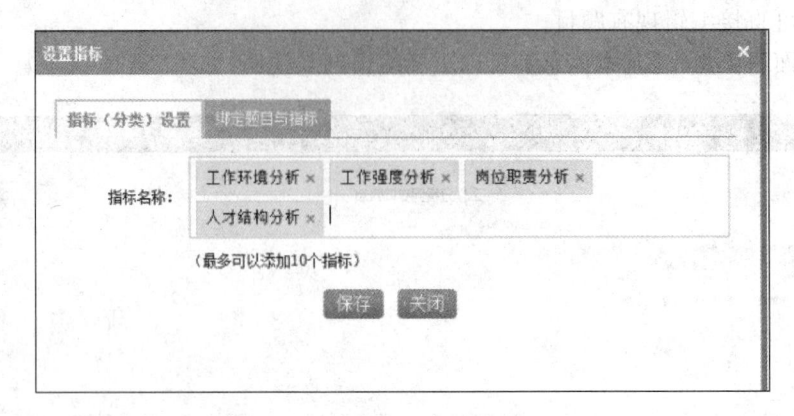

图 5—20　工作分析问卷与指标的关联

(7)接下来将添加的指标与题目绑定(如图 5—21 所示)。

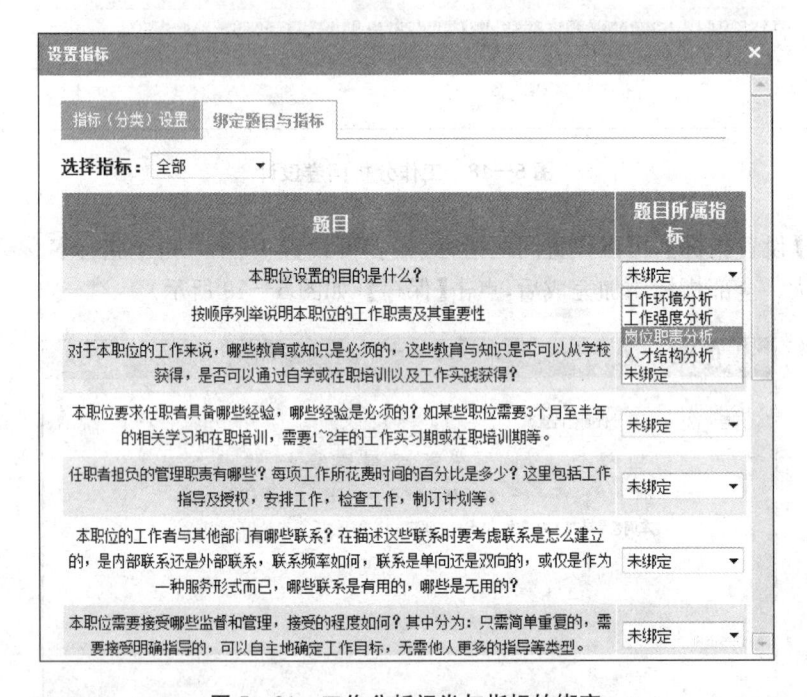

图 5—21　工作分析问卷与指标的绑定

(8)问卷题目和指标设置完成后,切记要点击页面上方的【保存问卷】。保存后,可以进行预览。

(9)在"我的问卷"中,一个案例只能设计一份问卷,再次设计的问卷会覆盖已设计的问卷。

3. 量化诊断

选择"量化诊断"。

(1)点击【设计问卷】,可返回问卷设计部分,对问卷进行修改。如无修改需要,可点击"发布问卷"。点击【发布问卷】后,则所发布的问卷发送到问卷库中,实验中的其他学生在问卷库中可以看见。其他学生根据所读同一个案例的各自理解和分析,填写问卷。这是一个社会调查的过程(如图 5—22 所示)。

图 5－22　工作分析问卷的发布

(2)点击【填写问卷】,是根据自己所读案例的自我理解和分析,填写自己所发布的问卷(如图 5－23 所示)。

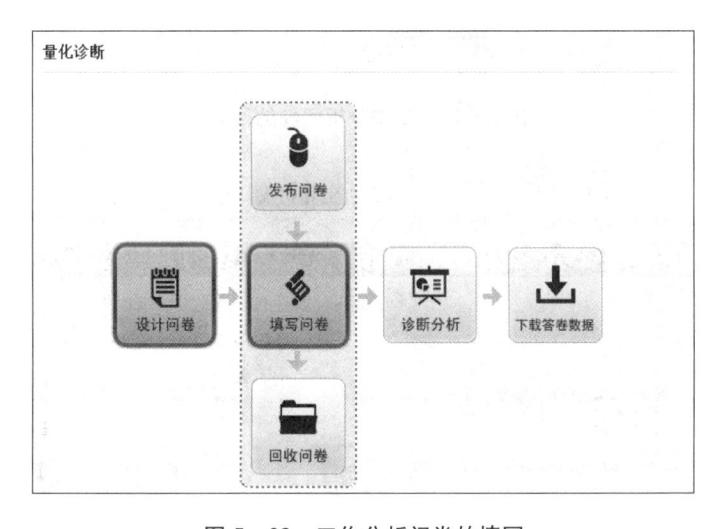

图 5－23　工作分析问卷的填写

(3)填写完所有问题后,点击问卷右上角的【提交问卷】(如图 5－24 所示)。

图 5－24　工作分析问卷的提交

（4）点击【回收问卷】，问卷回收后不在问卷库显示，其他同学无法填写。若需要收集多份答卷，请确认其他同学完成问卷填写后再回收（如图 5-25 所示）。

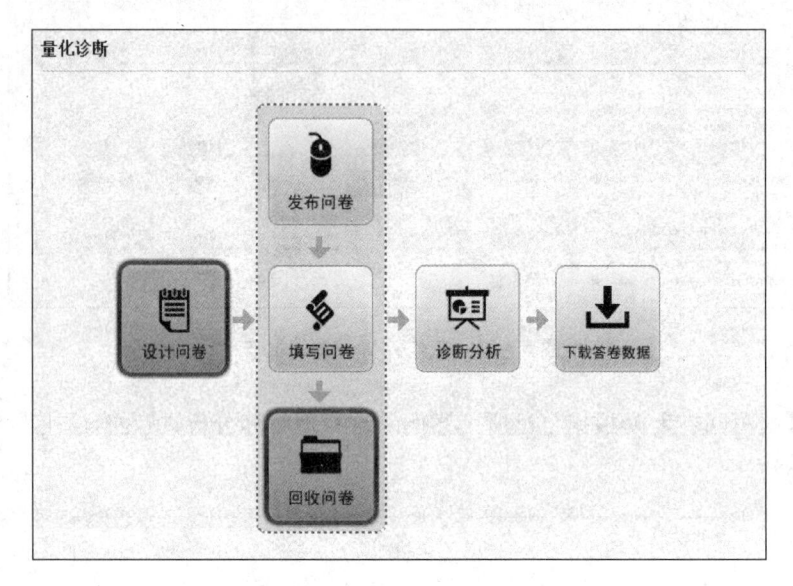

图 5-25　工作分析问卷的回收

（5）问卷填写完并进行回收后，开始进行诊断分析（如图 5-26 所示）。

图 5-26　工作分析问卷的诊断分析

（6）用户也可下载答卷数据，使用 Excel 或 SPSS 等统计工具对问卷进行统计（如图5-27 所示）。

三、人力资源组织与工作设计决策实验操作

（一）人力资源组织与工作设计存在的问题分析

点击【对策措施】，选择【存在问题】，分析该企业人力资源组织与工作设计存在的问题，填写案例中企业的存在问题（如图 5-28 所示）。

第五章 组织与工作设计诊断与决策

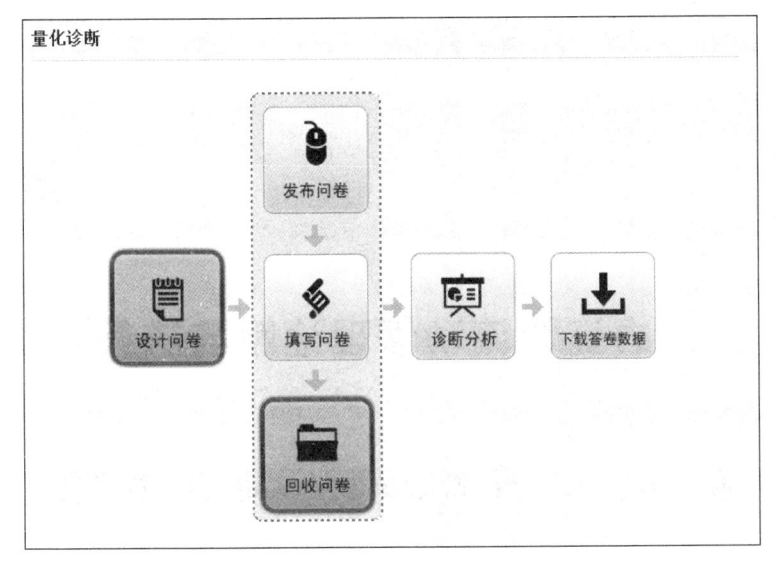

图 5—27　工作分析问卷的下载

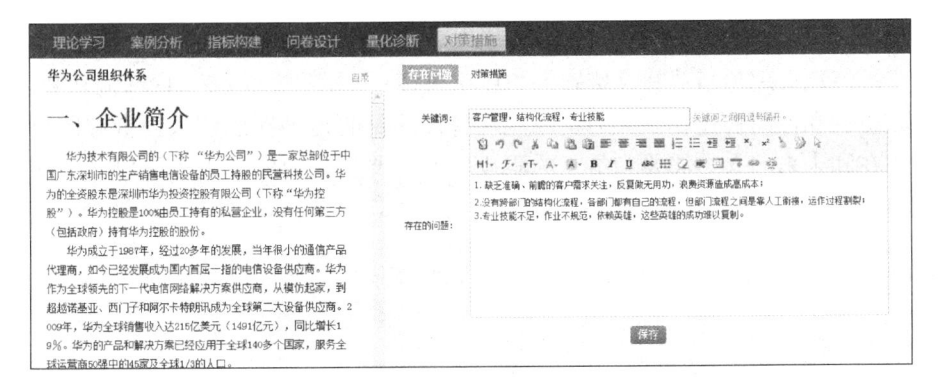

图 5—28　组织与工作设计存在问题诊断

(二)人力资源组织与工作设计的决策

点击【对策措施】,用户可对企业存在的问题进行分析,并提出相关解决措施(如图5—29所示)。

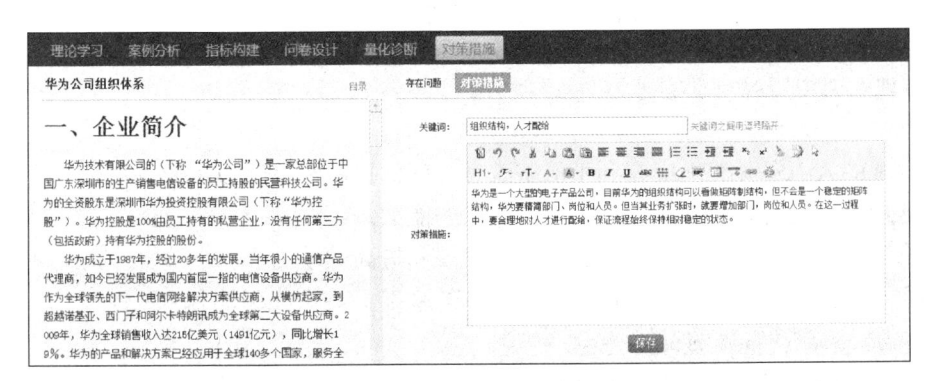

图 5—29　组织与工作设计解决问题的对策措施

第六章

人力资源流动管理诊断与决策

第一节　人力资源流动管理诊断与决策原理

一、人力资源流动管理概述

(一)人力资源流动管理

1. 概念

人力资源流动管理是指从社会资本的角度出发,对人力资源的流入、内部流动和流出进行计划、组织、协调和控制的过程。人力资源流动管理的目的是确保组织人力资源的可获得性,满足组织现在和未来的人力需要和员工的职业生涯需要。人力资源流动可以分为流入、内部流动和流出三种形式(见图6-1)。

```
                    ┌ 流入(外部招聘、临时雇佣、租赁等)
                    │
                    │ 内部流动(平级调动、晋升、降级、岗位轮换等)
人力资源流动 ───────┤
                    │      ┌ 自愿流出(辞职、第二职业、主动型在职失业等)
                    │      │
                    └ 流出 ┤ 非自愿流出(解雇、提前退休、被动型在职失业等)
                           │
                           └ 自然流出(退休、伤残、死亡等)
```

图6-1　人力资源流动管理框架

2. 合理的人力资源流动标志

合理的人力资源流动标志应体现在以下几个方面:

(1)合理的人力资源流动应有利于员工满意程度的提高和员工投入感的增强。

(2)合理的人力资源流动应有利于提高员工的能力。

(3)合理的人力资源流动应成为促进员工发展和提高的动力。

(4)合理的人力资源流动应在把握组织效率的基础上兼顾公平性和一致性。

3. 人力资源流动管理的目标

(1)确保组织在现在和未来的发展中获取所需的各类人才。

(2)使员工感觉到的发展机会与其自身需要的发展机会相一致。

(3)员工不会因为自身的不可控因素而被解雇。

(4)员工认为,选人、安置、晋升和解雇都是公平的。

(5)最低可能的工资。

4. 人力资源流动模式对组织战略的影响

(1)对员工忠诚度的影响。每一次组织对员工的解雇都塑造着在职员工对组织的忠诚程度。具有不安全感的员工可能对自己和组织的关系斤斤计较,只有当其职业生涯的需求被迅速地满足时才决定留下来。而相信自己直到退休都与组织在一起的员工,则可能在与组织的关系上有一种更长远的目光。

(2)对员工能力的影响。不稳定的进出模式使管理者强调对员工的选择而非强调对员工的开发。如果解雇员工费力又费钱,经理们就会在选择上更仔细,并且在开发上投入更大。

(3)对组织适应性的影响。定期的劳动力削减迫使组织解雇那些效率低下者,使新的一代员工有机会重塑组织,这是管理变化的一种方法。在采用不稳定的进出流动模式的组织中,员工可能会更富有多样性,而多样性一般来说是有利于创新的。

(4)对组织文化的影响。文化的力量要受到流动模式的影响。因为流动模式决定着员工和组织在一起的时间,进而决定着学习和传播一系列企业信念的可能性。如在不稳定的进出模式中,人员流出率很高,以致员工未被充分地同化就已经离开组织,而且在这样的组织中也没有足够多的长期员工来传播文化。而在终身雇佣制的组织中,发展强有力的文化相对就会容易一些。因为员工更有可能认同组织,并且希望被同化。

(5)对组织社会角色的影响。不同的流动模式对组织在社会中的角色的认识是不同的。不稳定的进出模式认为,员工存在的目的是帮助组织来盈利,而终身雇佣制认为,组织存在的目的是提供稳定的就业和保障员工的生活。

(二)人才流动与人才流失

1. 人才流动与人才流失的关系

人才流动是指一个人从一个组织转移到另外一个组织工作。而实际情况下,组织内人才流动大部分是逆向流动,即优秀人才远走高飞、无法留住,而庸碌无为者滞留组织,大行其道。也即我们所说的人才流失。人才流动与人才流失的相同之处都是组织内成员向组织外部转移。但是人才流动是顺向的、合理的、正常的,而人才流失是逆向的、不合理的、非正常的。正常的人才流动对组织及个人都带来益处,而人才流失往往使组织陷入困境,工作、生产不能连续,造成直接或间接的、有形和无形的损失。所以,一个组织应该尽最大可能留住人才,鼓励正常的人才流动,避免人才流失。

2. 人才流失对组织的影响

通过对人才流动的必然性和必要性的分析看,对一个组织来讲,保持一定范围内的流动率对组织是有利的,可以输入一些新鲜血液,可以引进新的思维和行为方式,也可以对内部员工有所鞭策和激励,这对于组织是利好的一面。然而并不是所有的事情都按照人们良好的意愿去实现。实际情况中,一些组织内的人才流动实质是人才流失。组织流失的人才,带走了商业、技术秘密,带走了客户,使组织蒙受直接经济损失,组织为此要付出巨大的离职成本。其公式如下:

离职成本＝组织的培训投入＋知识产权流失＋离职面谈成本＋安排临时替补的成本＋离职引发的其他员工连锁流动成本＋有关部门办理离职手续成本等

人才流失还增加了组织人力重置成本，影响工作的连续性和工作质量，也影响在职员工的稳定性和效忠心。如某机械制造企业，由于一线生产工人流动频繁，致使产品质量急剧下降，订单不断出现差失，严重影响了企业的声誉和生意。

3. 人才流失的原因分析

我们知道一个人是否能够发挥潜能，一是与个人能力有关，二是与组织环境有关。因此，造成人才流失的原因不外乎组织环境及个人因素两方面。其中组织环境还可以细分为外部原因和内部原因。

（1）组织环境中的外部原因

①所在组织的行业属性

就企业的稳定性来讲，小企业比大企业差，大企业比事业单位差，事业单位比政府机关差，尽管有些企业用高薪、高福利来吸引人才，但人们从长远利益看仍愿意选择风险小、稳定性强且薪金、福利待遇并不算低的事业、机关单位。

②所在组织的地域属性

有的单位位于中小城市、城镇，甚至偏僻的地区，在对子女教育、与人交往、生活便利程度等方面很难与大城市相比，因此很难吸引人才。

（2）组织环境的内部原因

①组织片面追求高学历、高素质人才，没有做到"人尽其才"

不少组织在人力资源管理过程中容易走入一种高配置误区，在招聘人才时不是按组织需求而合理配置人力资源，而是盲目跟风，片面追求高素质人力资源的拥有量，以拥有多少博士、硕士为荣，仿佛高素质的人力资源就决定了组织的绩效和成败。其结果高素质人才并不能真正发挥其应有的作用，反而"身在曹营心在汉"，留得住人留不住心。组织还要为此付出较高的报酬。

②组织前景不明朗或内部管理混乱

组织的前景与员工个人的发展息息相关，组织的生存、发展决定了员工的个人命运，因此，员工对组织的前景极为重视，一个前景不明朗、内部管理混乱的组织，员工职业生涯计划难以实现，缺乏职业安全感，无论如何是很难吸引人才的。

③缺乏良好的组织文化

部分组织不注重组织文化的建设，员工缺乏共同的价值观念，对组织的认同感不强，往往造成个人的价值观念与组织理念的错位。

④组织薪酬和福利待遇低

薪酬和福利待遇低是造成人才流失的重要原因。过低的薪酬和福利待遇一是不能满足员工的正常生活，二是不能满足员工在与他人比较中所带来的价值感和虚荣心。有的组织薪酬结构设计不合理、不科学，起不到激励作用。

（3）个人原因

①严峻就业形势的影响

目前，全国就业形势非常严峻，人们不得不先找到一份工作站住脚，待到积累了一定工作经验以后，再找机会"跳槽"。也即时下流行的"先就业，再择业"的思想，致使许多组织成为人才实训基地。

②员工思想观念的影响

一些员工认为，通过流动可以找到更好的发展空间和机遇；可以接触更为新鲜的人或事物,开辟新的交际圈;可以享受更高的薪金、福利待遇和较好的生活质量。

有的员工有盲目攀比的思想,认为别人都走了,自己不走,怕别人说自己没本事、不优秀,所以为了面子,今生也要"跳几次槽"。

4. 应对人才流失的策略

在分析了人才流动与人才流失的异同点、人才流失带来的弊处及产生的原因以后,可以针对这些原因有的放矢地采取措施,吸引人才。

(1)科学合理定位避免盲目求高

为避免组织走入盲目追求高素质人才的误区,可在如下方面做工作:

①合理定位,制定科学的人力资源战略,通过有效的人力资源规划,保证组织内部人力资源活动的统一性、协调性和有效性。要特别注重分析组织人力资源的合理结构,包括专业知识结构、学历结构、能力结构、性格结构、性别结构和年龄结构等,做到人力资源结构科学合理,各种学历、学识、专业人才俱备,各种岗位都有适合人员上岗,没有大材小用、大材不用等现象,使组织人员的潜在能力得到最大限度的发挥。

②因事择人,对组织岗位设计、职责设置、适岗人员进行认真分析,从而选择"最合适的人在最合适的岗位上",做到"物尽其用,人尽其才",最大限度地发挥人力资源的潜在能力。这里我们追求的性价比同样可以用在组织人力资源的管理上,也即广告词中所说不选最贵的,只选最对的。

(2)改善内部条件,创造良好环境

组织不能改变所属行业及所处区域所带来的不利影响,但可以改善组织内部环境,包括:设计较为优厚的薪酬、福利待遇;较为合理的竞争制度;较为优秀的组织文化等,同样可以留住人才。

①运用薪酬策略吸引人才

薪酬管理策略包括雇用工资、调薪金额、调薪时间与临时工作津贴等项目。实施薪酬策略的首要目标是吸引和留住组织需要的人才。组织实施何种薪酬策略意味着组织在对人才的竞争中处于何种地位。过低的薪酬和福利待遇很难留住人才。组织可根据自身的实力,制定一套有自己特色的灵活的薪酬制度和建立较为完善的福利保障制度。在政策允许和组织能力范围内,尽量给员工提供较为优厚的薪金、福利待遇,并尽可能地为人才解除后顾之忧,例如帮助解决配偶就业、调动、子女教育等问题,以增强人才对组织的归属感。不要只看到眼前组织投入较多,只要留住人才,他们会以几倍、十几倍甚至更多的产出来回报组织。正可谓"风物长宜放眼量"。

②用合理的竞争机制吸引人才

根据马斯洛的需求层次理论,人不但有物质的需求,也有精神上的需求。因此,创造恰当的非物质条件,也是吸引人才的一种重要的手段。从人才流动的四种理论学说中也知,一个组织的最佳年龄区为5年,超过5年,组织内人员的沟通将减少,反应迟钝,组织出现老化,员工的创造力将持续下降。为了不让人才流向组织之外,可在内部进行流动。采取换岗、轮岗、培训、提拔等措施,实现组织内部流动。

③用优秀的组织文化吸引人才

组织文化是全体员工认同的共同的价值观,它具有较强的凝聚功能,出色的组织文化所营造的人文环境,对员工的吸引力是其他吸引物无法比拟的。良好的组织文化不但可以激发全体员工的热情,统一组织成员的意念和欲望,齐心协力地为实现组织战略目标而努力,而且是留住和吸引人才的一种有效的手段。组织管理者要学会关心员工及家庭,帮助他们排忧解难,使他们感到组织像家庭一样温暖。实践证明,成功的组织文化对于组织员工潜移默化的作用有时比物质的激励更为有效。

④用整洁的环境和科学的管理吸引人才

现在越来越多的人认为组织不仅是一个工作劳动的场所,同时也是重要的社会交际场所,所以创造一个环境整洁、氛围友善、运作有序、管理规范的组织形象,可以满足人们这方面的需要,提高对人才的吸引力。

(3)转变员工择业观念

如前所述,除了组织的原因外还有一部分是员工思想观念的认识导致其离开组织,组织应该对员工进行此方面的教育,帮助员工转换观念。卡兹的组织寿命学说从组织活力的角度证明了人才流动的必要性,同时指出人员流动也不宜过快,流动间隔应大于2年。人的一生流动7~8次是可以的,流动次数过多反而会降低效益。这是因为对新的组织、人员和环境不熟悉,需要有与组织环境、组织领导、组织同事、工作职责熟悉的过程,反过来,领导、同事对新来的人员也有一个考察、观察和熟悉的过程,这对于个人融入新的组织、尽快发展、提升更重要的岗位有一定影响。况且,一旦新的组织不如过去的组织,对个人心理上就是一个打击。

(三)人力资源流入管理——招聘

招聘是指企业为了生存与发展的需要,根据组织规模的扩大和离职人员的数量,由用人部门提出的任职要求和职位信息,通过招聘渠道发布招聘信息,寻找、吸引符合要求的应聘者,通过面试和科学的测评方法从中甄选出符合企业需求的人才予以录用,并将他们安排到企业所需岗位的过程。

1. 招聘的阶段

人员招聘的阶段:从广义上讲:招聘准备(招聘需求分析、明确招聘工作特征和要求、制订招聘计划和招聘策略);招聘实施(招募阶段、选择阶段、录用阶段);招聘评估(一是对数量和质量的评估,二是对招聘工作效率进行评估)。从狭义上讲,指招聘的实施阶段,其间主要包括招募、选择和录用三个步骤。

2. 需要招聘的情况

组织单位新组建;组织单位规模扩大;组织单位业务拓宽,功能增加;组织单位员工结构不合理,需要调整;组织单位因员工离岗(退休、解雇、辞职、调离、伤亡)出现空缺。

3. 招聘的意义

为适应市场发展变化的要求,企业需要通过人力资源部门不断吸收新生力量,以建立起可靠的人力资源保障。所以,招聘工作是企业人力资源管理工作中最基础的内容之一,其对企业人力资源管理工作的效率及其他经营活动的正常进行具有重要意义,具体主要体现在以下几方面。

(1)有效招聘能满足企业发展对人员的需求。在不同的发展时期,企业所需人才的数量和类型不同,如企业在成长期、成熟期所需的人力资源数量及结构有着明显的差异。企业由于自身发展,人力资源需求量不断增加,其只能依靠招聘来解决;另外,针对新增特殊岗位人才的需求,一般内部培训无法及时有效地满足,亦靠招聘来解决。

(2)有效招聘能提升企业整体经营效率,提高企业效益。一方面,有效的招聘可以用合理的薪酬获取企业所需的合适员工。招聘的员工素质能力能胜任其本职工作,无形中就减少了后期培训及能力开发的额外支出,这在一定程度上有效地降低了企业人力资源管理费用,提高了企业人力资源管理效率。另一方面,有效的招聘能使得个人发展目标与企业发展目标相一致的员工进入公司,做到人尽其才、才尽其用,提高员工对工作的满意度,能有效地留住人才,增强企业经济活动的稳定性,进而提高企业经营效率。

(3)有效招聘能提高企业知名度和声誉,有利于树立良好的企业形象。在一定意义上,招聘的过程是吸引注意力的过程、营销的过程。在企业进行招聘时,要与不同的媒体进行交流合作,要面对不同的求职者。招聘过程中,企业优厚的招聘条件的提出、企业实力的展现、企业尊重人才理念的体现、招聘人员良好素质的展现等都将为企业树立良好的形象,提高企业声誉。所以有效的招聘活动无疑也是宣传企业的途径之一,可以树立良好的企业形象,提高企业声誉,吸引更多优秀的人才加入其中。

4. 招聘的流程

招聘流程是指从组织内出现空缺岗位到候选人正式进入组织工作的整个过程。该过程涉及人力资源部门及企业内部各用人部门,是一个系统而连续的程序化操作过程。严格按一定程序组织实施招聘工作,是人员招聘工作科学化、规范化需要,对于招聘人数较多或招聘任务繁重的企业尤为重要。广义的人员招聘包括招聘准备、招聘实施和招聘评估三个阶段。狭义的人员招聘仅指招聘的实施阶段,其中又包括招募、选择、录用三个步骤。

5. 明确招聘原则

(1)三公原则

人员招聘必须遵循公开、公平、公正的三公原则,以确保相关工作有效进行。首先,人员招聘必须公开,必须遵守国家有关方面的法令、法规和政策,公开招聘信息、招聘方法。一方面将录用工作置于公众监督之下,以防止不正之风,杜绝任何形式的徇私舞弊行为之发生;另一方面,可吸引大批应聘者,确保招聘人员的质量。其次,在人员招聘过程中,必须努力做到公平公正,以科学的方法、严格的标准、统一的程序对候选人进行全面考核,公开考核结果,择优录取。

(2)因事择人原则

企业的人员招聘应根据人力资源规划和工作说明书进行。人力资源规划决定了企业未来一段时间内需要招聘的部门、职位、时限、数量、类型等。工作说明书既为空缺职位提供了详细的人员录用资格标准,也为应聘者提供了该工作的详细信息,是人员招聘的主要依据。对于企业而言,无论是多招人还是招错人,都会给自身带来很大的负面影响。一方面会增加人力成本、培训成本,另一方面会导致人浮于事的现象出现,其会在不知不觉中对组织文化造成不良影响,并降低组织的整体效率。

(3)人事相宜原则

人员招聘要做到人事相宜,企业必须根据人力资源规划得出的用人需求和工作分析得出的任职资格要求,运用科学的招聘方法和程序开展员工招聘。企业坚持人事相宜的原则,必须克服两种倾向:一是过分追求高素质、高质量的人才,所选人员水平超出岗位资格要求。另一种是不顾岗位的任职资格要求,降低标准选人。企业招聘最终的目的是各岗位上用的都是合适的人员,用其所长、人尽其才,从而达到企业整体效益的最优化。

(4)内部优先的原则

当企业中出现空缺岗位或新岗位产生时,在条件允许的情况下应首先考虑调动或提拔企业内部职工。因为内部员工对企业各方面情况比较熟悉,有利于其利用自己的经验迅速适应并展开工作,开拓新局面,这种做法的好处在于既可以降低招聘成本,又调动了内部员工的积极性。如果一味地从外部招聘员工,往往会引起内部员工不满,挫伤员工的工作积极性。另外,企业应综合分析内外部招聘的优缺点,必要情况下需做到内外兼顾,以保障相关工作的有效运行。

(5)效率优先原则

不论企业采用何种方法招聘,均要支付一定的费用,即雇佣成本。雇佣成本主要包括招聘过程中的广告费用,对应聘者进行审查、考核和评价的费用等。一个良好的招聘系统应满足效率优先的原则,即表现为利用最少的雇佣成本招聘到适合工作岗位的最佳人选。

二、人力资源流动管理诊断

(一)招聘前期诊断

启动招聘工作之前,往往需要大量的准备工作,包括用人的预测与规划,进而申请招聘经费,和招聘需求部门一起制定完整的招聘流程以及面试的标准。前期准备工作是否充足直接影响了后期招聘工作顺利与否。

1. 用人预测与规划

招聘需求在对外公布之前,公司内部应该确定招聘的数量,招聘职位的级别。招聘数量的多少以及职位的预估级别直接影响招聘渠道的选择,投入精力的多少,以及招聘成本的大小。而且招聘数量的多少和级别往往是招聘专员的 KPI 考核重要指标,直接影响招聘专员的工作计划。高级别的职位更容易得到资金的支持和相关人员重视,付出更多的成本,增加招聘准确性,从而减少招聘结果的不准确性。

2. 招聘经费

由于公司资金不足或公司对于招聘的不重视,容易导致招聘经费短缺,过少的招聘经费不利于宣传公司和职位信息,造成招聘信息不对称。高级别的职位由于经费不够而无法使用猎头和相应的广告宣传,导致招聘时间过长或持续招聘不到合适的候选人,最终导致录取的不是完全合适的候选人从而造成招聘结果的不满意。

3. 招聘流程和标准

应在职位开始招聘前,制定该职位专门的招聘流程,确认是否需要笔试,笔试面试分值比例等。统一的面试标准可以使不同的面试官规范面试结果,否则同样的候选人由于面试官的不同有可能造成不同的面试结果,从而影响招聘结果。

4. 公司对招聘的认识程度

公司对所招聘的职位难度,所需时间,应投入的成本等应该有一个清晰的认识,在此前提下,才可以更好地制订招聘计划,进行招聘人员的配置,招聘使用资金的划拨。在招聘过程中,公司对招聘不重视也会给应聘者留下较差的印象,从而影响招聘工作的顺利进行。

(二)职位描述诊断

职位描述即通常所说的招聘启事(Job Description),招聘启事是否清晰明了准确,很大程度上决定了求职者在求职之前是否可以了解职位要求和职位职责。对于求职者的选择起了决定性作用。

1. 是否准备招聘启事

前期准备过于仓促,没有投入精力制作招聘启事,只发布职位名称,或使用旧的招聘启事。应聘者无法了解职位真实的工作内容从而无法判断是否能胜任该职位,可能导致匹配的应聘者错失机会或者吸引了不合适的应聘者,从而影响招聘结果。

2. 职位信息

对职位的信息描述不实际,有的公司为了吸引求职者夸大职位级别,容易使求职者对职位有着不正确的期望,当这些抱有高期望的求职者被录取后,实际的工作职责和过高的期望不一致则会导致求职者产生不满意的情绪,从而造成工作不努力或离职。求职者不能深刻地了解工作具体内容,则容易在入职之后发现自己的核心技能和职位真实工作内容不匹配,或对真实的工作方向没兴趣等问题。

3. 应聘要求

职位描述中对于任职资格清楚的描述,可以使应聘者更好地判断是否适合此职位。任职资格描述偏高,容易造成合适的候选人不敢应聘,或吸引了更高级别的候选人,从而影响招聘结果。任职资格描述偏低容易吸引大批不合格的候选人,造成招聘的时间成本和金钱成本的浪费,不利于合适应聘者的应聘。

4. 薪酬情况

很多职位描述中薪酬情况并未写明,容易造成期望过高的候选人进行了全部的面试之后发现和期望不符从而浪费双方的时间和精力。而某些企业为了吸引应聘者,将薪酬进行一定程度的夸大,使得应聘者在最后得到聘书时与期望不符从而拒绝入职。

5. 公司实力

为了吸引更优秀的候选人,有些公司在实力上往往会夸大宣传,比如误导公司性质,私企写成央企或世界500强,不明情况的候选人在应聘职位时,往往会造成心理误差,从而拒绝入职,或在入职后发现与期望不符,从而离职。有些规模较小或者知名度较低的公司,为了吸引应聘者,夸大或者杜撰公司实际情况,也会影响招聘结果。

(三)招聘专员诊断

企业当中主要承担招聘任务的是招聘专员,招聘专员和求职者直接接触,作为企业形象的代表也影响着应聘者对于企业的第一印象。于是招聘专员的能力和素质直接影响了企业是否可以招聘到合适的人才。

1. 招聘专员的综合能力

招聘专员文化水平过低,容易造成语言表达能力欠佳,文笔功底较差,则无法完全理解职位说明书的内容,在和职位需求经理沟通过程中,理解上的偏差容易导致不清楚公司到底需要什么样的人才,尤其是当多职位平行招聘的时候,不能分辨求职者到底合适哪个职位。最终导致无法完全理解企业招聘需求,从而在招聘的过程中,拒绝真正合适的求职者或录取了并不合适的求职者。

2. 招聘专员的经验与技能

招聘专员招聘经验不足,招聘渠道较少,人脉较少,则无法进行简历开源,造成招聘信息不能最大化地传播给求职者,从而使一部分合适的求职者并不知道该公司的招聘需求,导致无法招聘到可以胜任职位的求职者,或者错误地吸引了不合适的求职者。且招聘专员经验不足,则无法准确地判断求职者是否可以胜任职位的需求,无法判别简历中虚假的成分。没有经验的招聘专员也无法更好地选择和使用面试环节中的测评方法,容易得出错误的结论。

3. 招聘专员对行业及公司业务的了解

随着行业中各个公司竞争的激励,对于招聘专员的行业知识也要求得越来越高,尤其是某些专门性人才,只有明确了解行业情况,竞争公司业务情况,才能清楚什么背景的求职者更适合招聘要求,并清晰意识到所招聘的求职者对口的专业和主要的竞争公司,否则专才较少,难以招聘。

4. 招聘专员和用人部门之间的沟通和配合

招聘专员和用人部门之间积极的沟通，才能准确掌握用人部门要求和标准，一方面可以更有针对性地去寻访候选人，另一方面可以更好地把握和筛选出合适的候选人。在面试过程中，用人部门不能及时给予招聘专员面试反馈，往往也容易影响招聘结果。

5. 面试过程中的心理因素

面试过程中，招聘人员的心理因素也会影响到最终的招聘结果。例如，晕轮效应。招聘人员根据自己的偏好对候选人进行了认知判断，并根据这一判断推断出该候选人的其他品质。首因效应，指第一次接触后招聘人员对应聘者留下了深刻的第一印象，此第一印象对招聘人员的影响时间持续最长，超过以后得到的应聘者信息，从而影响客观判断。

（四）招聘渠道诊断

当前，常用的招聘渠道有招聘会、校园招聘、传统的广告招聘，使用猎头、公司内部招聘、网络招聘、专业招聘网站、论坛招聘、内部推荐等多种渠道。根据公司所在行业及职位的性质，公司所使用的招聘渠道侧重点有所不同。

1. 招聘渠道的选择

招聘会、校园招聘、传统媒介广告招聘，内部招聘都属于相对传统的招聘渠道，通过传统的招聘渠道进行招聘信息的发布，通常时效性较短，可能获得信息的求职者数量较少，则会造成劳动力市场中企业和求职者的信息不对称，从而无法招聘到合适的求职者。新兴的网络招聘、论坛招聘、专业网站的招聘，招聘成本较低，更加有利于招聘信息的传播，减小招聘信息不对称。经过一些招聘机构（如猎头）对职位招聘信息进行再发布，增加了职位的时效性，扩大了招聘信息的传播量；也就是说，这些中介机构对职位的招聘信息进行了更加有效的配置。因此在近几年的研究中，新兴的微博招聘，使用专业猎头进行招聘等渠道被认为更加有效地对市场的人才进行了合理配置。

2. 招聘渠道的成本

除了招聘渠道的选择与是否能更多地获得求职者这一讨论外，招聘成本也是很多学者进行研究的对象，在尽可能多地推广招聘信息的同时，尽量降低招聘渠道的成本是成功招聘的一个重要目标。显而易见，网络招聘相对成本低廉，且传播度高，而传统的媒体广告招聘相对资金成本较高，而招聘会、校园招聘则会产生一定的人力成本和场地费用。

（五）应聘者诊断

招聘过程中的影响因素并非都由招聘方引起，应聘者简历造假，信息不完整或者没有更好地认清自我的工作能力，预期过高，都有可能造成假象，从而影响招聘结果。

1. 应聘者的认知能力

当职位描述已经尽可能清晰的时候，求职者本身理解能力过差，不能对将来的真实工作场景进行判断，或过于自信无法正确地评估自己是否可以处理将来工作中可能会遇到的问题时，也容易导致盲目求职应聘，从而影响招聘结果。

2. 应聘者对行业或者应聘公司的了解

对于求职心切的应聘者来说，往往在不了解应聘行业信息的情况下，冲动应聘。而且，目前大部分公司都启用网络应聘，应聘者投递简历的成本很低，时常抱着投一投试试看的心态去应聘。从而增加了招聘工作人员的工作量，增大了筛选的难度，从而影响招聘结果。

3. 面试技巧

当应聘者参加过专门的面试技巧培训后，在面试的过程中，用考官所喜欢的答案去回答他们的问题,致使考官无法准确地判断应聘者是否合格,这使得应聘者在一定程度上操纵了面试的结果。所以同样资历的应聘者,受过面试技巧培训的比未受过面试技巧培训的应聘者表现得更好,增加了企业招聘的难度,影响招聘结果。

4. 应聘者信息

在招聘市场中,存在一部分应聘者,因各种原因对个人的简历进行造假,例如学历上的造假,相关工作经历的造假,工作业绩不实,隐瞒离职原因等。在招聘过程中,一旦被揭露,面试及时终止,但已经浪费公司及招聘人员的时间以及精力。一旦隐瞒成功,入职后应聘者的能力与实际期望不符,不能很好地完成工作,也会造成影响招聘结果。

(六)测评方法诊断

人才测评方法是指通过一系列科学的手段和方法对应聘者的综合素质或专业技能进行测量和评定的活动。

1. 经验式面试法

仅仅依赖经验式的面试方法,过于主观,容易受到招聘专员的影响,比如晕轮效应、首因效应。而来自应聘者的印象管理也容易因测评方法的单一无法真实地反映出应聘者的能力。尤其是对于专业性较强的职位,仅仅通过对应聘者的性格、品质的考察,不足以发现应聘者是否合格。

2. 测评方式

使用的测评方式不当,影响招聘结果。面对不同职位的应聘者,根据其专业、级别、性别等,应有不同类型的测评方法。尤其是对于技术性职位,对其专业性的考核应该是多方面的,技术性要求越强,相对的沟通能力等软素质则可以稍弱,不应采用统一的测评方法。例如销售职位的招聘,应侧重于其沟通能力、结果导向、抗压性等方面进行偏重考核,对学历应次之。而对于 IT 技术型人才,则应采用笔试,重点测评其专业技术,对于沟通能力、年龄等因素则放在第二位考核。

3. 测评工具

任何一种测评工具,都有其本身的效度和信度,没有百分之百准确的测评工具。因此在招聘过程中使用测评工具时,不能完全依赖或者相信测评工具,否则容易做出错误的判断,从而影响招聘结果。

(七)组织匹配诊断

1. 企业的用才理念

在现如今的招聘工作中,公司都已经意识到了人才的重要性。但是,对于人才的定义,很多公司的衡量标准仍旧非常狭隘,例如单一地使用"211 高校"或是否国外留学等作为筛选标准,筛选出应试成绩较好的候选人而非最合适的候选人。对于名校的偏爱使得公司与很多真正能胜任的应聘者失之交臂。

2. 企业文化

应聘者是否了解该企业的企业文化,并且认同该企业文化,直接影响入职后的适应性。只有当应聘者的职业发展和公司文化相契合,才能更大程度地激励员工。而在招聘的过程中,只注重专业知识或某一方面的素质,而未关注应聘者与企业文化的契合度也会在很大程度上影响招聘结果。

(八)录用诊断

录用即为录取任用的过程,包括了人力资源专员向应聘者发放录用通知,商谈入职事宜,应聘者答应或拒绝录用通知的过程。

1. 选择最好的还是最合适的

根据具体职位的不同,应该将应聘者与专业的测评标准进行比较,而不应该将应聘者进行互相比较。最优秀的应聘者往往是对于名校、名专业、口才出众的应聘者的评价,而非最合适的候选人。最优秀而非最合适的应聘者,往往在日后的工作中由于格格不入或期望与现实落差过大而离职,从而影响招聘结果。

2. 薪资与期望的匹配

因为公司人力成本有限,或出于平衡部门其他员工的薪资考虑,对于应聘者的薪资有一个限定范围,而最合适的应聘者期望薪资往往会超出这一范围,最后企业则有可能因为薪资问题且招聘时间紧急退而求其次,无法选择最合适的候选人,影响招聘结果。

3. 企业间竞争

部分优秀的应聘者在寻找工作机会时,会投递多家公司,在拿到录用通知后选择薪资福利和发展前景最好的公司。由于当前市场上人才的紧缺,很多公司愿意付出较大成本去吸引应聘者,因此造成了无法选择最合适的候选人,只能退而求其次,从而影响招聘结果。

三、人力资源流动管理决策

(一)选择招聘渠道

招聘渠道是指引进招聘对象所使用的方法。通常情况下,招聘对象的来源可分为企业内部来源和外部来源两类。因此,按来源划分,招聘可分为内部招聘和外部招聘,在每一类招聘中,又有许多不同的招聘渠道和方法:

1. 内部招聘

内部招聘一般采用的主要方法有公告法、推荐法、档案法、系统法。

(1)公告法

当企业中出现空缺岗位或新岗位产生时,人力资源部门可以通过信息公告牌、公司内刊或内部办公网等渠道,利用公告的形式向内部员工发布空缺岗位的工作性质、任职资格和待遇标准等相关情况,以在内部员工中进行选聘。该方法能使员工感受到企业在人员招聘方面的公平性和透明度,有利于提高员工士气,为员工职业生涯发展提供更多的机会。

(2)推荐法

该方法是由职位空缺部门的员工、主管或上级主管推荐其认为合适的候选人,供主管和人力资源部门分析、考核。由于推荐人一般对候选人各方面情况较为了解,因此此方法成功的概率较大,同时有利于以后工作上的合作。但人员推荐通常带有主观性,容易受偏见和歧视的影响,使一些合格的员工失去机会,导致内部不公平。

(3)档案法

企业应当建立详细的人力资源档案,记录每名员工的知识水平、培训经历、专业技能、职业经历等各种信息。当组织内部出现岗位空缺时,人力资源管理部门可以通过调用档案中的信息,搜寻空缺职位的合适人选。档案法作为企业信息系统的一部分,为充分挖掘内部优秀人才节省了时间与成本。

(4)系统法

企业通过研究开发员工职业生涯开发系统,利用信息化的手段从内部填补工作职位的空缺。企业不应鼓励所有合格的员工来竞争某项工作,而应将高潜能的员工置于职业生涯道路上,使其接受培养以适应特定目标的工作,这种人员开发方法可以降低组织中高绩效者外流的可能性,并有助于确保某一个职位出现空缺时总有候选人随时填补。

2. 外部招聘

外部招聘的渠道主要有传统媒体广告、网络招聘、校园招聘、公共就业机构和猎头公司等。

(1)传统媒体广告

作为传统的信息发布渠道,报纸、杂志和电视广告是企业发布招聘信息的必要选择。传统的媒体广告具有信息传播速度快、范围广、信息量大、层次丰富等特点,企业的选择余地大,同时广泛的宣传效果,对于树立企业形象、展示企业实力具有较好的促进作用。该方法的优点是速度快、范围广、信息传递效率高;缺点是费用较高、应聘者多、简历筛选工作量大。

(2)网络招聘

随着互联网技术的迅速发展,网络在求职招聘过程中扮演着越来越重要的角色。网络招聘极大地改变了人力资源工作者的工作方式、提高了他们的工作效率。通过网络,企业人力资源工作者可以在自己的网站主页、专业人才网站或浏览量较大的其他网站发布招聘信息,并建立相应链接,以使应聘者详细了解应聘信息。网络招聘具有方便快捷、针对性强的特点,同时对企业又能产生一定的广告宣传效应。

(3)校园招聘

当企业在初级岗位上有空缺或拥有较为完善的内部培训计划时,从高校招聘应届毕业生是一个经常被采用的战略方法。最常见的校园招聘方式是高校人才招聘会、各种形式的供需见面会。另外,也有较多企业根据空缺岗位需求和学校教育特色有针对性地选择到几家学校开展招聘、宣讲会,张贴、发布招聘广告,在网上公布就业信息,以使招聘信息为更多的学生所了解,增强企业在学生中的知名度。校园招聘的优点是学生可塑性强,企业可选专业多样化,选择余地较大;缺点是学生缺乏实际工作经验,后期培训投入较大,且新员工流失率较高。

(4)公共就业机构

公共就业机构是指劳动力就业服务中心、人才交流中心、职业介绍所等。企业可以通过参加公共就业机构举办的招聘洽谈会,与应聘者直接面对面交流,获取较多应聘者及其相关信息。企业选用公共就业机构进行招聘,应聘者较集中,招聘单位的选择余地大,但招聘高级人才较为困难。

(5)猎头公司

猎头公司拥有专业的人才搜寻手段和渠道,建有优质的高层人才库,不断更新的人才信息能为企业不断推荐各类高素质人才。在国外,猎头公司早已成为企业获取高级人才的主要渠道之一。而随着我国市场经济的发展,通过猎头公司招聘高级管理人才在国内企业招聘中扮演着越来越重要的角色。该渠道可使企业获取急需的高素质、高层次人才,但通常服务费用高昂。

通过以上分析可知,企业内外部招聘各有优劣,具体内容见表6-1。招聘时间、费用需求人员层次、数量等条件不同,企业选择的招聘渠道和方式不同。企业应综合考虑其经营战略、企业文化、人力资源状况、人工成本、空缺岗位性质等条件,结合自身实际情况,灵活运用各种招聘渠道,以确保获取良好的招聘效果。

表 6—1　　　　　　　　　企业内外部招聘的优、劣势对比

内部招聘	外部招聘
优势： 组织对候选人的能力有清晰的认识 候选人了解工作要求和组织 奖励高绩效，有利于鼓舞员工士气 组织仅仅需要在基本水平上雇用 更低的成本	优势： 会把新的技能和想法带入组织 比培训内部员工成本低 降低徇私的可能性 激励老员工保持竞争力，发展技能
劣势： 会导致"近亲繁殖"状态 会导致为了提升的"政治性"行为 需要有效的培训和评估系统 可能会因为操作不公或心理因素导致内部矛盾	劣势： 增加与招募和甄选相关的难度和风险 需要更长的培训和适应阶段 内部的员工可能感到自己被忽视 新的候选人可能并不适合企业文化 增加搜寻成本等

第二节　人力资源流动管理实训

一、旅游企业流动性管理

（一）旅游企业人力资源流动的现状

在我国，旅游企业人力资源流动率一直处于较高水平。有资料显示，不少旅游企业员工流动率超过了 25%，有些旅游酒店的流动率甚至超过了 40%，这是一个足以影响旅游行业发展前途的重大问题。

目前，旅行社对人力资源的管理与酒店相比还有一定差距，对人力资源的流动管理还未制度化，但较为频繁的人员流动已经引起了管理者的重视，他们普遍认识到：随着经济全球化的发展，旅游业开放程度的不断提高，如不采取一定措施，人力资源流失将越演越烈，且对旅行社企业的威胁程度更甚于对酒店企业。

1. 流动人员的特点

工作年限一般在 2~3 年，以新参加工作的大学生居多；旅行社以中层骨干为主，酒店以基层服务人员和市场销售经理（如前厅经理）为主；女性的流动相对于男性更加频繁，旅游酒店的人员流动更是以女性尤其是基层工作的女性居多；集体跳槽的现象时有发生。

2. 流向

流向业外行业。据了解，旅游企业的流出人员中，有 50% 左右离开了旅游行业而选择在其他行业就业。

流向业内其他企业。尤其是组织结构已经基本成熟，重要岗位人员配置趋于稳定的旅游企业，其员工流向新成立的企业或行业内对个人而言具有较大提升空间的其他企业。

创立新的企业。包括创立新的旅游企业或进军其他产业。

个人非工作原因产生离职行为。如读书深造、家庭迁址等。

另外，还有一部分员工是因为工作达不到要求或其行为损害了企业或行业利益而被企业辞退。

(二)旅游企业人力资源流动的趋势

1. 旅游企业人力资源的流动将随着市场开放程度的提高而呈现出增长趋势。目前旅游企业人力资源流动率高于其他传统行业,如制造业,但也处于可控状态。但随着经济的发展和市场开放程度的提高,必然呈现增长态势。

2. 旅游行业内部因企业经营特点不同而将呈现出不同的流动率与流动趋势。旅游业中最为典型的企业是旅行社和旅游酒店,这二者人力资源的流动状况大不一样。旅游酒店相对于旅行社而言,对外开放时间长、开放程度更高,经营管理的国际化影响也较大,因此,严格地讲,发展的各个阶段都先于旅行社一步,出现了稳定流动和"回流"的局面。

3. 旅游企业流出人员将继续以中层为主。旅游业在经历了多年的高速发展后,大多数企业尤其是旅游酒店,其组织机构已基本成熟,重要岗位人员配置趋于稳定,晋升提拔机会显著减少,传统的员工激励模式不再适用,必然会导致具有一定职业基础、寻求更大发展空间的中层员工的流失。而且这一部分人往往还掌握着企业的一部分优势资源,离职更具有优越性。

(三)旅游企业人力资源流动的原因分析

1. 旅游企业人力资源流动的合理性

图6—2分析旅游企业员工从企业中流出的合理性因素,即旅游业的行业特征、旅游企业从业人员的特点和旅游企业内部管理因素等共同构成了促使旅游企业员工流动的合理性因素。

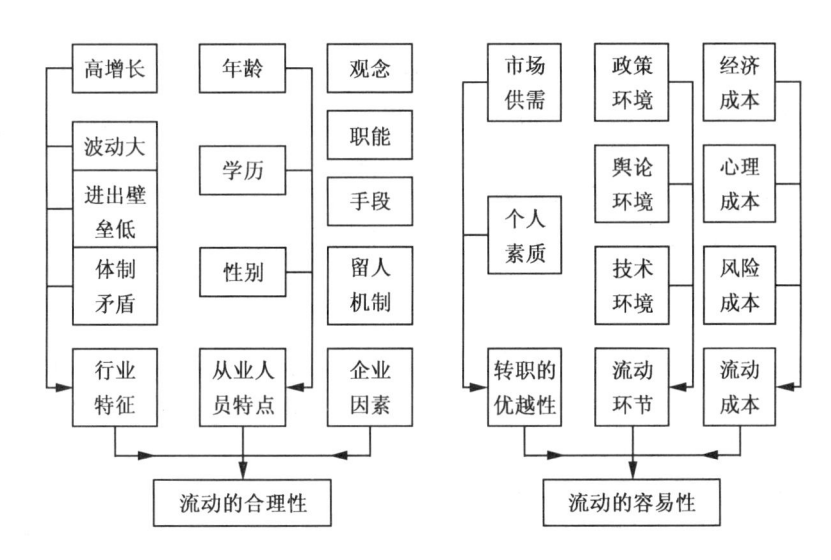

图6—2 流动的合理性与容易性

(1)旅游业的行业特征

①随着市场经济的发展,旅游业作为典型的服务性行业正处于不断上升的阶段,且存在着很大的发展空间,将是未来经济活动的中心之一。②旅游业是我国与国际接轨最早的行业之一,其组织结构与管理手段等引入了许多西方先进的管理理念,在我国当前的环境下难免不相适应。这种"新瓶装老酒"的矛盾使员工因难以适应、认同企业环境而离职。③旅游产品具有非排他性,旅游企业很难形成阻碍员工跳槽的企业特殊技能,使得人力资源在旅游企业间的进出壁垒相当低,人员流动极为容易。④旅游业是综合性的行业,关联性强,受客观因素影响较大,任何经济政治局势变动、自然灾害以及各种偶发事件都有可能对旅游业带来很大的波动。

(2) 旅游企业从业人员的特点

在我国,旅游行业是"吃青春饭"的观念普遍存在,旅游业从业人员多是年轻漂亮的姑娘、帅气的小伙,认为干到30多岁就得二次择业,给员工带来巨大的心理压力,使得旅游业从业人员流动倾向强;另外,旅游企业女性居多,长时间与社会相反的工作时间很容易导致旅游企业员工工作与生活、工作与学习的冲突,由此产生的工作与家庭的冲突以及在旅游行业就业的歧见使得员工流动率增高。

(3) 旅游企业的管理因素

很多旅游企业在管理理念上仍然把人当成一种成本负担而非一种资源,在管理规划上缺乏战略定位,短期行为突出,无法实现人力资源管理内部各要素之间的长期整合,人力资源管理职能不完善、流程不科学,重约束而轻激励,缺乏有效的留人机制,对人力资源的战略管理更是无从谈起,造成了人力资源的高流动。

2. 旅游企业人力资源流动的容易性

(1) 离职的优越性

一方面,旅游企业工作对人的协调能力、组织能力、应变能力和独立处理事务的能力锻炼性强,工作中所积累的经验和良好的个人综合素质使旅游企业员工具有较强的流动优越性,流动更加容易。另一方面,旅游企业人才的严重缺乏导致了旅游企业竞相运用丰厚的条件吸引人才尤其是旅游高级人才,旅游人才离职的优越性更高。

(2) 流动环境

旅游业是综合性服务行业,其从业人员能够较大范围地与外界接触,捕捉到大量的信息,形成活跃的思维和开阔的眼界,面对更多的职业诱惑。而且,旅游企业的员工多分布在一线,有的甚至常年在外,企业对其监管在时效和实效上都相对较难。这样,极易形成企业与员工之间信息不对称的局面,企业对员工实施有效管理的难度增大,无形中也为人力资源的流动提供了较为宽松的环境。

(3) 流动成本

大多数旅游企业尚未能建立行之有效的人力资源控制、约束机制,而且旅游企业技能的专属性不强,员工重新择业的可选择性较大,因此,对流动方而言成本较低,人力资源的流动相对较为容易。

(四) 旅游企业人力资源的合理流动

人力资源的合理流动是指通过人力资源的流动,使企业人力资源在动态中保持最佳配置状态。它包括三个方面,即对有价值员工的吸引与保留、对边际员工的置换与放弃以及企业内部人力资源的动态配置。对于旅游企业而言,目前面临的最大问题是人力资源的大量流失。因此,保持旅游企业人力资源的合理流动,最紧要的是如何减少人力资源的流失,留住有价值的员工。同时,通过对企业内部人力资源实行动态的流动管理,使企业人力资源处于最佳配置状态,发挥人力资源的最大效能,提高企业效率。

1. 开创人力资源管理新格局

旅游业提供的是服务型产品,对员工个体的依赖性大,员工的服务技能、服务情绪和态度直接影响到旅游产品的质量和企业竞争能力。因此,旅游企业必须突破旧的管理观念,将人力资源管理从以事为中心、以眼前利益为中心向以人为中心、以企业长远发展为中心转变,从战略的高度重视人才、激活人才,充分调动员工的工作积极性与创造性,实现人力资源的最大价值。

同时,旅游业要制定合理的留才策略,除了要对内部人力资源有所了解外,还应将目光投向企业外部,从更高的角度拓宽思路,判断企业所处的客观地位与环境,更好地制定适合本企业的用人与留人政策,广泛吸纳和聚集社会优秀人才,避免经济短期行为。

2. 增强就业安全感

旅游企业流出的员工中,有一部分属于业内流动,但也有相当一部分流到了其他行业。这一方面说明,旅游企业人员素质高,为其他行业输送了不少人才,同时从另一方面也反映出旅游行业整体吸引力的问题。从目前来看,旅游业的一些客观因素给员工就业带来的不稳定和不安全感是最主要的原因。

应增强企业保障,提高员工就业安全感;优化工作流程;建立相对稳定的用人制度。同时应转变员工就业观念,旅游业并不是"青春饭",提高行业整体吸引力,对企业所有员工制定相应的职业生涯规划等。

3. 提高合理的发展空间

寻求良好的发展空间,已成为目前就业选择的一个关键因素,尤其是在年轻人就业观上得到了越来越多的体现。因此,旅游企业应为员工提供合理的发展空间。主要措施有:从内部提拔员工;提供丰富的培训与交流机会;提升企业发展目标;改变用人观,引进、培养高素质旅游复合性人才。

4. 以"薪"养心

旅游企业在进行薪酬系统的设计之前,十分有必要从战略层面进行分析和思考,以保证这种薪酬系统是最适合本企业的,而不仅仅是"先进的"或"合理的"。同时,应构建合理的薪酬制度,提供有竞争力的薪酬和灵活的薪酬体系。

二、人力资源流动管理——以福州海关为例

(一)福州海关关区概况

1. 福州海关简介

福州海关属于厅局级的直属海关,直接受海关总署领导,负责管理本区域范围内海关事务。福州关区总面积为6.5万平方公里,管辖全省9个地(市)中的福州、莆田、三明、南平、宁德5个市及其所辖的37个县(市、区),关区海岸线长1 800公里。

2. 福州海关人力资源流动管理现状

从现代海关制度开始建设的1998年以来,福州海关在人员内部流动管理方面进行了有益的实践和探索。一是通过竞争上岗和组织考核"两条腿走路"的办法,开展干部提拔任用工作,为组织发展选拔了大量的可用人才,实行干部考察工作责任制,广泛征求和听取群众意见,将群众的参与落实到领导干部的选拔任用工作中;二是不断加大干部交流力度,逐步扩大范围,通过交流,极大改善了处科级班子结构,丰富了干部的实践经验,增长了干部才干,深入调研、听取群众意见、统筹考虑,达到了提高干部素质和增强队伍活力的目的;三是在组织交流实施过程中,坚持做到"五个结合""与工作需要相结合,与发挥干部特长相结合,与培养、使用、锻炼干部相结合,与加强党风廉政建设相结合,与充实业务一线相结合"。

(二)福州海关人力资源内部流动存在的问题

1. 缺少理论研究

海关过去一直存在以人员规模求大关地位的意识,导致人员机构的不断膨胀,而对人力资源管理工作还缺少理论研究,尤其是对于人力资源流动管理,实现人力资源优化配置没有建立

长远、深入的规划和部署,人才工作还没有纳入各级领导班子工作目标责任制。

2. 缺乏完善的人力资源流动的内部机制和人文环境

人力资源流动的内部机制是指海关在人力资源使用政策和具体制度上为人员的流动创造条件,不搞岗位终身制,提倡内部的岗位轮换和竞争上岗,从而使关员在内部可以结合自己能力、特长和发展需要自主选择并有序流动。海关尚未对此建立完善的内部机制和人文环境,人力资源绩效考核及评价手段比较单一,年终考核流于形式,分配激励机制仍然是"大锅饭",奖惩制度有待建立,培训与使用相结合的机制还不完善。

3. 人才选拔机制的框框较多、门槛较高

难以充分体现以品德、知识、能力和业绩为取向。干部竞争上岗与组织考察任命的关系尚未完全理顺,而且在用人问题上存在任人唯亲、论资排辈等不正之风,一些年轻优秀人才难以脱颖而出。在人员内部晋升方面主要存在以下几种论调:年资论,将资历的长短作为晋升的简单标准,错误将人的能力与社会实践的多少呈正比例关系;关系论,以与上级领导的个人关系的亲疏和关系的好坏作为人员升降的标准;惩罚论,简单地认为降职是种惩罚,导致能力低下但不犯错误的管理者无法降职,形成管理者能上不能下的尴尬局面。以上论调及不正之风严重阻碍了海关内部人力资源横纵向流动,引发人力资源管理过程中的难点和困境。

4. 内部流动以组织安排调配为主,人员交流的流向比较单一

海关人力资源流动体现出来的属性仍是工具属性,是计划经济的产物,官僚制度是其存在基础。内部流动管理中,个人必须以服从组织安排为原则,强调"个人是块砖,哪里需要往哪搬",未充分体现"以人为本"原则。根据公共管理改革要求,交流应成为人力资源合理配置的激励手段,成为实现组织目标的动力,激励海关人充分发挥聪明才智,使其充满实现自身价值的满足感,使流动管理由工具理性转变为价值理性。

5. 海关人力资源管理存在"封闭"性缺点

海关实行的是垂直领导体制,这一体制对于确保指挥有力、执法统一、政令畅通起着重要作用,但其封闭性的缺点也不容忽视。主要表现在:海关人员社会接触面窄,缺乏与外界的交流和沟通,容易造成因循守旧、固步自封;海关人员内外流动不畅,"近亲繁殖"现象普遍;不少海关人员习惯于站在海关看海关,自我感觉良好,满足于四平八稳、小富即安;不少海关人员缺少忧患意识和竞争意识,工作上进心不强,工作效率低下。

(三)健全海关人力资源内部流动管理的对策建议

1. 由以物为本向以人为本转化

首先是建立相互尊重、理解、信任和关心的良好人际关系。其次,要树立人力资源是第一资源的观念,尊重劳动、尊重知识、尊重人才、尊重创造。再次,必须关注和推进人的全面发展,其中最根本的是提高人的综合素质,即提高人的教育水平、文化品位、精神追求和道德修养。以人为本,人的全面发展,只能在不断地社会运动中逐步实现。社会运动的过程,当然包括人力的运动,人力资源的流动。

2. 由静态管理向动态流动转化

现代人力资本的主要特征之一是流动性,人力资本的流动,使得人尽其才,才尽其用,用有所值。人才的各式各样的才能必须通过社会实践才能显示出来,只有通过广泛流动,人才在各种社会活动的实践中,才能真正找到充分发挥自己聪明才智的岗位,同时社会各岗位才能找到自身适合的人才。人员流动也有利于人才的更新,形成合理的智力结构。

3. 由学历、资历标准向能力、业绩标准转化

在新经济时代构成海关核心竞争力的是海关的人力资本。当前,许多社会组织都在树立科学的人才观,树立人人都能成才的观念,注重在实践中去培养人才、发现人才和使用人才。不唯学历、职称、资历和身份,评价人才的标准主要是能力和业绩,这应该成为海关选用人才的基本取向。

4. 培育有利于人员合理有序流动的人文环境

合理的人事制度和较高的人事管理水平,能够制定正确的方针、政策、法令,可以在物质生活待遇、工作条件、社会地位等物质方面和精神方面创造良好的综合环境,同时又能够采取切合实际的措施来及时发现人才,科学管理和合理地使用人才,使人才最大限度地发挥作用。

一是营造公平竞争的学习型海关文化。培育共同学习的海关文化氛围,造就学习型海关和学习型海关人才,不仅有利于强化海关的核心竞争力,而且可以培育一种良性的人员流动和开发机制,有助于海关和人员的共同成长。二要创造成才机遇。海关要真正创造一种公平竞争的环境,要坚持定期考核,明确用人标准,鼓励毛遂自荐,实行竞争上岗,这样就可以使有真才实学的人得到发展机会。三要营造宽松的创新环境。在人力资源使用政策和具体制度上为人员的流动创造条件,不搞岗位终身制,提倡内部的岗位轮换和竞争上岗,从而使关员在内部可以结合自己能力、特长和发展需要自主选择并有序流动。

5. 做好海关人员职业发展规划

知识经济时代,人才的竞争更加激烈,人力资源管理的一项重要任务就是要吸引和用好优秀人才。调研结果显示,海关人员不仅关注海关目标的实现,而且更注重个体的成长。基于这一原因,海关应该注重对人员的人力资本投资,健全人才培养机制,为人员提供受教育和不断提高自身技能的学习机会,从而具备一种终身就业的能力。因此,海关不仅要为人员提供一份与其贡献相称的报酬,而且要充分了解人员个人需求和职业发展意愿,为其提供适合其要求的上升道路。只有当人员能够清楚地看到自己在海关的发展前途时,才有动力为海关尽心尽力地贡献自己的力量,与海关结成长期合作、荣辱与共的伙伴关系。

三、谷歌招聘的中心——成功率

为保持在业内的领先优势,谷歌招聘瞄准的都是顶尖的人才。据悉,每年都会有100万人申请其职位,平均每个职位将近有130个申请者——这何其惊人!这个"招聘机器"每月会招聘800人左右,这个量也是很多企业一年的招聘量。

之所以人们对谷歌趋之若鹜,毫无疑问谷歌品牌帮了大忙。对于很多求职者而言,谷歌的文化就是一个传奇。在网上很多博客中,都在流传谷歌轻松的工作环境、平等透明的工作方式以及以人为本的管理理念,使得无论是家庭主妇还是金融专家和前沿的工程师,都渴望到谷歌去工作。虽然谷歌并不屑于做广告,但是这些博客讨论,已在无形中强化了它的品牌形象。

对于员工而言,谷歌能创造出如此独特的工作体验,并且能保证让他们做自己最擅长的事,成为领域里的专家,也给谷歌的人才保留很大帮助——谷歌的员工流失率低于5%,当然,谷歌最令人赞叹的是它的创造性,实际上谷歌的招聘团队也采用了很多创新的方法来开展招聘。2006年春季,谷歌重组它的搜索引擎部门,并将这一信息传递给目标院校的师生们。当人们通过谷歌的搜索引擎入口,谷歌的服务器就能记录访问者的IP,查询到这个IP属于哪个组织,从而鉴别访问者是否来自意向学校——这种方式并不新鲜,却有明显的谷歌特色——当鉴别访问者是来自意向学校时,搜索框的下方会增加一段文字,询问访问者是否即将毕业,是

否对谷歌的工作感兴趣……

谷歌也采用内部推荐。不过有别于一般企业的内部推荐,谷歌更追求一种世界级的候选人体验,他们是积极主动的,且所有推荐在一周内必有响应。很多公司设计流程时,首先考虑到的是企业的需求,但是谷歌意识到一个成功的内部推荐项目必须满足雇员的需求,推荐第一。

谷歌在招聘上还采用了数据驱动的方式。它分析公司内部高绩效员工的特征,在招聘的过程中与候选人进行匹配。以前谷歌大多都依赖学术成绩、学校的档次、现有的行业经验和主观的面试结果,往往招聘一个人才,需要经历数十次的面试,但是通过新的运算法则进行评估,大概5轮面试下来,就能得出一个正确的结果,而且比传统的方式更加准确。

与传统的公司不同,谷歌鼓励招聘官们去自由尝试新的招聘方式,即便出现失误,也能从失误中汲取经验教训,这使得他们的招聘方法通常都别出心裁。谷歌招聘关注的重心也不是降低招聘成本,而是提升招聘的成功率,让每一个招聘的人才都能成为顶级人才。

四、欧莱雅的战略性招聘

欧莱雅于1907年创立,2003年,欧莱雅集团全球销售额达140.2亿欧元。作为财富500强之一、世界第一大化妆品公司的欧莱雅集团,其经营活动已遍及150多个国家和地区,在世界各地拥有员工5万多人。

欧莱雅1996年全面落户中国。欧莱雅显然是有备而来,因为它在企业管理,特别是人才管理上有一套成熟而有效的管理方法。它的战略性人才招聘的策略更是为人所称道。正是因为它的战略性的招聘,使自己的品牌得到了不断的提升,更是聚集了大量的人才。

1. 思路:人力资源的提前开发

2003年的9月,虽然2004届毕业生距离毕业还有近一年的时间,但南京的"准"毕业生们已经吸引了欧莱雅的注意,其主办的一场"工业设计大赛"已经让学生们真实了解到了欧莱雅的文化。此次欧莱雅大赛主题是请大学生选择一种做一套环保化妆的方案,获奖者分别有10 000元、5 000元和2 000元的奖励。除了高额奖金以外,冠军每人还可获得在欧莱雅6个月的实习期。与其他企业不同,欧莱雅的校园活动现在已经是欧莱雅人力资源战略的一个重要部分。校园活动只是为吸引人才做热身运动罢了。

2. 操作:打造品牌赛事

在有了人力资源提前开发的思路之后,欧莱雅不断进行校园活动推广,但是欧莱雅逐渐发现,这些活动如果只是平铺下去,效果并不好,打造一个品牌性的学生参与度高的比赛才是重要工作。于是"欧莱雅全球在线商业策略大赛"逐渐发展开来。

"全球在线商业策略竞赛"于2000年起由欧莱雅和《商业周刊》及欧洲著名职业培训软件开发公司联合举办。竞赛模拟新经济环境下国际化妆品市场的现状,结合商业竞争的各主要要素,让每一名渴望成为未来企业家的大学生有机会在虚拟但又近乎现实的网络空间里,通过运用他们的专业知识和技能,管理和运行一个企业,并根据竞争状况对本公司的主要产品在研发、预算、生产、定价、销售、品牌定位和广告投入等方面做出全方位的战略性决策。这项赛事主要考察各参赛队伍对公司运作、战略制定与实施、市场开拓和培育,财务数值分析及市场变化的综合分析和随机应变能力。

整个竞赛过程全部在线进行,每8天一轮,共计6轮。比赛中,三人一组的参赛队伍将自己置身于跨国公司的经理席上,在高度逼真的网络世界里拥有自己的一家化妆品公司,与网上虚拟的另外四家公司进行角逐,最后以公司股票价格的高低来排定名次。

根据安排,入围的队伍被划分成几个赛区,在6周内进行5轮比赛,成绩靠前的队伍将进入半决赛,这些队伍将提交一份完整的商业计划书并进行第6轮比赛,由此产生全球各赛区的区冠军队伍。

竞赛首轮实行淘汰制,目的是要从大量的报名参赛队伍中筛选出一定数量的正式参赛队,比如2003年的时候就从5 600支报名队伍中筛选出800支正式参赛队伍。筛选中,欧莱雅公司会出很多道题,比如它要求估算欧莱雅2002年卖了多少瓶香水。而事实上,网上只能找到那年欧莱雅的营业额是多少,至于香水卖了多少是查不到的。

最终,各区冠军队伍将受邀到欧莱雅公司的巴黎总部进行最后的总决赛,届时他们将向主要由欧莱雅总部高层管理人员组成的评审团"推销"自己的虚拟公司,由此产生两个组的全球总冠军。全球总冠军队伍将获得在世界任何一地免费一周游的机会,目的地由获奖者自行确定。各区冠军队伍则有机会进行3天的巴黎之旅。

通过竞赛选拔人才的方式并不新鲜,但像欧莱雅这样能把一场商业竞赛做得如此有趣的并不多。

3. 效果:一箭双雕

欧莱雅全球在线商业策略竞赛的前期设计、后期的在线管理以及从全球各地飞向巴黎的冠军们的费用是巨大的,这些费用都由欧莱雅总部统一支出。

天下没有白吃的午餐。通过商业策略大赛,欧莱雅一箭双雕。"商业策略大赛"给欧莱雅提供了一个与全球各地学生交流的绝佳机会,欧莱雅因此与这个年轻和富有活力的群体保持联系,了解他们的期望。欧莱雅还因此发现了人才,通过运用这种国际化的招聘工具,吸引来自全球的精英。

欧莱雅认为,在全球范围内招收最好的人才,是欧莱雅公司的生命和活力之源。经过几年的比赛,"全球在线商业策略竞赛"已成为检测参赛学生战略性思考能力的一项重要而有效的工具,招聘经理也因此有机会近距离地观察参赛选手的表现。与此同时,欧莱雅"全球在线商业策略竞赛"也体现了其作为一家大型跨国公司所倡导的全球化经营与团队精神等商业理念。

事实上,全球的参赛学生大多来自世界顶级院校,其中包括美国的哈佛大学、耶鲁大学、西北大学和纽约大学,英国的剑桥大学、欧洲工商管理学院等。

欧莱雅明确表示,也许他们不能仅仅通过一次比赛就决定是否录用一名参赛者,但比赛确实为他们与潜在的雇员之间建立了一座互相发现、增进了解的桥梁。

第三节 人力资源流动管理实验操作

一、人力资源流动管理理论学习

1. 人力资源流动管理理论学习(如图6-3所示)

左侧为该案例所属的理论知识,点击【目录】可以概览理论知识的大纲,点击标题可以直接查看该部分内容(如图6-4所示)。

2. 理论阅读与标注

选定理论知识中的一句话或一段话,可以编辑其字号、加粗、斜体、中划线、下划线、改变文字颜色及背景色,还可将这些格式清除。或者为选中的文字添加批注和书签(如图6-5所示)。

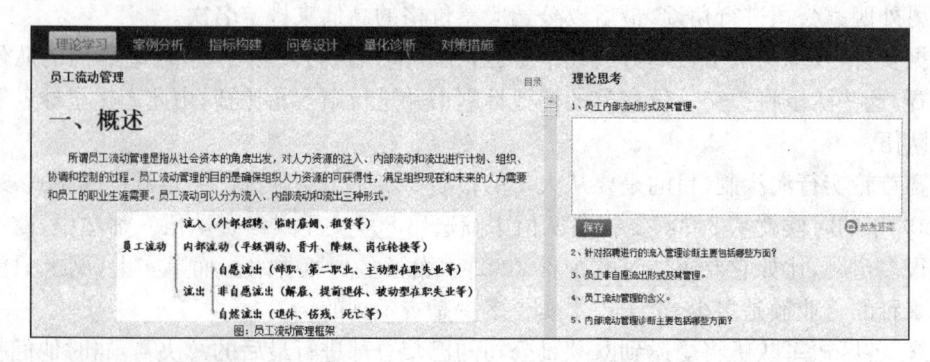

图 6—3　人力资源流动管理理论学习

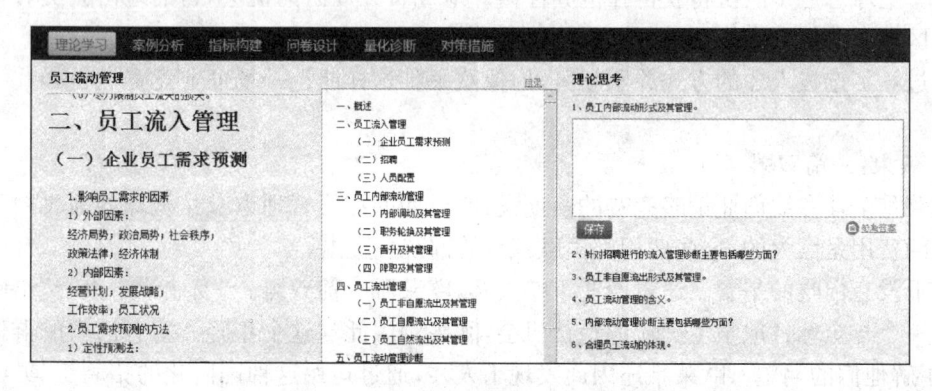

图 6—4　人力资源流动管理理论

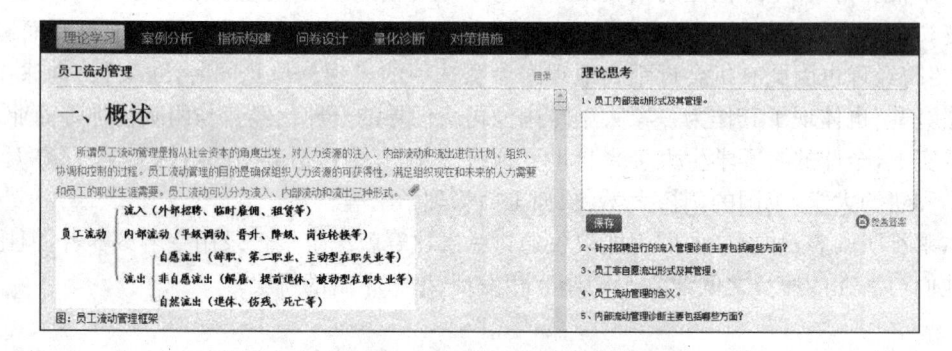

图 6—5　人力资源流动理论阅读

3. 思考与问题

右侧为学习理论后回答的思考题,鼠标放在【参考答案】上会显示系统答案(如图 6—6 所示)。

二、人力资源流动管理诊断实验操作

(一)案例定性分析

人力资源流动管理诊断实训就是通过对所调查案例的分析,设计分析模型,进行数量分析(如图 6—7 所示)。

第六章　人力资源流动管理诊断与决策

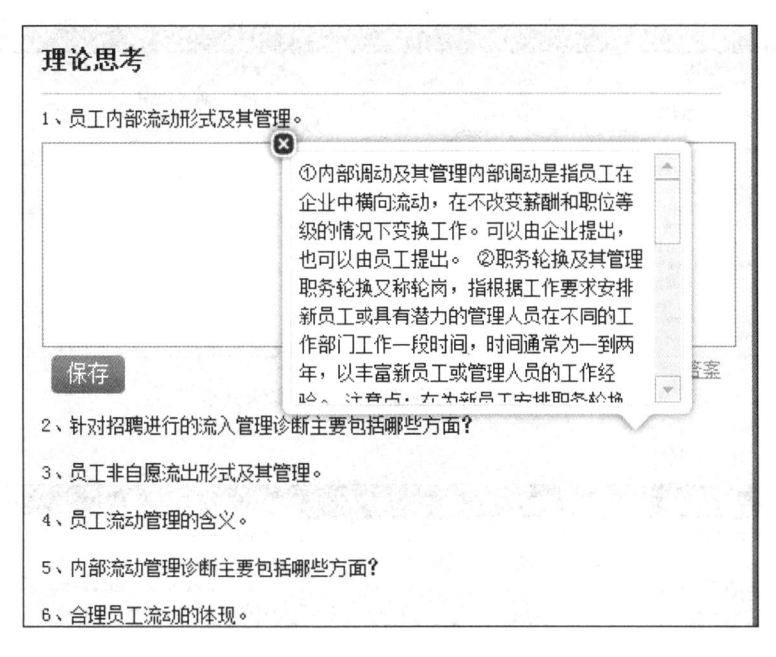

图6-6　人力资源流动理论思考

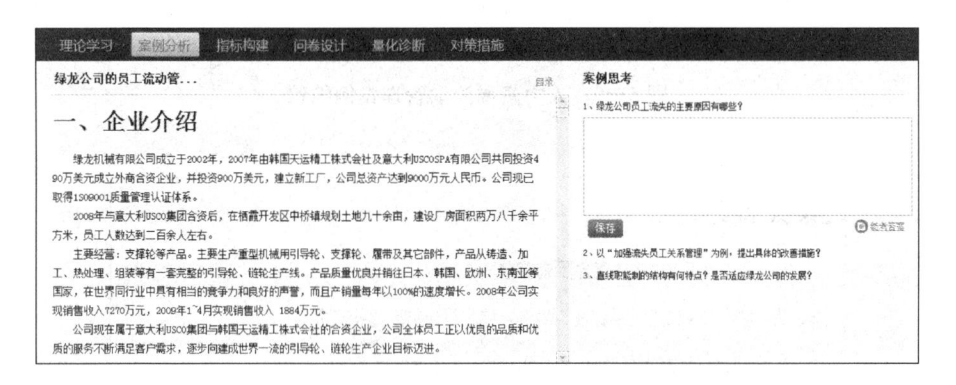

图6-7　人力资源流动管理案例分析

左侧为该案例内容,点击【目录】可以概览案例大纲,点击标题可以直接查看该部分内容(如图6-8所示)。

选定案例内容中的一句话或一段话,可以编辑其字号、加粗、斜体、中划线、下划线、改变文字颜色及背景色,还可将这些格式清除。或者为选中的文字添加批注和书签(如图6-9所示)。

右侧为阅读案例后回答的思考题,鼠标放在【参考答案】上会显示系统答案(如图6-10所示)。

(二)案例量化分析

1. 指标构建

根据人力资源流动管理理论,构建人力资源流动指标体系。选择软件【指标构建】后,可以采用软件所提供的指标模型选用并创建指标,也可根据所分析的案例独立构建新指标体系(如图6-11所示)。

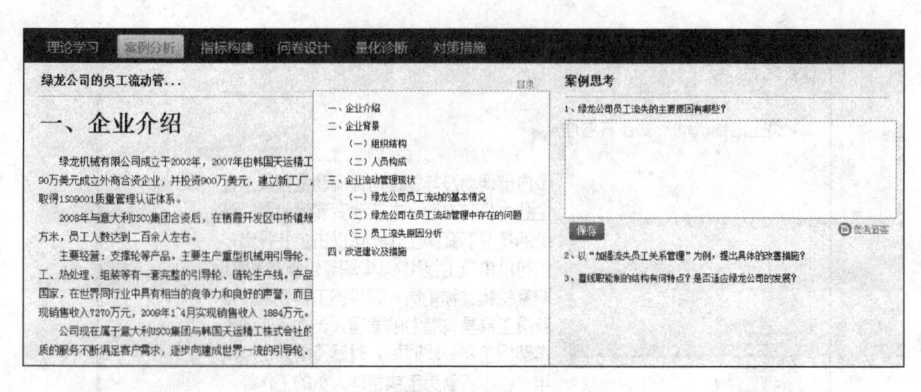

图6－8　人力资源流动管理案例分析

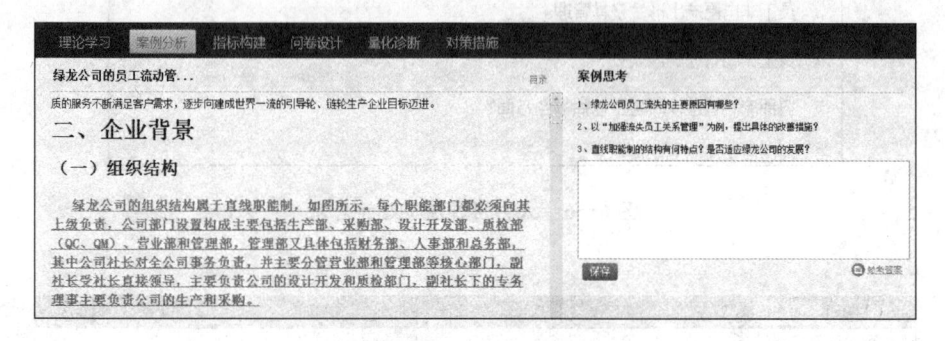

图6－9　人力资源流动管理案例编辑

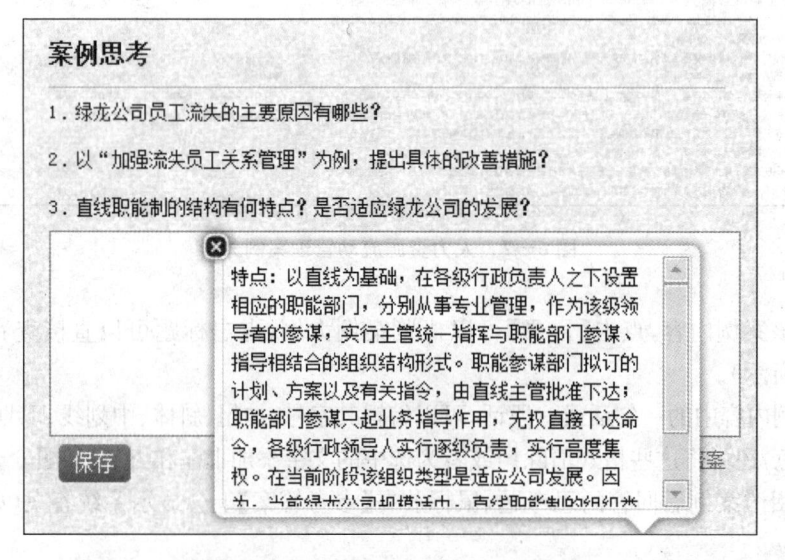

图6－10　人力资源流动管理案例思考

查看指标模板，可以此模板创建指标。点击"员工招聘"，选择【模型构建指标】或【构建新指标】（如图6－12所示）。

按照逻辑关系添加指标，点击【添加模块】或者【添加直线】，双击模块编辑指标名称，利用

第六章　人力资源流动管理诊断与决策

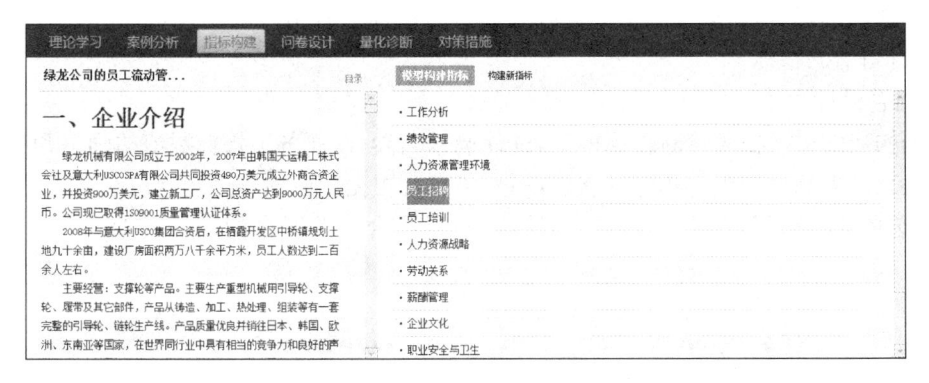

图 6—11　人力资源流动(流入)指标构建

图 6—12　人力资源招聘诊断指标构建模型

直线联系指标间的关系，完成后点击【保存】(如图 6—13 所示)。

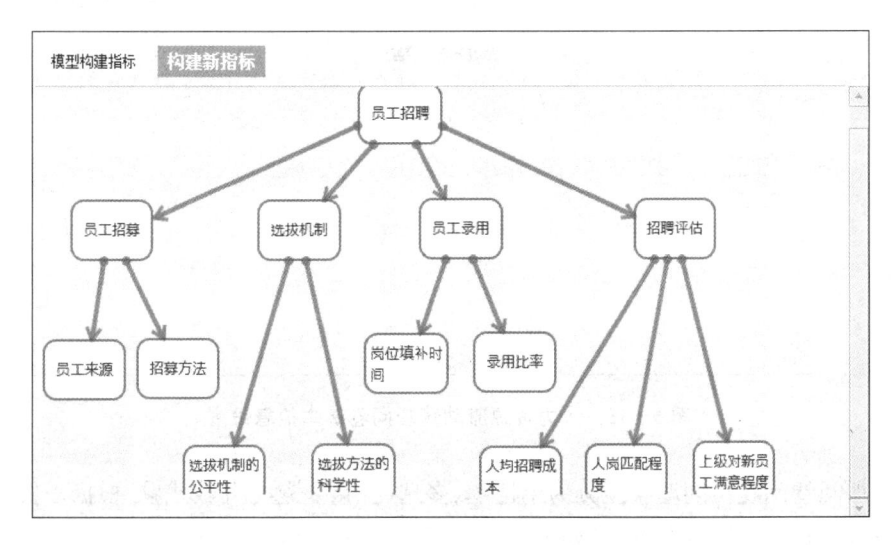

图 6—13　人力资源招聘诊断指标构建模型

指标默认创建后,新创建的指标会覆盖之前的指标。若用户已创建指标,可通过"构建新指标"查看当前的指标。

2. 问卷设计

根据构建的员工招聘诊断指标模型,设计调查问卷,以便各项指标数值的确定和相关指标的量化关系。若软件中没有相应的问卷,用户可自行根据相应内容创建空白问卷。

(1)选择"问卷设计",学生可以根据模板创建适合相关案例的调查问卷(如图6-14所示)。

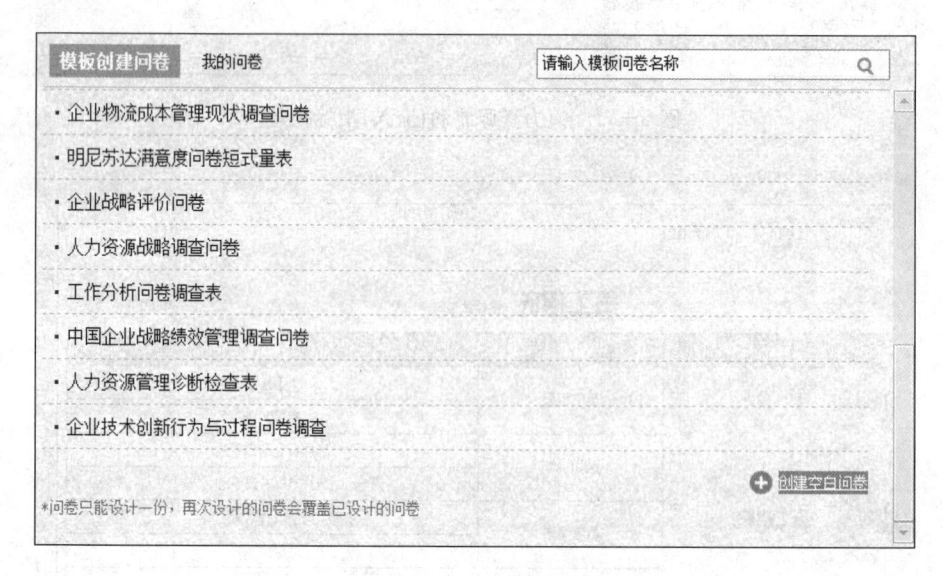

图6-14 人力资源流动管理创建空白问卷入口

(2)查看问卷模板,可以此模板设计新问卷。

编辑问卷基本信息,点击【保存】(如图6-15所示)。

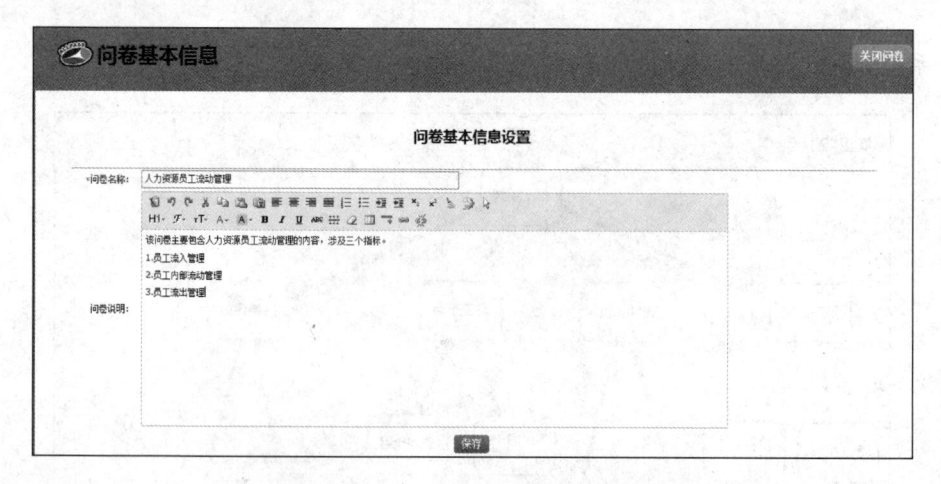

图6-15 人力资源流动管理问卷基本信息设置

(3)添加问卷问题。问题类型分为单选题、多选题、量表题与开放式题,根据需要添加各类型的问题,也可直接编辑现有题目(如图6-16、图6-17所示)。

图6—16　人力资源流动管理问卷题目的编辑

图6—17　人力资源流动管理问卷设计

（4）点击【设置指标】，可以设置问题指标，最多可设置10个。每个指标名称编辑完成后，按回车键确认。全部指标添加完成后，点击【保存】（如图6—18所示）。

图6—18　人力资源流动管理指标设置

(5)若学生已创建指标,则此处显示指标模型的第二层即维度层。学生也可根据需要修改,但修改不影响前面的指标模型。

(6)用户也可将添加的指标与题目绑定(如图6-19所示)。

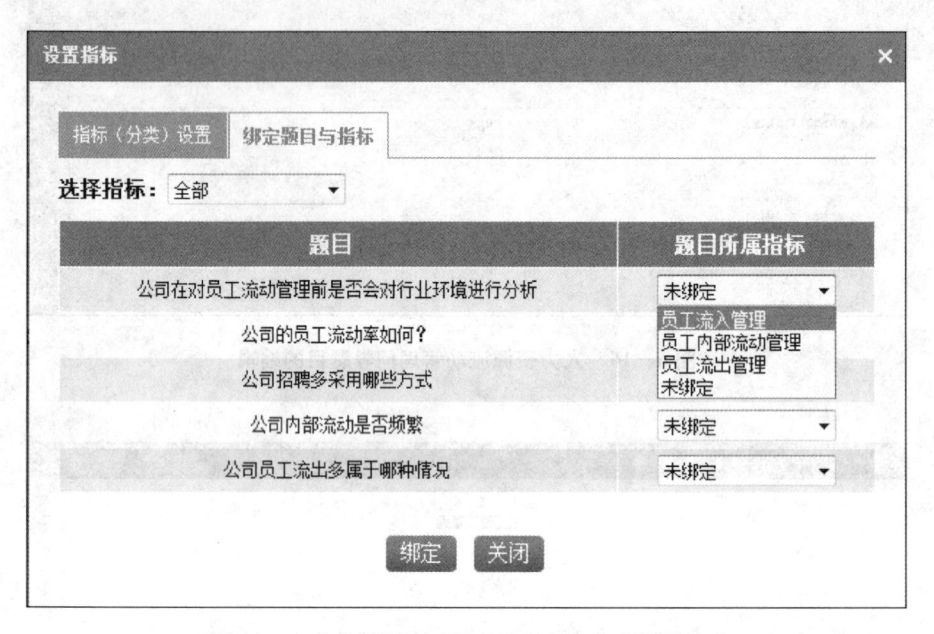

图6-19 人力资源流动管理诊断问卷与指标的绑定

(7)问卷题目和指标设置完成后,切记要点击页面上方的【保存问卷】。保存后,可以进行预览(如图6-20所示)。

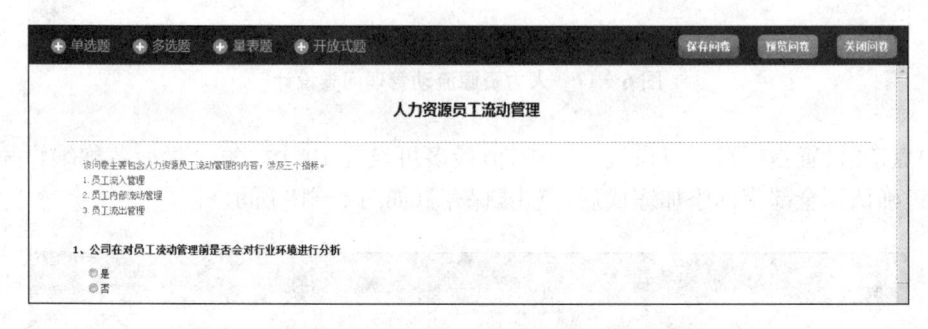

图6-20 人力资源流动管理诊断问卷的生产

(8)在"我的问卷"中,一个案例只能设计一份问卷,再次设计的问卷会覆盖已设计的问卷。

3. 量化诊断

选择"量化诊断"。

(1)点击【设计问卷】,可返回问卷设计部分,对问卷进行修改。如无修改需要,可点击"发布问卷"(如图6-21所示)。

(2)点击【发布问卷】,则所发布的问卷发送到问卷库中,实验中的其他学生在问卷库中可以看见。其他学生根据所读同一个案例的各自理解和分析,填写问卷。这是一个社会调查的过程。

(3)点击【填写问卷】,是根据自己所读案例的自我理解和分析,填写自己所发布的问卷(如

图 6-22 所示）。

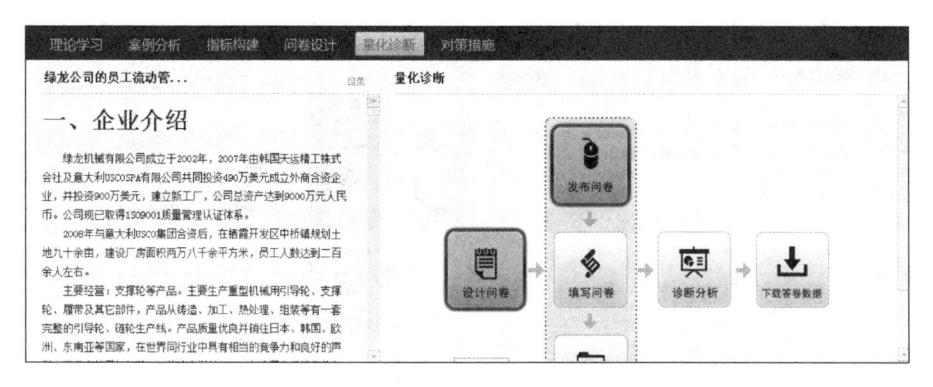

图 6-21 人力资源流动管理诊断问卷的保存与发布

图 6-22 人力资源流动管理诊断问卷的发布与填写

（4）填写完所有问题后，点击问卷右上角的【提交问卷】（如图 6-23 所示）。

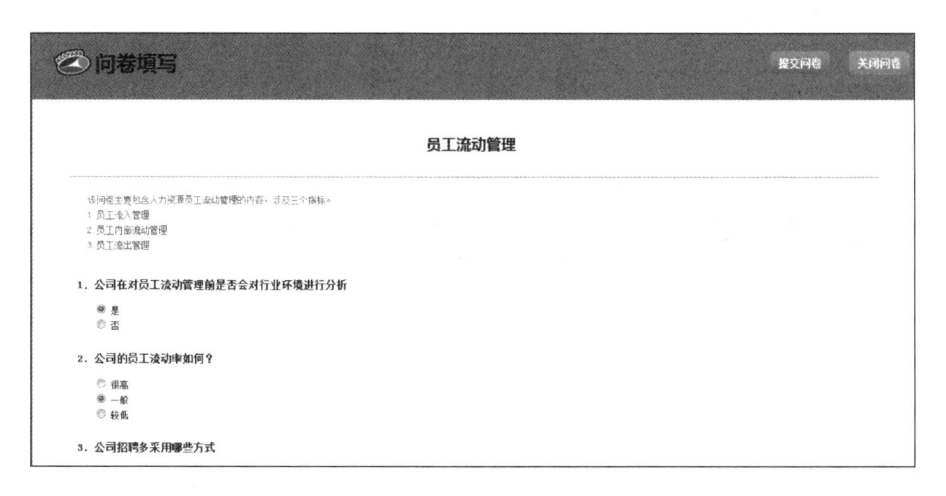

图 6-23 人力资源流动管理诊断问卷的填写与保存

（5）点击【回收问卷】，问卷回收后不在问卷库显示，其他同学无法填写。若需要收集多份答卷，请确认其他同学完成问卷填写后再回收（如图 6-24 所示）。

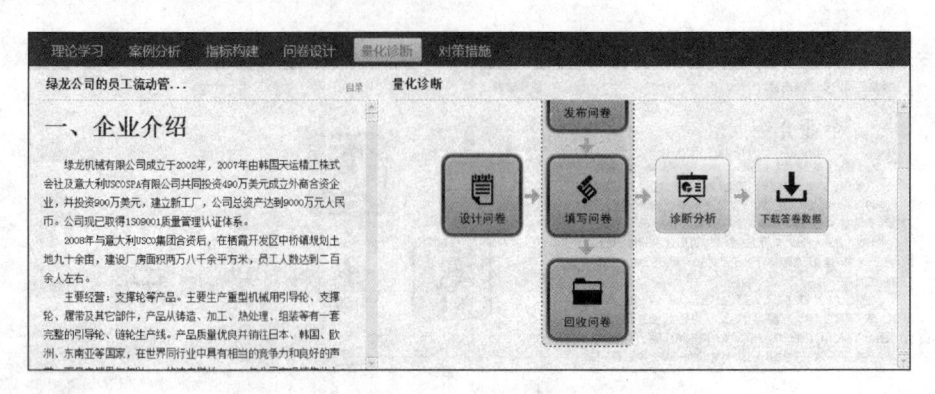

图 6—24　人力资源流动管理诊断问卷的回收

(6) 问卷填写完并进行回收后,开始进行诊断分析(如图 6—25 所示)。

图 6—25　人力资源流动管理诊断问卷的诊断分析

(7) 系统提供三类自动统计:单题统计、分类统计与汇总统计。点击【单题统计】,可以查看每道题的回答情况(如图 6—26 所示)。

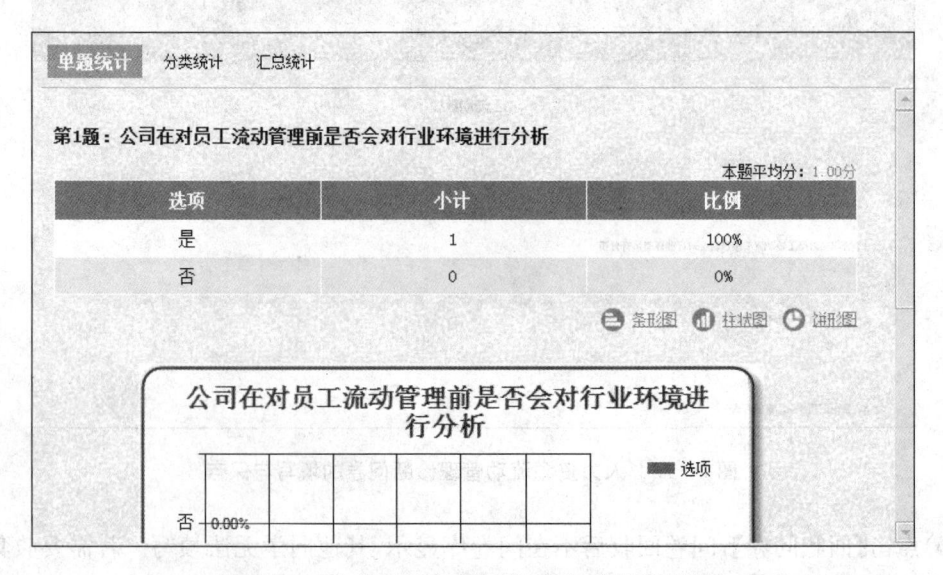

图 6—26　人力资源流动管理诊断问卷的单题统计

(8)点击【分类统计】,可查看同一指标下各个问题的答题情况。
(9)选择"汇总统计",查看问卷汇总统计表。学生也可下载统计报告进行查看。
(10)用户也可下载答卷数据,使用 Excel 或 SPSS 等统计工具对问卷进行二次统计(如图 6-27 所示)。

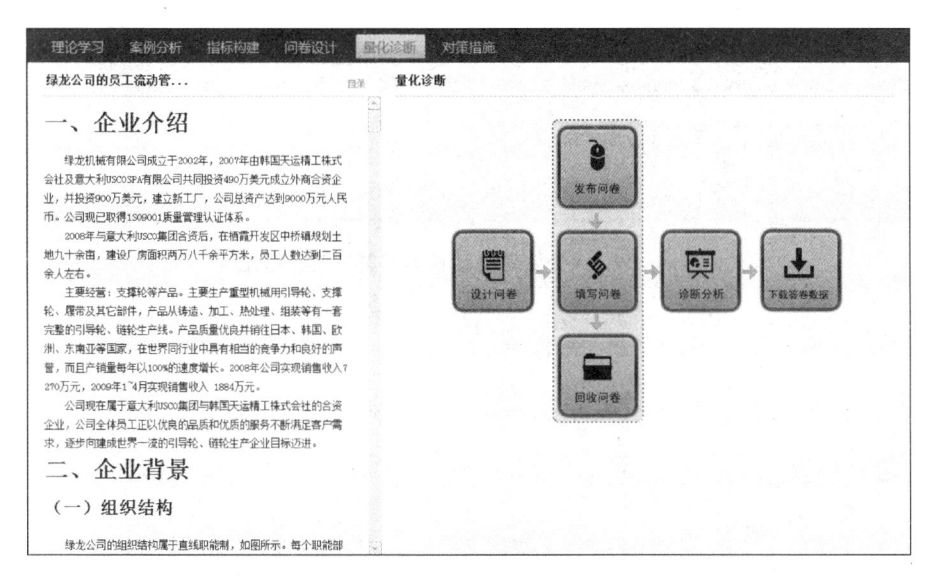

图 6-27　人力资源流动管理诊断问卷的数据下载

三、人力资源管理决策实验操作

1. 人力资源流动管理存在问题分析

点击【对策措施】,选择【存在问题】,根据调查数据和图表,分析该企业员工流动管理所存在的问题,填写案例中企业的存在问题(如图 6-28 所示)。

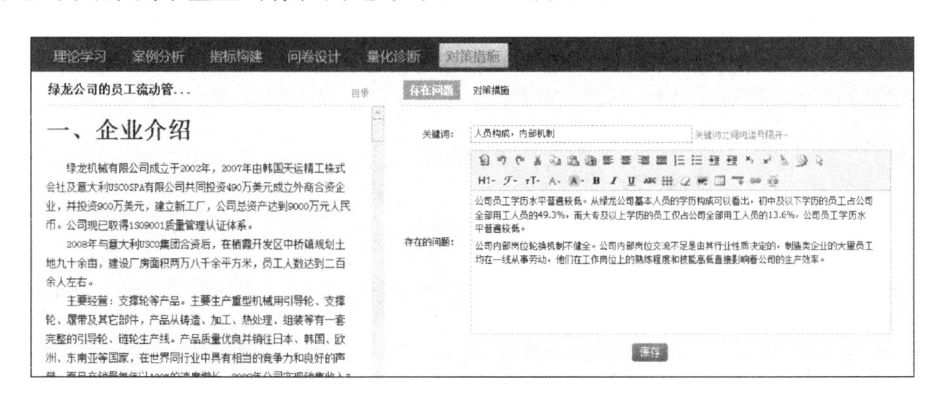

图 6-28　人力资源流动管理问题诊断

2. 人力资源流动管理问题解决对策措施

点击【对策措施】,选择【对策措施】,根据调查数据和图表,分析该企业员工流动管理所存在问题的解决措施,填写案例中企业存在问题的解决措施(如图 6-29 所示)。

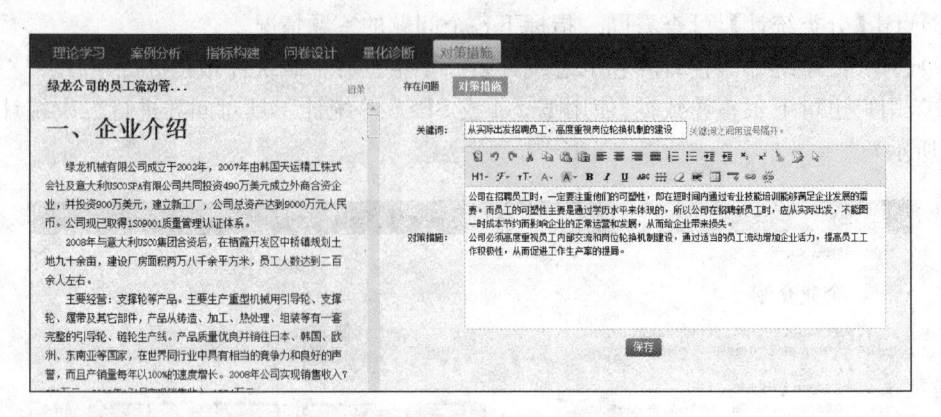

图6-29 人力资源流动管理问题的对策措施

第七章

人力资源培训与开发、诊断与决策

第一节 人力资源培训与开发、诊断与决策原理

一、人力资源培训与开发概述

(一)人力资源培训与开发

1. 概念

人力资源培训(The Training of Human Resources)与人力资源开发(The Development of Human Resources)是两个密切相关的概念,于是又称为"人力资源培训与开发"。培训与开发的重点在于通过计划性的学习和分析来帮助员工提高个人关键技术能力,以便员工胜任工作岗位。

目前关于人力资源培训的概念有很多,一般是指为达到组织预期目标和员工发展目标的有计划、有组织的系统学习的行为或过程,通过教育、培养和训练,使员工的各方面技能与行为发生定向改进,从而确保员工能够按照预期的目标或要求来完成其所承担或将要承担的工作任务。人力资源培训与开发的概念丰富多彩,可以用在当下,也可以用在未来,它更加注重的是企业与员工未来的发展与需要,要具有一定的战略性。企业可以通过人力资源培训的工作,来完善企业的战略目标的同时改进员工的职业生涯规划,从而达到更高的工作效率。从这一方面来看,注重人力资源培训与开发是人力资源的一个重要组成部分。

2. 人力资源培训与人力资源开发

我国的人力资源的培训与开发一直被大多数企业看作是相互联系的纽带,培训是基础,开发是源头。培训与开发都是为了提高企业员工的专业知识及工作技能而服务的。它们的区别是:其目标完成的时间不相同,培训是完成近期的工作任务,主要的对象是员工;开发则是为了满足企业未来发展的需要,以实现长远的战略目标,主要的对象是企业。人力资源培训与人力资源开发在组织的实践中经常不做明显的区分,一个发展趋势是用人力资源开发来代替"人力资源培训与开发"概念。企业只有树立人力资源管理理念,完善人力资源管理体系,改革用人机制,转变管理职能,才能适应社会主义市场经济的发展。

(二)人力资源培训与开发的特点及形式

1. 人力资源培训与开发的特点

(1)以人为本成为现代培训的核心理念

现代的培训更加看重的是员工的学习能力,希望员工具有积极获取新知识、新技能的潜

能。培训与开发虽然花费了员工的体力、脑力劳动和员工的休息时间,但要让员工感觉到参加这样的培训与开发是可以让身心愉悦的一种活动,甚至是一种享受。因此,培训科目的教案设计不仅要注重培训师的选择,更要选择最合适的教材和授课方式。为了能使现代培训更加"人性化",还要充分地利用一些现有的先进设备与良好的工作环境,来达到最理想化的培训与开发。

(2) 注重培训目标与组织的长远目标相结合

完整的培训体系是从组织战略目标出发,通过人员现状、岗位分析、绩效考评分析而设计的一个综合提升组织竞争力的培训体系。在现代的人力资源管理体系中,培训与开发、新员工导向、员工职业发展这三大内容是人力资源各项职能中属于"发展"职能的重要环节。因此,需要组织的最高层领导关注培训与组织战略目标的密切关系。

(3) 开拓了创造智力资本的途径

智力资本实质上是人力资本最主要的组成部分,它是通过投资而实现的,包括基本技能、专业技能、创造技能、领导和管理技能等,它与一般的岗位规范规定的技能相比,突出表现为学习者必须通过持续学习的过程才能逐渐获得。这种培训,与其说是"学习",不如说是一种"影响力训练",特别是与经营战略目标密切相关的培训,更是一种高级影响力训练,这是学习型组织的一个重要标志。

2. 人力资源培训与开发的形式

企业培训与开发的形式虽然多种多样,但从组织行为的角度来说,培训存在两种性质不同的学习方式。一是代理性学习。在这种学习过程中,学习者学习到的不是他们得到的第一手知识,而是别人获得后传递给他们的第几手乃至若干手的间接性经验、阅历和结论。这种学习在传授知识方面效率较高,在知识爆炸的现代社会,我们不可能也不必事事都要躬亲体验、证实,可以通过接受别人传来的信息而获得可靠的知识。常见的如课堂教学即属此类方式。另一类,是亲验性学习。学习者是通过自己亲身的、直接的经验来学习的,所学到的是自己直接的第一手的经历。这种学习有利于能力培养,它有时是不可能被代理性学习所取代的。只要想到人们学游泳或骑自行车的经历,便能明白这一点。包括案例讨论、现场实习、模拟性练习、做游戏或竞赛、角色扮演、心理测试等,都是亲验性的。尽管它们比课堂讲授多费时间,但经过学习在这些活动中的亲身体验,结论是自己在活动中观察归纳出来的,比单纯接受别人讲授的知识和原理要深刻得多。在企业培训与开发中,这两类学习是相辅相成的。

(三) 人力资源培训与开发的目的与作用

1. 人力资源培训与开发的目的

(1) 帮助员工胜任本职工作

组织通过培训与开发使员工具有做好本职工作的条件、资格、能力等。其中有三种基本培训,分别是:对新员工进行培训,使其尽早掌握企业的各项方针政策、规章制度;对新员工进行知识更新和技能的培训与开发,让其尽早地掌握工作要领和工作程序与方法;对现有员工进行的培训与开发,使其技能和能力得以提高、完善和充实,为工作轮换或晋升创造条件。

(2) 提高组织或个人的绩效

当组织或个人的工作绩效低于需要达到的水平时,培训与开发可以大大提高工作绩效水平。此外,为了适应新的技术要求,改变原有的工作方式,培训与开发也可以发挥相应的作用。

(3) 增强组织或个人的适应能力

在变化的环境中,只有具备很强的适应能力,组织才会保持长久的生命力,而培训与开发正是在人力资源方面做出的保证。重视对员工的培训与开发,就是为了使员工素质能够保持在一个较高水平上,从而满足企业发展对人力资源的需求。

(4)增强员工对组织的认同感和归属感

培训与开发可以使员工认识到他们自身的价值和组织对自己的承认和重视,员工对组织有很强的认同感和归属感时,员工的能力和潜力才能得到真正发挥,进而表现出高的工作绩效。

2. 人力资源培训与开发的作用

企业面临着激烈的竞争压力。这要求每名员工拥有最新的知识和观念,掌握能转化为成果的技术和技能。由于企业间的竞争和企业变革、培训与开发的重要性日益增加,许多企业开展培训与开发的结果表明,有效的培训与开发可以提高生产率,而且这种收益足以弥补培训工作的成本。

"以人为本"的现代人力资源管理理念突出培训与开发的核心地位。以人为中心的现代人力资源管理,充分强调尊重人、依靠人、发展人、为了人的人本管理原则,通过使用科学的管理方法,使员工能够在工作中充分调动并发挥积极性、主动性和创造性,从而提高工作效率,提高工作业绩。随着企业中知识性员工比重的增加,员工不再是为了生存而工作,他们更希望充分发挥和提高能力以及有更远大的前途。培训的作用在于提高员工的工作能力、知识水平和潜能,最大限度地促使员工的个人素质与工作需求相一致,从而达到提高工作绩效的目的。因此,培训一方面使员工自身得到了充分的发展,包括个人工作能力的提高、个人竞争能力的增强、个人目标的实现,从而为员工个体职业生涯的发展奠定了坚实的基础。一些著名的跨国企业正是由于良好的培训环境和卓越的培训理念才吸纳了大批的优秀人才;另一方面培训通过有计划地实施员工的学习训练,更深入地开发员工的智力资本,能够有效地促使企业提高工作效率和赢得竞争能力。所以说,企业只有建立高效的员工培训体系,人力资源管理的吸才、用才、育才、激才、留才各环节间才能形成良性的循环机制。员工拥有自由发展的空间,企业拥有不断更新的人力资源,和谐的人本管理思想通过培训体系的构建而得到完美的发挥,企业也因此能够保持较强的竞争优势。培训在人力资源管理中的重要作用在未来将变得十分显著。

(1)培训与开发是对人的投资,它在各种投资中效益最好

英国古典经济学家亚当·斯密在《国富论》中认为,教育培训是一种可以赚取利润的投资。但是,这种理念长时期仅仅停留在学者们的"务虚"讨论之中。自从1960年美国经济学家舒尔茨创立了"人力资本"学说以后,智力投资的概念逐渐被社会所认同,并进入了一个"务实"的新阶段。人力资本理论认为,人力资源投资必然会产生收益。培训与开发作为人力资源投资的重要组成部分,也必然会带来相应的经济效益。同物质投资相比,虽然人力资源投资周期长,回收期相对晚一些,但产生的收益要大得多,收益期将持续很久。

(2)培训与开发体现了人力资源开发过程持续性的特征

作为物质资源一般只有一次开发和二次开发,形成产品使用之后,就不存在继续开发问题了。而人力资源不同,使用过程也是开发过程,而且这种开发过程具有持续性。传统的观念和做法使开发与使用界限分明,这种"干电池"理论目前已经被"蓄电池"理论所代替。这种理论认为,人工作之后,还需要不断学习,不断"充电"。培训的重要目的之一是衔接学校教育与工作需求。学校教育主要是完成基础教育,从社会用人的角度看,学校毕业生还只是一个"半成品",进入社会工作后,还必须继续进行相应的教育培训。特别是伴随信息社会、知识经济的到来,知识陈旧的周期越来越短,社会变革的速度越来越快,新知识、新技术不断涌现,只有不断

开发,才能适应现代社会发展的需要。因此,继续教育、回归教育、终生教育是每一个不甘落后的人的必然选择。人力资源开发的活动没有止境,培训与开发也就没有止境。

(3)培训与开发是推动人力资源升级的重要途径

在人口资源、人力资源、人才资源这个金字塔建构中,人才资源处于金字塔的顶端,人才资源在人力资源中的比值是衡量一个国家人力资本存量和综合国力的重要指标。人才资源与人力资源相比,它是倍加的简单劳动,有加速发展社会生产力的显著作用;是探索式的智力劳动,具有前沿突进的开拓作用;是艰巨的复杂劳动,具有不可替代的独特作用。而要提高人力资本存量,推动人力资源向人才资源转化,低层次人才资源向高层次人才资源升级,最主要的途径就是培训。这种转化和升级,难度越大、越紧迫、越艰巨,培训的重要性和实效性就越凸显。

(4)培训与开发可以开发人的潜能,提高人的智力与能力

现代心理学家认为,由于各种因素的制约,人的绝大部分潜能尚未开发出来,人力是一种可以开发的资源。人的才能分为显露的和潜在的,显露的容易发现与使用,潜在的则容易忽视和荒废。通过培训,确定明确的目标,采取行之有效的方法,可以使受训者提升智力,激发活力,使潜能得到有效的开发。近年来,随着人脑生理学、心理学、行为科学等学科的发现,人们对潜能的发掘和运作机制有了更深刻的认识,并研究出了相应的课程和开发手段,使得培训获得了向深层次发展的新机遇。

(5)培训与开发有利于形成学习型组织,有利于提高团体的持续发展能力

员工培训与开发是企业知识管理的重要组成部分,是企业文化的重要组成部分。一个重视员工培训的企业,其企业文化也一定是积极向上,具有激励性的。员工们从这种文化中自然会体察到:不学习,不进步,就不能融入到本企业中去,成不了这个企业的真正一员,更谈不上持续发展了。企业的经营管理理念、战略思想,一定要通过多轮的员工培训,才能传递给每个员工,从而得到员工的理解与支持。重视员工培训,是一种价值取向,也是企业保持、提高其核心竞争力的基础。员工培训能训练出优秀的企业员工,只有优秀的员工才能造就优秀的企业。

在知识经济时代,培训是提升人的知识素养、挖掘人的发展潜能的重要手段,是人力资源开发的基础。要使人力资源转化为促进科技进步、经济增长、企业发展的人力资本,还有赖于对人力资源进行战略性开发。企业要提高生产效率和产品质量、改善服务质量、提升企业市场竞争能力,必须把自己的发展建立在技术进步和人才培养开发的基础上,最大限度地开拓人的内在潜力。

二、人力资源培训与开发诊断

(一)人力资源培训与开发诊断的流程

1. 人力资源培训与开发对象诊断

人力资源培训与开发的对象可以分为决策管理层、监督管理层、专业技术人员及操作规程人员层等。具体内容为:①对决策管理层的培训。高级管理人员是组织管理决策层的重要人物,比如企业中的正副总经理,是企业的管理中枢和经营决策的核心。对决策管理层进行培训与开发的内容主要包括:知识和意识、经营技能、领导技能。②对监督管理层的培训。监督管理人员是企业的中坚力量,包括部门经理及以下的各级管理人员。这一层次的人员在企业管理中起着举足轻重的作用,对监督管理人员进行培训与开发的重点是:管理知识与技能、专业知识的提升以及如何处理人际关系等实务技巧。③对专业技术人员及操作规程人员层的培训。组织的各类专业技术人员和各技术工种的实际操作人员的素质水平、技术熟练程度以及

工作态度,直接影响企业产品的水准与质量。对专业技术人员及操作人员的培训开发目标应着眼于提高他们的整体素质,即从专业知识、业务技能与工作态度等方面进行培训与开发。

2. 人力资源培训与开发时间段诊断

根据培训时间阶段的不同,人力资源培训与开发可分为:(1)职(岗)前培训与开发。职(岗)前培训与开发,即员工上岗前的培训与开发,通过职前培训与开发,可以为组织提供一支专业知识、专业技能与工作态度均符合业务要求的员工队伍。职前培训与开发依其性质与目的的不同,可以分为以下两类:一是一般性的职前培训与开发,其主要目的是向新员工介绍企业的一般情况,以增进新员工对本企业的了解,提高工作的信心;二是专业性的职前培训与开发,其主要目的在于使新员工切实了解处理业务的原则、原理、技术程序、方法等,让其在培训与开发结束后,能尽快适应并胜任所分配的工作。(2)在职培训与开发。在职培训与开发是指员工在工作场所和完成任务过程中所接受的培训与开发,在职培训与开发是职前培训与开发的继续和发展,持续时间要比职前培训与开发长,对一个注重培训与开发的组织来讲,在职培训与开发会始终贯穿员工职业发展的全过程。(3)职外培训与开发。因组织发展的需要或因员工工作调动、晋升等需要接受的专业训练或教育计划。但由于这种培训开发要求受训员工暂时脱离岗位或部分时间脱离岗位参加学习或进修,所以被称为职外培训与开发。根据受训时间的安排以及受训员工脱产时间的长短,职外培训与开发可分为全日式、间日式、兼时式的培训与开发。

3. 人力资源培训与开发地点诊断

根据不同的地点,人力资源培训与开发可以分为:(1)内部培训与开发。在组织的培训与开发部门或其他部门的统一安排下,利用组织内设的培训与开发场所或利用组织的生产设备、仪器的培训与开发活动,可以统称为内部培训与开发。这种培训与开发可由组织内部的专职教员担任或者从组织外部聘请。内部培训与开发根据受训地点又可以分为以下两种:第一种为在岗培训与开发,组织内的在岗培训与开发,其特点是受训员工不离开工作岗位或以目前担任的工作为载体来接受训练。组织内部在岗培训与开发的优点使其具有现实性和即时性,个人的工作、学习和拓展专业知识同时进行,理论与实践能够及时地结合,特别是那些将学习目标作为绩效管理内容的情况,使学习能够自然的发生。缺点是,学习的效率会受到指导和训练的质量、受训环境的影响,有时受训员工较难快速地掌握所要求的基本技能。第二种为岗外培训与开发,组织内的岗外培训与开发,一般是在配备了专门的装备和工作人员的专门培训与开发区或中心进行的,它是获得先进的操作技能、行政技能等以及学习公司程序和产品知识的最好方式,它有助于增加受训者对公司整体的认同,有助于运用系统的培训与开发技术。受训者在专门培训师的指导下接受训练,能够快速地学会基本知识和技能。组织内岗外培训与开发的缺点是,受训人将培训开发课上学到的知识、技能向工作情境迁移时会存在不同程度的困难,特别是针对管理层的培训。(2)外部培训与开发。培训与开发的地点不是组织内,而是委托社会培训与开发机构代理或选送员工到组织外部接受培训与开发。这些培训与开发机构主要有3类:全日制大中专院校,成人高等院、校、地方政府和行政部门主办的培训与开发机构、社会力量办学。外部培训与开发对于管理人员和团队领导的技术和技能的开发是很有用的。外部培训班与开发可以扩大员工视野,了解其他公司生产经营的状况,接触到各种管理规划和方案,获得大学和研究机构关于生产经营和管理的最新成果;但外部培训与开发也存在缺点,从理论学习到实践的迁移是较为困难的。

（二）人力资源培训与开发的具体措施诊断

培训与开发计划是组织进行培训与开发管理的实施规程。为了使培训与开发能够顺利实施，一般需要考虑在宏观管理层面的总体目标。具体实施时要明确解决的问题或者要达到的总体目标；实施整体培训与开发计划时需遵循原则或规则等各方面的具体实施方案。

培训与开发的实施是计划的具体化，主要包括：

(1)选定培训与开发的时间与地点。培训与开发时间的选定，要充分考虑到受训员工能否出席，培训与开发设施能否得到充分利用，培训教师及协助人员能否安排出时间等。地点的选定，要注意选择距离适中、交通方便、环境良好，同时权衡考虑费用问题。

(2)准备培训与开发用具及有关资料。包括报到地点和教室的标志，各种培训与开发的资料等。

(3)选择培训与开发的培训教师。除了少量的专职教师外，大部分可由企业各部门经理或富有经验的管理人员兼职，也可聘请其他组织专家，并建立长期合作关系。

(4)培训与开发的控制。对培训开发工作进行有效的控制是指，在培训与开发计划中要规定培训与开发课程或活动的结果必须达到的标准要求，所定的标准既要切合实际，又要便于检查控制；同时要尽量做到量化，将受训人员的参与态度及成绩同奖罚措施挂钩，以增强其参与的积极性。

参加培训与开发是员工改善绩效，提高工作能力的重要途径。改善员工的绩效单纯靠提升物质刺激得到的改变是不可持续的，培训与开发是一种有效的激励手段，它不是在消极地约束人的行为，而是在积极地引导人的行为。组织行为理论告诉人们，一个人的工作绩效取决于这个人的工作行为，而其工作行为又由他在具体工作情景下所决定的行为目标决定。企业要提高劳动生产率、增加经济效益，重要的是调动员工的积极性，进行有效激励。培训作为激励手段之一，通过为各类员工提供学习和发展的机会，能够丰富各岗位员工的专业知识，增强员工的业务技能，改善员工工作态度，使之取得更好的绩效。员工在获得工作满足感后，可激发出更高的主动性、积极性和创造性，从而为企业赢得更大效益。

三、人力资源培训与开发决策

（一）企业人力资源培训与开发的需求分析

1. 企业战略需求分析

作为人力资源管理的重要组成部分，员工培训与企业战略息息相关。这种关联性集中体现在企业战略对员工行为标准的影响上，而员工行为标准正是员工培训与开发需求分析中最为关键的要素。企业战略是一个动态的概念，它总是随着企业的成长与发展不断地调整和变化，使企业能够适应环境，增强竞争力；而与每一发展阶段相对应的经营战略均有其显现或潜在的问题。培训需求的识别不仅要忠实地反映企业现行战略，而且应具有前瞻性，即通过培训预防或避免某些可能出现的问题，为企业战略的实施铺平道路，促进战略目标的最终实现。表7-1列举了与企业战略性成长各阶段相对应的培训工作的特点，也是在识别培训需求时应首先关注的部分。在把握企业发展各阶段培训工作特点的前提下，我们还应针对企业在其发展各阶段经常采用的一些具体经营战略，如稳定发展战略、单一产品战略、同心多样化战略、调整战略等，就企业经营和发展中容易出现的问题，分别列出与它们相对应的，较为普遍的培训需求（见表7-2）。

表7—1　　　　　　　　　企业战略性成长各阶段的企业培训工作特点

企业战略成长各阶段	创业阶段	产品转型阶段	多角化阶段	全球化阶段
培训工作特点	以个人在实践中自己锻炼、自己领悟为主	业务性、实际操作型灌输为主 从主管人员亲身的言传身教逐步发展到有专门的培训部门和人员 所有人才还不能满足自身需求	各行业公司自主确定培训内容和方式 通用型人才(如财务、人事、劳资关系等)可由总公司统一安排培训 培训(脱产/在职)成为晋升条件	培训内容丰富;区域性强 强调创新与开拓精神 灌输企业哲学,即企业文化塑造

表7—2　　　　　　　　　　　企业经营战略下的培训需求

企业战略	问题	培训要求
稳定发展	丧失快速发展的机会,管理模式僵化	风险意识、学习风气、开放性思维
单一产品或服务	由于顾客偏好转移、技术改革、政府政策变化等造成产品市场需求下降	质量观念、地域市场开拓能力、竞争观念、营销观念、客户技巧
同心多样化	企业发展至一定规模时管理不力	协作精神、产品管理技术、柔性工作技能
纵向一体化	规模化成本高,行业退出成本高,管理复杂,新产品、新技术开发受牵制、生产过程各阶段生产能力不平衡	全局观念、协作精神、交易费用概念、专业技能、技术管理技能
复合多样化	企业规模膨胀导致管理复杂化	协作精神、开放性思维、学习风气、信息管理技术、柔性工作技能
抽资转向	沟通不力造成员工士气下降	全局意识、革新精神、风险意识、柔性工作技能
调整	人员、财务等方面的大幅度调整措施引起流言、恐慌	团队精神、风险意识、积极态度和乐观精神

2. 企业利益相关者需求分析

出于利益相关者界定的宽泛性,对利益相关者的分类没有统一的标准。企业利益相关者不是同质化的群体,而是不同类型的合集,需要利用一定的标准或维度,对众多利益相关者进行更进一步的分类。目前认为的企业利益相关者主要有股东、顾客、其他机构、社区、组织成员等,他们对员工行为的需求各有不同,具体如表7—3所示。

表7—3　　　　　　　　　　利益相关者满意度对员工行为的要求

利益相关者	满意度	对员工行为的要求		
^	^	知识	技能	态度
股东	投资收益率 市场占有率 长期稳定发展 公司声誉	技术、产品、市场、顾客等服务知识	岗位技能	主人翁精神和责任感
顾客	质优价廉的产品和服务 及时处理顾客投诉 良好的售后服务	产品、技术和服务知识	岗位技能沟通技巧	良好的职业形象、团队合作精神、热情周到的服务、强烈的责任心

续表

利益相关者	满意度	对员工行为的要求		
^	^	知识	技能	态度
其他机构	及时向供货商付款 公平交易、遵守法律 践行社会责任 关注弱势群体	产业知识 市场知识 伦理知识	协作技能 谈判技能 人际技能	良好的职业形象、诚信合作意识
社区	积极支持社区发展 提供合适志愿活动	志愿服务知识 社会责任知识	人际技能团队合作	良好的职业道德、强烈的责任感、志愿服务精神
组织成员	安全的工作环境 公平雇用原则 充足的培训开发 完善的绩效管理 健全的薪酬福利 人性化裁员 员工援助计划 和谐的员工关系	公司战略知识 人力资源知识 法律法规知识	沟通技能协调技能 人际技能	良好的心理素质、乐观的生活态度

(1)股东。股东为企业的创立和发展提供资金支持,要求产品市场占有率高以及获得财务回报。只有员工具有了丰富的产品和顾客服务知识,精湛的专业技能才能为企业创造源源不断的财富,员工强烈的主人翁感和责任感也会为企业赢得良好的声誉和形象,从而促进企业的长期稳定发展。

(2)顾客。顾客决定着企业产品或服务价值的实现,一个企业只有生产价廉物美的产品,提供良好的售后服务才能赢得顾客的满意度,员工是赢得顾客满意度的重要条件。

(3)其他机构。主要包括供应商、政府等。企业稳定可靠、诚信合作、及时付款和公平交易等是供应商与企业长期合作的基础。企业是政府实现其目标的关键力量和主体,政府要求企业为社会多做贡献,遵守法律、交纳税收、保护环境、解决就业等。员工的职业形象、合作和协作能力有助于提高供应商和政府目标的实现,从而直接影响满意度。

(4)社区。社区是企业所在的区域,是企业发展的地理根基,要求企业保护社区环境、为社区提供志愿活动以及提高社区品质等。员工志愿活动是实现社区满意度最直接的主体,这就要求员工具有志愿服务精神、良好的职业道德。

(5)组织成员。组织成员满意度要求企业提供安全和健康的工作环境、完善的薪酬福利、科学的绩效管理、良好的职业发展通道以及丰富的培训机会,从而提高自身的再就业能力和竞争力。这就要求员工知晓组织的劳动和人事政策,能较好地协调工作和生活的压力,具备良好的心理素质。

(二)培训方案与开发项目选择

1. 典型传统培训方法

(1)讲授法

讲授法一直以来都是人力资源培训与开发中的主要实施方法,它是教师通过语言表达,系统地向受训者传授知识,期望受训者能够记住其中的特定的知识和重要的概念。

①讲授法的讲授思路

讲授法的讲授思路有两种：以原理为中心和以问题为中心（如图7-1和图7-2所示）。

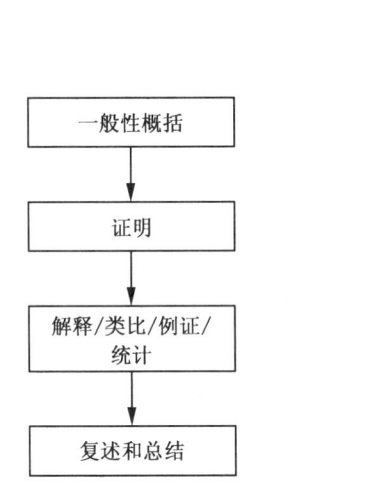

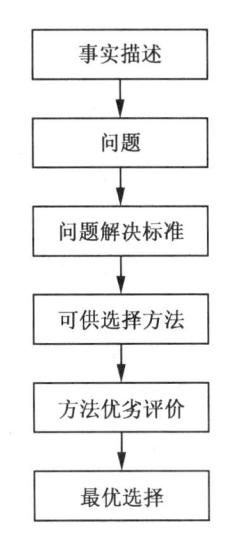

图7-1　以原理为中心的讲授过程　　图7-2　以问题为中心的讲授过程

从上面两幅讲授过程图中可以看出以原理为中心的讲授，要想取得良好的效果，要求讲授者准备适量的、生动的、有说服力的材料。而以问题为中心的讲授方式，需要讲授者将事实描述充分，同时将解决问题的标准作充分的说明。

②讲授法的优缺点分析

讲授法比较适合管理人员或技术人员了解专业技术发展方向或当前热点问题等方面知识的传授。其优点包括：可随时满足员工的某一方面的需求；形式灵活；讲授内容集中，培训对象容易理解。其缺点是：单向式交流；缺乏实际的直观体验；对学习内容记忆效果不佳等。

③使用讲授法培训时注意的问题

讲授法是最为基础的培训方法，在实施中要注意以下几个因素。

讲授内容。根据培训对象和目标的不同，确定讲授内容和形式。

讲课教师。讲课教师是讲授法成败的关键。需要讲课教师对讲授的知识了解，并有深入的研究，或有丰富的经验。另外在授课技巧上和引导受训对象兴趣的措施上积极采取合适的方法。

与其他方法结合使用，可以充分发挥其优点，避免其不足之处。

(2)案例研究法

案例研究法是借助于一定的视听媒介，如文字、录音、录像等描述客观存在的真实情景，然后就其中存在的问题展开讨论、分析，从而提高受训者观察问题和解决问题的能力和方法。案例分析法是目前培训界应用最多的培训方法之一，它将传授知识和能力提高两者很好地融合在一起，是一种非常有特色的培训方式。

①案例分析法的优缺点

案例分析法的优点包括：参与性强，变学员被动接受为主动参与；将学员解决问题的能力融入到知识的传授中；教学方式生动具体，直观易学；可以激发学员的学习积极性；学员之间能够通过案例分析达到交流的目的。其缺点是案例准备时间长且要求高；案例法需要较多的时间，同时对学员的能力要求高；无效的案例往往浪费时间。

②使用案例分析法时需要注意的问题

由于案例从实际中收集,学员一般很难了解全部的背景和内容,因此需要培训者对案例进行必要的解释说明;小组讨论中,如发现研讨的内容偏题,要及时纠正;各小组提出最佳方案时,培训者如发现缺乏新意,要及时给予引导;培训进行总结时,既要对案例内容及解决方案进行分析,又要对各个小组提出的方案做出评价;在每次培训后,对案例研究工作进行记录、整理,保持研究的完整性,进而提高培训的技巧。

(3)工作轮换法

这种方法是让受训者在预定时期内变换工作岗位,使其获得不同岗位的工作经验。

①工作轮换法的优缺点分析

这种方法的优点在于:能丰富受训者的工作经验,增加对组织的工作了解;使受训者明确自己的长处和短处,找到适合自己的位置;改善部门间的合作,使管理者能更好地理解相互间的问题。缺点是此法鼓励"通才化",只适合于一般直线管理人员的培训,不适用于职能管理人员。

②使用工作轮换法培训时应该注意的问题

需要根据每一个受训者的具体情况制定轮换计划,组织需要将受训者的兴趣爱好、能力倾向和职业规划很好地结合起来。

配备有经验的指导者。受训者在每一个岗位工作时,应由有丰富经验的指导者进行指导,最好经过专门训练,负责为受训者安排任务,并对其工作进行总结、评价。

2. 典型新兴人力资源培训方法——网络培训法

网络培训包括利用互联网和组织内部网络对学员进行培训。

(1)网络培训优缺点分析

网络培训与现实培训相比,有以下优点:网络培训可以使培训不受时间、空间的限制;可以节约成本;可以快速地更新培训项目内容;还可以实现自我导向和自定进度的培训指导;并使培训易于监督。网络培训的主要缺点是:建立网络系统的投入较大;有些内容不适合网络培训;由于受训者对计算机和网络知识的缺乏,从而造成培训效果的不佳等。

(2)实施网络培训法应注意的问题

网络培训内容形式的设计尽量和站点形式相一致;大量利用多媒体技术实现培训信息的传输;确保网络畅通;确保每个学员掌握关于网络操作的基本知识;网络培训不能代替课堂培训;网络培训的同时不能忽视人际关系的培养。

3. 培训方法的创新

(1)"推式学习法"的出现

"推式学习法"是指培训组织者不再需要把受训者集中起来,而是把组织推荐的学习材料分解成细小的小块,定期推送到培训对象的桌面,由其自行学习,辅以阶段性的学习效果检验和评估手段,以实现既定的培训目标。

(2)体验式培训的兴起

所谓的体验式培训是个人首先通过参与某项活动获得初步的体验,然后在培训师的指导下,与团队的成员共同交流、分享个人体验并提升认识的培训方法。

(3)"外派员工"法

目前对外派员工的培训主要集中在外派前的文化敏感性培训上,如他国文化简介、角色扮演、文化理解等。随着人力资源理论和实践的发展,传统的培训方式似乎不能满足外派人员的需求,目前外派员工的培训方面将有两方面的进展:所在国的现实培训、全球性心智模式培训。所在国的现实培训是指当外派员工到达东道国后,进行跨文化的培训,或者是针对外派员工做遇到的突发事件而进行的针对性培训。主要通过以下方式实现对外派人员的辅导:帮助他们树立正确的发展目标;确认问题标准解决过程的有效性;鼓励外派人员检验他们在工作方面获得的新技术,帮助他们评估这些结果;提高他们对潜在冲突的意识;把外派人员的自我形象和现实生活情况以及他们在将来所取得的成就意识联系起来。全球性心智模式培训的根本目的是拓展个体的思路,以便超越过去那种本地区的狭隘眼界,从而形成一个可以包容全世界的心理图式。这种培训常常集中在管理者身上。全球性心智模式培训可以通过组织人员外派工作、海外实习等方式实现。

(4)"指导计划"法

"指导计划"是一种开发以指导关系为核心的人际互动的培训模式。一方是经验丰富、地位更高的指导者,他们通常是颇具权威的领导者;而接受指导的一方往往是具备潜力的新员工,其地位较低,工作经验不足。指导计划的实施存在两种不同的形式:指导双方如果是组织硬性指派,并且指导行为本身隶属于指导者和被指导者工作内容的一部分,那么这种形式的指导是正式的指导;相反,指导双方都处于自身工作角色之外,自愿结成指导关系则属于非正式的指导关系。指导计划可以给组织带来巨大的经济效益。一方面,实施指导计划不仅可以减少昂贵的费用,还可以降低员工脱产带来的直接和间接的经济损失。另一方面这种方式不仅可以提高效率,而且与工作实践的亲密接触还可以大大增强培训效果。

第二节　人力资源培训与开发实训

一、现代建筑企业员工培训与开发

经济全球化是一把双刃剑,在促进中国企业不断发展的同时也给企业带来了前所未有的机遇和挑战。因此企业要想获得生存和发展的空间就必须在技术上不断创新,技术创新的关键是依靠高技术的科技人才,因此企业对员工的培训与开发为更好地加强员工素质和全面提升企业的核心竞争力提供了有力的借鉴。

(一)我国建筑企业员工培训与开发现状及问题分析

当前,我国企业进行人力资源开发的措施之一是企业员工培训。可见企业员工培训对于一个企业来说十分重要,已经成为一个企业经营管理的重要组成部分,同时也是未来获得奖金等福利评判的一个标准。

但是,由于目前我国建筑企业中企业的培训管理等机制还不够健全和完善,因此常常出现想培训的人没机会培训;或者企业中举办培训时培训的内容过于陈旧或质量低劣;培训者自身的专业素养不高,有些甚至没有经过专业正规的培训训练或者管理者不支持培训;接受培训的人对所讲授的知识、技能不感兴趣容易产生抵触的心理等。除此以外,企业在重视员工培训的同时,企业处于不同层次的员工对于企业的看法也不一,产生了某些分歧;其次,在培训中往往容易忽视对管理层和决策层的领导而培训只是停留在中层、基层员工之间,且培训工作带有盲目性,缺乏针对性,没有建立在深入的需求分析的基础之上;培训方式、方法也不够科学,导致培训效果事倍功半。

（二）建筑企业员工培训与开发的基本模式

建筑企业员工培训与开发的模式基本上采用的是比较传统的"五步"模式，即"需要确定、目标设置、计划拟定、开展培训、绩效评估"。具体来说：首先要确定培训的需要，找出建筑企业在人力资源方面的确切需要，才能更有针对性地进行培训与开发；其次，应该要设立培训的目标，然后根据目标的设置更有针对性地开展培训与开发，再次拟定培训计划，计划要根据具体的实践进行设置，要有长期计划和短期计划，计划既要详细同时也要切合实际；再次，要根据制定的培训计划，在主管部门的督促下，具体实施培训活动；最后对于培训与开发的实质性效果，必须做出整体性的绩效评估。

当然这五步模式在某些方面对于建筑企业的员工培训与开发起到了很好的指导作用，但是任何方法和模式都有它值得改进和更新的地方，因此在运用的过程中我们也应该要适时更新和创新。

（三）现代建筑企业员工培训与开发方法

1. 一般培训方法

企业培训与开发最普通最常见的最实用的培训方式和技术主要包括传统教学法、网络模拟法。

（1）传统教学法

传统教学法是指在企业员工培训和开发中常用的最普遍的、操作最简单的方法，主要是通过讲座、多媒体展示、录像等其他视听媒介向培训者所传授的有关培训知识和相关信息。最大的好处是可以通过简单的方法大规模传播信息达到培训的目的，最大的缺点是培训者由于是被动地接受知识，因此对于培训中知识的掌握可能不是很高，缺乏和培训者互动的机会。

（2）网络模拟法

网络模拟法是指教授者借助计算机网络提供的资源和信息，利用现代的技术手段与其他的传统教学法和情境演练法结合起来共同研究探讨培训与开发的最佳方式。这种方式是目前许多企业在员工培训与开发中运用最多的一种方式。

除此以外还有，通过在职培训、案例分析、情景模拟等实际参与的过程来训练培训者的相关技能、操作方法、模拟行为方式等的情景演练法在培训与开发中也有着重要的作用。

2. 特殊开发技术

所谓特殊开发技术是指针对特殊的培训与开发项目，一些专家和学者专门开发做出来的用于研究的包括：潜能开发训练、管理、方格训练、头脑风暴训练会议等。这些训练项目的开发成本很高，但是对于企业的开发效果和收益却是显著的，因此短期内没有任何效益，但是长远看，能够取得很好的收益。

其中潜能开发训练主要是通过激发存在于人脑中的潜在能量进行挖掘和敏感训练，以改善员工的人际交往关系和团体组织意识，达到提高员工素质的目的。人际交往能力的开发主要是通过对外沟通与自我沟通的方式，加强人与人之间的和谐人际关系，对于提升企业的团队意识至关重要。再次，通过各种形式（例如会议、活动、讲座等）激发人的创造性思维能力，然后进行设想、提案等最终确定议题。

二、旅游企业员工培训与开发分析

随着旅游业的快速发展，外资旅游企业集团的大量进驻，旅游企业竞争越来越激烈。人才竞争成为旅游企业竞争的焦点，人才特别是高级管理人才的缺乏，将成为制约旅游企业发展的

"瓶颈"，人力资源开发是企业的生命线，而员工培训与开发是旅游企业人力资源开发的重要组成部分。虽然员工培训与开发的理论与实践在国外均已相当成熟，但我国尚处于对理论的引入和消化阶段，尤其是对旅游企业的员工培训与开发关注较少。

(一)旅游企业员工培训与开发存在的问题

1. 旅游企业对员工培训与开发的重视程度不够

长期以来，旅游企业大多将为客人提供优质的服务作为公司的目标，所以比较重视直接对客人服务的部门，对人力资源部门的重视不够，尤其是体现在对员工培训和资金投入上。在员工的培训上，新人进入企业后集中进行企业规章制度的学习之后，大多采用师傅带徒弟的方式，内容主要是与自身业务相关的常识性知识和服务技能，接着这些新人就直接仓促上岗，这样势必影响着旅游企业整体的服务水平和服务质量。

2. 员工培训与开发的体系不完整

旅游企业的培训很多都是完成领导交付的任务或者有些紧急的需要，比如规章制度的宣传、重要客人的接待、工作中遇到的突发事故，培训内容的决定权通常不在培训人员自己的手中，而是上级规定组织学习，饭店员工技能上有什么新的要求，他们就要紧急组织员工进行培训。

人力资源培训的最后一个环节是培训与开发的评估与反馈，评估主要是检测员工掌握了哪些知识，所掌握的理论知识和服务技能是否能够有效地运用到实际工作中，经过培训的员工工作业绩是否提高。虽然在培训过程中涉及评估，但是旅游企业的评估很难做到切实的检测，尤其是旅行社行业，其工作大多是在外地，独立性强、流动性大，绩效考评难以操作。旅游企业缺乏明确的跟踪、评价、考核等机制，没有形成全面完整的培训系统，员工在培训时经常偷懒，无法将培训内容完全落实到工作中去。

3. 培训需求的收集方法单一，培训流于形式

旅游企业在收集员工的培训需求时大多采用面谈的方法，培训管理人员和员工一对一在会议室逐个交谈，面谈法虽然可以全面了解员工的培训需求，但是面谈花费的时间较长，某种程度上会影响员工的工作，学员想快点结束面谈尽快去完成工作任务，匆忙交谈并不能了解其培训需求，而且员工一般不会轻易告知自己在工作中遇到的问题和自身的不足，不会透露个人的发展计划。培训人员无法真正了解培训人员的需求，即使了解员工需求，但因为财力、精力等因素的影响，把不同资历、不同工作性质的人召集在一起培训，培训的内容、课程并不是受训人员需要的，导致培训达不到预期的效果。

4. 培训师资力量薄弱，针对性差

旅游企业的培训师资力量薄弱，主要表现为两个方面：一是从事人力资源部的工作人员多是本专业(人力资源)出身，由于未受到旅游行业专业系统的学习，缺乏旅游行业尤其是服务技能方面的培训经验，培训方法也很有限，而旅游企业对于服务技能和服务的应变能力要求很高，所以在培训时会产生供需的矛盾。二是旅游企业的人力资源部部门人员本身就很少，大多精力放在员工的年度计划、员工招聘、员工薪酬、员工劳动纪律、考勤等工作上，对于培训所做的内容很少，尤其是针对行业的培训内容更少。由于培训时力量的薄弱和经验不足，有时候就会偏离主题，造成培训资源的浪费。

5. 旅游企业对中层管理人员培训力度不够

旅游企业的高层管理者对中层管理人员的培训力度不够有着很多的原因。旅游企业的加班情况特别严重，尤其是中层管理人员，日程安排都比较满，甚至法定假期也要上班，而且工作

中的突发事情比较多,时间上很难保障。即使大部分人员愿意参加培训,但是中途遇到与培训冲突的工作会放弃培训,致使能参加完整场培训的人员并不多,自然培训的效果也就不理想。另外,管理人员的职责不同,各部门之间的工作职责与人员的专业都不一样,统一组织培训很难满足中高层管理人员的实际需求。经理们看不到显著的培训效果,培训没能给日常工作带来收益,长此以往,部门经理抵制培训或者认为培训的意义不大,也就丧失了参与的积极性。

(二)提升旅游企业员工培训与开发效果的对策

1. 加强对员工培训与开发的重视程度

随着旅游企业的竞争加剧,需要不断创新和引进先进前沿的管理理念和管理方法,这就要不断地对员工进行培训。旅游企业面对客户提供的都是直接对客服务,员工只要稍有差错就会流失客源。而员工的培训与开发有利于提高旅游企业的服务质量,有利于提高员工自身的发展,提高顾客的忠诚度,进而推动旅游企业的发展。因此,无论是旅游企业的领导者,还是旅游企业的员工,都应重视员工的培训与开发。此外,旅游企业也要加大对员工与开发的投入,确保培训费用的合理开支。

2. 形成完整的培训体系,建立健全培训管理制度

完整的员工培训与开发体系包括培训与开发需求分析、计划制定、培训项目的实施、培训效果评估等内容,还需要培训管理制度的支持。这样,才能保证旅游企业培训与开发的顺利实施,使培训与开发体系标准化、规范化。为了确保达到预期效果的培训,旅游企业人力资源部必须监控整个培训过程,保证培训的顺利进行,记录并及时解决培训过程中出现的问题,为做好下一次培训提供依据,从而进一步提高培训的质量。所有的培训项目结束并不代表这场培训完结,还要对培训的效果进行跟踪,可以采用录像的方式,也可以采用与游客、顾客交流的方式,检验员工的培训效果。

3. 做好培训与开发需求分析,明确培训与开发的目标

培训与开发需求信息的收集方法有很多种,在实际的工作中旅游企业应采取不同的方法。比如可以采用重点团队分析法,从培训对象中选择一批熟悉问题的员工作为代表和经理一起参加讨论,不必和每个员工进行面对面交谈,花费的时间较少。或者通过对员工进行全面调查,此调查必须由员工本人如实填报,以此确定员工的培训需求,对存在的问题进行优先分类,优先解决紧急、重要的问题。当员工了解到培训与开发可以促进个人的职业发展,不仅可以充分了解其需求,还能充分调动员工参加培训与开发的积极性。

4. 建立稳定的培训师资队伍

在为员工做培训时应量身定做,选择适合员工职业发展的培训师。旅游企业服务技能类培训应由领域专家、行业带头人组成;态度和观念类培训应由部门职能经理、人力资源部、主管领导组成,针对不同的培训对象选择不同的内训师,使得培训为员工带来系统的现代管理知识与技能的同时,还能为组织带来突出的附加价值。

旅游企业应从内部挖掘培训资源,比如曾经参加全国饭店行业、省旅游局等组织的行业技能大赛(中式铺床、调酒、中英文导游、中西餐摆台)的获奖员工,还有海外留学经历的员工,这些选手经过适当培训后,成为企业内部培训师,为相关人员进行培训。由于培训师是组织内职员,因此对服务企业的现状及员工的工作情况比较了解,大大提高培训的针对性和实用性,既降低企业的培训成本,也能建立起真正满足员工需求的培训体系。

5. 加大中高层管理人员的培训力度

中高层管理人员是旅游企业的中流砥柱,对他们的培训格外重要。旅游企业在对中高层

管理人员进行培训时,应该将企业人力资源发展规划和他们的个人规划相结合,分析旅游企业中高层管理人员的培养方向,根据工作岗位和工作说明书,分析中高层管理人员现有的工作能力与素质和所在岗位的要求之间的差距。人力资源部门应该更多关注国内外旅游企业发展的动态等,针对不同部门、不同管理人员的需求设定培训目标,选择适当的人员培训方式方法实施相关培训,从而真正达到培训与开发的效果。比如旅游企业可以每年组织中高层管理人员到国内外著名景点、著名酒店等游玩,一方面作为企业文化生活,另一方面作为福利,更主要的是让大家在游玩时体验做游客(顾客)的感觉,同时以游客(顾客)的身份去学习别人的管理经验,在回来后,要求每个人都要写体会,这就是一种特殊的培训。通过这种直接的、务实的培训方式,使得原先并没有从事过企业管理的人员迅速地成长起来、这种"走出去,引进来"式的培训,是旅游企业人力资源管理的一个重要的途径。

三、海尔的个人生涯培训

个性化的培训是对人才最大的激励,海尔公司针对不同阶层的员工具有不同的培训开发方式,如图7-3所示。

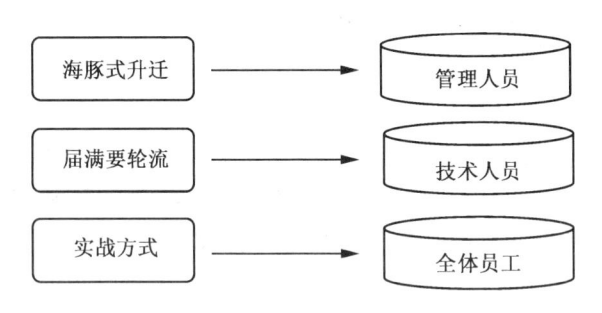

图7-3 海尔公司个人生涯培训体系

1."海豚式升迁",是海尔培训的一大特色

海豚是海洋中最聪明最有智慧的动物,它下潜得越深,则跳得越高。"海豚式升迁"就来源于此。如一个员工进厂以后工作比较好,是从班组长到分厂厂长(主要是生产和系统)干起来的。如果现在让他干一个事业部的部长,那么他对市场系统的经验可能就非常缺乏,就需要到市场上去。到市场去之后他必须到下边从事最基层的工作,然后从这个最基层岗位再一步步干上来。

有的经理已经到达很高的职位,但如果缺乏某方面的经验,也要派他下去;有的各方面经验都有了,但处事综合协调的能力较低,也要派他到这些部门来锻炼。这样对一个干部来说压力可能较大,但也培养和锻炼了干部。

2."届满要轮流",是海尔培训技能人才的一大措施

一个人长久地干一件工作,久而久之会形成固化的思维方式及知识结构,这对海尔公司这样以"创新"为核心的企业来说是难以想象的。目前海尔公司已制定明确的制度,规定了每个岗位最长的工作年限。

3."实战方式",也是海尔培训的一大特点

技能培训是海尔公司培训工作的重点。海尔公司在进行技能培训时重点是通过案例、到现场进行的"即时培训"模式来进行。具体说,是抓住实际工作中随时出现的案例(最优事迹/最劣事迹),当日利用班后的时间立即在现场进行案例剖析,针对案例中反映出的问题或模式,

来统一人员的动作、观念、技能,然后利用现场看板的形式在区域内进行培训学习,并通过提炼在集团内部的报纸《海尔人》上进行公开发表、讨论,形成共识。员工能从案例中学到分析问题、解决问题的思路及观念,提高员工的技能,这种培训方式已在集团内全面实施。

海尔公司建立了内部培训教师师资网络、内部培训管理员网络、外部培训网络等,为培养出国际水平的管理人才,海尔公司还专门筹资建立了用于内部员工培训的基地——海尔大学。

四、迪士尼人力资源培训与开发分析

迪士尼乐园是大型游艺中心,在美国的佛州和加州这两个迪士尼乐园营业都有一段历史了,并创造了很好的业绩。不过全世界营运得最成功的、生意最好的,却是日本东京迪士尼。美国加州迪士尼营业了25年,有2亿人参观;东京迪士尼,最高记录一年可以达到1 700万人参观。到东京迪士尼乐园游玩,人们不大可能碰到迪士尼的经理,门口卖票和验票的也许只会碰到一次,碰到最多的还是扫地的清洁工。所以东京迪士尼对清洁员工非常重视,将更多的训练和教育大多集中在他们的身上。

1. 扫地员工的培训

东京迪士尼扫地的有些员工是暑假工作的学生,虽然他们只扫两个月时间,但是培训他们扫地要花3天时间。

(1)学扫地

第一天上午要培训如何扫地。扫地有3种扫把:一种是用来扫树叶的;一种是用来刮纸屑的;一种是用来掸灰尘的,这三种扫把的形状都不一样。怎样扫树叶,才不会让树叶飞起来?怎样刮纸屑,才能把纸屑刮得很好?怎样掸灰,才不会让灰尘飘起来?这些看似简单的动作却都应严格培训。而且扫地时还另有规定:开门时、关门时、中午吃饭时、距离客人15米以内等情况下都不能扫。这些规范都要认真培训,严格遵守。

(2)学照相

第一天下午学照相。十几台世界最先进的数码相机摆在一起,各种不同的品牌,每台都要学,因为客人会叫员工帮忙照相,可能会带世界上最新的照相机,来这里度蜜月、旅行。如果员工不会照相,不知道这是什么东西,就不能照顾好顾客,所以学照相要学一个下午。

(3)学包尿布

第二天上午学怎么给小孩子包尿布。孩子的妈妈可能会叫员工帮忙抱一下小孩,但如果员工不会抱小孩,动作不规范,不但不能给顾客帮忙,反而增添顾客的麻烦。不但要会抱小孩,还要会替小孩换尿布。给小孩换尿布时要注意方向和姿势。这些地方都要认真培训,严格规范。

(4)学辨识方向

第二天下午学辨识方向。有人要上洗手间,"右前方,约50米,第三号景点东,那个红色的房子";有人要喝可乐,"左前方,约150米,第七号景点东,那个灰色的房子";有人要买邮票,"前面约20米,第十一号景点,那个蓝条色的房子",顾客会问各种各样的问题,所以每一名员工要把整个迪士尼的地图都熟记在脑子里,对迪士尼的每一个方向和位置都要非常地明确。

训练3天后,发给员工3把扫把,开始扫地。如果在迪士尼里面,碰到这种员工,人们会觉得很舒服,下次会再来迪士尼,也就是所谓的引客回头,这就是所谓的员工面对顾客。

2. 会计人员也要直接面对顾客

有一种员工是不太接触客户的,就是会计人员。迪士尼规定:会计人员在前两三个月中,

每天早上上班时,要站在大门口,对所有进来的客人鞠躬,道谢。因为顾客是员工的"衣食父母",员工的薪水是顾客掏出来的。感受到什么是客户后,再回到会计室中去做会计工作。迪士尼这样做,就是为了让会计人员充分了解客户。

(1)怎样与小孩讲话

迪士尼的员工碰到小孩在问话,统统都要蹲下,蹲下后员工的眼睛跟小孩的眼睛要保持一个高度,不要让小孩子抬着头去跟员工讲话。因为他们是未来的顾客,将来都会再回来的,所以要特别重视。

(2)怎样送货

迪士尼乐园里面有喝不完的可乐,吃不完的汉堡,享受不完的三明治,买不完的糖果,但从来看不到送货的。因为迪士尼规定,在客人游玩的地区里是不准送货的,送货统统在围墙外面。迪士尼的地下像一个隧道网一样,一切食物、饮料统统在围墙的外面地道,在地道中搬运,然后再从地道里面用电梯送上来,所以客人永远有吃不完的东西。这样可以看出,迪士尼多么重视客户。去迪士尼玩10次,大概也看不到一次经理,但是只要去一次就看得到它的员工在做什么。这就是前面讲的,顾客站在最上面,员工去面对客户,经理人站在员工的底下来支持员工,员工比经理重要,客户比员工又更重要。

五、新华保险的培训与开发管理

(一)企业介绍

新华人寿保险股份有限公司(简称"新华保险")成立于1996年9月,是一家总资产超过3 000亿元、市场占有率位居国内寿险市场前列的大型寿险企业。2010年全年保费收入突破930亿元,名列寿险市场第三位。迄今,新华保险已为近2 400万名客户提供了各类人寿保险、健康保险、人身意外伤害保险及养老保险服务,拥有强大的寿险销售人员队伍及2万余名内勤管理员工,全国各级分支机构1 400多个。

(二)企业现状

新华人寿把高素质、忠诚负责的员工视为公司最宝贵的财富,因此非常重视员工的培训学习,员工再教育的机会很多。公司已经建立起营销人员、管理人员、高级管理层三级培训体系。公司高级经理层面的干部每年都要制定个人的学习计划,交给董事长。公司海外的长期培训机会很多,比如精算部,现有二十多名员工中70%以上都是从海外留学归来的,而且目前准备继续外派人员,精算部还设有外国专家顾问,这个部门已经实现国际化了。其他单位或部门也有很多赴海外学习的机会。新华公司的外方合作伙伴经常主动要求为公司员工做培训,人员素质提高了,管理水平上来了,外方伙伴的资本回报也会相应增加。在武汉,新华公司和中南财经政法大学合办了"新华金融保险学院",该学院在正常办学的基础上,也将与新华人寿合作提供学历教育,以及高级经理的研修培训等。

除了资格认证外,新华保险还打造了具有特色的制式化培训体系。结合受训对象的不同层级,新华保险精心设计了业务精英、专职技术、管理提升及企业文化四大培训系列,分别针对一线客户经理、内勤及业务支持队伍、各层级管理干部及各层级优秀人才提供专业化的培训。通过外请知名学者交流、高端培训等丰富多样的形式,帮助员工不断提升业务能力及自身综合素养,提高服务水平。

完备的认证和培训体系成为新华保险自身人才造血机制的重要实现途径,不仅充分调动了广大员工的潜力,而且吸引了业内精英纷纷加盟,一批优秀的理财经理脱颖而出,打造了银保行业内的"黄埔军校"品牌。业内数据显示，2011年4月以来，新华保险人寿保险业务持续保持20%以上的市场份额，高出同业平均水平，稳居市场前三位。

（三）培训管理中的问题与不足

新华保险公司现在正处于高速发展的阶段。但是由于业绩的突飞猛进，机构的迅速铺设，所以人员的培训不到位，造成了人员素质平均较低的局面，对于内勤队伍来说，平均年龄较低，在28岁左右。并且很多是新加入保险行业的新人，业务技能不熟练，社会经验缺乏，制约着整个队伍的发展。外勤队伍也在积聚膨胀，但是在膨胀的过程中，由于培训工作的不到位，观念上也需要大的改变，服务意识有待于提高，所有这些因素都制约着公司业绩的提升。总之，从外勤队伍到内勤队伍都存在着人才储备不足的问题。

网络技术发展使人力资源管理工作效率大为提高。在培训方面，由于远程卫星传输和内部局域网已将公司所有分支机构联系在一起，人力资源管理部门在网络上就可轻松组织培训及相应的考核。

近几年来新华人寿保险公司的教育培训取得了大量的成绩，为了保障公司的可持续发展，并且能在发展中不断提高企业人力资本价值，公司管理者已认识到了培训在新华人寿人力资源管理工作中的重要地位和为企业战略发展所需人才培养将起到的积极作用，也逐渐地加大了各类培训工作的实施力度。但是从公司的培训体系对公司未来长远发展的贡献程度来看，不难发现新华人寿保险的教育培训仍然有许多不足之处，由于保险从业人员身份的特殊性，加之公司初具规模，需建立和完善的制度、体系很多，因此，在现实的企业管理过程中，员工培训工作还不尽如人意。尤其在培训的准备工作、培训的目的、培训的教材、培训的实施过程和培训效果评估等方面，存在的问题比较突出。

从公司教育培训体系建设整体情况看，最核心的问题是缺少科学的培训规划，领导的重视程度不够，加上培训部门自身的要求不够严格从而使培训工作流于形式，各层级都存在为了培训而培训的心态。因此培训管理缺少统一性、系统性和持续性，培训计划的不科学和培训内容的不实用以及培训资源的浪费就在所难免。公司对待外勤培训多为"大锅饭"的形式，训前没有做好培训的各项准备工作，训后没有做到必要的评估工作。培训支持系统不够健全，培训讲师、培训的相关教材、培训的一些硬件设施都不到位，培训的质量和效果自然跟不上公司快速发展的形势。

国内寿险公司发展初期，由于粗放式经营和人海战术导致目前寿险公司的人才素质整体偏低，尤其是寿险营销员队伍中，大专以上的人员不到30%，大部分是高中或者中专学历，普遍缺乏寿险专业知识。同时一些寿险从业人员对于知识经济和网络经济时代日益变化的寿险市场显得难以适应，对各种新型的投资型保险产品缺乏专业化的理解，不但造成高技术含量的新险种销售困难，同时也难以满足客户投资理财的多样化需求，这些也将制约寿险公司的发展。但同时也对寿险公司的人力资源管理提出新的要求与挑战。新华人寿保险公司中存在着同样的问题，企业中的大部分老员工知识结构较为单一，而企业提供的产品和服务却日益多元化，相应的培训却没有跟上，导致员工素质不高，难以提高工作效率。新华人寿保险公司如果想继续保持行业的领先地位，员工的整体素质有待提高。人是可再生的资源，人力资源素质可以通过教育培训等方式不断地改进与提高。要更新思想观念，高度重视培训工作，如果说做保险业务是"砍柴"，培训就相当于"磨刀"。只有刀磨锋利了，柴才能砍得好，砍得快。因此，新华人寿保险公司的培训与开发工作任重而道远。

(四)培训中遇到的机遇与挑战

2007年,党的十七大通过的新章程,首次把人才强国战略写入其中。2008年12月9日,中央印发的《人才工作决定》提出了新的历史条件下人才工作的指导思想、根本任务和政策措施。这一系列人才战略举措,势必会增加我国国内人才的储量,为各行各业供给更多的人力,同时为国内公司制定人力资源开发战略提供了有力的政策支持。

此外,由于寿险市场竞争主体大量增加,市场对外开放程度不断扩大,导致对寿险人才的需求急剧增长。为了支持业务发展,适应竞争的需要,寿险公司需要大量人才支持其快速发展,而目前的现状是适应寿险公司发展的高素质人才十分缺乏。新华人寿保险公司的培训管理工作一方面要紧抓机遇,同时也要积极应对挑战,制定出培训工作的重点,完善培训体系,改进不足,为企业培育更多高素质的人才,提高企业员工的整体素质。

(五)对策措施

新华人寿保险公司非常重视员工,也有着完备的认证和培训体系,但面对未来发展,新华人寿保险公司的培训与开发管理仍有很多进步和改进的空间。

首先,总公司和分支公司应加强对现有员工的培养,同时应注意各类专业人才的引进,另外,当公司发展到一定的水平,专业实力非常雄厚的时候,可以在公司内部开办专业人才培训学校,一方面可以培养更多的高需求人群,另一方面可以使教育和实践双管齐下,促进公司的良性运转。因此,公司应形成培养知识型代理人的观念,培养更多的高素质、高专业化人才,从根本上改变营销人员知识水平低、整体素质不高、忠诚度不高等现状。管理流程方面,前期营销由营销人员负责,后期合同条款的解释和签订由专业知识人员来完成,为顾客提供专业、明了和完善的服务,防止前期营销人员为求绩效而片面营销,导致顾客极为不满而发生纠纷等情况的发生。

其次,培训力度的加大和培训体系的完善。加大培训力度,提高员工对风险管理新技术、新方法的掌握程度,将培养高素质、善管理的员工作为长期系统工程,在公司内部形成人才竞争机制,建立有利于人才脱颖而出的人才市场。新华人寿保险公司从业人员专业结构中,精算、投资、核保人员所占比重偏低,难以适应与支持本公司的持续健康发展。因此企业应多渠道地加快各类保险专业人才的培养。

再次,提供多元化的培训方式,包括建立全面科学的培训体系和制定多样性的培训计划。同时对培训进行有效管理,包括(1)使培训体系制度化、科学化、规范化;(2)依据企业发展阶段、发展水平和发展方向制定培训计划;(3)根据不同层次、不同岗位、不同知识背景的员工进行内容、重点和方式各不相同的培训;(4)定期对员工的综合素质进行考核,以便掌握培训效果。

第三节 人力资源培训与开发实验操作

一、人力资源培训与开发理论学习

1. 人力资源培训与开发理论学习(如图7-4所示)

左侧为该案例所属的理论知识,点击【目录】可以概览理论知识的大纲,点击标题可以直接查看该部分内容(如图7-5所示)。

图 7-4 人力资源培训与开发理论学习

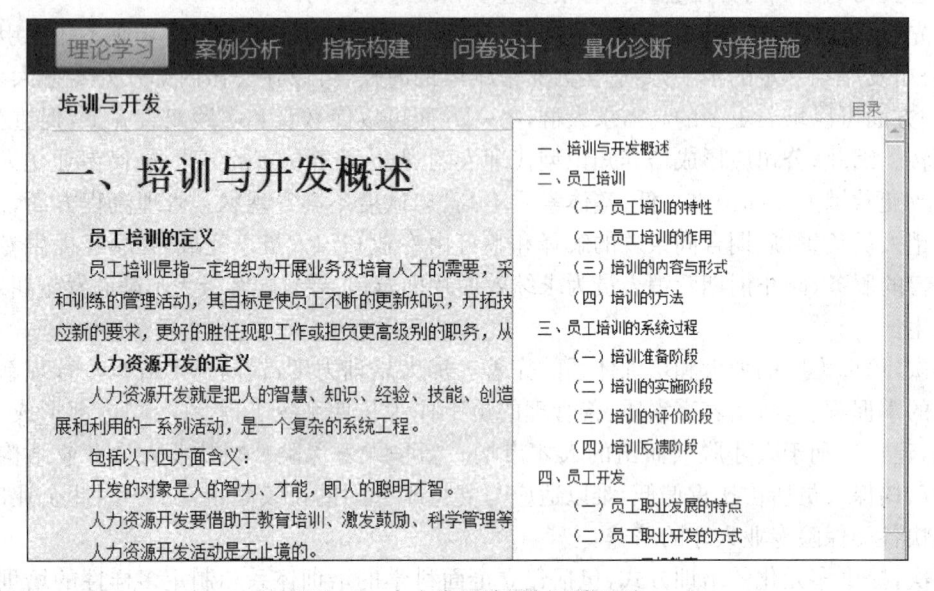

图 7-5 人力资源培训与开发理论

2. 理论阅读与标注

选定理论知识中的一句话或一段话，可以编辑其字号、加粗、斜体、中划线、下划线、改变文字颜色及背景色，还可将这些格式清除。或者为选中的文字添加批注和书签（如图 7-6 所示）。

3. 思考与问题

右侧为学习理论后回答的思考题，鼠标放在【参考答案】上会显示系统答案（如图 7-7 所示）。

二、人力资源培训与开发诊断实验操作

（一）案例定性分析

人力资源培训与开发实验操作就是通过对所调查案例的分析，设计分析模型，进行数量分析（如图 7-8 所示）。

图 7-6 人力资源培训与开发理论阅读

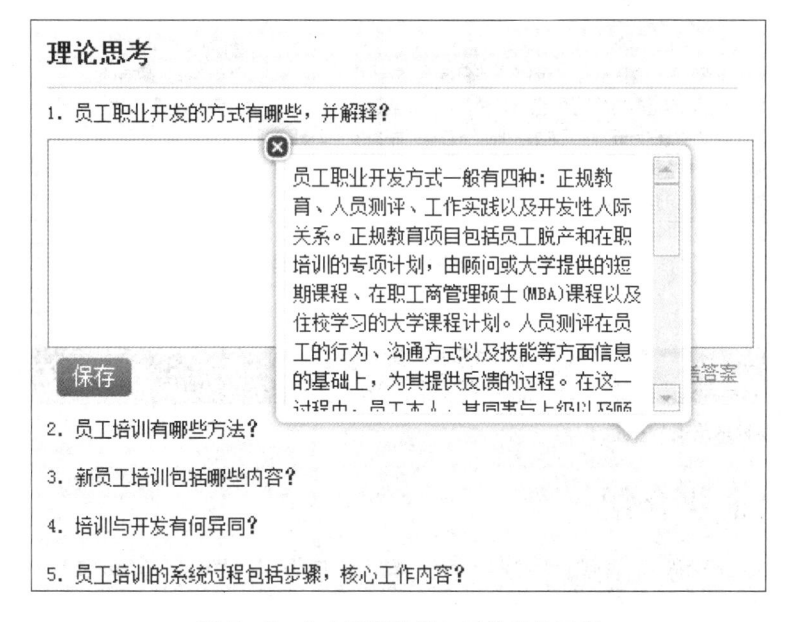

图 7-7 人力资源培训与开发理论思考

左侧为该案例内容,点击【目录】可以概览案例大纲,点击标题可以直接查看该部分内容(如图 7-9 所示)。

选定案例内容中的一句话或一段话,可以编辑其字号、加粗、斜体、中划线、下划线、改变文字颜色及背景色,还可将这些格式清除。或者为选中的文字添加批注和书签(如图 7-10 所示)。

右侧为阅读案例后回答的思考题,鼠标放在【参考答案】上会显示系统答案(如图 7-11 所示)。

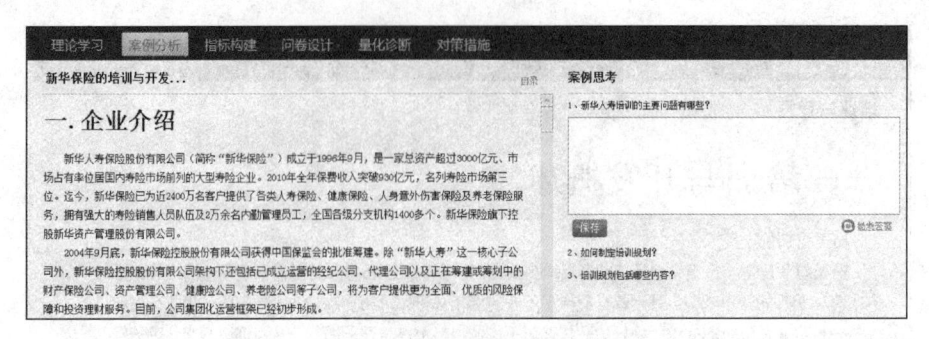

图 7—8　人力资源培训与开发案例分析

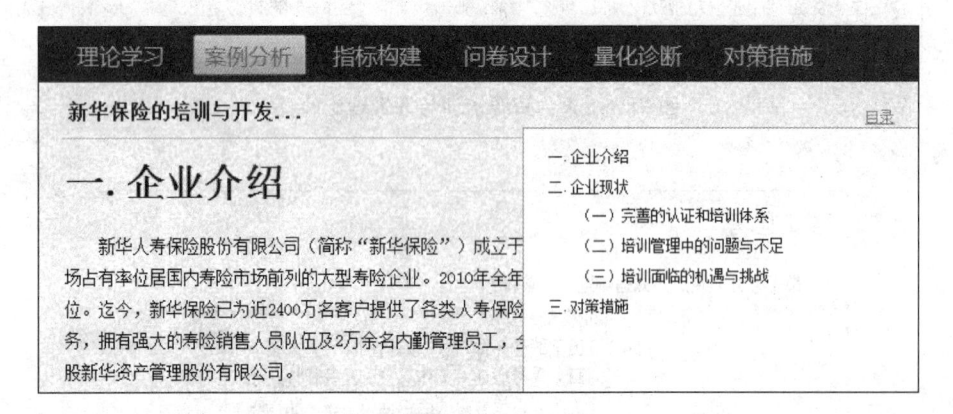

图 7—9　人力资源培训与开发案例分析

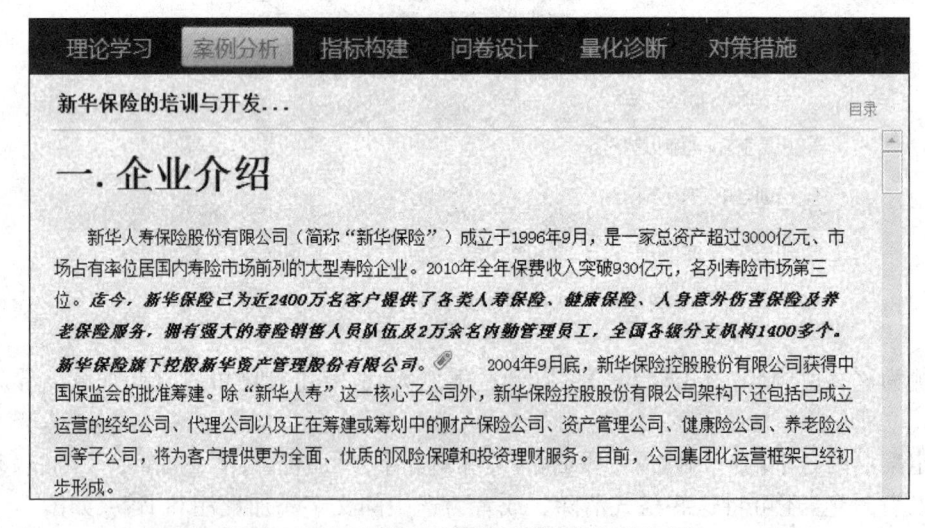

图 7—10　人力资源培训与开发案例阅读与标注

(二) 案例量化分析

1. 指标构建

根据人力资源培训与开发诊断理论,构建人力资源培训与开发诊断指标体系。选择软件【指标构建】后,可以采用软件所提供的指标模型选用并创建指标,也可根据所分析的案例独立

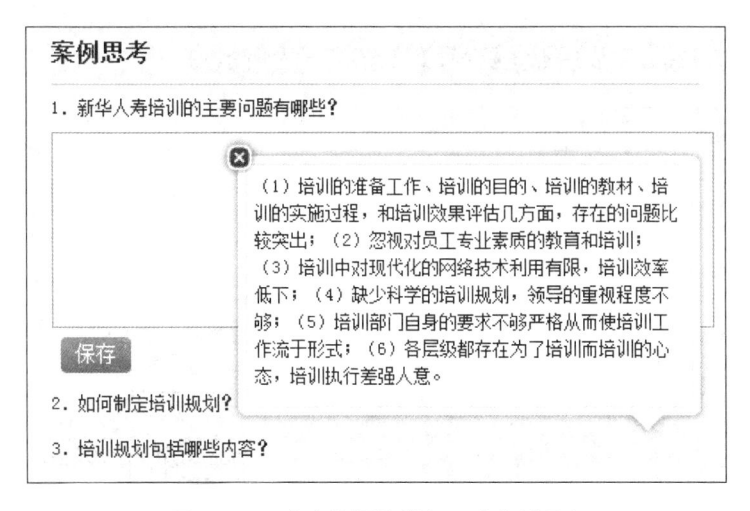

图 7—11　人力资源培训与开发案例思考

构建新指标体系(如图 7—12 所示)。

图 7—12　人力资源培训与开发诊断指标构建

查看指标模板,可以此模板创建指标。点击"员工培训",选择【模型构建指标】或【构建新指标】(如图 7—13 所示)。

图 7—13　人力资源培训与开发诊断指标模型

按照逻辑关系添加指标,点击【添加模块】或者【添加直线】,双击模块编辑指标名称,利用直线联系指标间的关系,完成后点击【保存】(如图7—14所示)。

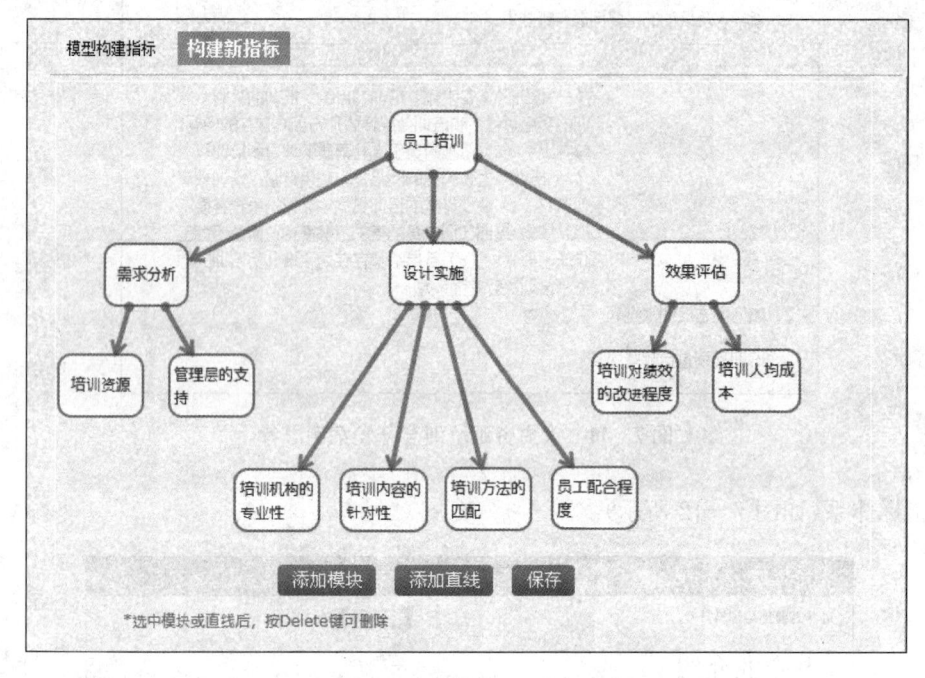

图7—14　人力资源培训与开发诊断指标构建

指标默认创建后,新创建的指标会覆盖之前的指标。若用户已创建指标,可通过"构建新指标"查看当前的指标。

2. 问卷设计

根据构建的人力资源培训与开发诊断指标模型,设计调查问卷,以便各项指标数值的确定和相关指标的量化关系。

(1)选择"问卷设计",学生可以根据模板创建适合相关案例的调查问卷(如图7—15所示)。

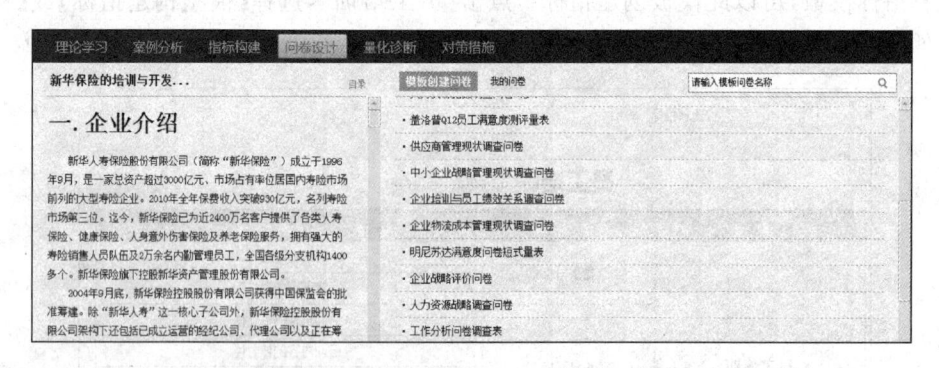

图7—15　人力资源培训与开发问卷设计

(2)查看问卷模板,可以此模板设计新问卷。

编辑问卷基本信息,点击【保存】(如图7—16所示)。

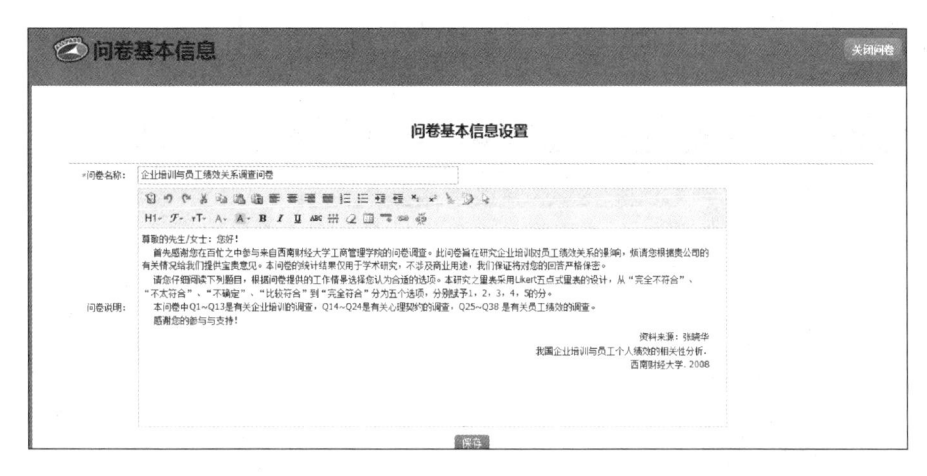

图 7－16　人力资源培训与开发问卷基本信息设置

(3)添加问卷问题。问题类型分为单选题、多选题、量表题与开放式题，根据需要添加各类型的问题，也可直接编辑现有题目(如图 7－17 所示)。

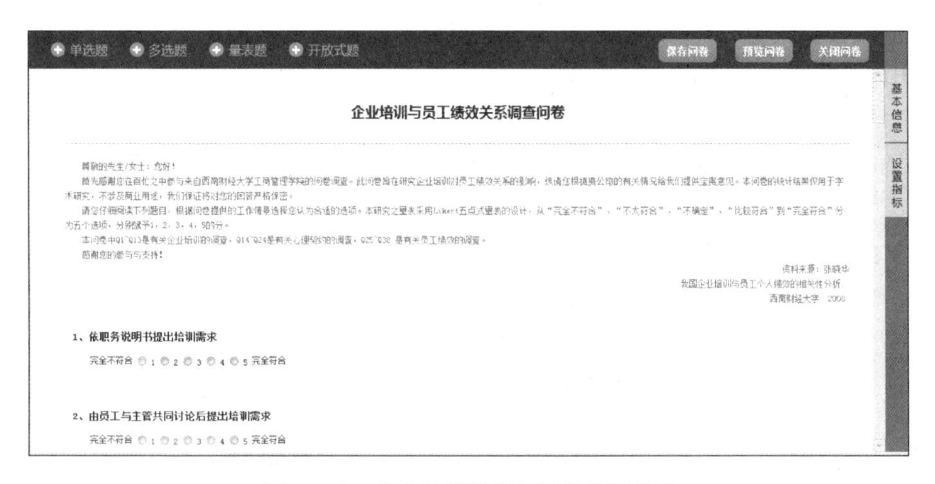

图 7－17　人力资源培训与开发问卷设计

(4)在页面右侧点击【基本信息】，可以重新编辑问卷说明(如图 7－18 所示)。

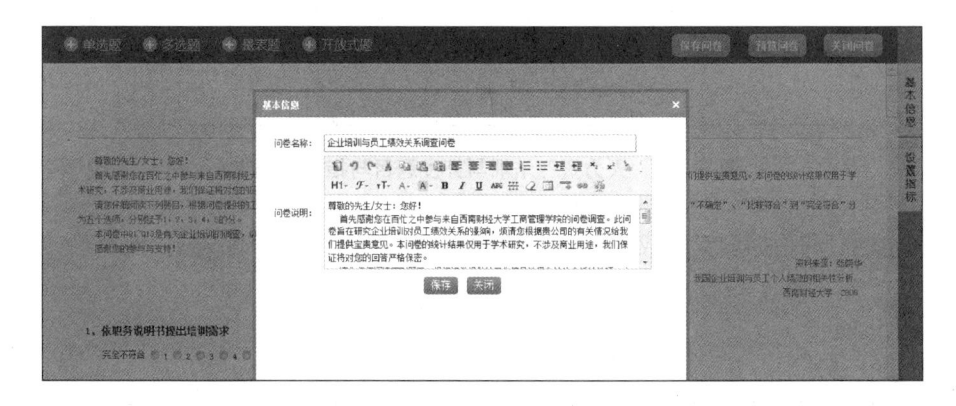

图 7－18　人力资源培训与开发问卷基本信息重编

(5)点击【设置指标】,可以设置问题指标,最多可设置 10 个。每个指标名称编辑完成后,按回车键确认。全部指标添加完成后,点击【保存】(如图 7-19 所示)。

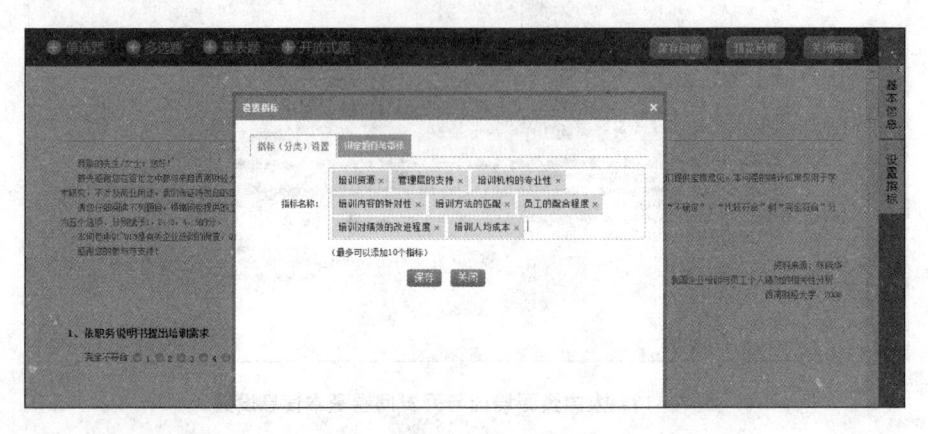

图 7-19　人力资源培训与开发问卷指标设置

(6)若根据指标构建步骤,学生已创建指标,则此处显示指标模型的第二层即维度层。学生亦可根据需要修改,但修改不影响前面的指标模型。

(7)用户可将指标与问卷中的题目绑定起来(如图 7-20 所示)

图 7-20　人力资源培训与开发题目与指标的绑定

(8)问卷题目和指标设置完成后,切记要点击页面上方的【保存问卷】。保存后,可以进行预览(如图 7-21 所示)。

3. 量化诊断

选择"量化诊断"。

(1)点击【设计问卷】,可返回问卷设计部分,对问卷进行修改。如无修改需要,可点击"发

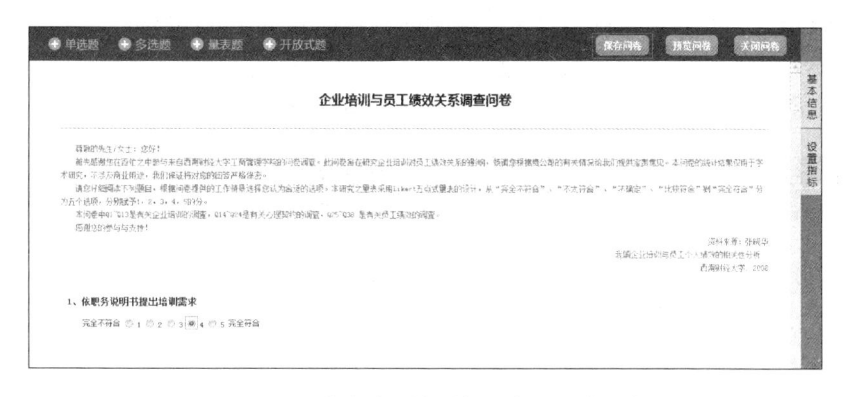

图 7—21　人力资源培训与开发问卷的保存

布问卷"(如图 7—22 所示)。

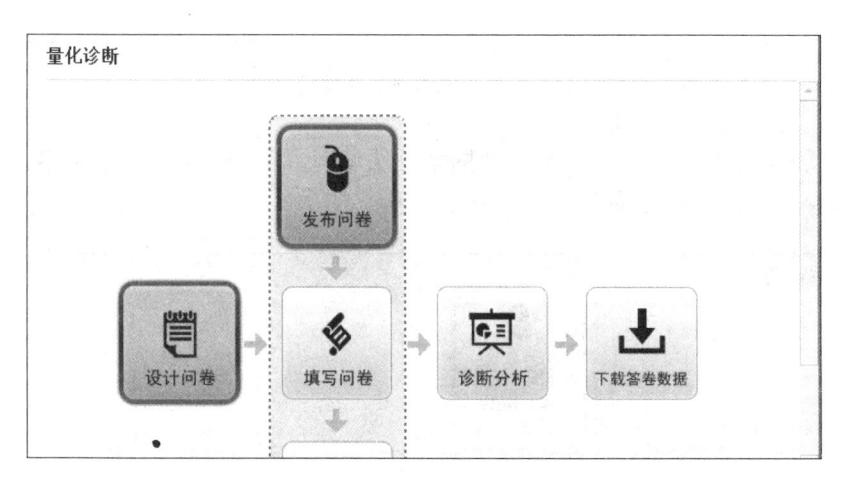

图 7—22　人力资源培训与开发问卷的发布

(2)点击【发布问卷】,则所发布的问卷发送到问卷库中,实验中的其他学生在问卷库中可以看见。其他学生根据所读同一个案例的各自理解和分析,填写问卷。这是一个社会调查的过程(如图 7—23 所示)。

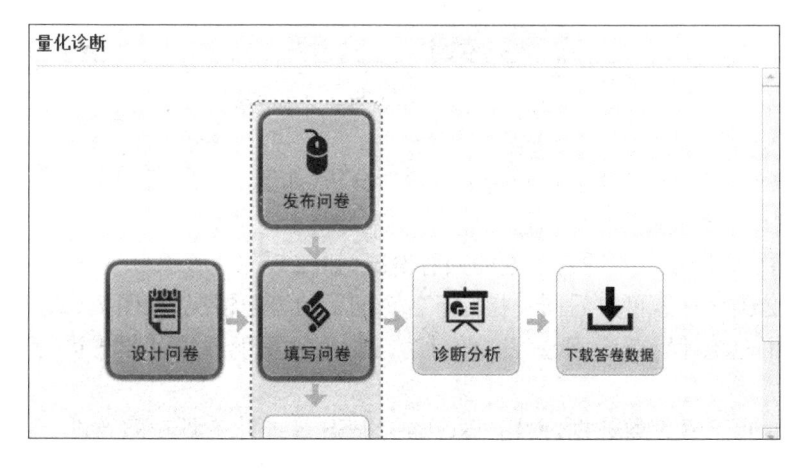

图 7—23　人力资源培训与开发问卷的填写

(3)点击【填写问卷】,是根据自己所读案例的自我理解和分析,填写自己所发布的问卷(如图7—23所示)。

(4)填写完所有问题后,点击问卷右上角的【提交问卷】(如图7—24所示)。

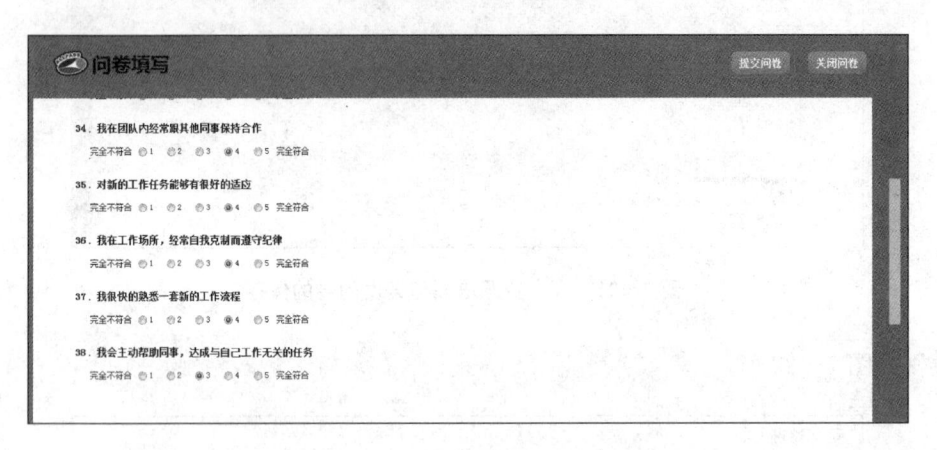

图7—24 人力资源培训与开发问卷的提交

(5)点击【回收问卷】,问卷回收后其他同学无法填写。若需要收集多份答卷,请确认其他同学完成问卷填写后再回收(如图7—25所示)。

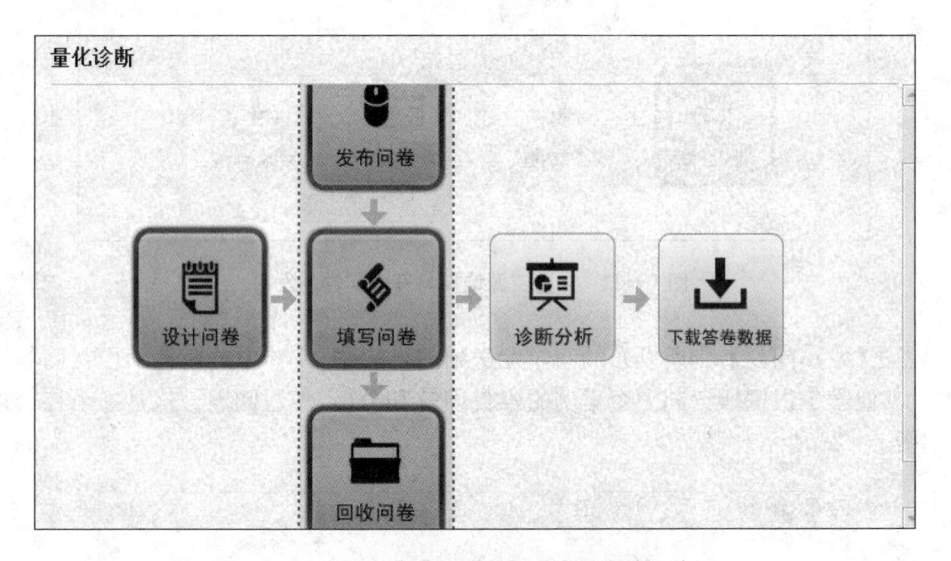

图7—25 人力资源培训与开发问卷的回收

(6)问卷填写完并进行回收后,开始进行诊断分析(如图7—26所示)。

(7)系统提供三类自动统计:单题统计、分类统计与汇总统计。

点击【单题统计】,可以查看每道题的回答情况(如图7—27所示)。

(8)点击【分类统计】,可察看同一指标下各个问题的答题情况(如图7—28所示)。

(9)选择"汇总统计",查看问卷汇总统计表。学生也可下载统计报告进行查看(如图7—29所示)。

(10)用户也可下载答卷数据,使用Excel或SPSS等统计工具对问卷进行二次统计(如图7—30所示)。

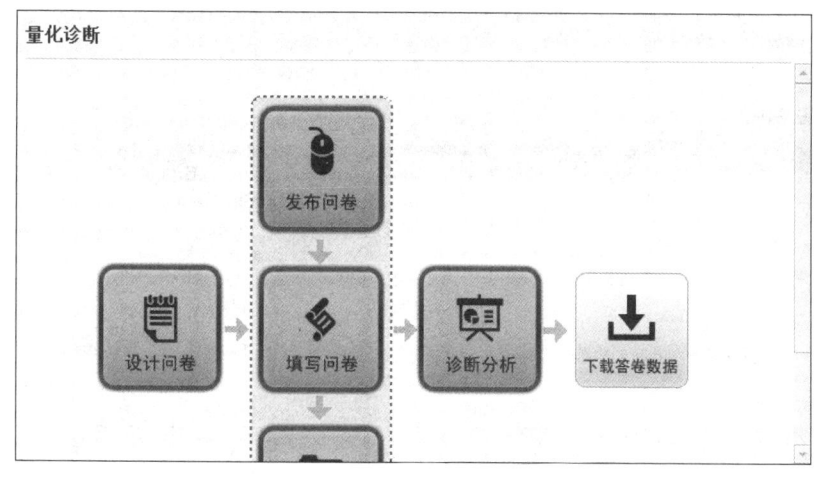

图 7-26　人力资源培训与开发问卷的诊断分析

图 7-27　人力资源培训与开发问卷的单题分析

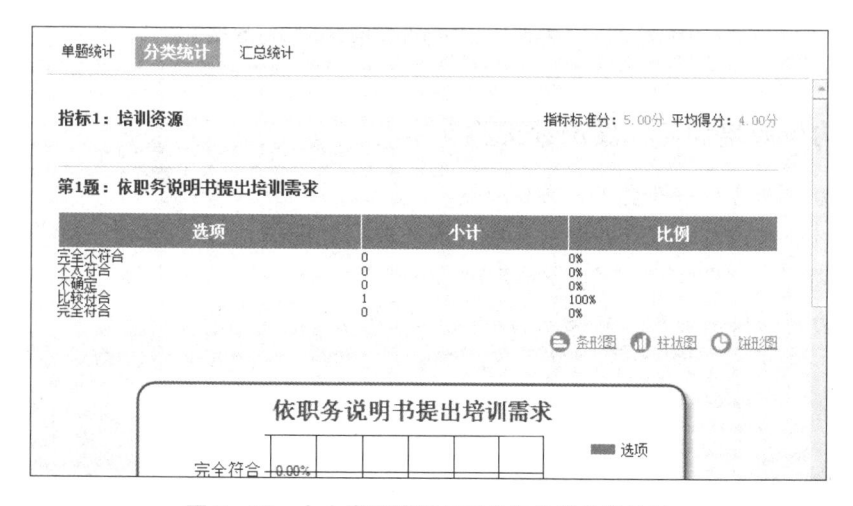

图 7-28　人力资源培训与开发问卷的分类统计

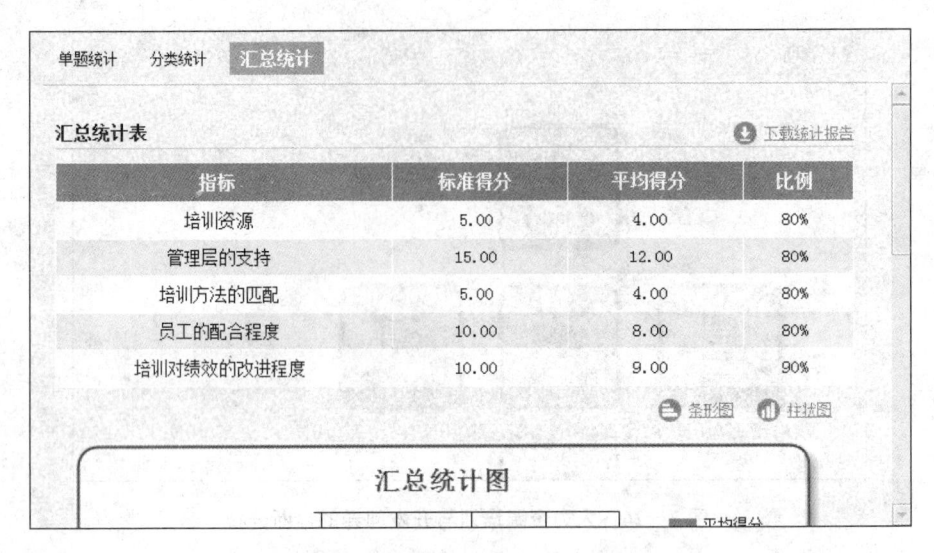

指标	标准得分	平均得分	比例
培训资源	5.00	4.00	80%
管理层的支持	15.00	12.00	80%
培训方法的匹配	5.00	4.00	80%
员工的配合程度	10.00	8.00	80%
培训对绩效的改进程度	10.00	9.00	90%

图 7-29　人力资源培训与开发问卷的汇总统计

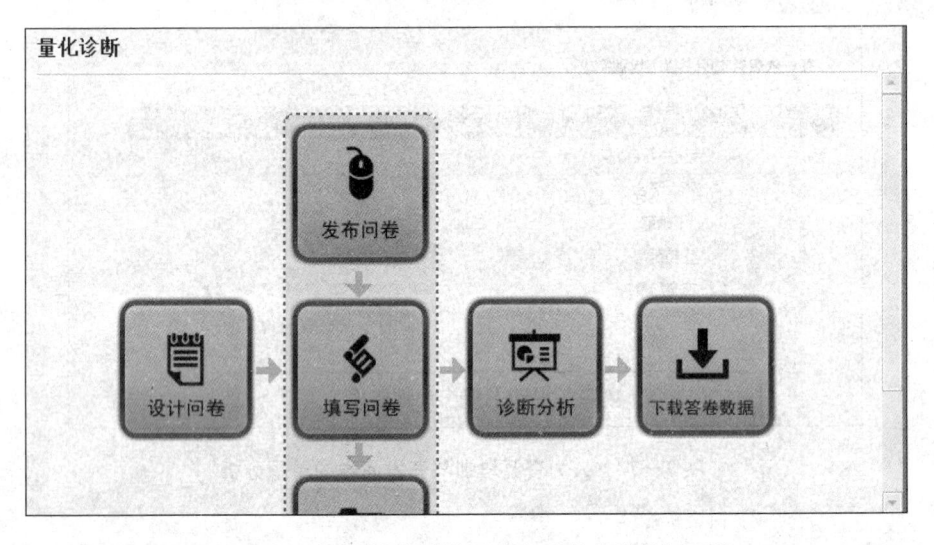

图 7-30　人力资源培训与开发问卷的答卷数据下载

三、人力资源培训与开发决策实验操作

(一)人力资源培训与开发存在问题分析

点击【对策措施】,选择【存在问题】,根据调查数据和图表,分析该企业人力资源培训与开发所存在问题,填写案例中企业的存在问题(如图 7-31 所示)。

(二)人力资源培训与开发的决策(如图 7-32 所示)

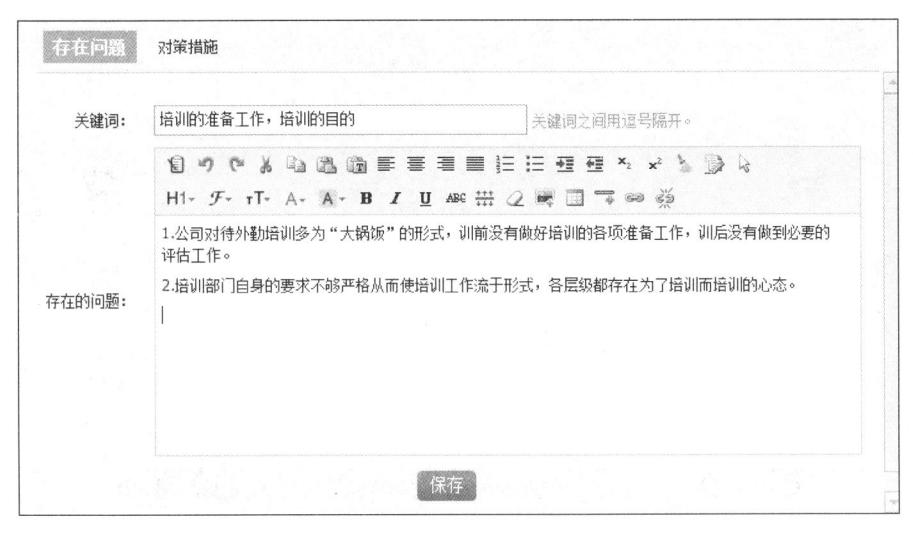

图 7—31　人力资源培训与开发案例企业问题诊断

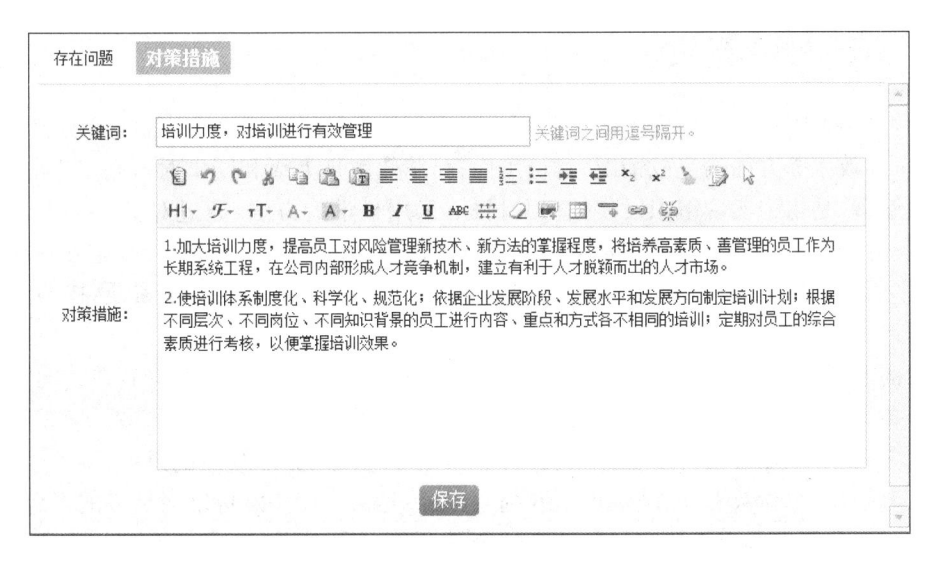

图 7—32　人力资源培训与开发解决案例企业问题的对策措施

第八章

人力资源绩效管理诊断与决策

第一节 人力资源绩效管理诊断与决策原理

一、人力资源绩效管理概述

(一)人力资源绩效管理

1. 概念

绩效,是指员工在工作岗位上的工作行为表现与工作结果。对企业而言,绩效就是任务在数量、质量及效率等方面的完成情况;对员工而言,绩效就是上级和同事对自己工作的评价。

绩效管理,是指为实现组织发展战略和目标,采用科学的方法,通过对员工个人或群体的行为表现、劳动态度和工作业绩以及综合素质的全面检测、考核、分析和评价,充分调动员工的积极性、主动性和创造性,不断改善员工和组织的行为,提高员工和组织的素质,挖掘其潜力的活动过程。

绩效沟通,绩效沟通是指企业的管理者与员工为了达到绩效管理的目的,在共同工作的过程中分享各类相关的绩效信息,以期得到对方的反应和评价,并通过双方的多种形式、内容、层次的交流,使企业绩效计划得以更好地贯彻执行,更好地提高企业绩效的过程。

绩效考核,又称绩效考评、绩效评估或绩效评价,是指应用一定标准对员工的综合素质、工作态度和工作业绩进行定性与定量相结合的全面评价过程。同时,绩效考核也是对员工绩效进行识别、测评和开发的过程。绩效考核在本质上就是考核员工所做贡献,或者对员工的价值进行评价,是管理者与员工之间为提高员工能力与绩效、实现组织战略目标而进行的一种管理沟通活动。

绩效反馈,是一个双向的动态过程,是一种特殊形式的沟通,它由三部分组成:反馈源、所传送的反馈信息、反馈接受者,其中反馈不同于一般沟通过程在于,它所传送的信息必须是包含有关反馈接受者的信息。在管理实践中,反馈是管理者普遍使用的一种管理手段。

2. 绩效沟通与绩效管理

绩效沟通贯穿了绩效管理的各个环节,是绩效管理的灵魂与核心,能否做好绩效沟通是决定绩效管理能否充分发挥作用的重要因素。因此,现代企业绩效管理的理念在于全程性的绩效沟通。

3. 绩效考核与绩效管理

从内涵上来说,绩效考核就是考评员工综合素质和工作业绩两个方面。从外延上说,绩效考核就是有目的、有组织地对日常工作中的人进行观察、记录、分析和评价,其包含三个层面的含义:第一,绩效考核是从企业经营目标出发,借助考评结果来推动企业目标的实现;第二,绩效考核是人力资源管理系统的组成部分,运用系统的制度规范、程序和方法来进行评价;第三,绩效考核是对企业员工在日常工作中所显示出来的工作能力、工作态度和工作业绩进行以事实为依据的评价。

绩效管理是以绩效考核为基础的人力资源管理系统的子系统,是一个有序、复杂的管理活动过程,着眼于员工个体绩效的提高,同时注重员工绩效和组织绩效的有机结合,最终实现企业总体效率和效能的提升。绩效管理可以促进企业全面质量管理建设,有助于适应组织结构的调整和变化,并且可以有效地避免冲突。它由一系列具体的工作环节组成,大致可以分为绩效指标的设定、绩效指标的追踪、绩效考核、绩效反馈以及绩效考核结果的应用等过程(如图8-1所示)。

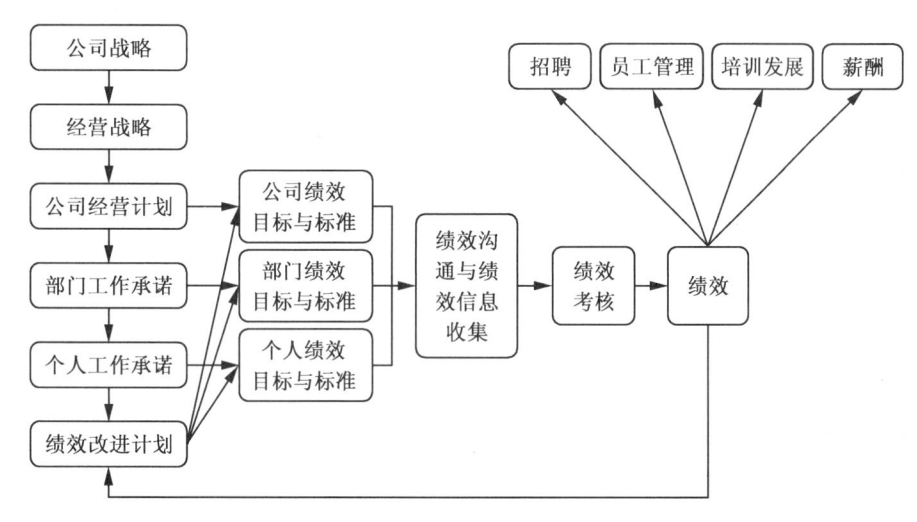

图8-1 绩效管理的基本流程

4. 绩效管理的特点

(1)绩效管理以组织战略为导向,是综合管理组织、团队和员工绩效的过程。

(2)绩效管理是提高工作绩效的有力工具。这是绩效管理的核心目的之一。绩效管理的各个环节都是围绕这个目的服务的。

(3)绩效管理是促进员工能力开发的重要手段。这也是绩效管理的核心目的之一。

(4)绩效管理是一个完整的系统。

(5)绩效管理必须与人力资源管理的其他环节对接才能发挥应有的作用。

(二)绩效管理的功能

绩效管理作为一项重要的人力资源管理职能,其功能归纳起来有以下几点。

1. 管理监控决策功能

绩效管理是一种控制手段,是制定人事政策的依据,通过绩效考核获得反馈信息,便可据此制定相应的人事决策与措施,调整和改进其效能。绩效考核的管理功能首先表现在考核内容,即要明确组织、部门及个人的工作目标和工作标准。其次,表现为考核方法,即具体操作时应当体现沟通、学习、改进、评价等功能。绩效考核的决策功能主要表现为考核结果的运用上,考核结果应当是晋升、奖惩、培训等人力资源开发与管理的基础和依据。绩效考核要奖优惩劣，改善调整员工行为，激发其积极性，促使组织成员更加积极、主动、规范地去完成组织目标。

2. 培训开发功能

绩效考核结果显示出的不足之处就是员工的培训要求。管理者可以据此制定培训计划，经过培训之后再次对员工进行绩效考核，还可以检验培训计划与措施的实施效果。绩效考核给管理者和员工双方提供了讨论该员工长期事业目标和发展计划的机会。这一机会是通过反馈考核结果来实现的。在以往绩效的基础上，管理者向员工提出具体建议，帮助其分析提高绩效的方法，并使之与该员工的长期目标结合起来。

3. 促进沟通功能

将绩效考核的结果向员工进行反馈，可以促进上下级之间的沟通，使双方了解彼此的期望，有效地加强和保持现有的良好绩效。无论在东方还是西方文化中，几乎所有员工都希望知道自己何时很好地完成了某项工作，同样，改进绩效不佳的方法很多，但最有效的方法往往是通过上下级之间的沟通。

（三）绩效管理的原则

我们在进行绩效管理时，为做到公平和准确，保证考核的信度和效度，应遵循一些基本原则。

1. 客观公正原则

绩效管理必须严格遵守客观公正这一基本原则。客观即实事求是，公正即不偏不倚，按照考核标准，一视同仁地进行考核。绩效考核应当根据明确规定的绩效考核标准，针对客观考核资料进行评价，做到"用事实说话"，尽量避免掺入主观成分和感情色彩。此外，在考核结果的讨论和分析上也要做到与实际考核结果相一致，不能肆意歪曲考核的结果，也不能任意夸大或贬低考核的实际意义。

2. 注重实绩的原则

实绩即员工通过主观努力，为组织做出的并得到组织承认的劳动成果、完成工作的数量、质量和效益。在考核过程中，坚持注重实绩原则即要求在对员工做出考核结论和决定升降奖惩时，以其工作实绩为根本依据。

3. 差别原则

绩效考核的等级之间通常应当有鲜明的差别界限，考核结果在工资、晋升、使用等方面应体现明显差别，使绩效考核带有激励性，激励员工的上进心。当然，对考核者进行充分培训，使其尽量排除主观因素，并能够对考核标准有准确、统一地理解，也是非常重要的。

4. 明确化、公开化原则

企业对绩效考核标准、考核程序和考核责任都应有明确的规定，而且在考核过程中应当遵守这些规定。同时，对绩效考核的标准、考核程序以及考核责任者的规定，应当清晰、明确，并在企业内部对全体员工公开。这样做才能使员工对绩效考核工作产生信任感，才能使员工容易理解并接受绩效考核的结果。

（四）绩效管理与企业战略

企业战略能否最终落实到个人，体现在组织目标能否层层分解到每个员工身上，并促使每个员工都为企业战略目标的实施承担责任，这正是绩效管理的重要内容。离开了绩效管理，即便再好的战略也无法实施。绩效管理战略地位和作用表现为以下几个方面。

1. 绩效管理是组织战略目标实现的基础

通过绩效管理过程将组织的战略目标分解到各个业务单位，并根据每个岗位的基本职责进一步分解到各个岗位的员工,形成每个岗位的绩效目标,这样就可以把每个岗位员工的工作目标加以有效地整合,形成合力,有效地促进组织目标的实现,组织目标与绩效管理的关系如图8—2所示。

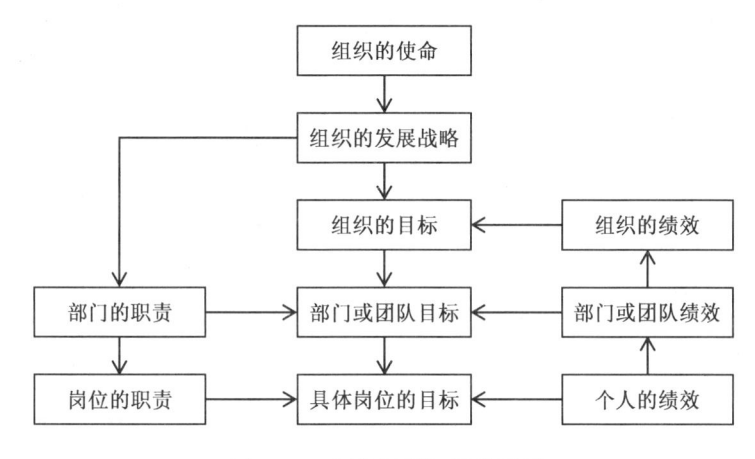

图8—2 组织目标与绩效管理

2. 绩效管理是企业文化落地的载体

企业文化是以价值观为核心的群体意识,这种价值观被员工认同和内化后,会在无形中影响员工的行为,员工会自觉地把自己的行为与企业所倡导的价值观相比较,一旦发现自己的行为与企业价值观不一致,会自觉地调整自己的行为,从而达到自我调节和自我控制。

3. 绩效管理是企业价值分配的基础和价值创造的动力

企业的使命就是不断为社会创造价值,要使企业持续地为社会创造价值,就必须解决价值评价和价值分配问题,价值创造、价值评价和价值分配是企业价值创造循环的三个环节,只有把每个环节做好了,环节之间能够紧密相连,才能使企业持续不断地创造价值。

(五)绩效管理在人力资源管理中的地位

1. 绩效管理的战略地位

企业战略的"落地"要借助于人力资源管理中的各个环节来具体实施。在这一整体的人力资源管理过程中,绩效管理就承担着具体的"落地"任务。绩效管理是将企业的战略目标分解到各个业务单元,并且分解到每个职位的任职人。因此,如果对每个员工的绩效进行管理、改进和提高,从而提高了企业整体的绩效,那么企业的效率和价值也将随之提高,企业也就由此获得竞争优势。

2. 绩效管理是人力资源管理的核心

绩效管理在企业的人力资源管理这个有机系统中占据着核心的地位,发挥着重要的作用,并与人力资源管理上的其他环节实现了很好的衔接。绩效管理是人力资源管理的核心。

从图8—3中可以看出,从关键技术上来说,绩效管理的设计与其他人力资源的管理都有非常直接的关系:一是与工作分析的关系,二是与职位评估的关系,三是与薪酬福利的关系。为了便于理解,可以将绩效管理与上述三大技术的关系概括为"三三制",即从三个方面去理解每一项技术与绩效管理的关系。

针对绩效管理,工作分析主要收集三个方面的信息:职位资格、职位责任和职位标准。职位资格中,能力是关键考核点;职位责任中,流程控制点和职责改造的成果形式是关键考核点;

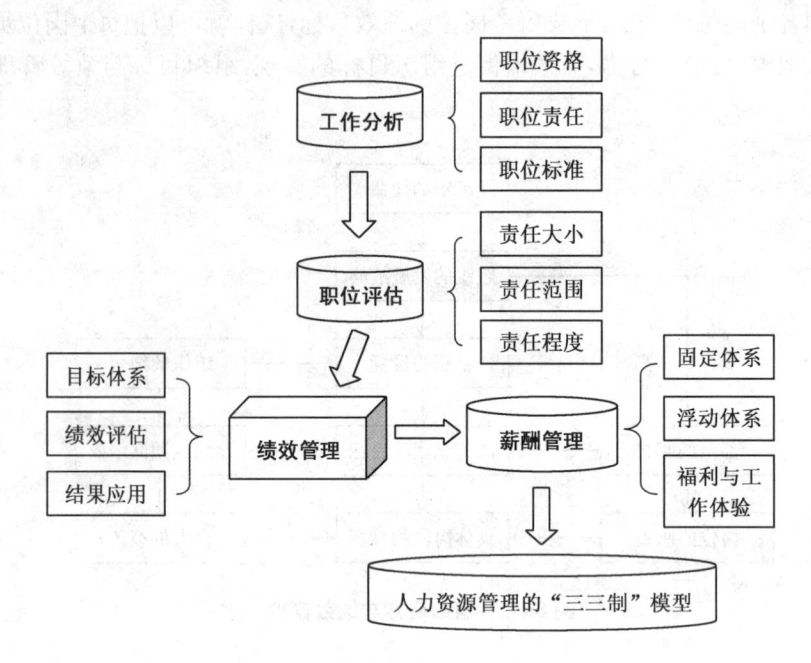

图 8—3　人力资源管理的"三三制"模型

职位标准恰恰是指履行该职位职责应达到的关键评价水平。

针对绩效管理，职位评估主要从三大要素评价职位等级：职位责任大小、职位责任范围和职位责任程度。对所有的职位进行评价，区分等级，有助于确认绩效目标的等级难度。

针对绩效管理，薪酬评估着重在广义固定收入、浮动收入、福利体系（福利收益与工作体验）三大模块上，兑现员工对绩效目标贡献的奖励，这是进行绩效循环的基本保障。

除了上述关系外，绩效管理还与人员招聘有密切的关系。在人员招聘的过程中，通常采用各种人才测评手段，这些人才测评手段主要针对的是人"潜质"部分，侧重考察人的一些潜在的能力、性格或行为特征。而绩效考核则是对人的"显质"的评估，侧重考察人们已经表现出的绩效和行为，是对人的过去表现的评估和将来可能的引领。

绩效管理的主要目的是为了了解目前员工绩效中的优势与不足，进而提高绩效，因此，培训开发是在绩效评估后的重要工作。人力资源部门根据绩效评价的结果和面谈结果，设计整体的培训开发计划，并帮助主管和员工共同实施。

二、人力资源绩效管理诊断

(一)绩效管理考评对象诊断——个体还是团体？

企业内部进行绩效考评时，都将面临一个无法回避的问题：究竟是对员工的个人绩效进行考评，还是以若干员工组成的工作团队的对象进行考评？两种考评对象各有优劣：前者有利于明确员工个人的工作绩效，不仅可以为个人的福利、晋升、薪酬等相关情况提供依据，而且能够防止滥竽充数的情况的产生；而后者，则侧重于对工作团队进行整体绩效考核，有助于培养企业内部同舟共济、共同奋斗的企业精神。然而这两者也有各自不足，个体考评容易在企业内部形成一种个人英雄主义的文化氛围，破坏产业的团结协作精神；团队考评却又可能造成"大锅饭"的不良局面，易形成1+1<2的结果，不利于企业的发展。在实践中，这两种考评方式都产

生不少成功的范例,同时也存在许多失败的案例。

(二)绩效管理考评指标诊断——定性还是定量?

员工绩效的考评离不开标准的制定,考评标准有两大基本类别:定性指标和定量指标。其中,完全基于定性评价的绩效考评指标,主观性较强,还容易走上形式化的歧途;而且由于文字表达在个人理解上的差异,定性指标虽然具有操作方法简便、可行性强等优势,但其客观性、公正性已受到越来越多的人的质疑。定量考评指标则保持了高度的客观性,在充分数据计量的基础上得出的评价也在一定程度上实现了公正性。然而由于操作执行上的难度,很难大范围推广。虽然工作中的财务、成本指标可以进行定量分析,然而仍有很多方面难以实现定量考核,如客户满意度、服务质量等。

(三)绩效管理考评系统诊断——统一还是分散?

对任何一个企业而言,在企业内部建立统一的绩效考评系统,为同层次的员工提供一致的竞争基础,不仅能够保证考评系统的公平性,而且可以实现企业所有部门的一致目标,促进发展。然而企业内部各不同部门的工作性质、工作特点的差异极大,建立统一的绩效考评系统并不符合各部门的实际情况。而为不同部门设立各异的考评标准,又有可能造成企业内部矛盾。

(四)绩效管理考评实施诊断——强制执行还是自主选择?

绩效考评面对的是企业的全体员工,考评过程的实施需要得到员工自身的配合。尽管大多数员工都认为绩效考评是必需的,并且益处多多,然而他们仍旧要求保证整个考评系统的合理性、公正性。并且由于员工个体偏好、文化背景等方面的差异,即使对统一考评系统,不同的员工也会产生不一样的看法。是强制员工使用统一规定的考评标准,还是提供多个备选方案,让员工自主选择适合自身特点的考评系统?前者可以保证同一层次员工绩效之间的可比性,为员工的晋升、提薪提供依据,却有可能抑制员工某些才能的发挥,如创新才能;而后者有助于激发员工全方位的才能,然而同时破坏了员工绩效之间的可比性,形成不公正的企业氛围。

(五)人力资源绩效管理过程诊断

1. 绩效沟通方法诊断

(1)绩效计划沟通

绩效计划是绩效管理的第一个环节,是管理者和员工共同讨论以确定员工在考核期内应该完成什么工作和达到什么样的绩效目标的过程。这个过程中最主要的工作就是设定绩效目标,绩效目标的设立是企业目标、期望和要求的传递过程,也是一个协调的过程。在绩效计划阶段,管理者和员工之间需要在对员工绩效的期望问题上达成共识,在共识的基础上,员工对自己的工作目标做出承诺。

绩效计划沟通的准备工作包括:准备好相应的信息、准备好沟通的方式、准备好沟通的时间和环境。

绩效计划沟通的过程并不是千篇一律的,但一般情况下包含以下几个基本环节:回顾有关信息、目标具体化、确定关键绩效指标、制定衡量标准、讨论可能碰到的困难、讨论重要性级别、讨论授权问题、结束沟通。

(2)绩效辅导沟通

在绩效计划沟通结束之后,企业的绩效计划也就随之产生,紧接着就进入绩效辅导阶段,即绩效实施与管理过程。绩效辅导能帮助员工搞清楚他们应该做什么和怎么做,员工会对工作职责有更好的理解,他们能从绩效辅导中受益,从而更加主动地投入工作。绩效辅导是实施绩效考核的前提，好的管理者就像好的教练，能通过持续的辅导沟通使员工具备正确的方法和技能，以达到企业的绩效目标。

绩效辅导沟通的主要问题有：员工的工作进展情况怎么样？员工和团队是否在正确的完成目标和绩效标准的轨道上运行？如果有偏离方向的趋势，应该采取什么样的行动扭转这种局面？员工在哪些方面的工作做得较好，哪些方面需要纠正或改进？员工在哪些方面遇到了困难或障碍？管理者和员工双方在哪些方面已达成一致，哪些方面还存在分歧？面对目前的情境，要对工作目标和达成目标的行动做出哪些调整？为使员工出色地完成绩效目标，管理者需要提供哪些帮助和指导？

(3)绩效考核沟通

在绩效辅导沟通结束之后，紧接着就进入绩效考核沟通的环节。绩效考核是用系统的方法来评定、测量员工在职务上的工作行为和工作效果，是一种防止绩效不佳和提高绩效的工具。考核工作要由管理者和员工以共同合作的方式来完成的，这就需要主管和员工之间进行持续不断的双向沟通，沟通的主要内容包括考核制度与方案沟通、考核过程沟通和考核申诉沟通等方面。

(4)绩效反馈沟通

绩效管理的过程并不是到绩效考核时打出一个分数就结束了，管理者还需要与员工进行一次面对面的交谈。通过绩效反馈沟通，能使员工了解主管对自己的期望，了解自己的绩效，认识自己有待改进的方面，同时员工也可以提出自己在完成绩效目标中遇到的困难，请求主管的指导。

绩效反馈沟通除了告知员工考核结果外，还包含四个方面的内容：第一，具体说明员工在考核周期内的绩效状况，最好能够对照相应的标准举出实例来说明；第二，与员工探讨取得如此绩效的原因，对绩效优良者予以鼓励，对绩效不良者帮助分析原因，并一起制定改进措施和相应的培训计划；第三，针对员工的绩效水平告知将获得怎样的奖惩，以及其他人力资源决策；第四，表明组织的要求和期望，了解员工在下个绩效周期内的打算和计划，并提供可能的帮助和建议。

无论采用何种沟通方式，管理者都要切实改进和提高沟通技巧，不仅要学会认真倾听，以积极、肯定、开放的态度和下属沟通，还要积极克服沟通过程中存在的障碍，并能掌握建设性沟通技巧。

所谓建设性沟通，是指在不损害、甚至可以改善和巩固人际关系的前提下，组织内部各成员之间进行的确切、诚实的沟通。建设性沟通具有三个方面的特征：第一，实现了信息的准确传递；第二，建设性沟通的目标不仅仅在于为他人所喜爱或承认，而是为了解决现实问题；第三，沟通双方的关系会因为交流而得到巩固与加强。有研究表明，组织中良好的人际关系会产生基本的竞争优势，因此可以认为建设性沟通是管理者与组织获得竞争优势的关键要素。

2. 绩效考核的类型诊断

说到绩效考核的方法，不得不先说一下绩效考核的类型。它在很大程度上决定着企业选择什么导向的绩效方法。绩效考核根据不同的考核内容分为三类：

(1)特性取向型

特性取向型考核主要用于考核员工的个性和个人能力、特征等。所选择的内容主要是那些抽象的个人基本品质，诸如决策能力、对公司的忠诚度、主动性、创造性、交流技巧以及是否愿意与他人合作等。这种类型的考核对员工工作的结果关注不够。

(2)行为取向型

行为取向型考核重点评价员工在工作中的行为表现,即工作是如何完成的。这种考核类型适合于绩效难以量化考核或需要以某种规范行为来完成工作任务的员工,如管理人员、服务人员等。行为取向型考核面临的主要问题是实际考核时难以开发出所有与工作行为相关的标准。

(3)结果取向型

结果取向型考核着眼于"干出了什么",而不是"干了什么"。其考核的重点在于产出和贡献,而不关心行为和过程。这类考核对于那些最终绩效表现为客观的、具体的、可量化的指标的员工是非常适合的。诸如在一线从事具体生产的操作人员。

3. 绩效反馈类别诊断

绩效反馈从其产生的动因可以分为两种:一种是内部反馈,又称为自然的反馈过程,这种反馈是指个体自发产生的一种对自己绩效的认识和评价过程。另一种是外部反馈,又称为反馈干预,是指由外部动因提供关于个体任务操作有关方面的信息活动,从而使个体产生对任务操作的调节过程,如企业中的绩效评价制度,社会中其他人的评价等。从反馈针对的对象不同又可以分为能力反馈和任务反馈。能力反馈是针对个体的能力,是通过社会比较而进行的,提供了个体在群体中能力高低的信息。任务反馈是针对任务本身,是通过与任务的某种操作标准相比较而进行的,不进行能力高低的社会性比较。从反馈的效价来看可以分为积极反馈和消极反馈。积极反馈又可以称为正反馈,是一种激励性的反馈;消极反馈又可以称为负反馈,是一种挫折性的反馈。

三、人力资源绩效管理决策

人力资源绩效管理决策重点在于绩效考评方法的选择,本书中的人力资源绩效管理决策内容重点是关于绩效考评方法的选择。选择一个好的绩效考评方法,可以解决绩效管理中的大多数主要问题。

(一)行为导向型主观评估方法

1. 交替排序法

根据某些工作绩效评价要素将员工从绩效最好的人到绩效最差的人进行排序,分别列于第一位和倒数第一位,依次循环直到将所有员工按各要素排列完毕。通常来说,从员工中挑选出最好的和最差的比绝对地对他们的绩效进行评估要容易得多,因此交替排序法是一种运用非常普遍的工作绩效评估方法。

2. 配对比较法

这是把每一名员工与其他员工一一配对,按照所有的评价要素分别进行比较。每一次比较时,给表现好的员工记"+",另一个员工就记"-",所有员工都比较完后,计算每个员工的"+"的个数,依此对员工工作表现做出评价——谁的"+"号多,他的名次就排在前面(如表8-1所示),表中员工E从工作数量来看是最优的,而员工D的工作质量是最好的。

表8—1　　　　　　　　　　　　　配对比较考评表

对比对象	就"工作数量"所做的比较 被评估员工姓名					对比对象	就"工作质量"所做的比较 被评估员工姓名				
	A	B	C	D	E		A	B	C	D	E
A		−	+	−	+	A		−	+	+	+
B	+		+	+	+	B	+		+	+	+
C	−	−		−	+	C	−	−		+	+
D	+	−	+		+	D	−	−	−		+
E	−	−	−	−		E	−	−	+	+	
	2	0	3	1	4		1	0	3	4	2

这种方法的优点是判断范围小,准确度高。缺点是如果被评估人较多,则工作量比较大。这种方法更适用于工作绩效能够进行量化的岗位。

3. 强制分布法

根据正态分布的规律,先确定好各等级在总体中所占的比例,然后按照每个员工的绩效优劣程度,强制列入其中的一定等级。使用这种方法,要求事先确定被评估者等级与各等级的分布比例。比如,评估者可按一定比例原则来确定员工的工作绩效分布情况:绩效极优,5%;绩效优,15%;绩效中,40%;绩效差,15%;绩效极差,5%(见图8—4)。

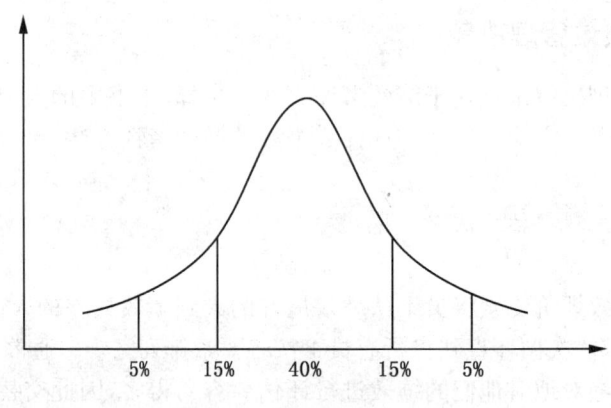

图8—4　强制分布法图例

这一方法的采用有助于避免考评者过分严厉或宽容的评估偏差,克服平均主义。具体实践中,在控制企业总体比例的情况下,具体到各部门比例可有所浮动。这一方法被广泛运用于大企业的年终考评。缺点是不适于在小范围内使用,因为如果一个部门只有三五个人,每个人都很努力,工作表现也不错,如强行排列,会造成不公平的现象,且员工会不认可。认为不仅没有如实反映绩效,并且造成员工间关系紧张。

(二)行为导向型客观评估方法

1. 关键事件法

关键事件法是指主管人员将每一下属员工在工作活动中所表现出来的非同寻常的好行为或非同寻常的不良行为(或事故)记录下来,然后在每6个月左右的时间里,上下级根据记录的特殊事件讨论下属的工作绩效。大多数下属雇员可能都希望上级评价者能够向他们说明，为什么将自己的工作绩效评价为好或不好。这种工作绩效评估方法通常可作为其他绩效评估方法的一种补充，因为它有许多优点：为主管人员向下属人员解释绩效评估结果提供了确切的事实证据；确保主管人员在对下属人员的绩效进行考察时，所依据的是下属人员在整个年度中的表现，而不是下属人员在最后一段时间的表现；保持动态的关键事件记录可以使主管人员获得一份关于下属员工是否已改善、通过何种途径改善不良绩效的具体实例。缺点：在对员工进行比较或在做出与之相关的薪资提升决策时，可能不会有太大用处。

2. 图尺度评价法

图尺度评价法是指用示意图表示评价档次（尺度）以及相应的评分标准或评价档次的含义、评语等。这一评价法是最简单也是运用最普遍的工作绩效评价方法之一。它列举了一些绩效构成要素（如"质量"或"数量"），还列举出了跨越范围很宽的工作绩效等级（如从"不令人满意"到"非常优异"）。在进行工作绩效评价时，首先针对每名下属员工从每项评价要素中找出符合其绩效状况的分数，然后将该员工的所有分值进行加总得到结果。图尺度评价法的考评内容深度不及关键事件法，但易操作且成本低。

3. 行为对照表法

行为对照表法是最常用的业绩评估方法之一。应用时给考评者（主管）一份描述员工规范的工作行为表，要求考评者将员工的行为与表中的描述进行对照，找出准确描述了员工行为的陈述。在某些情况下，行为对照表对于每一个反映员工工作行为的陈述都给出一系列相关的程度判断，对每一判断赋予不同分数，考评者根据员工行为表现进行选择后，将员工在各项上的得分加总就是这一员工的总分。这一方法的优点在于计量标准较为精确，各评价要素间有较强的相对独立性，能有效地指导和监控员工行为，并能用具体的行为条件给出反馈等。最主要的缺点在于如果量表的信度和效度不够高，将直接影响考核效果，而标准化量表的设计和开发需要耗费较多的精力和财力，这并不是每个企业都能承担的，且设计和制作量表需要花费大量的时间和费用。

4. 行为锚定等级评价法

行为锚定等级评价法首先明确定义每一考核项目，同时使用关键事件法对不同水平的工作要求进行描述。它是在等级评价的基础上，将关键事件（特别优良或劣等）的叙述加以量化，从而将描述性关键事件评价法和量化等级评价法的优点结合起来。通常有5个步骤：

(1)由工作承担者或主管人员获取关键事件。

(2)建立绩效评价等级，即将关键事件合并为几个绩效要素。

(3)对关键事件重新加以分配，以确定关键事件在等级中的位置。

(4)对关键事件进行评定，即对等级进行评估，以判断关键事件是否能有效代表那一级绩效要素所要求的水平。

(5)建立最终的工作绩效评价体系，对于每一个工作绩效要素，都有一组关键事件（通常每组中有6～7个关键事件）作为其"行为锚"。这种方法为主管提供了明确而客观的考核标准，有良好的反馈功能，且各绩效评估要素之间有较强的相互独立性。缺点是设计和实施的成本较高，要花费许多时间和金钱。

(三)结果导向型绩效评估方法

这里我们主要介绍目标管理法。目标管理法是由彼得·德鲁克在1954年提出来的，一般来说，目标管理法是一个设置和评价目标的过程，在这个过程中要制定企业、部门、部门经理和员工个人的目标。这种方法是：员工与其直接上级协商制定个人目标，然后以这些目标作为对员工评估的基础。

目标管理是一个循环系统（见图8—5），这个循环系统从设定企业的目标开始，经过循环又回到这一点。在这一目标制定系统中企业目标、部门目标、员工个人目标被先后确定，企业的总目标层层分解为部门目标、个人目标，通过个人目标的实现来保证部门目标的实现，最终保证总目标的实现。

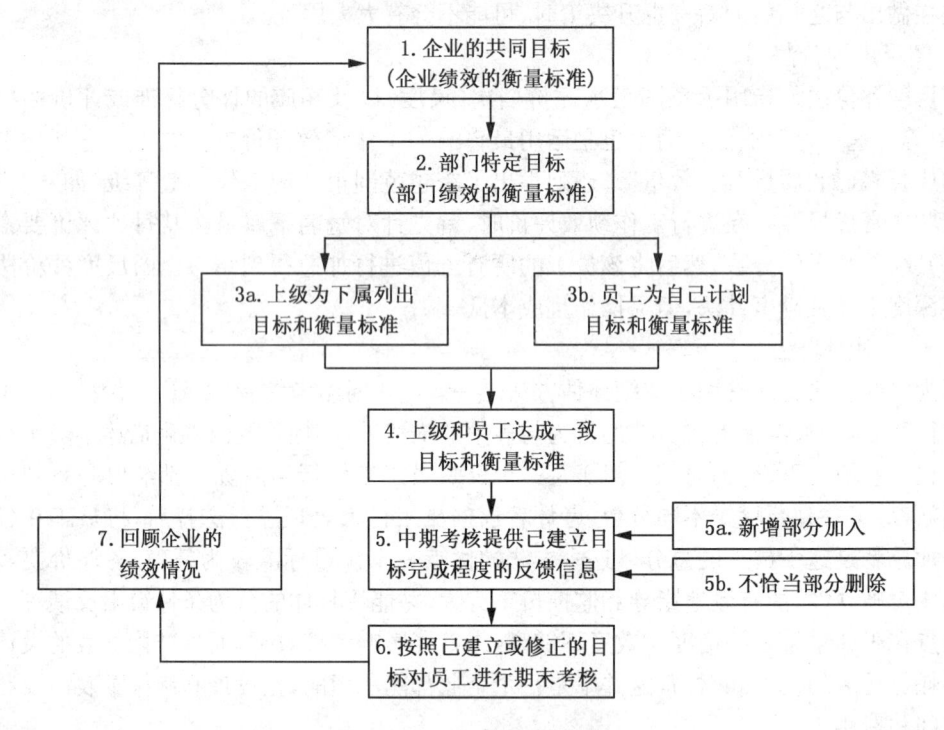

图8—5 目标管理实施程序

(1) 步骤1至步骤3是结果导向型绩效评估方法的基本程序内容，不可或缺。

(2) 步骤4是使员工制定目标后与上级进行讨论、回顾和修改，并最终使双方都满意。

(3) 步骤5是使员工在设定目标的同时，还必须制定达到目标的详细计划。在期间评估时，由于目标数据已经取得，因此可评定员工目标完成的程度。在此期间，当取得新的数据或其他数据时，可以修正目标。在一个评估期结束时（通常是一年或年），员工用他所得到的实际数据对他所完成的工作做自我评估。

(4) 步骤6的面谈是使上级和员工一起对员工自我评估进行检验。

(5) 步骤7是回顾员工工作结果与企业要求之间是否有出入。

这种方法的最大特点为上下级共同协商确定，具体完成目标的方法由下级决定并定期提供反馈。上级起指导帮助作用，在期限终了时，上下级一起进行工作评估，总结成败原因，并商讨下一期的目标。体现了现代管理的哲学思想，是领导者和下属之间双向互动的过程，有利于提高员工积极性。其优点是：有利于工作行为与组织整体目标一致。为控制提供明确的标准。有利于沟通。减少工作中的冲突和紊乱。提供更好的目标评价准则。使工作任务和人员安排一致。其缺点：要投入大量时间和精力来设定目标，对目标进展情况进行评估以及提供反馈。并且这一方法没有在不同部门、不同员工之间设立统一目标，因而难以对不同员工和不同部门间的工作绩效做横向比较,难以为以后的晋升决策提供依据。

(四)360度考核法

即由被评价者的上级、同事、下属和客户等对被评价对象了解、熟悉的人,不记名地对被评价者进行评价,被评价者也进行自我评价,然后向被评价者提供反馈,以帮助被评价者提高能力、水平和业绩的一种考核评价法。其优点是能全方位、多视角对员工进行评价,更多的信息渠道增强了信息的可靠性。而缺点是:这种方法对组织环境有较严格的要求;当评价主要目的是确定个人发展需要时,评价结果可信度高;若目的是服务于激励性人事政策时,评价者往往会考虑个人利益得失,所做评价相对来说难以客观公正;而被评价者也会怀疑评价的准确性和公正性。

(五)关键业绩指标法

关键绩效指标(KPI)通过对组织内部流程的输入端、输出端的关键参数进行设置、取样、计算、分析,衡量流程绩效的一种目标式量化管理指标。它从企业战略出发,提炼与战略相关的关键指标,从企业到部门到员工层层分解,力图将战略思想贯彻到每一个员工,通过对这些指标的监控考核,实现员工和企业绩效的提升。通过设立与个体及组织关键业绩相关的评价依据和指标,层层分解量化的关键绩效指标系统,实现对企业重点活动及其核心效果进行直接控制和衡量。关键绩效指标体系所体现的衡量内容最终取决于组织的战略目标,是对组织战略目标的进一步细化和发展,并随组织战略目标的发展演变而调整。

KPI一般由财务、运营和组织三大类可量化的指标构成。KPI可以使部门主管明确部门的主要责任,并以此为基础,明确部门人员的业绩衡量指标,使业绩考评建立在量化的基础之上。运用KPI方法设立和分解公司关键量化指标,要遵循SMART原则,在对公司价值链进行分析的基础上,根据公司使命和愿景确定公司的关键成果领域;针对每一个关键成果领域制定流程级KPI;对每一个流程级KPI设计下一层KPI,直至岗位KPI,从而保证公司战略的层层分解和层层落实;分析和构建指标之间的逻辑关系,并对指标进行属性测试,建立指标体系。

这一考核方法的优点在于:(1)形成了一个基于企业战略的驱动系统,通过制定目标,将计划的任务层层分解,使得年度计划落实到部门、岗位与具体的行动上。(2)形成了一个基于业务流程的目标管理系统,通过分析各流程业绩,将业绩与薪酬挂钩,对员工的行为起到了积极的约束和激励作用。缺点是如果指标设计不合理,便不能够有效支持企业的目标和绩效,甚至会把企业带到错误的方向。比如,如果绩效指标基本上是以各个职能部门为单位设计,各个部门为了自己的绩效就很可能会相互推卸责任,从而企业陷入混乱和低效率中。而实际上,各个职能部门之间的空白地带往往是企业绩效改进的最大空间。

(六)平衡计分卡

平衡计分卡(BSC)将企业战略目标逐层分解转化为各种具体的相互平衡的绩效考核指标体系,并对这些指标的实现状况进行不同时段的考核,从而为战略目标的完成建立起拥有可靠的执行基础的绩效管理体系。平衡计分卡把对企业业绩的评价划分为四个部分:财务方面、客户、经营过程、学习与成长。它不仅是一个指标评价系统,而且还是一个战略管理系统。

卡普兰和诺顿设计平衡计分卡的初衷并非是将其用于人力资源管理,而是用于战略管理。对于中国大多数企业来说,战略执行不力是困扰中国企业管理者的一大难题,而平衡计分卡是一个有效地将企业战略与组织和个人行为结合在一起的工具。因此,如果将平衡计分卡适当进行分解,最终将平衡计分卡目标与指标落实到企业组织中的个人,并根据企业组织个人完成这些指标和目标的情况,对员工的工作绩效进行管理,从这个角度来说,平衡计分卡可看作员工绩效管理的工具。这一方法的好处在于：

（1）使员工在工作中的行为统一于企业组织的整体战略下，避免公司战略在实际执行中会存在的偏差。

（2）使用平衡计分卡作为员工绩效管理的工具。将会避免传统的绩效管理只注重员工工作所导致的财务指标的实现，而忽视员工在实际工作中的一些非财务指标行为对企业长远发展所起的作用。

（3）平衡计分卡绩效管理系统将使员工和组织更关注企业组织和个人的长远发展，督促员工不断学习、不断成长，以适应企业的长远发展。

（4）使用平衡计分卡绩效管理系统，将会使企业组织和个人更加重视为企业组织及个人未来发展所必须的投入。

第二节 人力资源绩效管理实训

一、商业银行绩效管理实训——以 F 银行为例

与其他社会组织一样，商业银行实施绩效管理也是以股东价值最大化为基准，以满足商业银行资金安全性、流动性、盈利性的原则为出发点。然而由于商业银行自身性质的限制，以及在不同发展时期里，所追求的具体目标存在差异，其绩效考核具备三个方面的特点：在目标的实现上，要有利于银行价值的创造。在过程的实施中，要有利于短期化管理倾向的纠正。在结果后续影响上，要有利于管理方式的改进。

（一）银行的基本概况

1. F 银行简介

F 城市商业银行（以下简称 F 银行）位于华中某城市，成立于 1997 年。目前下设有 6 家支行和 19 个网点，总部设有办公室、党群人事部、科技发展部、市场营销部、计划财务部、稽核监控办公室和资产保全部 7 个部门，职工人数 260 多人。F 银行成立后，肩负着支持当地经济、促进地区发展的重任。

2. F 银行实施绩效管理的背景

F 银行作为"机制灵活、服务态度"的新兴地方性股份制商业银行，从成立之初便任务艰巨，存在许多问题：如总体规模较小，资产质量欠佳，员工素质低下，管理手段落后等，加之激烈的行业竞争形势。为了打破企业发展的瓶颈，实现企业规模的扩大和经营业绩的提高，F 银行迫切需要改革，实施并加强绩效管理步伐。随之而来的是全行励精图治，积极开展绩效管理工作，制定了一系列绩效考核和激励举措。

（二）F 银行绩效管理的现状

1. F 银行绩效管理观念淡薄

F 银行的高层是在企业竞争比较激烈且前进动力明显不足的情况下，才深刻地意识到加强绩效管理对企业和员工长远发展具有势在必行的重要性。为了迅速扩大企业规模，提高经营业绩和绩效管理水平，由此做出加强绩效管理，制定绩效考核和激励举措的决定。但从实际效果看，仅依靠这种观念无法让银行从根本上实施好绩效管理，也不能达到科学地运用绩效管理技术和先进的绩效考核方法为企业服务。

2. 考核标准的制定缺乏科学指导性

由于F银行对中高层管理人员、一线业务人员和职能管理部门制定的考核指标和考核管理办法在制定上不够全面,它仅依赖于对本行不同部门和岗位的职责与特点的具体分析与评估,过分估量了岗位职责的特殊性在绩效考核中的比重,导致制定的决策不够科学且指导性不够。

3. 投入甚大,效果却不尽如人意

银行党群人事部根据本行不同部门和岗位的职责与特点,在每年年末举行的高层领导绩效考核会议上,确立实施当年的绩效管理的第三个环节——开展年终绩效考核工作的决定。于是,各部门负责人牵头组织实施本部门的绩效考核,相关部门紧密配合,相互协调,全行花费了大量人力、物力、财力的绩效考核的结果却并不尽如人意。

4. 银行内部抱怨不断,各方看法不一

由于实施效果不尽如人意,银行内部产生很多困惑和抱怨:高层认为考核结果没能达到预期的效果,也没能为企业战略目标的实现提供帮助和指导,主要是因为银行在实施绩效考核之后,不能正确判别员工在表现上的优与劣;职能部门觉得,其原因在于考核指标量化不够,较难操作;而员工自己却常常有这样的感觉:本行的绩效考核结果没有全面真实地反映自己的工作业绩,缺乏公平性。

(三)F银行绩效管理问题的原因分析

1. 缺乏正确的绩效管理观念

绩效管理主要是由绩效计划、绩效辅导、绩效考核与绩效反馈等环节组成的一个完整的管理过程。由于绩效考核只是绩效管理的一个部分,所以不能无止境地延伸并扩大绩效考核的作用。

F银行在实施绩效管理时,只是简单地强调了绩效考核。进行绩效考核时,又主要由党群人事部在牵头来做,加之考核的内容仅局限于绩效考核相关制度制定和指标的选择不够全面,导致考核效果不够科学。

2. 绩效指标体系不够完善,考核缺乏导向性

F银行的绩效管理问题显示出了指标体系的不够完备,主要体现在银行没有一个有效的计划,对考核指标进行周密的选取,以致出现指标评判上的科学性不高,系统性不强等问题。甚至,某些部门在绩效指标的信息采集上一如既往地参考部门以前的数据。同时,F银行实施绩效管理没有以战略导向为出发点,这就注定绩效管理的效果不能为本行的战略目标的实现提供有效依据和帮助。

3. 管理仓促,培训不足

完整合理的绩效管理系统对企业的绩效考核、企业战略实现、员工发展乃至整个绩效管理工作尤为重要。由于F银行是在近几年随着竞争加剧,认识到绩效管理工作的重要性的,所以推行绩效考核的时间较短,管理也比较仓促和分散,没有形成一个比较成熟的模式和方法。加之各层管理人员也缺乏这方面经验,在没有借助外力的情况下,企业开展相关的绩效管理的培训就相对有限,这也就直接降低了考核的工作效率。

4. 制度不符合自身特点,绩效管理缺乏竞争环境

企业文化是绩效管理体系设计的依据,绩效管理的任何工作都不能脱离企业特有的文化特色而各行其是。在研究企业绩效管理和制定科学的绩效管理制度时,应充分地结合企业自身的特点。由于F银行为了完成企业战略目标,在绩效管理上欲加速,但是由于自身经验积累的不足,直接导致该行在考核制度和管理方法上只是引用同行的经验,完全脱离了企业文

化特色,在推行的过程中遇到了很多困难。如在考核周期上,各部门主管发生很大的分歧,有的认为应季度考核,有的认为月考核较为公平。

(四)F银行绩效管理问题的应对之策

1. 加强正确绩效管理意识的培养,纠正定位偏差

加强正确、明晰的绩效管理意识的培养,就是要使银行管理者和员工明确地意识到绩效管理是一个完整的管理过程,由绩效计划、绩效考核等四个环节不断循环而成的,绩效管理的定位不能仅局限于提高绩效,而应切实地结合银行文化以提高企业有效发展和员工价值实现为宗旨。

2. 完善以人为本的绩效指标体系,确立以银行战略与员工

F银行绩效管理问题深刻地折射出商业银行绩效指标体系的问题,这种体系的不完善,使整个绩效考核缺乏科学性、系统性、公正性,很难提高员工的积极性和整个绩效管理的效率,也就无法达成银行的经营目标。

3. 积极开展员工素质培训

F银行要想在经济全球化激烈竞争的环境中生存,就不能忽视银行内部员工的素质培训。这种培训又不能只走形式,重量不重质,否则就会像很多企业一样,过多的培训反而导致员工的抱怨,员工看不到培训的效果给工作中带来的便利和效率。

4. 确立本行特色管理制度,创造公平、和谐的竞争环境

商业银行在确立绩效管理制度上不应墨守成规,要打破原有的模仿,根据本行自身特点,各个部门的实际情况具体分析,制定出一套有效的绩效考核制度。让员工知道,银行制定的制度是科学合理的,是银行发展和员工需求相结合的制度,在这个制度的实施下,每个人都能得到一个公平、公正的竞争机会以实现自己的价值。

5. 确定有效完备的绩效计划

作为绩效管理的起点——绩效计划不可或缺,它是整个绩效管理的必备蓝图。在商业银行日益竞争的今天,谁先制定出科学有效的绩效计划,谁就能在绩效管理乃至企业前景的发展中赢得主动权。所以,对于F银行来说,有效地实施绩效管理工作,并制定一个完备的绩效计划的确是势在必行。

6. 提高绩效管理的沟通质量

任何时候,我们都不能否认绩效沟通在绩效管理实施中的关键影响和积极作用。作为一家问题重重的新兴商业银行,要想在同行中一展雄风,就必须加强绩效沟通,改善沟通方式,提高绩效管理的沟通质量,例如开展部门例会,定期汇报,电话沟通的方式,同时提高沟通的频率,积极有效地组织部门与员工、高层与基层的定期或不定期交流,及时反馈问题与结果。

二、山东航空股份有限公司绩效管理

(一)企业介绍

山东航空股份有限公司(下称山航)成立于1999年12月13日,其前身系成立于1994年的山东航空有限责任公司。由山东航空集团有限公司、浪潮集团有限公司、山东华鲁集团有限公司、山东省水产企业集团总公司和鲁银投资集团股份有限公司发起重组而成。

公司主要从事山东省内和经批准的由山东省始发至国内部分城市的航空客货运输业务;开展与航空有关的其他服务和经营性业务。总部设在济南,青岛、烟台设有分公司,是中国民航经营航空运输业务涉及支线航空业务的航空公司之一。2004年山东航空集团有限公司与

中国航空集团公司通过股权转让,中国国际航空股份有限公司同时持有山东航空集团有限公司(山航集团第一大股东)、山东航空股份有限公司的股权,成为山东航空股份有限公司实际控制人。

主营业务:国内航空客货运输业务;由国内始发至周边国家、地区航空客货运输业务;酒店餐饮;航空器维修;航空公司间的代理业务;与主营业务有关的地面服务。

(二)企业现状

经过多年发展完善,山航已经形成了相对健全的考核体系,包括三个模块:对高层的考核、对部门的考核、对员工的考核。对高层的考核分为省组织部考核和公司考核两种,部门考核是由公司考核小组负责。对于部门的考核,考核前,各部门和董事长一般会订目标责任书,目标的完成情况自然成了考核的重要指标之一,目标完成度高,考核结果好,部门或员工便会获得相应的奖金奖励;公司月度会议上也会进行口头表扬。一般员工和专业技术人员由部门领导考核,中层干部考核由公司领导和下属评分考核。三个考核模块表面上很健全,但实际上存在诸多问题,如高管和员工考核中缺乏对工作职责的考核指标;部门考核中指标边界界定模糊,考核内容过于宽泛、空洞,没有突出部门主要职责和业绩;三个模块的考核都没体现从高层到部门、员工之间的内在逻辑关系,考核内容互不相关;考核指标、考核内容和公司业绩联系很弱。

山航虽然有一些绩效管理规范和规定,如针对高管的考核规定、部门考核规定,但规定不明确且某些方面如对考评结果的应用以及与之配套的人力资源薪酬、奖惩、人事异动等没有做出相关规定,目前也尚未形成系统规范的绩效管理制度文件。在考核人员的选择上,总裁、党委书记等高层领导占40%,最了解情况的分管领导所占比例仅为20%,整体以干部考核为主体。

在进行考核时,部门与员工考核保持一定的相关性,有利于员工行动和部门目标保持一致,从而保证部门绩效目标实现,进而保证组织目标实现。而山航设定的部门考核指标包括安全目标、预算控制目标、业务管理目标、业务建设目标、精神文明目标5个考核维度,员工的考核维度却是德、勤、绩、能4个维度,两者维度大不相同,员工努力方向和部门目标也不一致,随着考核力度加强,部门绩效会下降。考核主体也不相同,部门考核是由公司考核领导小组、公司考核小组进行的;而员工是由集团总裁、党委书记、公司高层管理人员、部门领导、一般员工等多层考核。考核主体不一致,对考核维度的掌握也会有偏差,对员工行为引导也有偏差。部门考核指标没能落实到个人,实行集体负责,实际上是无人负责。

绩效考核的内容应包括:工作业绩、工作表现、工作能力三部分,工作业绩考核是根据岗位职责、工作计划和业绩结果进行考核,是考核的主要内容;工作表现考核是根据员工的表现和企业价值观进行考评,重点体现企业文化的要求;工作能力的考核是依据岗位职责要求,对员工胜任岗位的能力进行评估,以便对员工提拔晋升或进行培训,提高员工的能力。值得一提的是,这三个方面山航都有涉及,但是还有待完善健全。山航各部门的考核方法由部门自行拟定,考核内容不一致,考核的导向性难以统一,难以满足公司整体发展需要。部门根据各自承担的考核内容拟定考核办法并设定奖金,自己给自己长工资,容易形成不给钱不办事的企业文化;并且经常会出现部门的月度任务完成了,但企业月度总任务并未实现的怪现象。

公司的考核重点在当期财务指标和安全指标,对其他有助于公司长期发展的指标考核很少甚至没有考核,公司长期发展缺乏后劲。对安全管理指标的考核也只针对一些偶发事件设置指标,没有针对发生事件的根源设置。指标缺乏针对性,表现为:指标设置没有体现部门的关键任务;指标分值设置没有体现工作的价值;考核指标和部门没有关系。具体体现如财务部的配品额、财务费用指标在总分中只占5分,其他非关键指标占大部分分数。同时存在指标模糊,考核内容不明确,甚至存在两个部门共同负责的指标,如人力资源部"建立人才培养管理系统,形成文字材料"(到底在考核形成文字材料还是考核建立系统本身);飞行一队和飞行二队共同负责完成公司的飞行小时(飞少了谁的责任,飞多了谁的功劳)。考核指标虽然也有分解,但是没有做到科学系统,难以支持公司战略的实施。山航从高层到员工的考核指标不存在相关性,考核指标在年初确定后,一年中就不再变化,不论任务和企业内外环境是否变化。

绩效管理工作在整个人力资源管理中居于核心地位。工作分析是绩效管理的基础,但是山航内部缺乏科学的岗位描述,而人力资源部也鲜有工作分析和调查,因而难以确定员工的期望和要求,也就难以制定出现实和客观的绩效考评标准;虽然山航薪酬与外部相比处于优势地位,由于内部薪酬没能与实际工作绩效挂钩,造成员工的普遍不满。此外,人力资源部门基本不参与绩效指标的设计与制定,主要由部门和高管商定。而在实行绩效管理制度时,人力资源部门很少有对制度进行宣传和培训,使得员工对其中很多细节不甚清楚,给绩效管理制度的顺利执行也造成一定困难。

绩效考评存在片面化的问题,过多重视一方面,而忽略其他重要层面。如2007年,市场部的承包方案只关注收入,在2008年有了一定提高,同时考虑了成本。但是仍旧忽略了市场部研究市场、开拓市场等其他重要职能,相应地缺乏对服务职能与市场职能的考核,公司拟定的市场营销发展战略丝毫没有在考核中体现。

山航只有年度考核,缺乏月度考核与季度考核,考核周期太长,不利于对工作进行及时的检查和监督并对部门及员工进行及时的激励和处罚,无法实现考核的目标;没有平时的考核,不利于考核数据的收集和积累;没有平时积累的考核数据的支持,到年底只能靠对被考核部门或员工的主观印象做出评价,很容易出现"晕轮效应",无法对被考核人进行全面、公正、客观的评价。

考核完毕,上级主管会就考核结果与下属进行一定的沟通交流,但是由于上级对下级的直接考核很少,沟通往往成为一种形式,不能对员工以后工作上的改进提升发挥功效。部门间相互考核导致部门间的牵制。考核以负向激励为主,干得越多,考核结果越差,被考核者力求指标模糊,目标容易完成。考核结果应运用于选拔、薪酬管理、员工培训以及淘汰,该公司部门考核结果仅用于年终评部门先进和奖金的档次,员工考核则对员工没什么影响,评价结果未与薪酬、晋升、培训挂钩,干好干坏都一样,员工工作积极性下降,工作业绩下降,员工对考评的合理性、公正性、客观性表示质疑。

考核是薪酬发放的基础,缺乏科学规范的绩效管理制度,会使好的薪酬激励体系失去效果。山航的薪酬水平在山东及同行业内并不低,但是并没有给公司带来预期的效益。外部公平解决并不能使员工感到满意。由于缺乏科学的岗位评价,内部公平没有有效解决。管理部门没有从人力资源系统激励方面解决问题,而是设立一些单项奖来解决问题,既增加了成本,又带来了新的不公平,高报酬未能使杰出的员工做出杰出的贡献,而只能留下平庸的员工。因而建立一套科学的绩效管理制度是山航目前迫切需要解决的问题。

(三)治理与优化

山航的绩效管理存在的诸多问题,如考核内容不全面、考核指标相关性较弱、权重不合理等,很大程度上是由于绩效考核指标设计的不合理。因此治理与优化的关键在于合理设计绩效考核指标。绩效考核指标设计可采用平衡计分卡模型,工作思路为:战略分解、战略细化(公司级目标细化为部门指标,再进一步细化为岗位指标)。具体工作步骤为:

(1)依据企业战略目标和企业发展需要,进行战略分解,制定战略计划。

(2)找出企业成功的关键因素,为四类具体的指标找出其最具有意义的绩效衡量指标,并绘制公司级战略地图。

(3)根据公司级战略地图,进行进一步指标分解,合理分配形成部门绩效指标体系。

(4)结合部门绩效指标体系和岗位要求,制定岗位绩效指标体系。

除了需对绩效考核指标进行重点修订外,山航的绩效管理还需对以下绩效管理中的问题进行修订。主要有:(1)考核周期过长导致的问题;(2)考核无法保证客观、公平,造成员工不满;(3)考核主体的选择不当及考核的激励性较差;(4)考核结果运用不合理,难以起到积极作用。解决以上问题的关键在于需要建立一套科学的绩效考核机制。

三、青啤兼并汉斯啤酒厂后的360°绩效考核

青岛啤酒厂兼并汉斯啤酒厂后,为汉斯啤酒厂引进了360°考评体系,注重绩效,全面客观地考评员工的德、能、勤、绩。所谓360°考评体系,即对基层员工的考核由自评、同级考评、上级考评三个维度构成,对中层干部,还要请其下级评定(通常采用无记名填表和座谈相结合)(如图8-6所示)。

图8-6 汉斯啤酒厂的360°绩效考核

员工自评,即被评定者本人在年终述职大会上叙述自己的能力、工作态度、工作成绩和一年工作中的优缺点,职业生涯发展的可能性,需要上级加以指导的事项和本人所经历的关键性事件。

同级考评即本部门同事、其他相关部门人员、本企业以外的相关人员在公司述职会上,利用一系列标准化的量化表对评定者以无记名方式,按优秀、一般、不称职三类进行打分。

上级考评,即公司运用比较法对考评结果作出相互比较,从而决定其工作业绩的相对水平。

公司将绩效考核制度化,以加大奖惩力度做保证。鼓励员工在自己的工作岗位上发挥个人的聪明才智,并实施奖励;对于考核不合格者,扣发奖金或调离工作岗作,从而调动了员工的积极性,激发了他们的主人翁精神。

公司在绩效考核中,对中层干部的考核更加严格。对考核结果排出名次,末位淘汰。此法实行第一年,就有35个部门被砍去,63名中层干部被精减,二级机构由原来的45个削减为9处1室,中层干部仅聘26人,实行竞争上岗。各级干部依靠德、能、勤、绩上岗,一切以年底考评成绩说话。剧烈的人事变化,使公司上上下下无不震动,特别是中层干部真正有了强烈的危机感。

梅花香自苦寒来,青啤西安公司在短时间内创造了奇迹,一举扭亏为盈,吨酒成本降低了25%,全年总成本下降3 200万元,利润增长116%,成为西安市的利税大户和东西部企业合作中的一颗闪亮的新星。

第三节 人力资源绩效管理实验操作

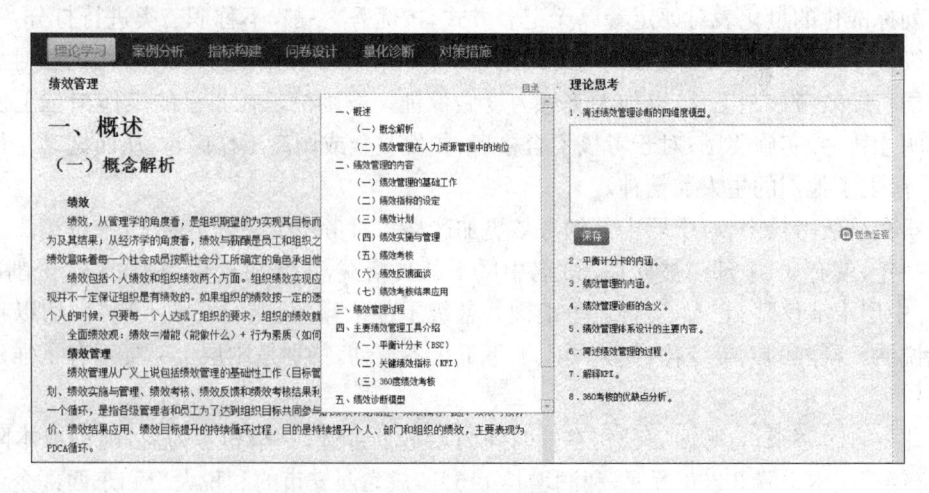

一、人力资源绩效管理理论学习

1. 人力资源绩效管理案例选择

进入软件后在【管理诊断】下点击【绩效管理】，则会出现相应人力资源绩效管理的相关案例，用户可选择其中案例进入学习（如图8—7所示）。

图8—7 人力资源绩效管理案例选择

2. 人力资源绩效管理理论学习

点击相应案例进入后，界面左侧为该案例所属的理论知识，点击【目录】可以概览理论知识的大纲，点击标题可以直接查看该部分内容（如图8—8所示）。

图8—8 人力资源绩效管理理论学习

3. 理论阅读与标注

选定理论知识中的一句话或一段话,可以编辑其字号、加粗、斜体、中划线、下划线、改变文字颜色及背景色,还可将这些格式清除。或者为选中的文字添加批注和书签(如图 8—9 所示)。

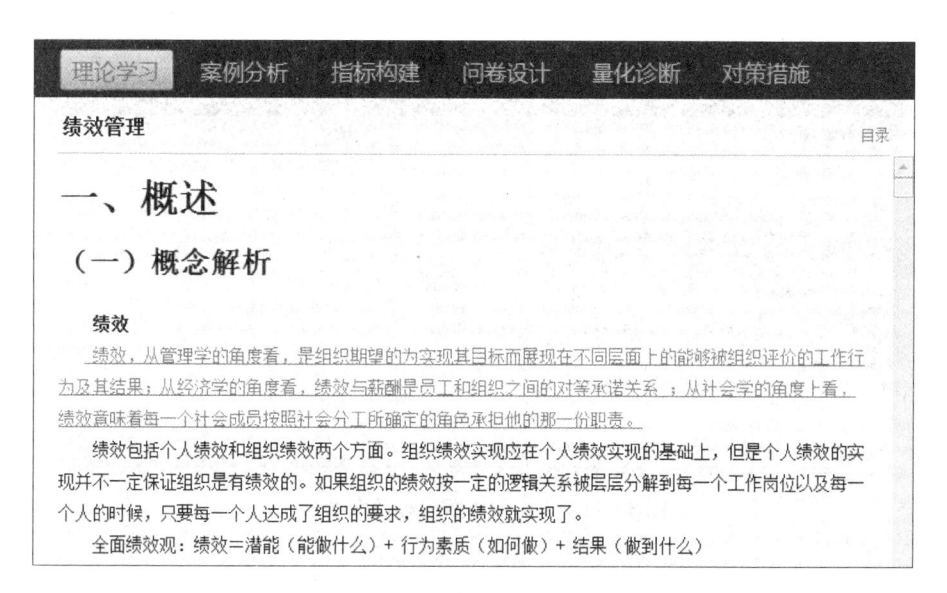

图 8—9　人力资源绩效管理理论阅读

4. 思考与问题

右侧为学习理论后回答的思考题,鼠标放在【参考答案】上会显示系统答案(如图 8—10 所示)。

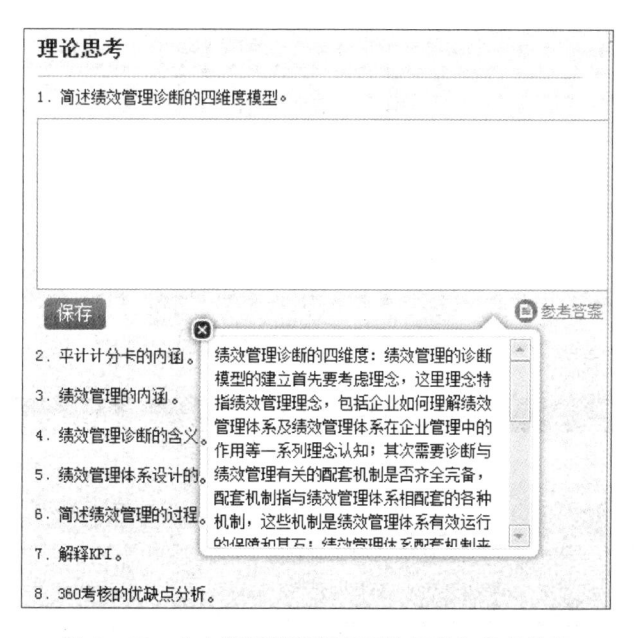

图 8—10　人力资源绩效管理理论思考与参考答案

二、人力资源绩效管理诊断实验操作

(一)案例定性分析

人力资源绩效管理诊断实验操作就是通过对所调查案例的分析,设计分析模型,进行数量分析(如图8—11所示)。

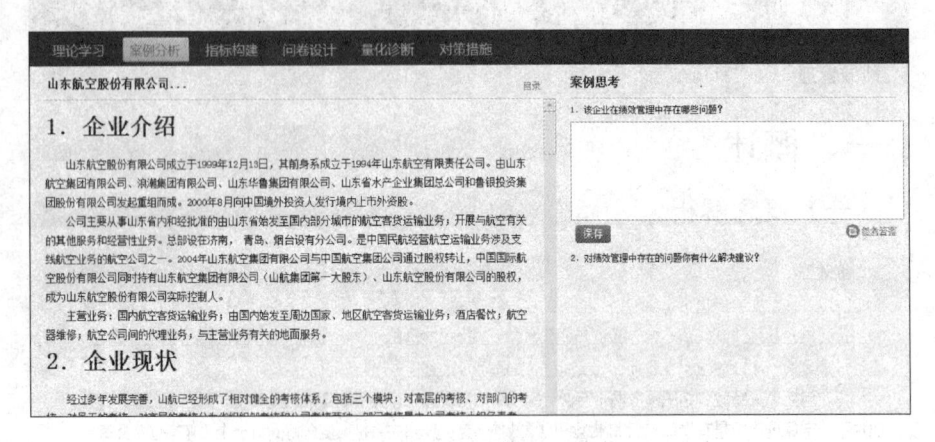

图8—11 人力资源绩效管理案例分析

左侧为该案例内容,点击【目录】可以概览案例大纲,点击标题可以直接查看该部分内容(如图8—12所示)。

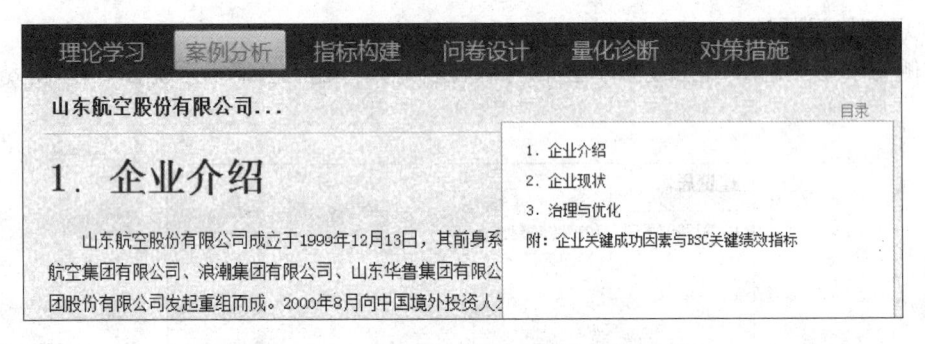

图8—12 人力资源绩效管理企业介绍

选定案例内容中的一句话或一段话,可以编辑其字号、加粗、斜体、中划线、下划线、改变文字颜色及背景色,还可将这些格式清除。或者为选中的文字添加批注和书签(如图8—13所示)。

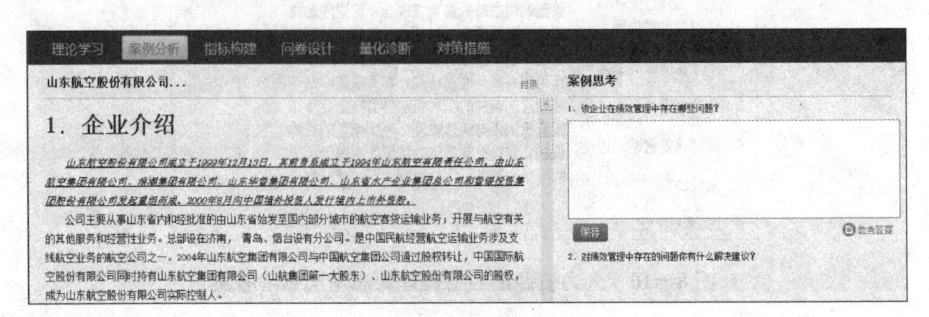

图8—13 人力资源绩效管理案例内容的文字编辑

右侧为阅读案例后回答的思考题，鼠标放在【参考答案】上会显示系统答案（如图 8-14 所示）。

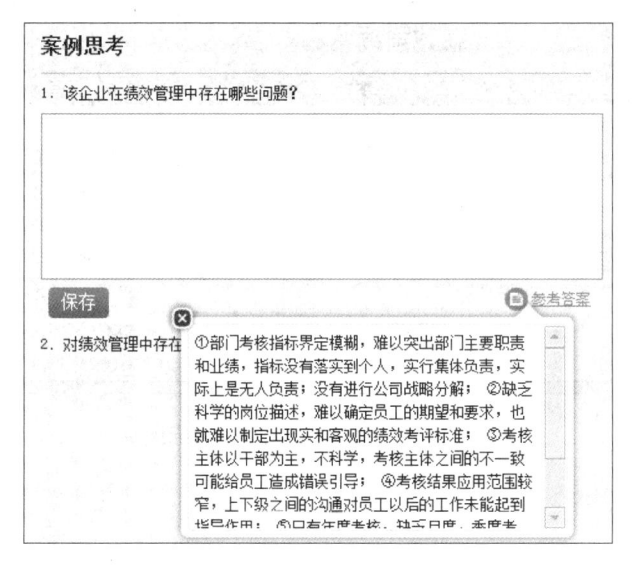

图 8-14　人力资源绩效管理案例思考与参考答案

(二)案例量化分析

1. 指标构建

根据人力资源绩效管理诊断理论，构建人力资源绩效管理诊断指标体系。选择软件【指标构建】后，可以采用软件所提供的指标模型选用并创建指标，也可根据所分析的案例独立构建新指标体系（如图 8-15 所示）。

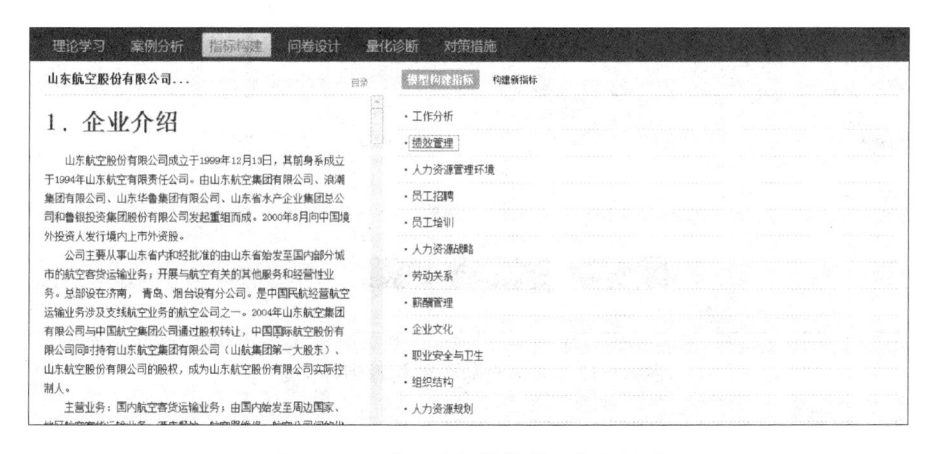

图 8-15　人力资源绩效管理指标构建

查看指标模板，可以此模板创建指标。点击"绩效管理"，选择【模型构建指标】或【构建新指标】（如图 8-16 所示）。

按照逻辑关系添加指标，点击【添加模块】或者【添加直线】，双击模块编辑指标名称，利用直线联系指标间的关系，完成后点击【保存】（如图 8-17 所示）。

指标默认创建后，新创建的指标会覆盖之前的指标。若用户已创建指标，可通过"构建新

图 8—16 人力资源绩效管理指标体系

指标"查看当前的指标。

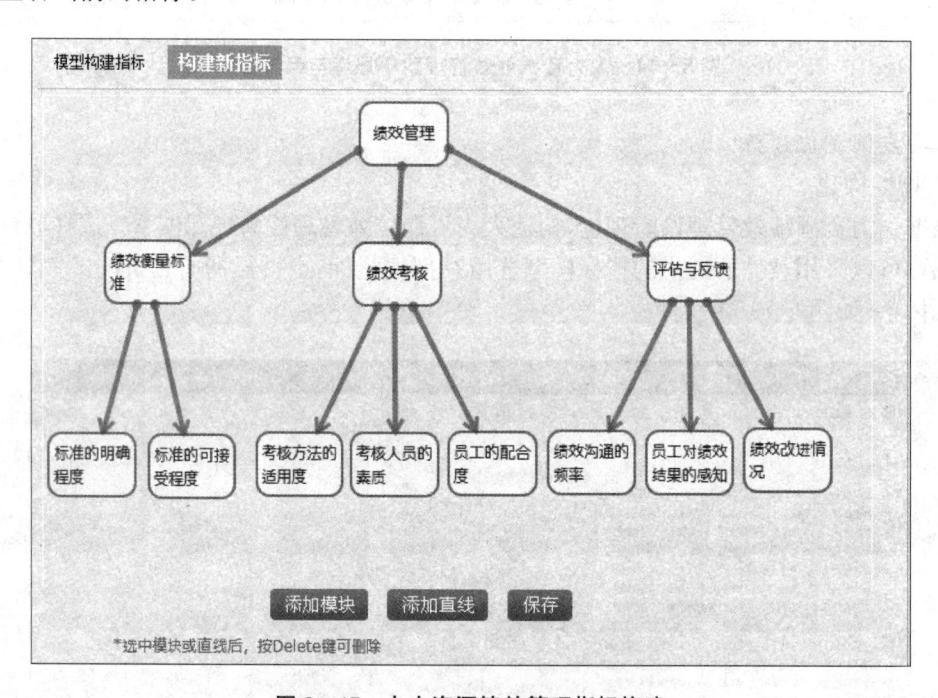

图 8—17 人力资源绩效管理指标构建

2. 问卷设计

根据构建的人力资源绩效管理诊断指标模型,设计调查问卷,以便各项指标数值的确定和相关指标的量化关系。

(1)选择"问卷设计",学生可以根据模板创建适合相关案例的调查问卷,也可以利用软件自有的问卷进行调查(如图 8—18 所示)。

(2)查看问卷模板,可以用此模板设计新问卷。

编辑问卷基本信息,点击【保存】(如图 8—19 所示)。

图 8-18　企业培训与员工绩效关系调查问卷

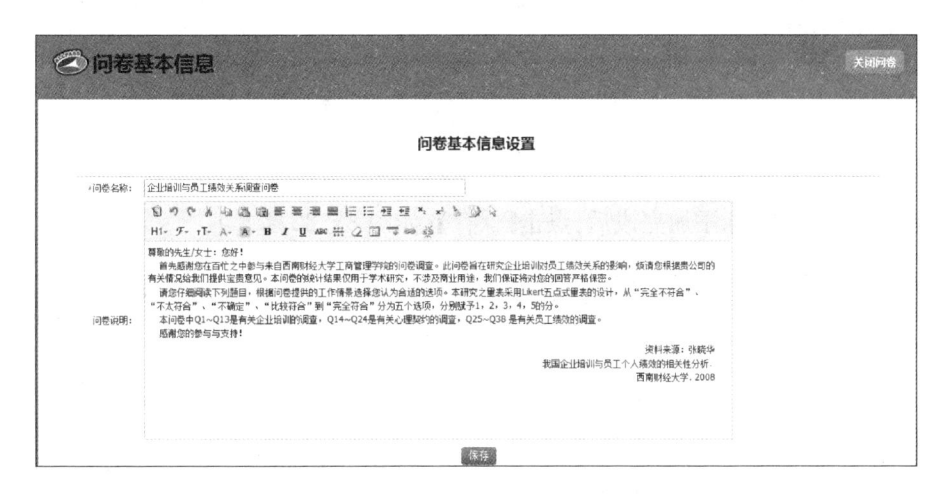

图 8-19　企业培训与员工绩效关系问卷基本信息设置

（3）添加问卷问题。问题类型分为单选题、多选题、量表题与开放式题，根据需要添加各类型的问题，也可直接编辑现有题目（如图 8-20 所示）。

图 8-20　企业培训与员工绩效关系问卷设计

(4)在页面右侧点击【基本信息】,可以重新编辑问卷说明(如图8—21所示)。

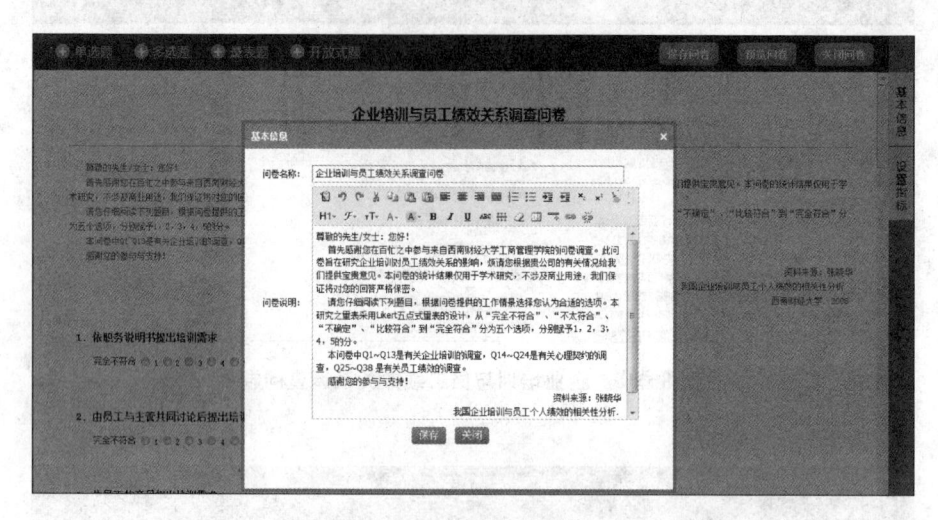

图8—21 企业培训与员工绩效关系问卷基本信息重新设置

(5)点击【设置指标】,可以设置问题指标,最多可设置10个。每个指标名称编辑完成后,按回车键确认。全部指标添加完成后,点击【保存】(如图8—22所示)。

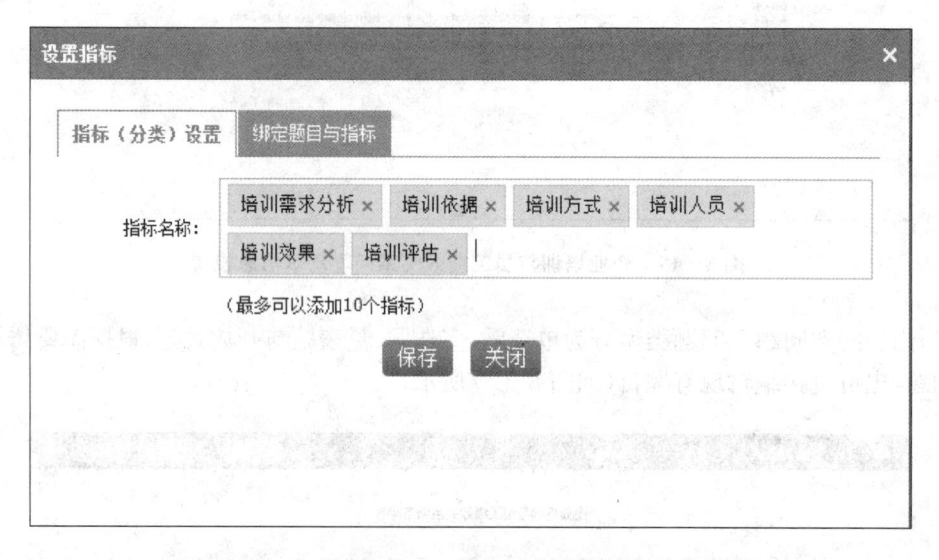

图8—22 企业培训与员工绩效关系问卷指标(分类)设置

(6)若根据指标构建步骤,学生已创建指标,则此处显示指标模型的第二层即维度层。学生亦可根据需要修改,但修改不影响前面的指标模型。

(7)指标分类设置完成后,可将指标与题目绑定(如图8—23所示)。

(8)问卷题目和指标设置完成后,切记要点击页面上方的【保存问卷】。保存后,可以进行预览(如图8—24所示)。

3. 量化诊断

选择"量化诊断"。

(1)点击【设计问卷】,可返回问卷设计部分,对问卷进行修改。如无修改需要,可点击"发

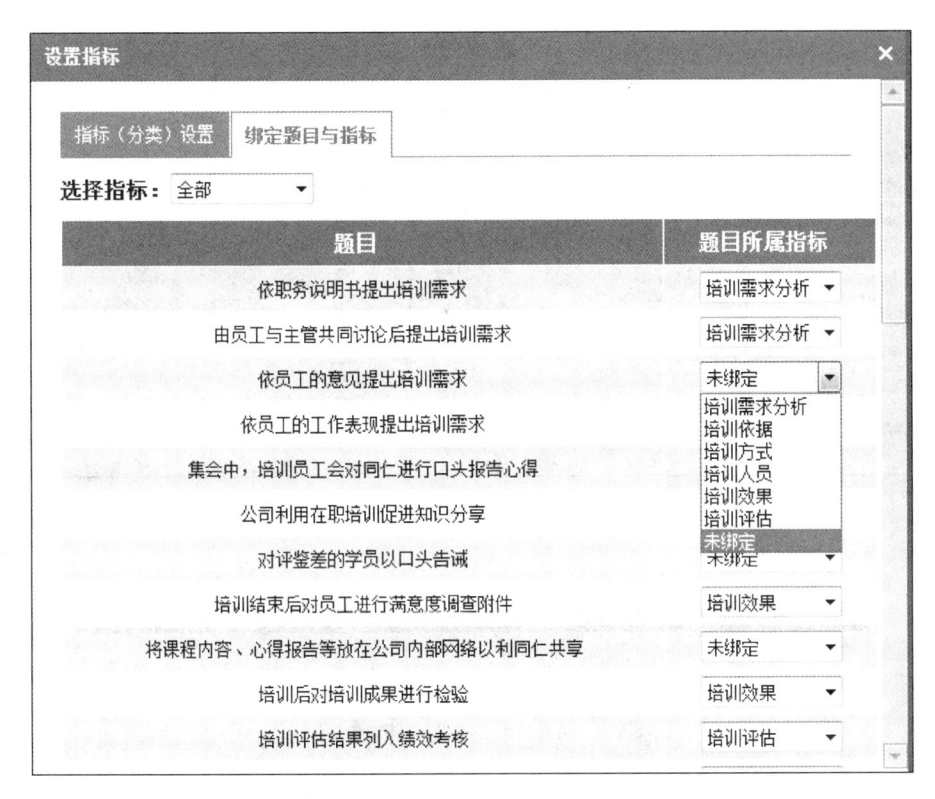

图 8—23　企业培训与员工绩效关系问卷与指标的绑定

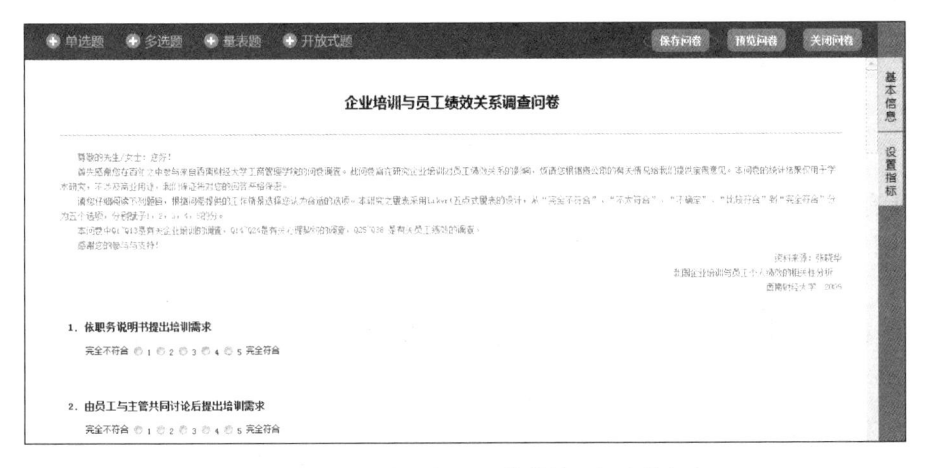

图 8—24　企业培训与员工绩效关系问卷的保存

布问卷"。点击【发布问卷】后,则所发布的问卷发送到问卷库中,实验中的其他学生在问卷库中可以看见。其他学生根据所读同一个案例的各自理解和分析,填写问卷,这是一个社会调查的过程(如图 8—25 所示)。

(2)点击【填写问卷】,根据自己所读案例的自我理解和分析,填写自己所发布的问卷(如图 8—26 所示)。

图 8-25　企业培训与员工绩效关系问卷的发布

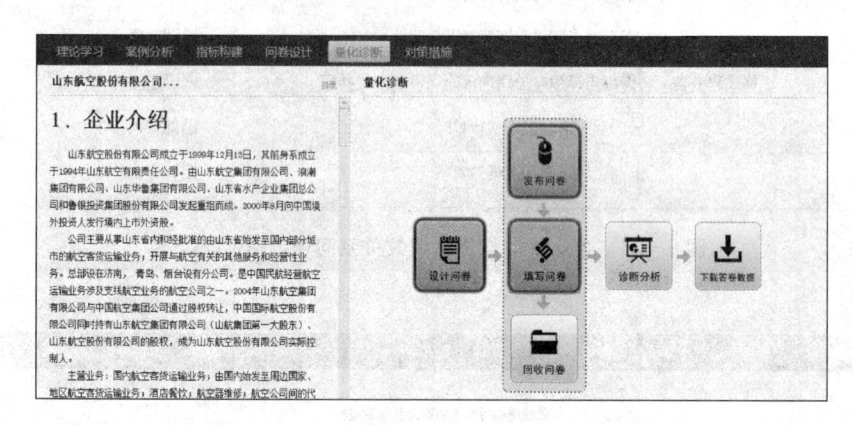

图 8-26　企业培训与员工绩效关系问卷的填写

（3）所有问题填写完成后，界面右端会有 100% 的柱状图，待所有问题完成后，点击【提交问卷】（如图 8-27 所示）。

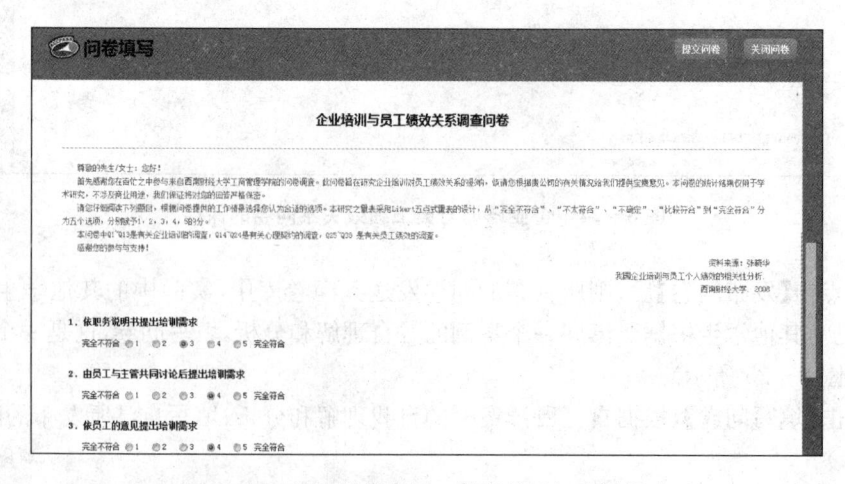

图 8-27　企业培训与员工绩效关系问卷的提交

(4)点击【回收问卷】,问卷回收后不在问卷库显示,其他同学无法填写。若需要收集多份答卷,请确认其他同学完成问卷填写后再回收(如图8-28所示)。

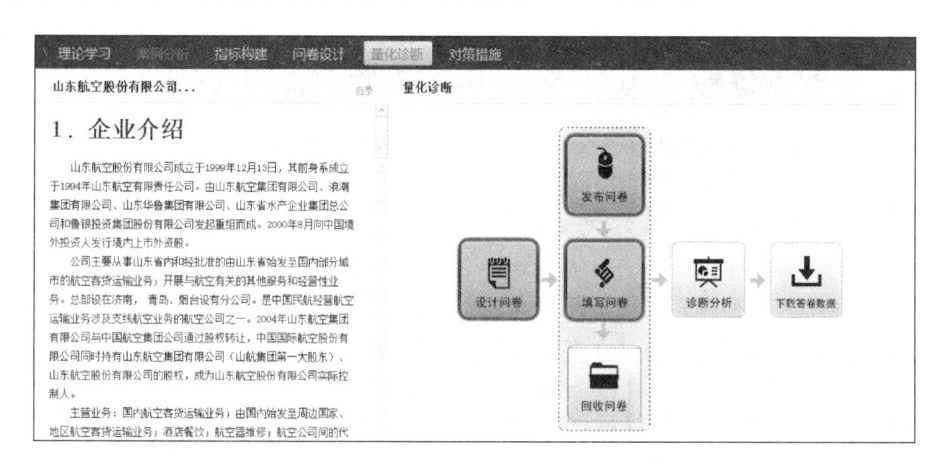

图8-28 企业培训与员工绩效关系问卷的回收

(5)点击【诊断分析】可对所回收的问卷进行诊断(如图8-29所示)。

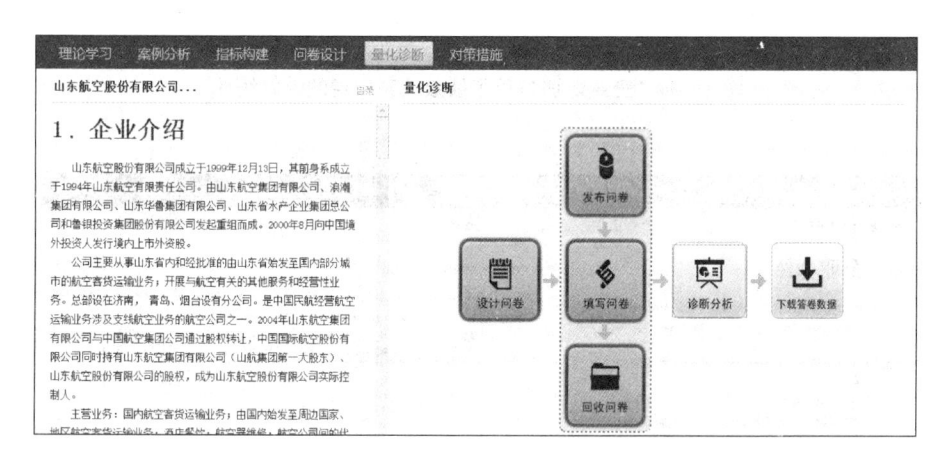

图8-29 企业培训与员工绩效关系问卷的诊断分析

(6)系统提供三类自动统计:单题统计、分类统计与汇总统计。

点击【单题统计】,可以查看每道题的回答情况(如图8-30所示)。

(7)点击【分类统计】,可查看同一指标下各个问题的答题情况。

(8)选择"汇总统计",查看问卷汇总统计表。学生也可下载统计报告进行查看。

三、人力资源绩效管理决策实验操作

(一)绩效管理存在问题分析

点击【对策措施】,选择【存在问题】,根据调查数据和图表,分析该企业人力资源绩效考核所存在问题,填写案例中企业的存在问题(如图8-31所示)。

(二)人力资源绩效管理决策

点击【对策措施】,选择【对策措施】,根据对企业存在问题的分析,提出相应的解决措施。

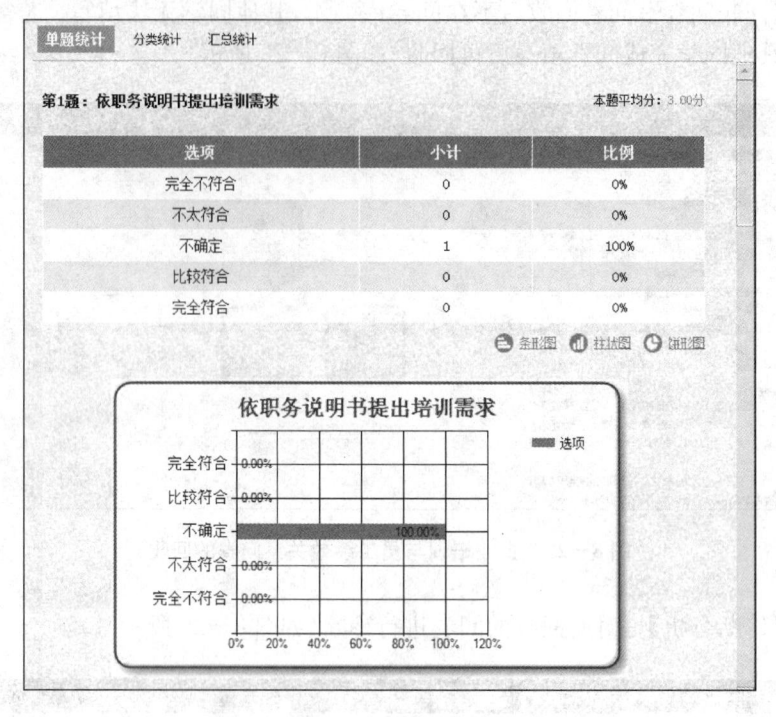

图 8-30 企业培训与员工绩效关系问卷的单题统计

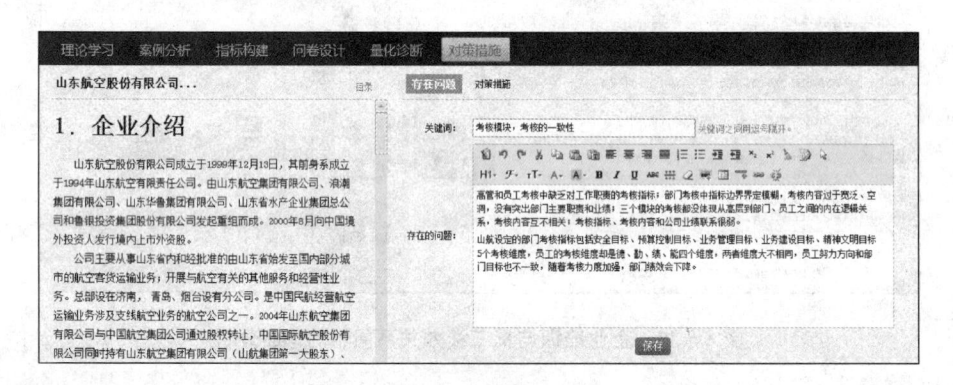

图 8-31 人力资源绩效考核案例存在问题

1. 点击【BSC 战略地图】，根据各板块的具体内容填写信息（如图 8-32 所示）。
2. 点击【绩效指标设计】，输入绩效指标关键词，并根据对案例的分析填写对策措施（如图 8-33 所示）。
3. 点击【绩效组织实施】，输入绩效指标关键词，并根据对案例的分析填写对策措施（如图 8-34 所示）。

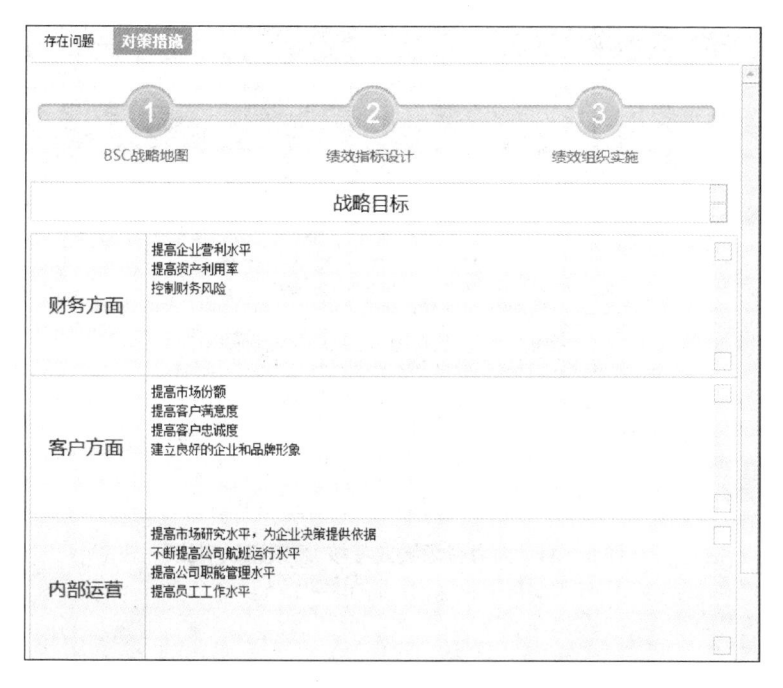

图 8—32　人力资源绩效考核"BSC 战略地图"分析

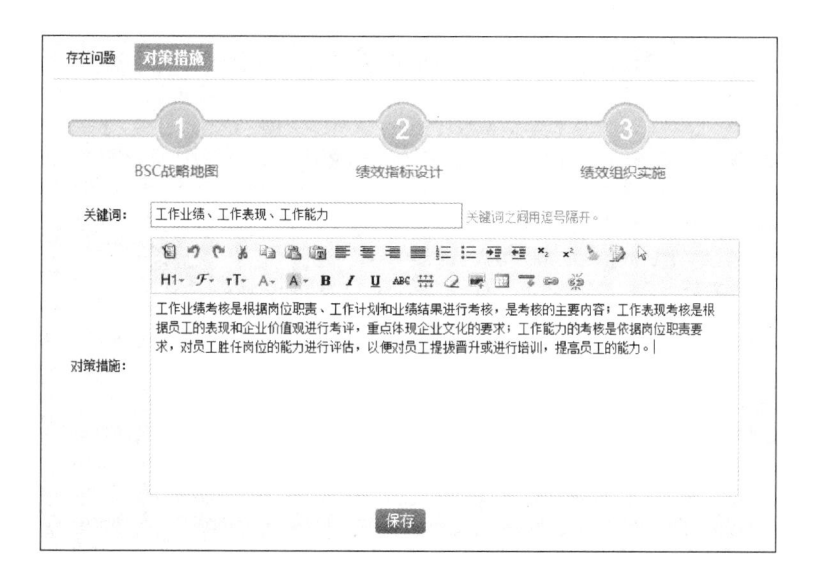

图 8—33　人力资源绩效考核"绩效指标设计"

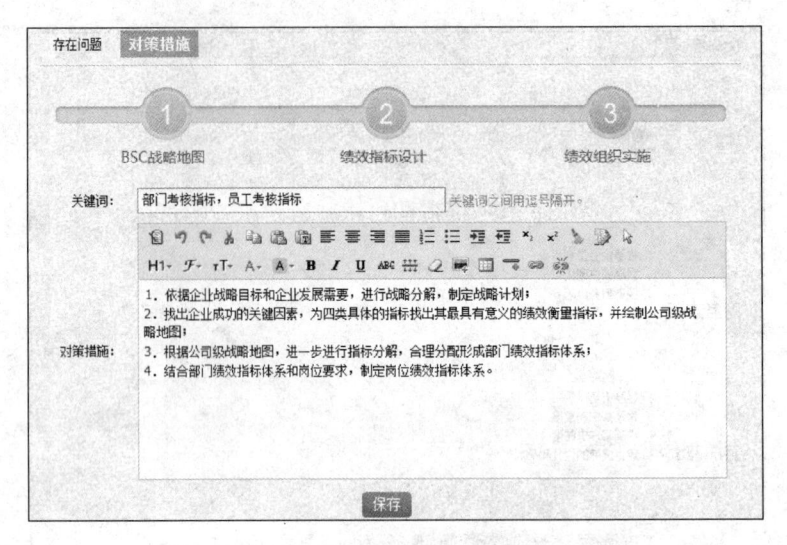

图8—34 人力资源绩效考核"绩效组织实施"

第 九 章

人力资源薪酬福利管理诊断与决策

第一节 人力资源薪酬福利管理诊断与决策原理

一、人力资源薪酬福利管理概述

(一)人力资源薪酬福利管理的概念

薪酬,是指雇员作为雇用关系中的一方所得到的各种货币收入,以及各种具体的服务和福利之和;是员工向其所在单位提供所需要的劳动而获得的各种形式的补偿,是单位支付给员工的劳动报酬。依照全面薪酬理念,薪酬由直接薪酬、间接薪酬和非货币性薪酬构成。直接薪酬包括基本工资、绩效工资、津贴等;间接薪酬主要是指福利,由国家法定福利和企业补充福利构成,如社会基本保险、各类休假、企业补充保险、其他福利、培训发展等。非货币薪酬主要是指来自工作本身、工作环境、身份标志、组织特征几个方面带来的心理效应。

薪酬福利管理,是在组织发展战略指导下,企业管理者对员工薪酬支付原则、薪酬策略、薪酬水平、薪酬结构、薪酬构成进行确定、分配和调整的动态管理过程。薪酬管理要为实现薪酬管理目标服务,内容包括:确定薪酬管理的目标、选择薪酬政策、制定薪酬计划、调整薪酬结构等内容。一般而言,薪酬管理包括薪酬体系设计、薪酬日常管理两个方面。薪酬体系设计主要是薪酬水平设计、薪酬结构设计和薪酬构成设计;薪酬日常管理是由薪酬预算、薪酬支付、薪酬调整组成的循环,这个循环可以称之为薪酬成本管理循环。

薪酬水平,是指企业内部各类职位和人员平均薪酬的高低状况,它反映了企业薪酬的外部竞争性。薪酬水平反映了企业薪酬相对于当地市场薪酬行情和竞争对手薪酬绝对值的高低。它对员工的吸引力和企业的薪酬竞争力有着直接的影响。

(二)薪酬的分类

从薪酬的总体获取方式来看,薪酬可以划分为两个类型:经济性和非经济性。经济性薪酬指的是企业以直接或间接的货币形式给员工发放的报酬,直接发放的形式包括固定工资、各类奖金和津贴等;而间接发放的报酬主要为各种形式的福利,如各类医疗、养老保险、在职学习、带薪休假等。非经济性报酬则是由企业文化、工作环境及企业荣誉带给员工一种精神层面的报酬,就如具有挑战性与竞争性的工作及其使命感与成就感、企业声誉带给员工的社会形象和地位的提升等,非经济性报酬,不需要企业为此增加什么货币成本,但却可以给员工带来精神上的成就感和荣誉感,从某种程度上说非经济性薪酬可以起到激励员工工作积极性的作用。

经济薪酬又可以分为直接经济薪酬和间接经济薪酬。根据货币支付的形式,可以把薪酬分为两大部分：一部分是以直接货币报酬的形式支付的工资，包括基本工资、奖金、工龄工资、绩效工资、学职工资、激励工资、津贴、加班费、佣金、股票分红等；一部分则是以为间接货币报酬来支付的形式，包括通过各种国家规定的福利、如养老保险、医疗保险、住房公积金、生育保险，和企业个性化制定的交通补贴、通讯补贴、以及各种福利补贴。

（三）薪酬的功能

薪酬功能的主要表现为以下五个方面：

1. 补偿功能

员工的体力和脑力在劳动过程中的消耗必须得到补偿，保证劳动力的再生产，劳动才能得以继续，社会才能不断进步和发展。同时员工为了提高自身劳动力素质，要进行教育投资，也需要这方面的费用补偿，否则就没有人愿意对自身再教育投资，劳动力质量就难以继续提高，从而影响社会持续进步发展。

2. 激励功能

员工薪酬水平的高低，将直接决定其日常各种生活水平的高低。薪酬的高低水平则是员工劳动数量、劳动质量等综合水平的一种反映，同时企业在薪酬发放方式，薪酬水平确定等方面也会影响员工工作的积极性。同时现代意义的薪酬还还有满足企业员工自我价值等多方面精神层面的需求的功能。薪酬水平的调整也表现了企业对员工的认可度以及该员工在企业的重要程度，也预示了该员工在企业里是否有前景。因此，薪酬具有激励功能，所以它能从物质和精神利益上双管齐下，激励员工关心自己劳动力素质的提高和劳动成果的增加，最终使全社会的经济不断发展提高，人民生活不断改善。

3. 调节功能

主要表现在两个方面：

第一，劳动力的合理流动，薪酬是劳动力市场中劳动供求关系的短期决定因素。薪酬高，劳动可供给数量就大；薪酬低，劳动可供给数量就少。因此，科学合理地运用薪酬这个调节功能，就可以引导劳动者向合理的方向流动，劳动者通常愿意到工资高、福利好、环境好的地方就业，因此，薪酬的调节功能能够在劳动力市场中影响劳动力供求关系，从而影响劳动力的合理流动。

第二，劳动力资源优化配置，通过对薪酬关系、薪酬等级、薪酬水平等相关薪酬体系的调整来引导劳动者努力学习和深入钻研企业等经济组织急需的业务和技术知识，从人才过剩的岗位或者工种向人才紧缺的岗位或者工种流动，既能满足各岗位的实际需要，又平衡了人力资源结构，从而推进了企业的进一步发展。

4. 增值功能

薪酬对企业来说就是为员工所付出的劳动力而支付的一种可变成本，它是资本金投入的特定形式，是用货币的形式来表现劳动力付出。因此，薪酬成本也可以认为是劳动力成本。此外，每个员工在企业里所付出的工作成绩总是大于他能得到的所有报酬，而两者的剩余就是薪酬所带来的效益溢出。所以，薪酬对于企业来讲就具有一定的增值功能，这样企业就有能力不断扩大生产，整个社会的生产力和经济才能持续发展。

5. 竞争功能

薪酬水平的高低反映了企业的经济实力和竞争力，高薪酬有利于吸引和留住高端人才，同时薪酬高低反映了员工自身能力和贡献大小，薪酬有助于引导企业内部员工竞争，最终增强企业的核心竞争力和整体竞争力。

(四)薪酬体系的设计原则

薪酬作为反映员工工作价值的分配形式之一,其目的就是实现公司与个人的价值双赢,企业在设计薪酬体系时应考虑按劳分配、效率优先、兼顾公平及可持续发展的原则进行合理有效的分配。

1. 公平性原则

公平是薪酬体系设计的基础,是制定薪酬体系首先要考虑的一个重要原则,只有在员工认为薪酬体系是公平的前提条件下,才有可能产生对企业薪酬制度的认同感和满意度,这样薪酬体系才可能产生激励作用。按照员工所承担的责任大小,需要的知识能力的高低以及工作性质要求的不同,在薪资上合理体现不同岗位、不同等级、不同职业,在企业中的价值差异。对于大多数员工来说,对薪酬体系的不满意不是体现在对薪酬本身的数值不满,而是认为薪酬体系对员工之间的不公平而产生的不满,中国有句话叫"不患寡而患不均"就是这个道理。而公平原则需要在多个环节有所体现:内部员工之间的平衡、个人之间的平衡以及外部对比公平。

2. 外部竞争性原则

企业要想获得具有真正竞争力的优秀人才,就要能够制定出对人才有吸引力、能留住人才同时对外有竞争力的薪酬体系。如果企业制定的薪酬政策相对于外部市场平均薪酬水平过低,那么不光本企业的优秀骨干人才会流失,同时也吸引不了人才来公司就业,最终导致企业核心竞争力不断下降。所以企业在设计薪酬时,就必须保证本企业的薪酬水平应高于或至少不低于市场上的平均水平,如果能保持企业在行业中薪资福利的竞争性,就能够吸引优秀的人才加盟。

3. 经济性原则

企业在设计薪酬体系时要考虑竞争原则,但同时又要考虑企业的薪酬成本和支付能力。在市场经济条件下,企业的薪酬水平必然要受到企业自身的经济效益的制约。高水平的薪酬待遇固然可以提高企业在人才竞争中的优势,但同时难免带来企业人力成本的上升。不过企业管理者在对人力资本进行考察时,不能仅注重工资水平的高低,还要注重职员绩效的质量水平,事实上,后者对企业产品的竞争力的影响,远大于成本因素。

4. 激励性原则

激励性原则是指在内部各类、各级职务的工资水准上,适当拉开差距,真正体现按贡献分配的原则。每个人的能力是有差别的,因而贡献也是不一样的,如果贡献大者与贡献小者得到的报酬一样,实质上是不公平的。薪酬机制只有建立在公平基础上,才可能产生激励。它不一定要求企业支付很高的薪酬水平,关键的是企业应根据不同岗位需要的知识、技能和承担的责任与风险等因素的不同,在薪酬水平上适当拉开差距。

5. 合法原则

薪酬设计必须遵守国家或地方相关的法律法规,这关系到企业是否合法经营。因此企业在制定薪酬体系时,必须首先考虑国家相关的强制性法律法规。

6. 战略原则

企业在制定薪酬体系时越来越重视与企业未来几年的发展战略相结合。因此企业的人力资源部门要时刻关注企业的未来战略,把企业战略融入到企业薪酬体系的设计过程中。要让员工感觉到企业的兴衰与个人得失是相辅相成的。

二、人力资源薪酬福利管理诊断

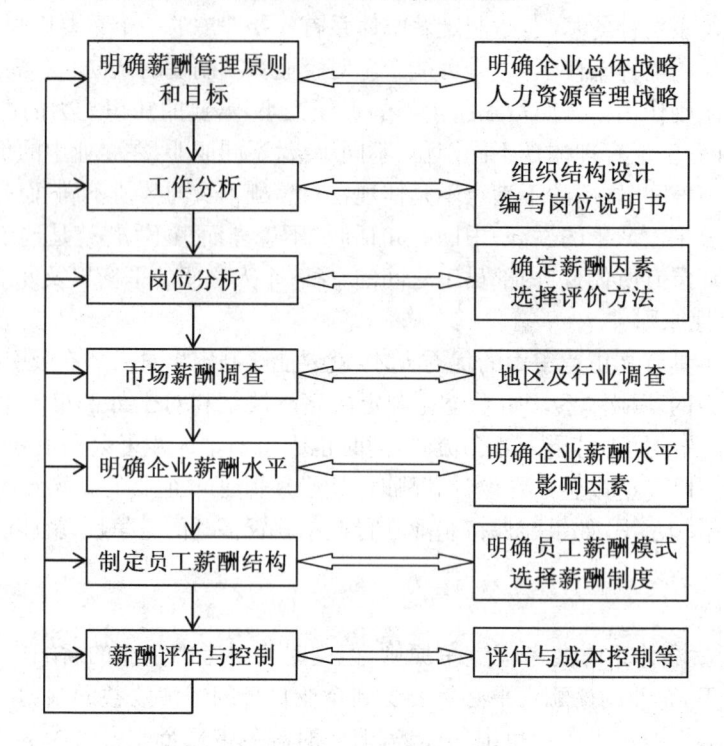

(一)薪酬福利管理流程诊断

薪酬福利管理一般来说分成7个环节(如图9—1所示)。但是并不是所有的薪酬福利管理都要经过每一个环节,企业根据自身的情况进行合理调整。

```
明确薪酬管理原则和目标  ⇔  明确企业总体战略 人力资源管理战略
        ↓
     工作分析          ⇔  组织结构设计 编写岗位说明书
        ↓
     岗位分析          ⇔  确定薪酬因素 选择评价方法
        ↓
    市场薪酬调查        ⇔  地区及行业调查
        ↓
  明确企业薪酬水平      ⇔  明确企业薪酬水平影响因素
        ↓
  制定员工薪酬结构      ⇔  明确员工薪酬模式 选择薪酬制度
        ↓
   薪酬评估与控制       ⇔  评估与成本控制等
```

图9—1 薪酬福利管理流程

企业的薪酬福利管理是一项长期、持续的过程,企业根据企业文化的战略定位、企业的经营目标确定企业的薪酬水平,再建立整套的薪酬体制,将每一个员工放在不同的薪酬结构上,然后通过薪酬的预算、薪酬的核算、薪酬的发放、薪酬的沟通等,实现薪酬的整体管理。一般来说薪酬福利管理包括以下几个方面。

1. 薪酬福利管理目标诊断

薪酬管理是为了企业的战略目标服务的,没有毫无根据的薪酬设计,每一个企业都有自己的人力资源战略规划,根据企业设定的标准确定企业的薪酬管理。常规情况下,薪酬管理的目标是人,通过薪酬管理,吸引优秀人才,从而可以建立优秀的团队;通过薪酬管理,激发每一个员工的工作热情,提高工作效率;通过薪酬管理,达到企业的发展和个人发展的有机统一,促进企业文化的建设。

2. 薪酬福利政策诊断

薪酬政策是指企业对薪酬管理的目标、任务和手段三个方面的选择和组合,是员工薪酬采取的方针政策。一般来说薪酬政策包括企业的薪酬成本投入的政策、依据企业的实际情况,选择适合企业的工资制度以及在企业内的员工工资结构和水平。

3. 薪酬福利计划诊断

确定了薪酬政策之后,企业就要制定合适的薪酬计划,即员工的薪酬水平、薪酬管理的重点等,薪酬计划是政策的具体表现,必须符合企业的薪酬目标,能够提高企业薪酬竞争力,可以为企业留住或吸收更多的优秀人才。

4. 薪酬福利结构诊断

员工的薪酬构成和不同部分的比例就是薪酬结构,包括企业内不同岗位员工的工资比例、各层级员工的职务、级别工资率,员工的工资结构,如基本工资、浮动工资等,薪酬结构的确定要能给员工带来最大的激励,让员工有奋斗的激情。

企业的薪酬管理是企业人力资源管理的一个重要内容,好的薪酬管理可以让员工更有积极性、感到企业的尊重和认同、更愿意付出激情,同时也能吸引其他优秀的员工。通过薪酬的管理,在企业内部建立公开、公平、公正、有激励性、有竞争力的薪酬制度,同时还符合企业的成本控制,不会给企业的生产经营带来沉重负担。

(二)影响企业薪酬福利管理的因素诊断

1. 企业外部环境因素诊断

(1)法律法规

不同时期,国家的经济政策和法律法规会有所不同,目前与薪酬管理相关的法律法规通常包括国家劳动法规和相关税法。

(2)生活费用和物价指数

员工的劳动所得必须能支付家庭的基本生活费用,而这个费用又与居民消费习惯及当地物价水平有关。有的国家规定公职人员的工资根据物价水平每年调整一次,以保证生活水准不下降。因为生活消费品价格的变动,会直接影响员工的薪酬水平。

(3)劳动力供求状况

当劳动力供过于求时,员工就会接受较低的薪酬水平;当劳动力供不应求时,员工可选择的岗位会增多,那么企业就有必要提高员工的薪酬水平。一般情况下,企业在有支付能力的条件下,将薪酬水平制定在略高于同行业的平均水平,从而使企业的薪酬具有一定的竞争力。

(4)收入水平

人们总是在做各种横向比较,尤其是与当地就业者的收入水平做比较,同一行业在不同企业的收入不能相差太多,收入上的差距会造成企业的不稳定。

2. 企业内部因素诊断

(1)企业经营状况

企业经营状况直接影响着员工的薪酬水平。经营好的企业,盈利能力强,那么该企业的薪酬水平自然就高;经营不善的企业,其薪酬水平不但低而且还没有保障。

(2)企业承受能力

员工的薪酬还与企业的支付能力有着很大的关系,如果企业支付能力强,则员工的薪酬就有稳定的保障;如果薪酬负担超过了企业的承受能力,那么企业就会经营不善,甚至破产倒闭。

(3)企业文化

企业文化是企业分配思想、价值观、目标追求、价值取向和制度的土壤,企业文化不同,必然会导致观念和制度的不同,这些不同决定了企业的薪酬模型、分配机制的不同,也间接地影响着企业的薪资水平。

(4)企业愿景

每个企业有每个企业的特点,而且不都处于同一发展时期,每家企业的经营状况和盈利能力以及企业愿景是不同的,这些都会影响企业薪酬体系的设定。

(5)薪酬政策

薪酬政策是企业分配机制的直接表现。有些企业注重高利润、高积累,有些企业注重二者之间的平衡关系,以上这些区别会直接影响企业薪资水平的不同。

3. 影响薪酬管理的其他问题诊断

薪酬管理影响着企业的经济效益和发展目标,薪酬体系设计是薪酬管理的核心内容,企业在进行薪酬体系设计时应充分考虑其认可性、公平性、竞争性、激励性、经济性、合法性以及完整性等基本原则。企业应提高对薪酬体系的认识,制定科学合理的薪酬设计步骤,将薪酬体系设计与新形势有效结合,以提高企业在知识经济时代的竞争能力。

(三)薪酬福利管理的两大要素诊断

薪酬福利管理不仅要有明确、清晰、客观的薪酬制度,更要关注两大要素。为了让员工更了解企业,设身处地地了解企业的发展方向、经营策略,在薪酬管理中必须关注薪酬沟通,通过领导与员工之间就薪酬的制度、核算、绩效评估等内容进行坦率、真诚、平等的交流,会让员工得到应有的尊重,也会让员工找到自己在企业中的发展方向,更让员工有意愿为企业努力工作。除了薪酬沟通外,薪酬管理中还有一个重要环节就是激励制度,薪酬管理无时无刻不是在为员工激励而努力,除了薪酬制度外,还要单独建设激励制度,以达到对员工工作绩效、工作能力和状态的认同和激励,激发他们的工作热情。

1. 薪酬沟通诊断

薪酬沟通是薪酬管理中很重要的环节,在很多时候,薪酬沟通都会被忽略,大部分企业认为,薪酬是真金白银,人都是现实的,没有钱说再好也没有用。但实际上,薪酬沟通是促进员工与企业之间互动的一个渠道,很多时候可以弥补企业在薪酬制度上的不足,拉回员工的心。

简单来说,薪酬沟通就是企业管理层与员工之间就薪酬问题进行沟通。薪酬沟通一方面要解决员工对薪酬问题上的不满,更要收买员工的心,让员工找到尊重,意识到企业对他们的重视,在感情上建立对企业和领导的信任。薪酬沟通一定要本着诚恳、平等、双赢的态度与员工沟通,否则会适得其反。

2. 薪酬管理的激励制度诊断

薪酬管理不仅让员工的付出与回报匹配,让员工觉得付出值得,更要让员工找到工作的动力,因此,在薪酬管理中的激励制度尤为重要。企业的平均主义、裙带关系、人际关系等复杂因素的存在,让企业在员工的收入、职位提升和价值认同上得不到很好的激励,无论员工表现好与坏都是一个样,导致企业的经济效益下滑,员工没有热情。因此,企业的薪酬管理必须要建立有效的激励,将人才的潜力充分发挥出来,帮助企业留住人才。一般来说,激励制度可以从以下几个方面下手。

(1)物质激励

物质激励是最直接的手段,通过工资、福利、奖金的经济回报,让员工找到努力工作的动力,按照员工的绩效,抛开大锅饭的平均主义,公平地给予员工回报。

(2)职位晋升的激励

做得好可以得到更高的职位,告别"领导说你行就行"的传统想法,真正为员工提供一个竞争的平台,有才能的人得到提升,对提升的员工是奖励,对未提升的员工是榜样,这种长期激励的方法很有效。

(3)学习培训的激励

优秀的员工可以得到企业内部或外部的培训,让员工在企业内不仅可以获得收入,更能得到思想、技能上的提升,提高员工自身的价值,同时推动企业共同发展,共同学习,积累更多的正能量。

(4)宣传激励

优秀员工、优秀事情进行宣传、表扬、推广,反之则给予批评,纪律警告等。奖惩分明加上必要的宣传舆论,让员工得到荣誉感,增强自信心,促使员工更好地努力向上,同时也起到了榜样带头的作用。

(5)目标考核激励

通过目标考核达到对员工工作表现的激励,制定员工的工作目标,根据在一定时期内完成目标的程度给予表扬或批评,员工通过目标的实现获得奖金、旅游或表扬,得到经济和心理上的满足,更有信心地投入到工作目标的实现中,也带动周边同事的努力向上,这样的激励方法,是企业最基本、最明确的激励手段。

(6)共同参与的激励

将企业中的一些事务和管理工作透明化,创造条件让更多的员工参与进来,让员工拥有参与权、表决权、发言权和监督权,加强员工与企业之间的互动关系,让员工感受到自己是企业这个家庭的一分子,唤醒员工付出的热情,共同搭建一个和谐、快乐的工作环境。

激励的方式和方法有很多种,无论企业选用哪一种激励制度,必须说到做到,激励的执行上需要言行一致,激励制度制定下来后就要通过各种渠道让员工了解、熟悉,当获得成果时要按照激励制度给予员工表扬、奖励、升职,让员工真切地看到激励制度的作用,达到员工内心对激励目标完成的渴望。无论哪一种企业,薪酬管理的激励制度都是企业人力资源管理中必不可少的一部分。

三、人力资源薪酬福利管理决策

(一)薪酬福利管理要求

由于影响薪酬管理的因素比较多,薪酬管理是很复杂的。不同地区、不同行业、不同企业、企业不同发展阶段、同一企业不同岗位薪酬水平都不相同。因此如何评价一个企业一定时期的薪酬管理是否合理是非常复杂。一般而言,企业薪酬管理必须从以下四点出发。

1. 要结合公司的实际情况

公司制定薪酬的指导思想是吸引最好的人才,留住最好的人才,但是由于各个公司目标不同,在市场的状况不同,员工的需要不同,公司的预算不同,公司之间的成熟度不同,所以不能盲目照搬别人的经验,而应该针对公司的实际情况来设计适合公司的薪酬管理体系,各个公司的具体情况是薪酬管理体系设计的基础。

2. 按表现支付薪酬

中国古语云:"不患寡而患不均"。在企业里,真正造成人才流失的往往是由于不公平。科学的薪酬计划一定是公平的,而支付不与业绩挂钩、不公平往往是薪酬计划失败的重要原因。因此我们需要根据企业所处的地区和行业,针对不同岗位,制定不同薪酬模式以达到激励员工良性竞争的目的。

3. 针对不同的人员实施不同的薪酬激励

恰当的薪酬激励计划通过将员工的薪酬与企业的目标相结合,提高了员工的工作积极性。企业的薪酬激励计划应该针对不同类型的员工实施不同的薪酬激励。

4. 重视员工的福利愿望,设计适合员工需要的福利项目

完善的福利系统对吸引和保留员工非常重要,它也是公司人力资源系统是否健全的一个重要标志。福利项目设计得好,不仅能给员工带来方便,解除后顾之忧,增加对公司的忠诚,而且可以节省在个人所得税上的支出,同时提高了公司的社会声望。

(二)薪酬福利管理策略选择

1. 薪酬水平策略

(1)领先型薪酬策略

领先型薪酬策略是采取本组织的薪酬水平高于竞争对手或市场的薪酬水平的策略。这种薪酬策略以高薪为代价,在吸引和留住员工方面都具有明显优势,并且将员工对薪酬的不满降到一个相当低的程度。

(2)跟随型薪酬策略

跟随型薪酬策略是力图使本组织的薪酬成本接近竞争对手的薪酬成本,使本组织吸纳员工的能力接近竞争对手吸纳员工的能力。跟随型薪酬策略是企业最常用的策略,也是目前大多数组织所采用的策略。

(3)滞后型薪酬策略

滞后型薪酬策略是采取本组织的薪酬水平低于竞争对手或市场薪酬水平的策略。采用滞后型薪酬策略的企业,大多处于竞争性的产品市场上,边际利润率比较低,成本承受能力很弱。受产品市场上较低的利润率所限制,没有能力为员工提供高水平的薪酬,是企业实施滞后型薪酬策略的一个主要原因。当然,有些时候,滞后型薪酬策略的实施者并非真的没有支付能力,而是没有支付意愿的问题。

(4)混合型薪酬策略

所谓混合型薪酬策略,是指企业在确定薪酬水平时,是根据职位的类型或者员工的类型来分别制定不同的薪酬水平,而不是对所有的职位和员工均采用相同的薪酬水平定位。比如,有些公司针对不同的职位族使用不同的薪酬决策,对核心职位族采取市场领袖型的薪酬策略,而在其他职位族中实行市场追随型或相对滞后型的基本薪酬策略。

总而言之,对企业里的关键人员例如高级管理人员、技术人员,提供高于市场水平的薪酬,对普通员工实施匹配型的薪酬政策,对那些在劳动力市场上随时可以找到替代者的员工提供低于市场价格的薪酬。此外。有些公司还在不同的薪酬构成部分之间实行不同的薪酬政策。比如在总薪酬的市场价值方面处于高于市场的竞争性地位,在基本薪酬方面处于稍微低一点的拖后地位,同时在激励性薪酬方面则处于比平均水平高很多的领先地位。

2. 薪酬结构策略

薪酬结构主要是企业总体薪酬所包含的固定部分薪酬(主要指基本工资)和浮动部分薪酬(主要指奖金和绩效薪酬)所占的比例。供企业选择的薪酬结构策略有:

(1)高激励性模式(高弹性)

20%员工为个性化的谈判薪酬,其他80%员工的薪酬在一定的宽带幅度内确定。业绩导向,即薪酬增减主要根据员工当期的绩效决定。个人月度绩效薪酬根据个人月度考核结果确定;个人年度绩效薪酬(如奖金)主要根据个人年度绩效考核结果确定。奖金、绩效薪酬的比重较大,福利、保险的比重较小,基本薪酬处于中等或中等偏上水平;计件薪酬、提取佣金等薪酬形式。

特点:激励性强,高弹性,但是员工缺乏安全感。适合于人员流动性较大、需要创建品牌以

及快速增长型的企业;企业处在初创期或快速成长期。

(2)高稳定性模式

薪酬与个人的绩效关联不大,员工收入相对稳定。薪酬的主要部分是基本(固定)薪资,奖金的比重小,福利、保险比例适中;或平均基本薪酬,较高比例的奖金,较高比例的津贴,中等的福利水平。

特点:员工流动性小,较稳定。员工有较强的安全感,但激励性差,企业的人工成本负担重。适合于业务经营稳定性强的企业和事业单位;或企业处在成长期后期至成熟阶段。

(3)中度激励性和中度稳定性模式

基本薪酬、奖金和其他附加工资的比例适中;或较低的基本薪酬,奖金与业绩、成本挂钩。福利、津贴和保险等附加薪酬占有较高的比例;或标准的福利水平。

特点:考虑满足员工的安全性需求,降低员工离职率和提高企业激励性。适合于较成熟的企业;企业处在成熟期或衰退期。

第二节　人力资源薪酬福利管理实训

一、公益类科研机构科技人员薪酬管理实训

薪酬管理是人力资源管理的一个重要环节,也是与激励功能联系最紧密的部分。科技人员作为公益类科研机构的主体,是技术的主要掌握者,是推动技术进步的中坚力量。随着我国科技体制改革的日益深入以及人才竞争的日趋激烈,科研机构的分配制度也处于快速变革之中。有效的薪酬管理制度和激励机制有助于公益类科研机构吸引、保留和激励所需要的人才,促进其实现战略目标。

(一)我国公益类科研机构科技人员薪酬管理存在的问题

公益类科研机构包括农业科研机构、从事基础研究及高技术研究的机构、为社会提供公共服务以及为这些服务提供技术支撑服务的科研机构和从事医药、水利工程、环境保护、产品研究开发的机构,是公益科研的创新主体和服务主体。目前,全国公益类科研机构有2 400多个。2006年以来,我国事业单位推行了第四次工资制度改革,它在制度模式上建立了岗位绩效工资制度。但薪酬制度改革和薪酬管理工作是一项复杂的社会系统工程,公益类科研机构作为我国公益类事业单位的组成部分,大多数还未建立起科学有效的内部分配制度和激励机制。

1. 科技人员薪酬体系不够完整

完整的薪酬体系应包括工资、福利、社会保险和工作待遇四部分。目前,大多数公益类科研机构还未建立社会保险体系,有些机构虽然已经建立了包括工资、福利在内的薪酬体系,但是工资与福利二者所占的比例还不是很合理,福利的项目还不够丰富;有些机构对科技人员工作待遇的重视不够,不利于稳定和吸引人才。

2. 科技人员薪酬水平的吸引力不够

与其他文化、教育、医疗事业单位相比,公益类科研机构薪酬水平相对较低;与科技企业相比,公益类科研机构薪酬的市场决定机制还未形成,在薪酬政策上不太重视外部竞争性,市场化程度低。长期以来,大多数公益类科研机构一直沿用事业单位内部分配标准,导致科技人员的薪酬水平和市场价格脱轨,高层次人才的薪酬低于市场价格,从而形成了单位想淘汰的人淘

汰不掉，想引进的人才进不来，想留的人才留不住的恶性循环。

3. 科技人员薪酬增长比较困难

随着国家事业单位退休人员补贴、工作人员绩效工资政策不断出台，国家用于调资的拨款又不能足额到位，产生了工资实际增量与国家财政拨款缺口问题。公益类科研机构主要从事基础性、公益性工作，其工作性质决定了创收项目来源较少，加上离退休人员的不断增多，人员费用不断增加，给科研工作的稳定带来隐患。

4. 科技人员薪酬激励的方式比较单一

从目前状况来看，科技人员的薪酬激励方式主要是岗位工资、绩效工资和科技成果奖励，而对资本要素、管理要素、技术要素参与分配的方式使用较少，重视程度不够，人力资本的价值还未得到充分体现。单一的事业工资制度不能符合所有岗位特点和要求，不能合理拉开收入差距。长期的单一激励方式和未建立健全的利益共享机制，很难使科技人员为单位的发展和长远利益着想。

5. 对科技人员内部管理不够规范

由于缺乏具有可操作性的政策引导，收入分配的各项规定在不同科研机构的执行情况差别较大。绩效工资管理的不规范、不完善，导致绩效工资在管理上出现了许多漏洞，造成分配不公平。

(二) 公益类科研机构科技人员薪酬管理改革的对策

建立规范化的分配机制，坚持"按劳分配，多劳多得，优绩优酬"的原则，在分配机制上要确保科技人员薪酬对外具有吸引力，对内具有公正性，并具有个性化的激励效应。现阶段，科研机构构建规范化的分配机制可侧重于五个方面。

1. 建立工资总量决定机制

根据公益类科研机构的特点和经费的来源不同，以效益为核心，对工资总额实行分类管理。在核定的工资总额内，根据行业特点、市场工资水平来决定其工资构成和内部分配办法。

2. 建立薪酬国家保障机制

对公益类科研机构工资调资实际增量，国家财政拨款要及时足额到位，并逐步提高定员定额基数，确保科技人员安心开展基础性、公益性科研工作。

3. 建立绩效考评分配机制

构建以提高工作绩效为核心，以能力贡献为根本，以目标为导向，以岗位分类、分级管理为基础的新型开放式考评体系，形成系统规范的、科学合理的、相对稳定的、持续改进的、有利于发展的科技人员绩效考评机制。依据科技人员的工作实绩和贡献决定绩效工资分配档次和标准，公正合理，拉开差距。同时，妥善处理单位内部各类人员之间的分配关系，防止差距过大。

4. 建立薪酬动态管理机制

定期清理归并津贴补贴项目，合理确定津贴补贴、福利标准，统一津贴补贴、福利资金来源和发放办法，杜绝科研机构内部课题自行发放津贴补贴，保证津贴补贴、福利的合规和有效。

5. 建立长期激励机制

鼓励技术要素按贡献参与分配，可采取技术成果作价入股、技术转让收入提成、技术成果转化利润分成、期权期股奖励等多种形式，积极鼓励科技人员通过转化科技成果取得合法收入。

实行多样化的工资制度具有基本的保障功能和明显而直接的激励作用。应根据科研机构各类岗位的特殊性，确立不同岗位的薪酬水平，采用相应的工资结构和工资形式并运用不同的手段进行调控,以有效激励各类科技人员的工作积极性。

(1) 对专业技术人员实行岗位绩效工资制

岗位绩效工资由岗位工资、薪级工资、津贴补贴和绩效工资组成。岗位工资、薪级工资、津贴补贴和基础性绩效工资根据相应的13个级别岗位标准发放;奖励性绩效工资与岗位的绩效挂钩,向关键岗位、业务骨干和做出突出贡献的工作人员倾斜。

(2) 对高层次创新人才实行协议工资制

通过协商实行协议工资,在现有薪酬分配制度基础上,按照不同层次的创新人才增加相应的特殊津贴,提高待遇来吸引人才、留住人才和发挥他们的作用。

(3) 对学科负责人、平台负责人实行奖励工资制

根据其所处的不同级别学科和平台,制定不同的薪酬标准,担任实职领导且兼任学科、平台负责人的人员,提高其基础性绩效工资待遇;不担任领导实职,但保留、享受行政级别的学科、平台负责人,其工资按保留、享受行政级别薪酬执行;无行政级别的学科、平台负责人,参照相应行政级别薪酬执行。

(4) 对"双肩挑"人员实行就高工资制

在保证完成各个岗位本职工作前提下,"双肩挑"人员薪酬分配可选择在管理岗位或在专业技术岗位的任职单位发放,且薪酬按管理岗位或专业技术岗位就高标准执行。

(5) 对兼职人员实行兼职兼薪制

兼职工作的报酬,可以通过项目工资、科技奖励、技术成果盈利分成等形式体现。

(6) 对返聘专家实行绩效报酬制

返聘专家薪酬与返聘岗位工作绩效挂钩,其报酬参照同类在职人员的绩效工资标准发放,同时,冲销其退休生活补贴标准。

二、医疗机构人力资源薪酬管理

我国由计划经济转入市场经济以来,医疗机构之间的竞争就已经开始,当前医院各级领导越来越关注人力资源管理,因为人力资源是当前医院发展的重要影响因素。

(一) 我国医院人力资源薪酬管理工作的现状

我国绝大多数国有医院,随着时代的发展,经济体制都发生了根本性改变,但是仍然有计划经济的残余存在,人力资源管理同样也存在这个问题,主要表现在薪酬分配缺乏竞争性和激励性。可能有很多医院还在使用旧的等级工资体系,医院人事部门不能按照医院的发展制定相应的政策及制度,更谈不上对本医院员工提供优质的人力资源产品和服务,并且一些规范化的人力资源管理措施也还未实施,如绩效考核、薪酬激励等。这个现状导致医院员工工作热情不高、工作效率低下等问题凸显,在客观上影响了医院的发展和整个医疗卫生队伍素质的提高。

(二) 当前医院人力资源薪酬管理工作的问题

1. 薪酬管理的基本结构不合理

许多医院的薪酬结构主要由基本工资和津贴两部分构成。其中工资包括岗位工资、薪级工资、职务工资等,而大部分医院所发放的工资只是体现了员工工龄、职称和职级的差别,而对同等级医务人员的实际医疗水平高低则难以体现。同时,"可变薪酬"的比例很低,不能充分调动医院员工的工作积极性。

2. 薪酬管理的配套制度不健全

每个医院员工都很关心薪酬配套制度,因为它和每个人的切身利益都息息相关。合理的

工资制度和工资水平可以使员工有一种安全感和对预期风险的心理保障意识,使人产生归属感。因此,医院应做到"量体裁衣",即根据每个员工的专业技术、特长、工作能力等为其作合理的工作安排,充分发挥每位员工的潜能,节省人力成本,为医院创造最大的效益。医院人事部门管理者要意识到薪酬制度并不是简单的一个制度,而是需要一系列制度的支撑才能发挥其最大作用,如绩效考核制度、技术及能力评价标准等。没有这些配套制度,薪酬制度就如同纸上谈兵。

3. 薪酬管理的作用不清晰

薪酬管理确实可以作为激励员工的一种手段,但这种手段不是唯一的。目前许多医院都高估了薪酬管理的作用,对薪酬管理的作用还不是很清晰。其实薪酬管理的作用是把双刃剑,它既有可能提高员工的工作热情和创新意识,相反也有可能导致员工工作懒散,缺乏学习与进取的动力,丧失工作积极性和创造力。

(三)对医院人力资源薪酬管理工作的几点思考

1. 明确现状满足需求

医院应全面、细致地调查分析当前医院的经营状况和现行薪酬制度,及时准确地发现现行薪酬制度的问题,并弄清问题产生的原因、背景和条件,提出相应的解决对策。另外还要尽量满足医院和员工的切实需求,确定今后薪酬设计的方向。

2. 更新观念强化意识

为什么进行薪酬管理呢？其目的是充分调动医院员工的积极性、主动性和创造性。所以进行科学的薪酬管理首先要解放思想,更新观念。这就要求医院的人事管理与财务管理在医院全体员工的心目中做到淡化"工资"强化"薪酬"。

3. 重视人才促进发展

面对医院之间的激烈竞争,人才是最重要的,一支素质良好而且具有竞争力的员工队伍对医院的发展起着至关重要的作用。那么靠什么吸引人才呢？答案是,医院必须加强薪酬管理,重视人才发展战略。医院人事部门要刻不容缓地进行薪酬管理的设计,并且要遵循市场经济和医院生产力的发展做到吸引人才、留住人才、培养人才、发展人才,充分发挥人才的作用。医院做到以人为本,才能充分调动和发挥技术人才的优势,并且促进医院的发展。

4. 合理分配,有效激励

高效的医院绩效考核制度是对医院员工实行公平、公正福利的根本保障,可以为医院的发展挽留人才。实行公平的绩效考核制度达到合理、公平分配,能有效激励员工的工作积极性。绩效考核制度的制定可以考虑以下几个方面的因素：医院人事管理部门可以制定出具体的绩效管理与考核标准,对于医院员工实行不同的技能操作标准的考核与测评,确立院、科二级核算实现向一线倾斜,建立竞争机制；确立重实绩、重贡献,向业务能力强、技术水平高的人才和风险大、责任大的岗位倾斜的原则；对于医院员工的业绩进行公开、公正、透明评估。

医院的薪酬管理是人力资源管理的重要组成部分,完善的薪酬管理机制关系着每一个员工的切身利益,也影响着医院人力资源能否得到充分利用。因此应充分发挥薪酬管理的内在激励作用,坚持"以人为本",强化医院人力资源管理。

三、朗讯科技的薪酬管理

朗讯科技公司是全球领先的通信网络设备提供商,在面向服务提供商的互联网基础设施、光网络、无线网络和通信网络支持及服务领域牢牢占据领先地位,其总部位于美国新泽西州的茉莉山,朗讯目前在中国设有八个地区办事处、两个贝尔实验室分部、五个研发中心、多家合资企业和独资企业,员工总数近4 000名。朗讯中国的业务主要集中在无线网络、无线市话(PHS)网络、光网络、数据网络、专业服务等在中国最具发展前景且最能发挥朗讯优势的领域。朗讯的综合解决方案已成功部署于中国电信、中国网通、中国联通、中国移动等国内所有主要电信运营商的网络中,并发挥着重要作用

朗讯的薪酬结构由两大部分构成,一部分是保障性薪酬,跟员工的业绩关系不大,只跟其岗位有关。另一部分薪酬跟业绩紧密挂钩。朗讯的销售人员的待遇中有一部分专门属于销售业绩的奖金,业务部门根据个人的销售业绩,每一季度发放一次。在同行业中,朗讯薪酬中浮动部分比较大,朗讯这样做是为了将公司每个员工的薪酬与公司的业绩挂勾。

(一)业绩比学历更重要

朗讯在招聘人才时比较重视学历,贝尔实验室1999年招了200人,大部分是研究生以上学历,"对于从大学刚刚毕业的学生,学历是我们的基本要求"。对其他的市场销售工作,基本的学历是要的,但是经验就更重要了。学历到了公司之后在比较短的时间就淡化了,无论做市场还是做研发,待遇、晋升和学历的关系慢慢消失。在薪酬方面,朗讯是根据工作表现决定薪酬。进了朗讯以后薪酬和职业发展跟学历工龄的关系越来越淡化,基本上跟员工的职位和业绩挂勾。

(二)薪酬政策的考虑因素

朗讯公司在执行薪酬制度时,不仅仅看公司内部的情况,而是将薪酬放到一个系统中考虑。朗讯的薪酬政策有两个考虑,一个考虑是保持自己的薪酬在市场上有很大的竞争力。为此,朗讯每年委托一家专业的薪酬调查公司进行市场调查,以此来了解人才市场的宏观情形。这是大公司在制定薪酬标准时的通常做法。另一个考虑是人力成本因素。综合这些考虑之后,人力资源部会根据市场情况给公司提出一个薪酬的原则性建议,指导所有的劳资工作。人力资源部将各种调查汇总后会告诉业务部门总体的市场情况,在这个情况下每个部门有一个预算,主管在预算允许的情况下对员工的待遇做出调整决定。

(三)加薪策略

朗讯在加薪时做到对员工尽可能的透明,让每个人知道他加薪的原因。加薪时员工的主管会找员工谈,根据你今年的业绩,你可以加多少薪酬。每年的12月1日是加薪日,公司加薪的总体方案出台后,人力总监会和各地做薪酬管理的经理进行交流,告诉员工当年薪酬的总体情况,市场调查的结果是什么? 今年的变化是什么? 加薪的时间进度是什么? 公司每年加薪的最主要目的是保证朗讯在人才市场增加一些竞争力。

一方面我们都知道高薪酬能够留住人才,所以每年的加薪必然也能够留住人才。另一方面是,薪酬不能任意上涨,必须和人才市场的情况挂钩,如果有人因为薪酬问题提出辞职,很多情况下是让他走或者用别的办法留人。

(四)薪酬与发展空间

薪酬在任何公司都是一个非常基础的东西。一个企业需要有一定竞争能力的薪酬吸引人才,还需要有一定保证力的薪酬来留住人才。如果和外界的差异过大,员工肯定会到其他地方找机会。薪酬会在中短期时间内调动员工的注意力,但是薪酬不是万能的,工作环境、管理风格、经理和下属的关系都对员工的去留有影响。员工一般会注重长期的打算,公司会以不同的方式告诉员工发展方向,让员工看到自己的发展前景。

第三节　人力资源薪酬福利管理实验操作

一、人力资源薪酬福利管理理论学习

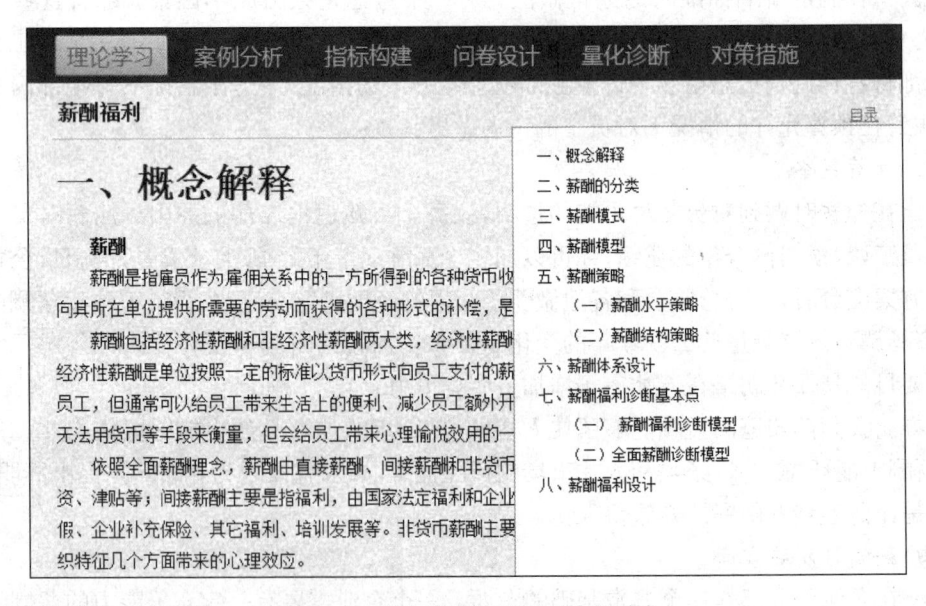

1. 人力资源薪酬福利管理理论学习

进入软件后,点击"薪酬福利管理"选项,可以在页面右侧看到相关案例,如图中的远东集团薪酬福利诊断和宜家家居等(如图9—2所示)。

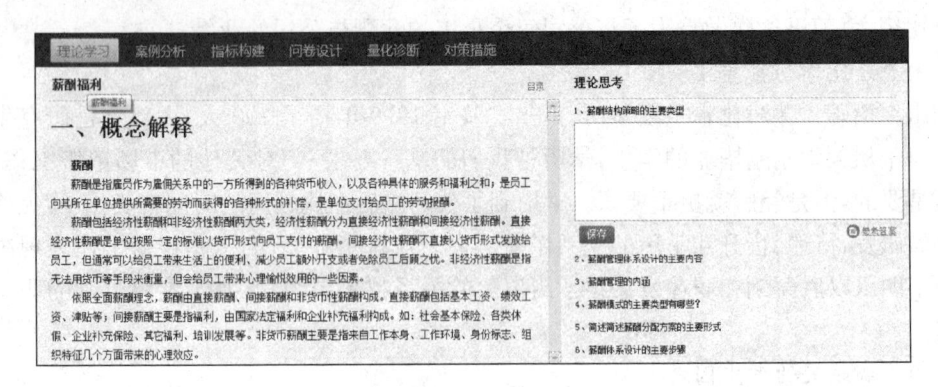

图9—2　人力资源薪酬福利管理理论学习

左侧为该案例所属的理论知识,点击【目录】可以概览理论知识的大纲,点击标题可以直接查看该部分内容(如图9—3所示)。

图9—3　人力资源薪酬福利管理理论

2. 理论阅读与标注

选定理论知识中的一句话或一段话,可以编辑其字号、加粗、斜体、中划线、下划线、改变文字颜色及背景色,还可将这些格式清除。或者为选中的文字添加批注和书签(如图9—4所示)。

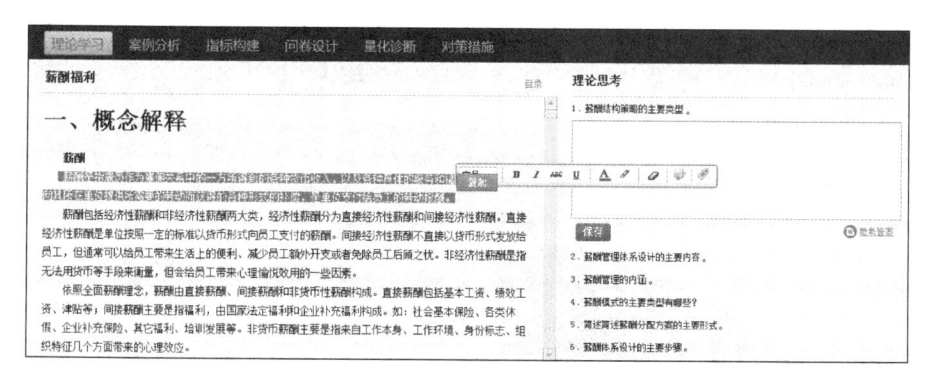

图 9—4　人力资源薪酬福利管理理论阅读与标注

3. 思考与问题

右侧为学习理论后回答的思考题,鼠标放在【参考答案】上会显示系统答案(如图 9—5 所示)。

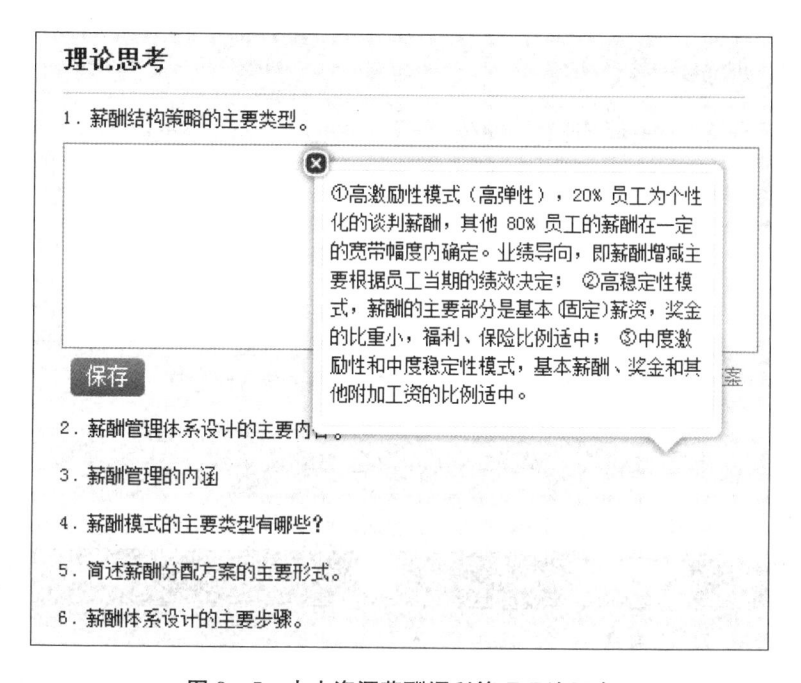

图 9—5　人力资源薪酬福利管理理论思考

二、人力资源薪酬与福利管理诊断实验操作

(一)案例定性分析

人力资源薪酬与福利管理诊断实验操作就是通过对所调查案例的分析,设计分析模型,进行数量分析(如图 9—6 所示)。

左侧为该案例内容,点击【目录】可以概览案例大纲,点击标题可以直接查看该部分内容(如图 9—7 所示)。

选定案例内容中的一句话或一段话,可以编辑其字号、加粗、斜体、中划线、下划线、改变文

图 9－6　人力资源薪酬福利管理案例分析

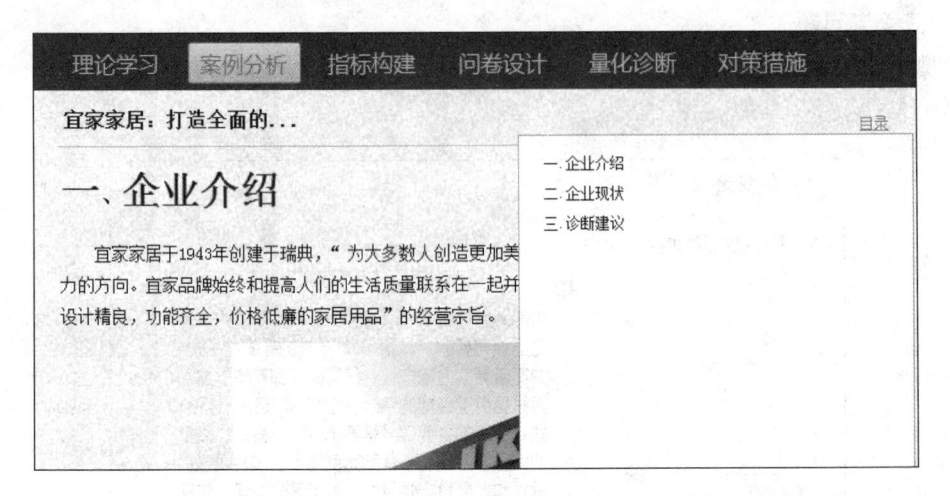

图 9－7　人力资源薪酬福利管理案例分析目录

字颜色及背景色,还可将这些格式清除。或者为选中的文字添加批注和书签(如图 9－8 所示)。

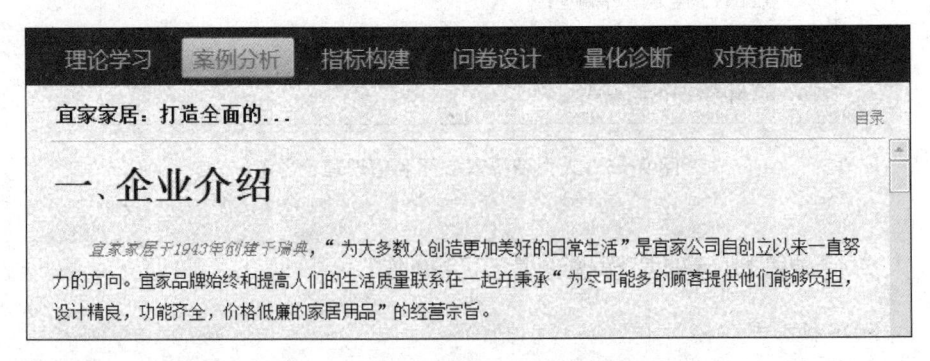

图 9－8　人力资源薪酬福利管理案例阅读

右侧为阅读案例后回答的思考题,鼠标放在【参考答案】上系统会显示答案(如图 9－9 所示)。

第九章　人力资源薪酬福利管理诊断与决策

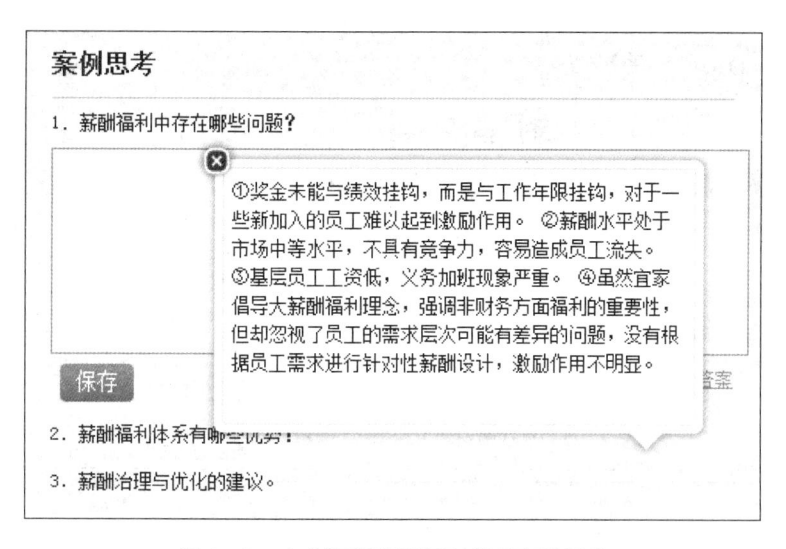

案例思考
1. 薪酬福利中存在哪些问题？

①奖金未能与绩效挂钩，而是与工作年限挂钩，对于一些新加入的员工难以起到激励作用。②薪酬水平处于市场中等水平，不具有竞争力，容易造成员工流失。③基层员工工资低，义务加班现象严重。④虽然宜家倡导大薪酬福利理念，强调非财务方面福利的重要性，但却忽视了员工的需求层次可能有差异的问题，没有根据员工需求进行针对性薪酬设计，激励作用不明显。

2. 薪酬福利体系有哪些优势？
3. 薪酬治理与优化的建议。

图 9—9　人力资源薪酬福利管理案例思考

(二)案例量化分析

1. 指标构建

根据人力资源薪酬与福利管理诊断理论，构建人力资源薪酬与福利管理诊断指标体系。选择软件【指标构建】后，可以采用软件所提供的指标模型选用并创建指标，也可根据所分析的案例独立构建新指标体系（如图 9—10 所示）。

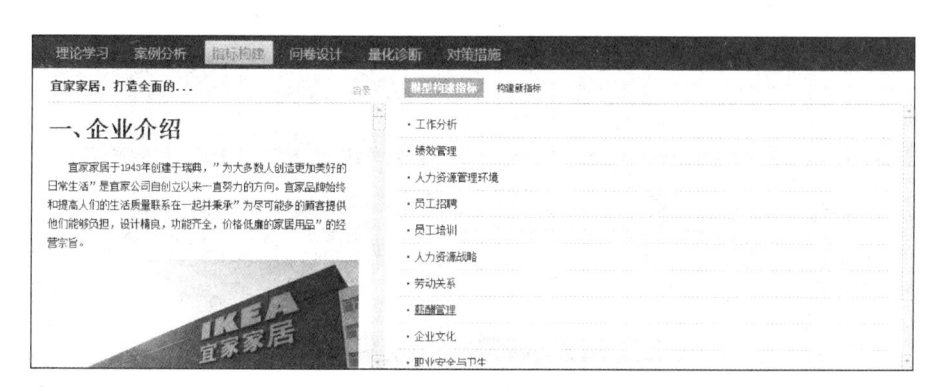

图 9—10　人力资源薪酬福利管理指标构建

查看指标模板，可以此模板创建指标。点击"薪酬管理"，选择【模型构建指标】或【构建新指标】（如图 9—11 所示）。

按照逻辑关系添加指标，点击【添加模块】或者【添加直线】，双击模块编辑指标名称，利用直线联系指标间的关系，完成后点击【保存】（如图 9—12 所示）。

指标默认创建后，新创建的指标会覆盖之前的指标。若用户已创建指标，可通过"构建新指标"查看当前的指标。

2. 问卷设计

根据构建的人力资源薪酬福利管理诊断指标模型，设计调查问卷，以便各项指标数值的确定和相关指标的量化关系。

图 9—11　人力资源薪酬福利管理指标模型

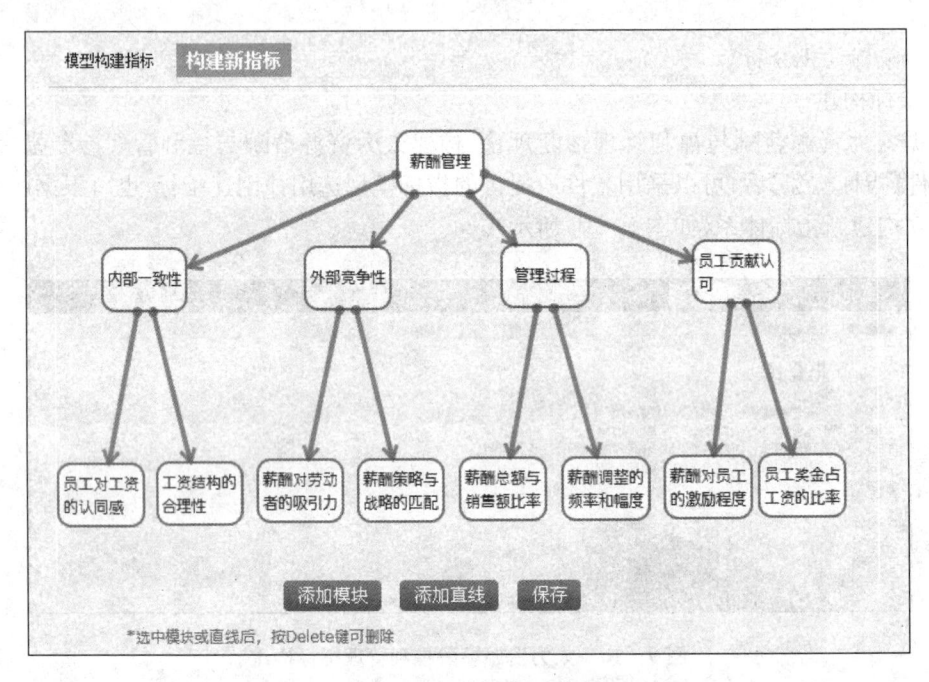

图 9—12　人力资源薪酬福利管理指标构建

（1）选择"问卷设计"，学生可以根据模板创建适合相关案例的调查问卷（如图9—13所示）。

（2）查看问卷模板，可以此模板设计新问卷。

编辑问卷基本信息，点击【保存】（如图9—14所示）。

（3）添加问卷问题。问题类型分为单选题、多选题、量表题与开放式题，根据需要添加各类型的问题，也可直接编辑现有题目（如图9—15所示）。

（4）在页面右侧点击【基本信息】，可以重新编辑问卷说明（如图9—16所示）。

（5）点击【设置指标】，可以设置问题指标，最多可设置十个。每个指标名称编辑完成后，按

图 9—13　人力资源薪酬福利管理问卷设计

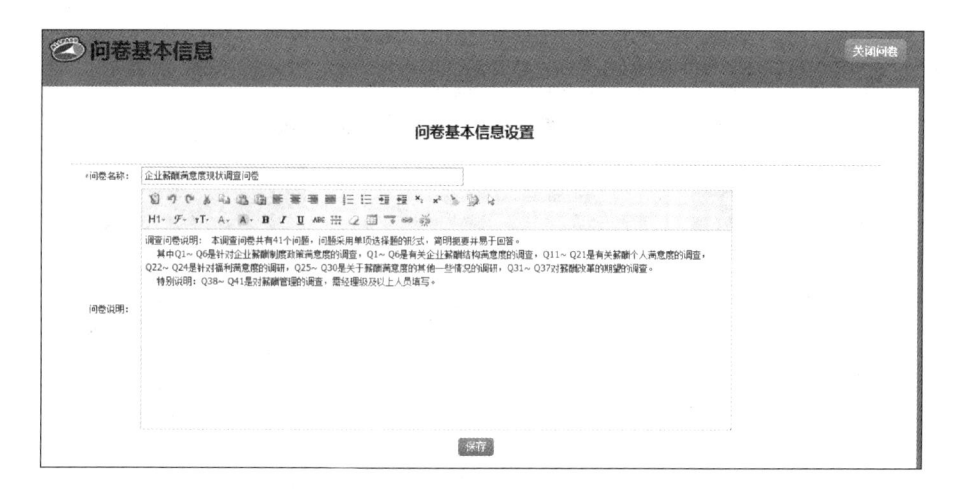

图 9—14　人力资源薪酬福利管理问卷基本信息

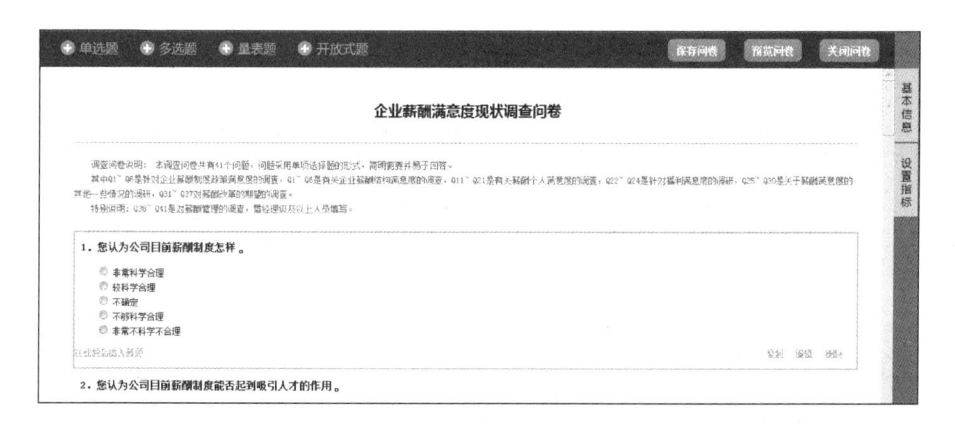

图 9—15　人力资源薪酬福利管理问卷设计

回车键确认。全部指标添加完成后,点击【保存】(如图 9—17 所示)。

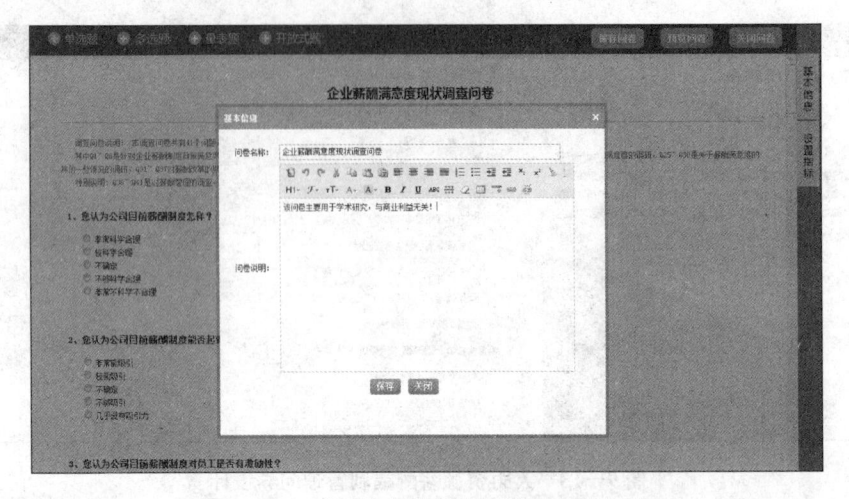

图 9—16　人力资源薪酬福利管理问卷说明

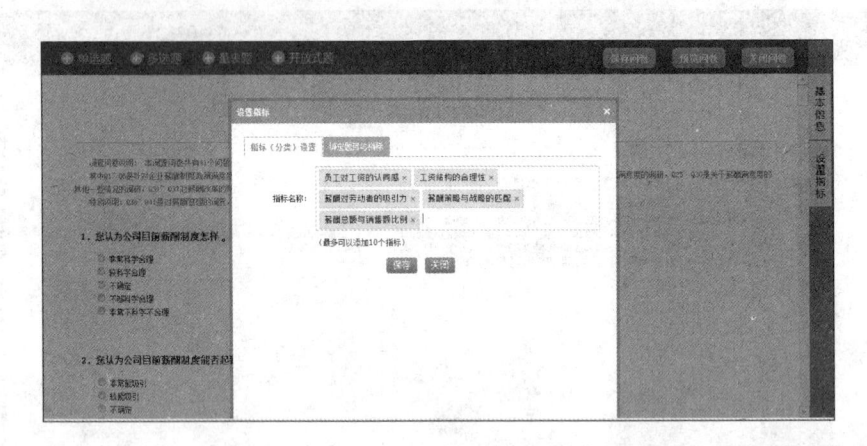

图 9—17　人力资源薪酬福利管理指标设置

(6) 若根据指标构建步骤,学生已创建指标,则此处显示指标模型的第二层即维度层。学生亦可根据需要修改,但修改不影响前面的指标模型。

(7) 指标设计后可将指标与相应的题目绑定(如图 9—18 所示)。

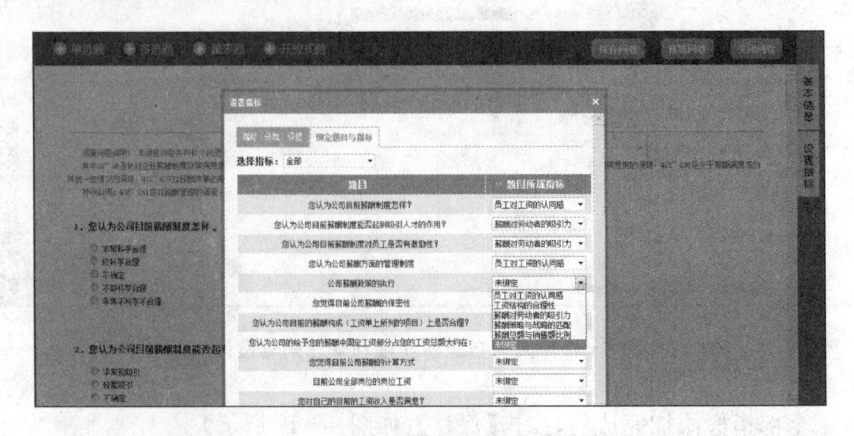

图 9—18　人力资源薪酬福利管理指标与题目的绑定

(8)问卷题目和指标设置完成后,切记要点击页面上方的【保存问卷】。保存后,可以进行预览(如图9-19所示)。

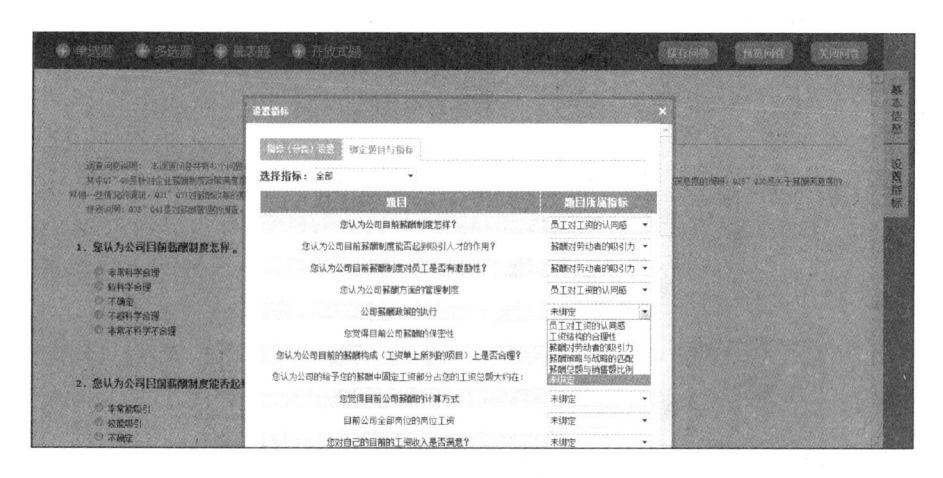

图9-19 人力资源薪酬福利管理问卷的生产

(9)在"我的问卷"中,一个案例只能设计一份问卷,再次设计的问卷会覆盖已设计的问卷(如图9-20所示)。

图9-20 人力资源薪酬福利管理问卷的保存

3. 量化诊断

选择"量化诊断"。

(1)点击【设计问卷】,可返回问卷设计部分,对问卷进行修改。如无修改需要,可点击"发布问卷"(如图9-21所示)。

图9-21 人力资源薪酬福利管理问卷的发布

(2)点击【发布问卷】,则所发布的问卷发送到问卷库中,实验中的其他学生在问卷库中可以看见。其他学生根据所读同一个案例的各自理解和分析,填写问卷。这是一个社会调查的过程(如图9—22所示)。

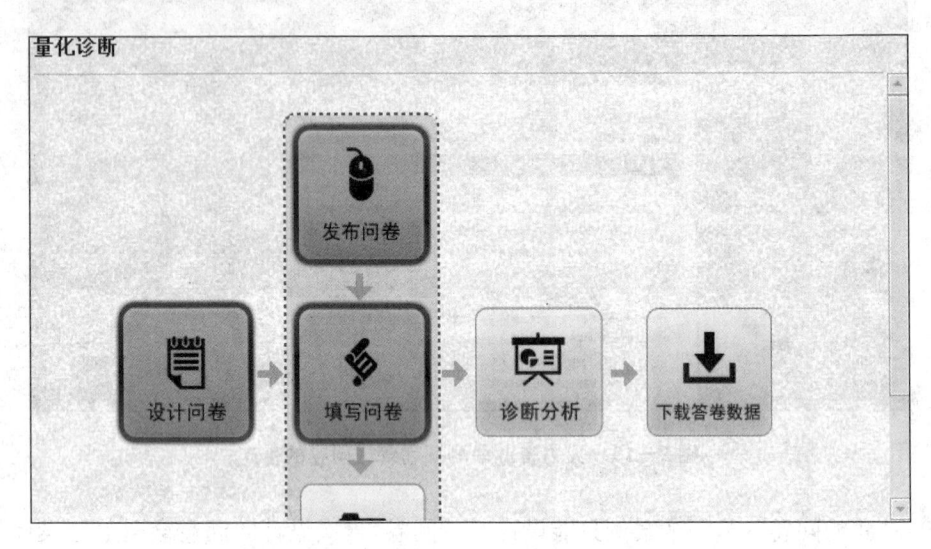

图9—22　人力资源薪酬福利管理问卷的填写

(3)点击【填写问卷】,根据自己所读案例的自我理解和分析,填写自己所发布的问卷。
(4)填写完所有问题后,点击问卷右上角的【提交问卷】(如图9—23所示)。

图9—23　人力资源薪酬福利管理问卷的提交

(5)点击【回收问卷】,问卷回收后不在问卷库显示,其他同学无法填写。若需要收集多份答卷,请确认其他同学完成问卷填写后再回收(如图9—24所示)。

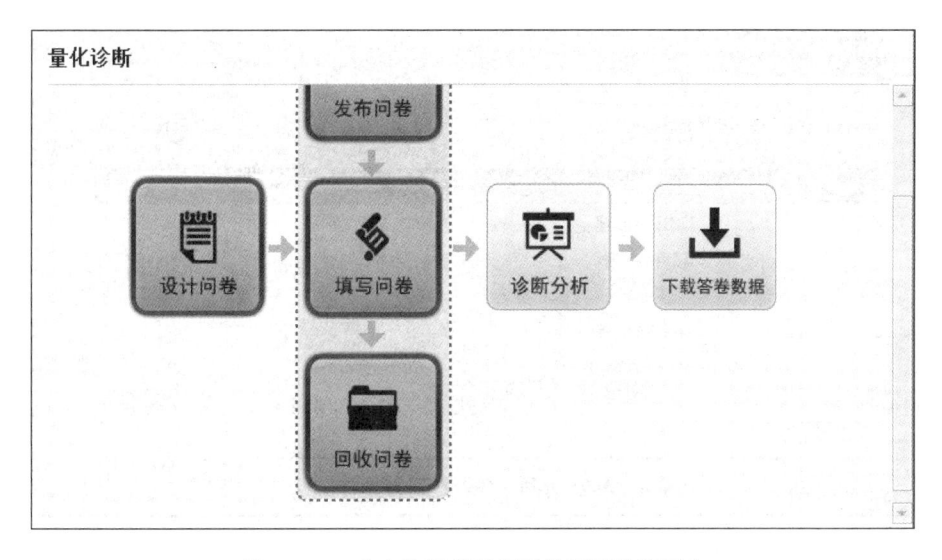

图 9—24　人力资源薪酬福利管理问卷的回收

(6)问卷填写完并进行回收后,开始进行诊断分析(如图 9—25 所示)。

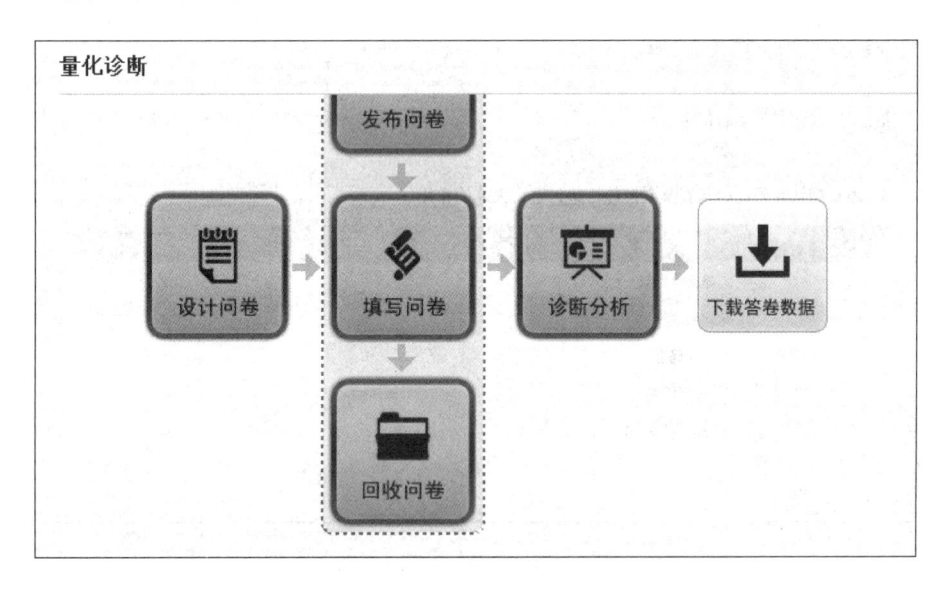

图 9—25　人力资源薪酬福利管理问卷的诊断分析

(7)系统提供三类自动统计:单题统计、分类统计与汇总统计。

点击【单题统计】,可以查看每道题的回答情况(如图 9—26 所示)。

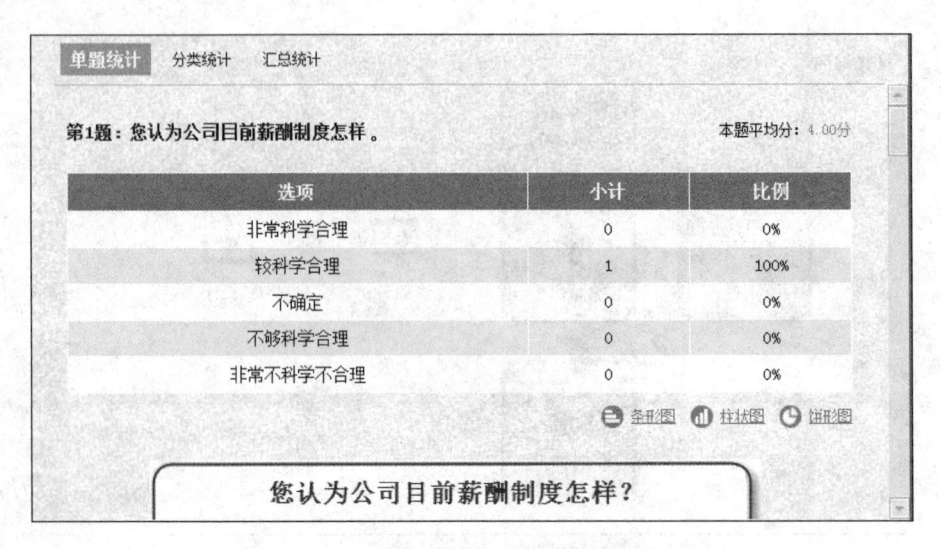

图 9—26　人力资源薪酬福利管理问卷的单题分析

(8) 点击【分类统计】,可查看同一指标下各个问题的答题情况(如图 9—27 所示)。

图 9—27　人力资源薪酬福利管理问卷的分类统计

(9) 选择"汇总统计",查看问卷汇总统计表。学生也可下载统计报告进行查看。(如图 9—28所示)

(10) 用户也可下载答卷数据,使用 Excel 或 SPSS 等统计工具对问卷进行二次统计(如图 9—29 所示)。

图 9-28 人力资源薪酬福利管理问卷的汇总统计

图 9-29 人力资源薪酬福利管理问卷答题数据的下载

三、人力资源薪酬与福利管理决策实验操作

（一）人力资源薪酬与福利管理存在问题分析

点击【对策措施】，选择【存在问题】，根据调查数据和图表，分析该企业人力资源薪酬与福利管理所存在的问题，填写案例中企业存在的问题（如图 9-30 所示）。

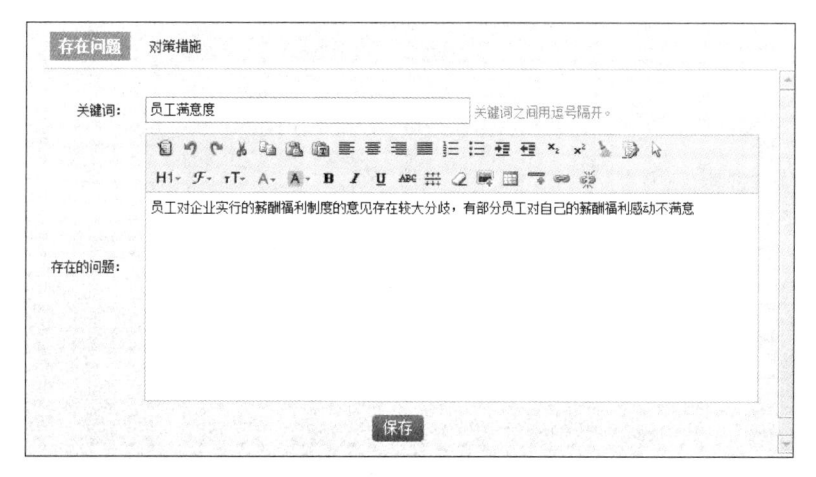

图 9-30 人力资源薪酬福利管理问题诊断

(二)人力资源薪酬与福利管理的决策

点击【对策措施】，选择【对策措施】，根据对企业存在问题的分析，提出相应的解决措施(如图9—31所示)。

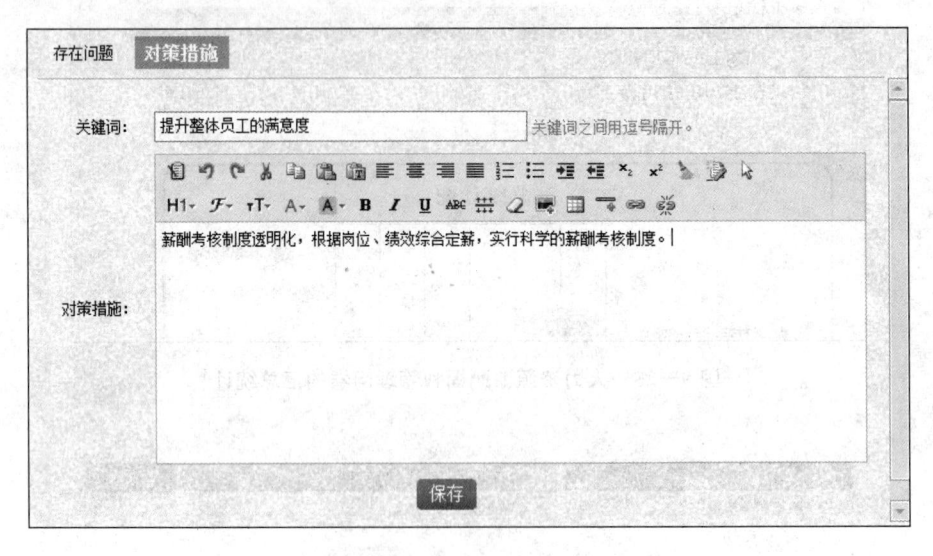

图9—31 人力资源薪酬福利管理问题的对策措施

第 十 章

企业文化诊断与决策

第一节 企业文化诊断与决策原理

一、企业文化概述

(一)企业文化的概念

企业文化,或称组织文化(Corporate Culture,或 Organizational Culture),是一个组织由其价值观、信念、仪式、符号、处事方式等组成的其特有的文化形象。企业文化是企业在生产经营实践中逐步形成的、为全体员工所认同并遵守的、带有本组织特点的使命、愿景、宗旨、精神、价值观和经营理念,以及这些理念在生产经营实践、管理制度、员工行为方式与企业对外形象的体现的总和。

企业文化的核心是价值观和行为准则、道德规范,其本质是强调员工的精神追求和精神鼓励。

(二)企业文化的构成

企业文化作为一个系统,它包含着四个子系统,并构成由表及里的四个层次(如图10-1所示),即表层的物质文化、浅层的行为文化、中层的制度文化和深层的精神文化,其改变程度由易至难。其中,最深层的精神文化是企业文化的最集中体现。

1. 表层的物质文化

这是企业文化的第一个子系统。它是由企业职工创造的产品和各种物质设施等所构成的器物文化。它主要包括企业产品、企业劳动环境和职工娱乐休息环境以及职工的文化设施等。表层的物质文化,是企业和职工的理想、价值观、精神面貌的具体反映,所以尽管是企业文化的最外层,但它却集中表现了一个企业在社会中的外在形象。因此,它是社会对一个企业做总体评价的起点。

2. 浅层的行为文化

这是企业文化的第二个子系统。它是通过公司人员在生产经营、学习娱乐中产生的活动文化。它包括企业的经营活动、教育宣传活动、协助人际关系的活动和各种文娱体育活动等。浅层的行为文化是企业经营作风、精神面貌、人际关系的一种体现,也是企业精神、企业目标的动态反映。

3. 中层的制度文化

这是企业文化的第三个子系统。它是指与企业生产经营活动中形成的企业精神、企业价

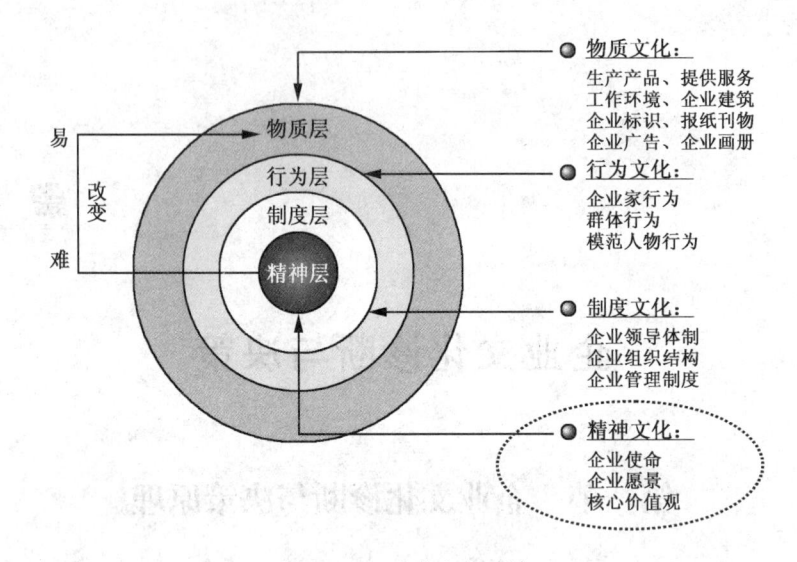

图 10—1　企业文化系统

值观等意识形态相适应的制度和组织机构。它是企业文化中人与物结合的部分，又称"中介文化"。它包括企业领导体制、组织结构和为进行正常的生产经营而制定的管理制度等中层的制度文化。反映了企业的性质，是为了实现企业目标而制定的一种强制性的文化。

4. 深层的精神文化

这是企业文化的第四个子系统。它是指企业在生产经营中形成的一种意识形态和文化观念。它是企业文化中的心理部分，可称"心理文化"。它包括企业精神、企业道德、价值观念、企业目标和行为规范等。深层的精神文化是企业文化的中心内容和灵魂。

(三) 企业文化的功能

企业文化作为一种理性和自觉的文化，具有其特定的功能。认识、把握、实现企业文化的特定功能，正是研究企业文化的根本目的。实践已证明，企业文化对企业经营的成败关系极大。总的来说，企业文化具有以下几点功能。

1. 企业文化具有导向功能

企业文化反映了企业整体的共同追求、共同价值观和共向利益。这种强有力的文化，能够对企业整体和企业每个成员的价值取向和行为取向起到导向的作用。企业文化一旦形成，它就建立起自身系统的价值和规范标准。对企业成员个体思维和企业整体的价值、行为取向发挥导向作用。

2. 企业文化具有激励功能

企业文化对员工的激励功能，是指企业文化以人为中心，形成一种人人受重视、人人受尊重的文化氛围，激励企业员工的士气，使员工自觉地为企业而奋斗。企业文化对企业员工不仅有一种"无形的精神约束力"，而且还有一种"无形的精神驱动力"。这是因为，企业文化使企业员工懂得了他所在企业存在的社会意义，看到了他作为企业一员的意义和自身的意义，就会产生一种崇高的使命感，以高昂的士气，自觉地为社会、为企业、为实现自己的人生价值而勤奋地工作。

3. 企业文化具有凝聚功能

企业文化的凝聚功能，指的是当一种企业文化的价值观被该企业成员共同认同之后，它就会成为一种黏合剂，从各方面将其成员团结起来，产生一种巨大的向心力和凝聚力。企业文化是企业全体成员共同创造的群体意识。它寄托了企业员工的理想、希望和要求，关系到他们的命运和前途。因此企业员工对这些意识产生了认同感。

4. 企业文化具有约束功能

企业文化的约束功能，指的是企业文化对每个企业成员的思想和行为具有约束和规范作用。企业文化的约束作用与传统的管理理论单纯强调制度的"硬"管理不同，它虽也有成文的"硬"制度约束，但更强调的是不成文的"软"约束。企业为了进行正常的生产经营管理，必须制订出一系列的管理制度。这些制度是企业最基本的价值观和行为规范的反映，但是由于它对企业成员行为的调整范围有限，而且它具有刚性的特质，使它很少能顾及个人复杂的实际情况与多方面的需要。因而企业文化更注重企业管理中的软因素。

5. 企业文化具有辐射功能

企业文化的辐射功能，指的是企业文化一旦形成较为固定的模式，它不仅在企业内发挥作用，对本企业的职工产生影响，而且也会通过各种渠道对社会产生影响。企业文化向社会辐射的渠道是很多的，但主要可分为利用各种宣传手段传播和个人交往两大类，其中前者的作用是最主要的。如利用电视、广播、报纸、书刊、会议等方式传播企业文化，影响是很大的。企业人员与社会的交往也是多方面的，他们的价值观念、道德水准等都会反映出本企业的文化特点。

6. 企业文化具有美化功能

优秀的企业文化，不仅能美化工作场所，还美化工作本身，使员工的求知、求美、求乐、求新的愿望得到满足。

企业文化的六大功能中，起主要作用的是导向功能，而且，这六大功能不是单独的、互不影响的，而是同时综合地在发挥其持有的作用。因此，它使企业文化具有其他管理理论所不具备的巨大作用。

（四）企业文化建设的必要性

1. 适应规范化管理的需要

从管理哲学的角度看，企业文化就是以文化为手段，以管理为目的的文化管理模式。企业进行企业文化建设，可以结合当代先进管理思想和策略，为企业全体员工构建一套明确的价值观念和行为规范，作为制度体系的必要补充，使管理更加规范化。

2. 适应新的竞争环境的需要

培育员工的竞争意识、市场意识，增强危机感；

强化"人本管理"意识，在企业共同价值观的引导下，给人以信任、荣誉和激励，激发员工工作热情，提高生产效率。依靠优秀的企业文化，吸引外部人才加入、发挥内部人才潜能、提升员工素质，是企业形成核心竞争优势的关键。

3. 适应企业未来发展战略的需要

理念上：积极进取，持续创新。管理上：以人为本，尊重员工创造性、积极性。组织上：发扬团队合作、同舟共济的精神。行动上：发扬敬业、爱岗、争先、创优的精神。

4. 培育公司内部优良风气的需要

改变官僚主义作风，改进工作流程、制度，以提高工作效率为中心，尽量从制度设计上去除推诿拖拉、抢功争利的积习。关键是"务实高效"。

主要抓观念转变，彻底破除铁饭碗、铁工资、铁交椅制度，清除等、靠、要思想，树立竞争、效率、改革意识。

借鉴外来优秀企业文化,灌输优秀企业文化的思想精髓。

5. 满足公司员工内在需求

根据马斯洛需求层次理论,当企业员工对较低层次的生理、交流等需要得到满足后,开始追求自我成长和价值实现的需要,希望充分发挥才能,受到尊重,得到理解。

二、企业文化诊断

企业文化诊断主要指由企业外部的企业文化专家和内部的经营管理人员对企业文化状况进行科学的调查研究工作。企业文化诊断是企业文化建设的重要环节,没有良好的诊断,便无从真正了解企业文化的现状,准确把握企业文化建设项目的脉络。企业文化诊断项目主要包括以下几个步骤:内外部成因分析、企业文化现状调查、诊断分析撰写评估报告等。

企业文化主要由物质层、行为层、制度层和精神层这四个方面组成(如图10-2所示)。首先,理清企业文化这四个方面的主要内涵,将其含义进行分解,具体到一些可考量的主要维度。

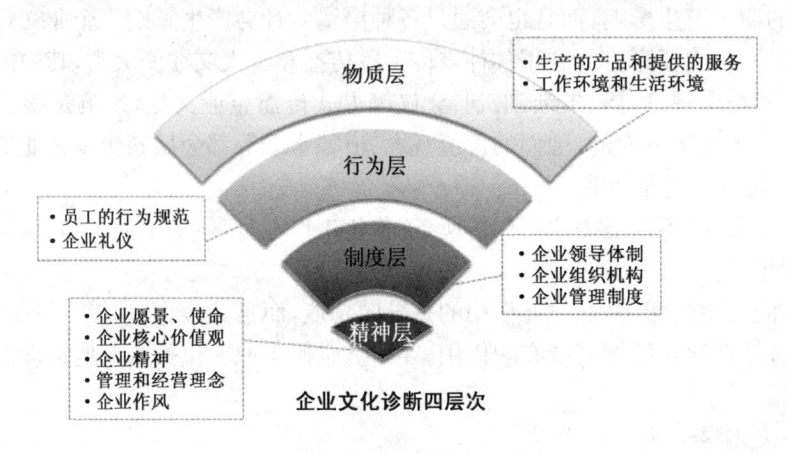

图10-2 企业文化诊断模型

(一)企业文化物质层

它是由企业职工创造的产品和各种物质设施等所构成的器物文化。企业文化物质层建设是依据企业已有的标识进行企业VI相关应用设计,达到视觉同一、视觉个性、视觉形象和视觉识别的统一。优秀的组织文化是通过重视产品的开发、服务的质量、产品的信誉和组织生产环境、生活环境、文化设施等物质现象来体现的。它主要包括两个方面的内容。

1. 企业生产的产品和提供的服务

企业生产的产品和提供的服务是企业生产经营的成果,它是企业物质文化的首要内容。

2. 企业的工作环境和生活环境

企业创造的生产环境、企业建筑、企业广告、产品包装与产品设计等,它们都是企业物质文化的主要内容。物质文化就是以物质形态为载体,以看得见、摸得着、体会到的物质形态,来反映出企业的精神面貌。

(二)企业文化行为层

在企业文化结构中,行为文化是员工在生产劳动、学习娱乐中产生的活动文化,是企业经营风格、精神面貌、人际关系的动态表现,也是企业精神、企业价值观的折射。具体包括企业员工的行为规范以及企业礼仪设计等内容。

员工行为规范是在同一个企业中所有员工应该具有一些共同的行为特点和工作生活习惯，包括仪容仪表、待人接物、岗位纪律、工作程序、环境与安全、素质修养等方面的规范要求。诊断时考察企业是否制定了员工行为规范，行为规范的内容是否全面、恰当，企业员工是否能够遵守企业行为规范。

企业礼仪设计主要从以下几个方面进行礼仪设计：电话礼仪、公务礼仪、接待礼仪、乘车礼仪、会议礼仪、宴会礼仪、语言称呼礼仪、参观拜访礼仪和商务谈判礼仪等。基本上覆盖了工作交际的方方面面。诊断时考察企业是否有此类员工培训，培训的内容是否符合社会的实际情况，员工在日常工作中能否正确掌握此类礼仪要求。

（三）企业文化制度层

企业文化的制度层又叫企业的制度文化，主要包括企业领导体制、企业组织机构和企业管理制度三个方面。

企业领导体制的产生、发展、变化，是企业生产发展的必然结果，也是企业文化进步的产物。不同的领导体制有着不同的特点与作用。诊断时判断企业现有的领导体制是否符合企业的发展需要，在企业的发展过程中，企业的领导体制是否能根据实际情况及时做出调整。

企业组织结构，是企业文化的载体。包括正式组织结构和非正式组织。企业现有的组织结构是否符合企业的发展需要，人力资源管理制度是企业管理的核心内容，因为人力资源管理制度反映了企业的价值体系，同时，对人的观念和行为的规范也需要制度的保障。包括招聘制度、培训制度、绩效与激励制度、考核制度及薪酬制度等方面的内容。诊断时分析企业是否制定了这些制度，这些制度是否合法，是否能够较为准确地反映企业的价值体系，员工对此类制度的认可度如何？

（四）企业文化精神层

企业在企业文化精神层的构建中，要明确提出企业愿景、企业使命、企业核心价值观、企业精神、管理和经营理念以及企业作风。让所有员工明确企业的发展方向和奋斗的目标，以及企业的基本道德行为准则。

企业愿景是对企业的长远目标、行动目标、社会价值观进行的概括和表述。诊断时分析企业是否提炼出了企业愿景，所提出的愿景能否体现全体员工的共同追求，能否引导员工的行动方向，能否体现员工和企业一同发展的意愿。

企业使命在企业远景的基础之上，具体地定义企业在全社会经济领域中所经营的活动范围和层次。诊断时分析企业是否提炼了企业使命，提炼出的企业使命能否表述企业在社会经济活动中的身份或角色，能否概括出企业的经营哲学，能否体现企业的宗旨、形象和价值观。

企业价值观是指：企业决策者对企业性质、目标、经营方式的取向做出的选择，是员工所接受的共同观念，是长期积淀的产物，企业价值观是企业员工所共同持有的，是支持员工精神的主要价值观。诊断时分析企业是否明确提出了企业的价值观，该价值观是否是从企业的发展历程中提炼出来的，能否联系起全体员工，能否成为企业生存发展的内在动力，企业行为规范是不是以此为基础的。

三、企业文化决策

（一）企业文化建设

企业文化建设的主要内容：企业文化诊断，企业文化理念设计，行为规范手册设计，VI手册设计，制度体系梳理完善；企业文化推广手册设计。

企业文化建设的特色：注重企业文化对战略的支撑作用，注重企业文化的延续、延伸与发展，注重执行力文化的建设，注重企业文化的"落地"。

企业文化建设的关键流程（如图10-3所示）。

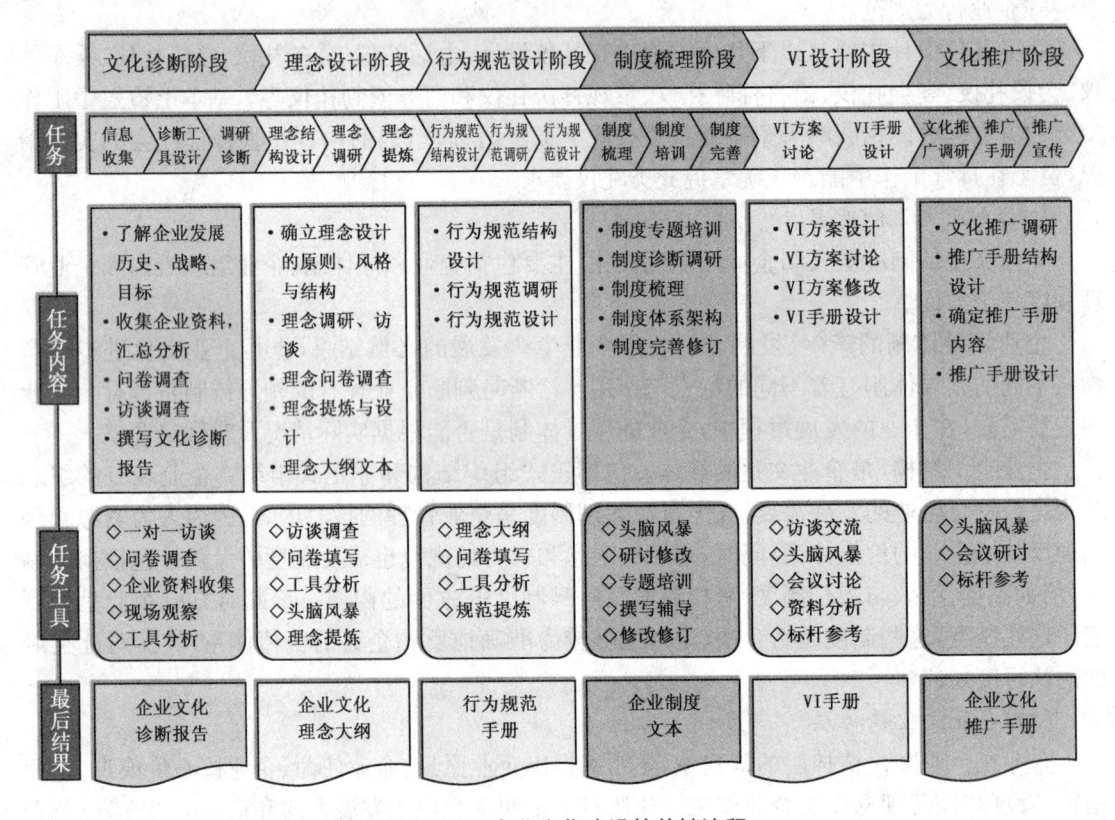

阶段	文化诊断阶段	理念设计阶段	行为规范设计阶段	制度梳理阶段	VI设计阶段	文化推广阶段
任务	信息收集、诊断工具设计、调研诊断	理念结构设计、理念调研、理念提炼	行为规范结构设计、行为规范调研、行为规范设计	制度梳理、制度培训、制度完善	VI方案讨论、VI手册设计	文化推广调研、推广手册、推广宣传
任务内容	• 了解企业发展历史、战略、目标 • 收集企业资料，汇总分析 • 问卷调查 • 访谈调查 • 撰写文化诊断报告	• 确立理念设计的原则、风格与结构 • 理念调研、访谈 • 理念问卷调查 • 理念提炼与设计 • 理念大纲文本	• 行为规范结构设计 • 行为规范调研 • 行为规范设计	• 制度专题培训 • 制度诊断调研 • 制度梳理 • 制度体系架构 • 制度完善修订	• VI方案设计 • VI方案讨论 • VI方案修改 • VI手册设计	• 文化推广调研 • 推广手册结构设计 • 确定推广手册内容 • 推广手册设计
任务工具	◇一对一访谈 ◇问卷调查 ◇企业资料收集 ◇现场观察 ◇工具分析	◇访谈调查 ◇问卷填写 ◇工具分析 ◇头脑风暴 ◇理念提炼	◇理念大纲 ◇问卷填写 ◇工具分析 ◇规范提炼	◇头脑风暴 ◇研讨修改 ◇专题培训 ◇撰写辅导 ◇修改修订	◇访谈交流 ◇头脑风暴 ◇会议讨论 ◇资料分析 ◇标杆参考	◇头脑风暴 ◇会议研讨 ◇标杆参考
最后结果	企业文化诊断报告	企业文化理念大纲	行为规范手册	企业制度文本	VI手册	企业文化推广手册

图10-3 企业文化建设的关键流程

（二）企业文化构建方案

1. 指导原则

（1）历史性原则

企业文化的厚度靠的是历史的积淀。公司的企业文化要与企业的发展历史紧密联系，也要传承中国传统历史文化。

（2）社会性原则

企业是存在于社会中的，企业在生存和发展中要履行社会责任，服务社会，树立起良好的公众形象，所以企业文化的构建要遵从社会性原则。

（3）同异性原则

某企业的文化构建在借鉴其他同类企业的优秀文化的同时，也要与企业自身环境、条件、文化相统一，形成与其他同类企业文化的差异之处，有自己的个性特色。

（4）一致性原则

企业文化是一个完整的、庞大的体系，各个层面要共同为企业的发展服务，与企业战略保持高度一致，才能产生出强大的文化力量。企业文化的精神层面、制度层面、行为层面和物质层面都必须要体现出一致性。

(5)前瞻性原则

企业文化的核心内容是不能经常发生变化的。企业文化的构建既要立足当前企业的发展要求,也要立足长远,考虑企业长远发展的需求。

(6)操作性原则

企业文化的构建是为了解决企业存在的问题,要在企业经营管理中真正发挥作用,不能与企业的经营管理脱离。因此,在构建企业文化时,要强调实用性和可操作性的原则,重视实际。

2. 构建内容

(1)企业文化物质层构建的主要内容

依据企业已有的标识进行企业 VI 相关应用设计,达到视觉同一、视觉个性、视觉形象和视觉识别的统一。

主要包括:信用品系统:名片、信封、信笺、传真纸、商业文书;事务用品系统:文件袋、档案袋、文件夹、笔记本、工作包、贵宾卡、纸杯、光盘封套;办公环境系统:接待台与背景墙、会议室形象;公关用品系统:贺卡、请柬、挂历、台历、邀请函、手提袋;广告形象系统:宣传画册形象规范;网站系统:网站主页形象规范、网站二级页面形象规范;服装形象系统:运动服装、工装、领带、领夹;商业文书形象系统:管理表格形象落格、业务表格形象落格、行政表格形象。

(2)企业文化行为层构建的主要内容

在企业文化结构中,行为文化是员工在生产经营、学习娱乐中产生的活动文化,是企业经营风格、精神面貌、人际关系的动态表现,也是企业精神、企业价值观的折射。企业行为文化包括企业集体行为,企业领导的行为,企业先进模范人物的行为,企业员工的行为等。

(3)企业文化制度层构建的主要内容

企业文化的制度层又叫企业的制度文化,主要包括企业领导体制、企业组织机构和企业管理制度三个方面。

①企业领导体制

企业领导体制的产生、发展、变化,是企业生产发展的必然结果,也是文化进步的产物。不同的领导体制有着不同的特点与作用。而企业领导体制的构建需要依据企业实际,同时也要随企业的发展而进行及时调整。

②企业组织结构

企业组织结构,是企业文化的载体,包括正式组织结构和非正式组织。企业应该根据自身的情况选择合适的组织结构,以期促进企业的发展与进步。

③企业管理制度

人力资源管理制度是企业管理的核心内容,因为人力资源管理制度反映了企业的价值体系,同时,对人的观念和行为的规范也需要制度的保障。包括招聘制度、培训制度、绩效与激励制度、考核制度及薪酬制度等方面的内容。

(4)企业文化精神层构建的主要内容

企业在企业文化精神层的构建中,要明确提出企业的企业愿景、企业使命、企业核心价值观、企业精神、管理和经营理念以及企业作风。让公司所有员工明确公司的发展方向和奋斗的目标,以及公司的基本道德行为准则。

第二节　企业文化实训

一、南青集装箱班轮公司企业文化

（一）企业介绍

南青集装箱班轮公司（以下简称"南青"）前身为海口南青实业公司，成立之初是共青团上海市委下属的上海市青年科技发展公司在海南省设立的全资子公司。1997年1月8日，公司在充分进行市场调研的基础上，拟订了"以上海为枢纽，构筑中国沿海、长江下游T字形水路运输网络，用市场的方式组织各种生产要素，以散装的价格切入市场，大规模拓展国内集装箱水路运输业务"的方案，率先开展了用国际标准集装箱进行国内水路运输项目，填补了国内水运市场的一大空白。

南青公司始终坚持致力于水路集装箱运输网络的建设，通过十年的努力，至2006年底，已形成贯穿南北沿海，连接长江、珠江，干支线相配合的高密度、高覆盖度、稳定可靠、可知可控的物流级水路集装箱运输网。公司派出机构北起沈阳，南到海口，西至重庆，东达上海，遍布全国三十多个港口和内陆城市。

（二）企业文化现状

企业文化由社会文化和企业行为交融而成，是一种团体经验的学得产物。企业文化由内至外可以分为四层：精神层、制度层、行为层、物质层。

1. 物质层

南青物质文化包含对外提供的"内贸集装箱运输"服务及内部的各种物质形态。表10—1为南青与业内竞争对手"烟台海运"在客户服务能力方面的对比，从中可以看出：南青的客户服务能力需加强。

表10—1　　　　　　　　南青与烟台海运客服服务能力比较

项目	南　青	烟台海运
人	通常一人服务多个客户，在服务细致程度上有限	固定人员发船期动态，规范，及时
财	随意性大，不固定，无序	专船专线，船期稳定固定
船	没有计划性，客户管理不规范	兼做外贸，操作上比较正规有序

2. 行为层

南青员工分散全国各地近五成的办事处员工表示热情很高，积极主动完成任务，相比总部只有一成员工这样认为，而74%的总部员工都认为干劲一般，上级分配什么干什么，工作处于被动状态，往往热情也就相应减弱。对于加班的态度，总部员工则更多地表现出大城市现代企业的商业化及职业化，相应缺少一些奉献和主人翁意识。相比较而言，办事处员工对于加班则较为主动，乐意奉献。

遵纪守法、诚实守信、廉洁奉公等基本道德准则的重视在员工身上得到了明显的体现，大多数员工认同并能付诸行动；员工爱岗敬业、努力勤奋、照章办事，但在人际关系及办事效率上普遍反映一般，如有些部门或员工存在"说了等于做了，做了等于做好了"现象；员工一般都是看制度和流程，没有规定清楚的一般不会主动关注。

在企业发展中企业领导人的战略竞争意识、市场意识、创新和敢为人先的魄力一直感召着广大员工。由于员工一直为最高领导人魅力所感召,从而形成带有唯领导是尊的行为文化,而员工中真正具有亲和力和卓越能力的人尚未得到公认甚至比较缺乏。关于企业是否有模范人物,有员工反映"领导要求太高,大家都达不到"。

3. 制度层

制度层文化涉及领导体制、组织结构、管理制度等方面,直接影响企业的经营活动。

由于历史原因,南青还未形成完善的法人治理结构;决策层、管理层及经营层的责权利缺乏清晰的界定,监督机制不健全。创业初期的简单集权难以支撑发展壮大后的企业,科学化、规范化管理将成为南青的发展方向。组织中的管理原则尚未形成,仍然存在违反管理原则的现象。权责不清造成部门间流程接口出现推诿现象。纵向沟通中缺乏由上至下的正式反馈。

现阶段南青的组织结构是一种扁平式组织形态,体现了物流行业统一指挥特征。但调查中发现,部门之间责权划分不明确,运行流程不顺畅,具体操作中容易出现相互推诿、扯皮的现象;同时调查表明,52%的公司总部员工认为目前是一种集权的管理风格,53%的公司总部员工认为集权的管理风格不太适应公司的未来发展。

人力资源制度是企业文化制度层的重要内容。目前南青人力资源规划缺失,招聘工作处于应急状态,没有有效地进行人才储备,影响了企业的持续发展。目前尚未有完善的培训体系,一定程度上影响了培训效果的发挥。员工以为自己工作做好了,但上级并不这么认为,造成员工对考核的不满。考核结果在内部强制正态分布,使得管理者和员工将注意力更多地集中在最终结果上,忽略了绩效考核本身的目的是提升全体员工的工作效率和工作业绩,难以发挥考核应有的激励作用。南青现有的职业生涯发展制度尚不规范,难以满足员工需求。

南青公司创业初期的简单集权对于企业开拓创新,破解危机起了很大帮助,但随着企业发展壮大,集权带来严重危害。目前南青尚未有完善的法人治理机构,决策层过多参与管理层与经营层的事务,而管理层和经营层更多处于被动执行的状态,监督体制也不健全。

南青拥有正式的纵向沟通渠道,但访谈中不少员工反映,"我们将方案反映上去,但很少得到反馈"。此外,访谈中还了解到公司在制定部门目标时并未按照企业目标进行分解,使得部门间指标缺乏关联度,各部门都只顾完成自己的指标,造成公司整体目标却没有实现,出现"绩效稀释"的现象。

4. 精神层

南青公司在近二十年的发展历程中,许多优秀文化理念已"铭刻在头脑中",激励着南青人勇往直前。问卷调查显示,员工认为公司现有稳定的价值取向,集中表现为:合作共赢、不断学习、服务领先;但同时"危机意识、品牌意识及创新精神"等观念意识在南青公司员工身上体现的程度相对不足。

绝大多数员工认为公司尚未形成统一的文化理念。调查同时表明:企业愿景与核心价值观缺失,种种原因导致公司不能系统性、针对性对员工进行文化引导、宣传贯彻工作;员工只能凭个人自觉性进行工作,未能与公司形成心理契约,难以形成整体合力。

此外,由于南青公司精神文化的不完善,未能有效形成对制度、行为、物质文化的渗透力。精神文化的不完善,导致制度管理存在不规范现象,缺乏相应理念指导;员工行为缺乏导引,甚至个别人出现腐败现象;员工未能充分认识企业标识寓意。

(三)企业文化诊断建议

物质资源终会枯竭,唯有精神力量生生不息。建设强势企业文化是为了支撑南青公司成为"百年老店"的伟大理想,实现南青公司的使命,统一南青人的思想、观念、态度、行为和价值观的导向。因此,对企业文化进行优化治理势在必行。

对南青文化进行积极、全面、系统地建设,首先需要从现实、渐进、未来的角度进行考虑(如图10—4所示)。

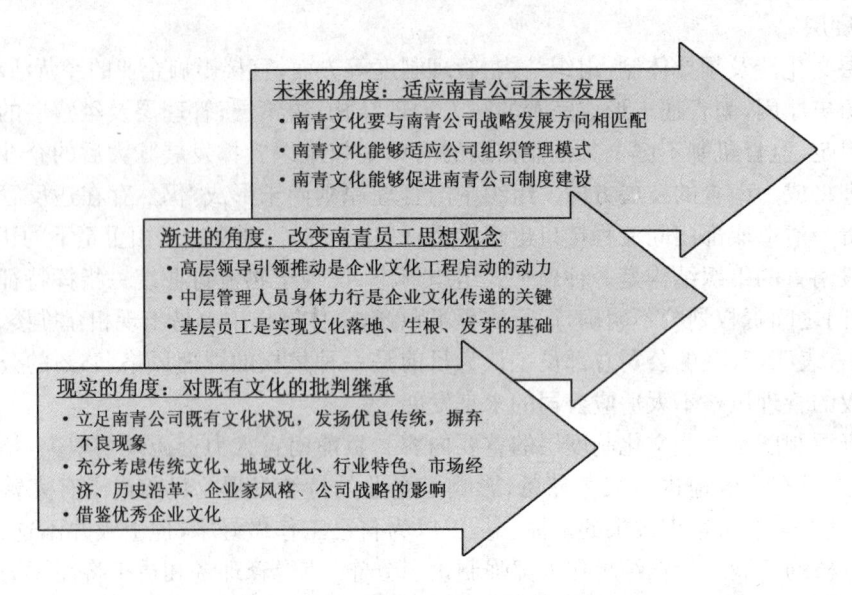

未来的角度:适应南青公司未来发展
- 南青文化要与南青公司战略发展方向相匹配
- 南青文化能够适应公司组织管理模式
- 南青文化能够促进南青公司制度建设

渐进的角度:改变南青员工思想观念
- 高层领导引领推动是企业文化工程启动的动力
- 中层管理人员身体力行是企业文化传递的关键
- 基层员工是实现文化落地、生根、发芽的基础

现实的角度:对既有文化的批判继承
- 立足南青公司既有文化状况,发扬优良传统,摒弃不良现象
- 充分考虑传统文化、地域文化、行业特色、市场经济、历史沿革、企业家风格、公司战略的影响
- 借鉴优秀企业文化

图10—4 南青企业文化诊断建议

其次,南青企业文化优化治理需要运用三个手段,是一个持续推进的过程(如图10—5所示)。

南青公司文化体系:

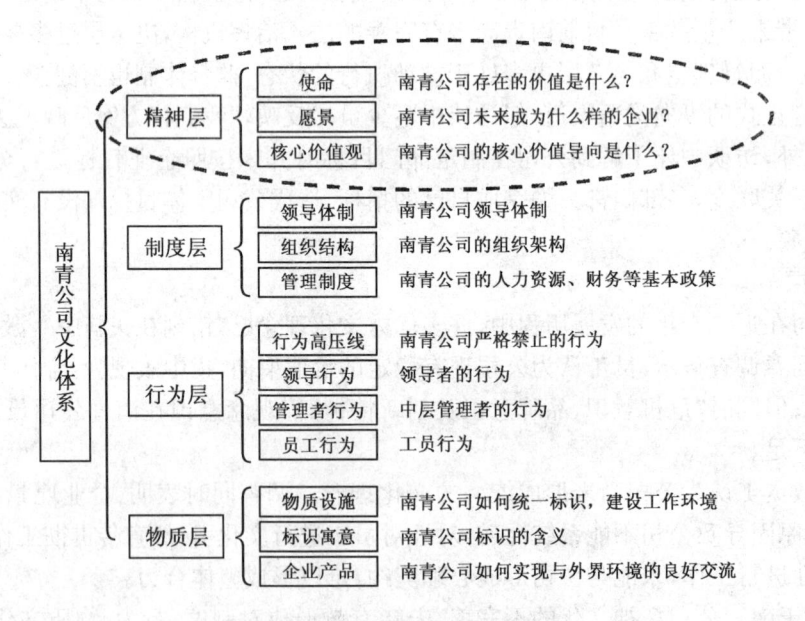

- **精神层**
  - 使命:南青公司存在的价值是什么?
  - 愿景:南青公司未来成为什么样的企业?
  - 核心价值观:南青公司的核心价值导向是什么?
- **制度层**
  - 领导体制:南青公司领导体制
  - 组织结构:南青公司的组织架构
  - 管理制度:南青公司的人力资源、财务等基本政策
- **行为层**
  - 行为高压线:南青公司严格禁止的行为
  - 领导行为:领导者的行为
  - 管理者行为:中层管理者的行为
  - 员工行为:工员行为
- **物质层**
  - 物质设施:南青公司如何统一标识,建设工作环境
  - 标识寓意:南青公司标识的含义
  - 企业产品:南青公司如何实现与外界环境的良好交流

图10—5 南青企业文化优化治理

权力智慧化,将南青公司企业家的意志、直觉、创新精神和敏锐的思想转化为成文的公司价值观和政策,使之明确化、系统化地传递给职业管理人员,由职业管理层将其规范化,这是一个"权力智慧化"的过程,具有中国特色。

理念政策化,要阐明南青公司处理基本矛盾和企业内外重大关系时的原则和优先次序,建立调整企业内部关系和矛盾关系的心理契约,这是一个"理念政策化"的过程。即在处理各种问题时,处理内外关系时,应遵循什么规则。

最后,未来的南青公司文化体系包括精神层、制度层、行为层和物质层,其中精神层是南青公司文化体系的核心层。

根据以上的分析,并结合企业文化的建设内容,南青文化理念设计分为四个层面。

(1)第一层面文化理念:企业使命、核心价值观、企业愿景。

(2)第二层面文化理念:经营哲学、企业承诺、愿景目标体系、企业精神力、经营理念、企业行为、企业口号。

(3)第三层面文化理念:战略思想、运营理念、管理方略。

(4)第四层面文化理念:战略定位、核心竞争力、业务战略、战略联盟、资本运作、营销理念、采购理念、营运理念、计划、组织、指挥、沟通、控制(人、财、物、信息)。

综上,南青文化理念大纲:①企业愿景:为融入全球物流网络的中国一流物流企业;②近期发展方向(5~10年):立足内贸运输,拓宽物流业务;③远期发展方向(10~30年):立足国内市场,放眼国际市场;④企业使命:提升社会物流水平,促进社会高效发展;⑤核心价值观:敬畏天地,海纳百川,以人为本,日臻完善;⑥企业精神力:学习力,团队力,诚信力,创新力。

战略思维:①企业战略定位:以联盟经营为主导模式,以"T"字型航运网络为支撑,立足"内贸集装箱运输"市场,按照市场机制和现代物流理念整合社会资源,通过不断拓展物流服务功能,完善内部管理来主动满足客户物流需求的变化,成为全球物流网络中拥有自身核心能力的重要一环。②核心竞争力:经营模式、客户服务、信息系统、物流网络、内部管控。③业务战略南青未来的业务可以分为三个层面,每一个层面的业务是为下一层面业务做基础,下一层面的业务为上一层面提供努力的方向。④战略联盟:优势互补,资源共享。⑤资本运作:顺势借力,合理适度。

运营理念:①营销理念:明确营销定位,完善营销管理,主动服务市场,赢得客户信赖;②采购理念:强化采购管理,降低采购成本;③营运理念:安全、稳定、便利、快捷;

管理方略:①计划方略:注重制订过程,充分考虑变化,实现 PDCA 循环;②组织方略:一个指挥中心,一个利润中心;③指挥方略:统一指挥,合理授权,强化任务,弱化部门;④沟通方略:加强沟通意识,注重沟通方式,服从整体利益;⑤控制方略(人):唯才是举,人尽其才;⑥控制方略(财):建立预算管理,加强成本核算,健全财务制度 拓展财务功能;⑦控制方略(物):提高控制能力,规范运作程序;⑧控制方略(信息):业务管理电子化,信息流转扁平化。

二、宜家家居企业文化

(一)企业介绍

宜家家居于 1943 年创建于瑞典,"为大多数人创造更加美好的日常生活"是宜家公司自创立以来一直努力的方向。宜家品牌始终和提高人们的生活质量联系在一起并秉承"为尽可能多的顾客提供他们能够负担、设计精良、功能齐全、价格低廉的家居用品"的经营宗旨。

在提供种类繁多、美观实用、老百姓买得起的家居用品的同时,宜家努力创造以客户和社会利益为中心的经营。截至 2008 年 12 月,宜家在全世界的 36 个国家和地区中拥有 292 家大型门市(其中 258 家为宜家集团独自拥有,34 家为特许加盟)。大部分门市位于欧洲,其他的则位于美国、加拿大、亚洲和澳大利亚。每年印刷量高达 1 亿本的 IKEA 商品目录中,收录有

图 10—6　宜家家居

大约 12 000 件的商品，号称是除了《圣经》之外最被广为散布的书籍。中文的"宜家"除了是取 IKEA 的谐音以外，也引用了成语中"宜室宜家"的典故，来表示带给家庭和谐美满的生活。

（二）企业文化

企业文化由社会文化和企业行为交融而成，是一种团体经验的学得产物。企业文化由内至外可以分为四层：精神层、制度层、行为层、物质层，其改变程度由难至易。

1. 宜家精神文化

（1）企业使命："为大多数人创造更加美好的日常生活"是宜家家居自 1943 年创建以来一直努力的方向。

（2）企业宗旨："以人为本，一切以满足人的本性和需求出发"。

（3）企业目标：家居文化的领先者。

（4）企业口号：IKEA 的口号是"形式，功能，价宜"，这三个词包含了北欧设计的全部基本精髓思想。

（5）经营理念："提供种类繁多、美观实用、老百姓买得起的家居用品"。

（6）核心价值观：宜家的核心价值观可以归结于两个方面：成本主义和人本主义。正是成本主义和人本主义的两面旗帜，催生了宜家独特的"家"文化，并指导着宜家从一个杂货店走向了一个家居帝国，并且将这个帝国不断的延续和扩大。

2. 宜家制度文化

宜家提倡扁平化管理。职级仅有普通员工、组长、主管、部门经理四个。如何在没有太丰富的职位晋升空间的情况下激励员工不断发展和迎接挑战是一项重要工作。其实，职位提升的本质之一是能承担更多新的责任和挑战。此外，即使是稳定在同一职位上，员工依然可以感受到不同的挑战。比如宜家上海有位员工刚收到了日本商场的邀请信，邀其去日本协助开店。又如员工可以申请赴瑞典项目部，参与全球不同宜家商场的项目工作。他可能在全球各地做上 3~5 年再回来，即使工作岗位不变，员工参与决策的程度在变，学习和发展依然在继续。在这种扁平化管理的模式下，宜家也创造了各种独特的人性化制度。

宜家招聘员工时，很看重沟通能力强的人。他们应该直率、勤奋，应该乐于与周围的人打交道。宜家也很重视应聘者是否具有领导才能、网络技能、谈判技能等。宜家招募大学毕业生从事销售工作，并安排他们到各分店去收集销售报告；工商管理硕士毕业生除从事销售外，也有的被分配到财务或人力资源部门工作。

宜家特别注意观察候选人的个人价值观是否与宜家的核心价值观一致。那些关心客户、勤奋、愿意不断学习进步的人才是宜家所需要的人选。宜家不太愿意招聘已经深受其他文化影响的人员,尤其是那些具有社会等级意识的人,他们会发现自己比较难以适应宜家的企业文化。

此外,招聘员工时,宜家很重视员工的多样化。这种多样化表现在员工的肤色、性别、教育背景、语言、思维与表达方式等方面。宜家的人力资源管理部门每年都要统计、调整管理层的性别比例,各分公司员工的国籍、种族等情况也要定期向总部汇报。总之,宜家的门是向那些性格外向的、具有献身精神的、愿意为客户服务的并有兴趣成为团队一分子的人开放的。

宜家通过平等的氛围、人性化的管理和有效的激励机制来留住人才。宜家主张平等,反对等级观念和官僚制度。宜家公司的总部是一座平房,地下有一个多功能停车场。在这里,所有的同事都穿着T恤和牛仔裤。办公室都是敞开的。在这种氛围中,分不出谁是经理,谁是普通员工。英格瓦·坎普拉德痛恨任何形式的等级制度。巡视商店时,他鼓励大家直呼其名,以示他和大家是平等的。在宜家,经理对员工不称"员工"而称"同事",以体现"宜家人人都是重要的"平等理念。

宜家不鼓励员工加班,因为他们认为员工工作与生活的平衡对公司很重要。公司鼓励员工在工作上提出挑战,即便偶然失误也不会受到处罚。在这样一个文化氛围里,员工们快乐地工作,并享受着工作的快乐。

宜家的激励机制包括提供培训机会、职务晋升以及与能力和业绩相对应的薪酬制度等。

3. 宜家行为文化

宜家的行为文化集中体现在三个方面:企业道德,企业公民与社会责任,企业公民慈善。

宜家社会工作团体创立于2005年,负责管理宜家在全球层面上的社会工作。宜家社会工作团体致力改善儿童的权利状况和生存机遇。该团体的主要合作伙伴是全球两大领先的儿童权利组织:联合国儿童基金会(UNICEF)和救助儿童会(Save the Children)。宜家社会工作团体以全局化的眼光,援助了一系列项目,旨在创造显著而持久的成效。

20世纪90年代中期,宜家和其他许多公司开始密切关注南亚地区非常普遍的使用童工现象。从此,宜家开始与供应链中的童工现象作不懈的斗争。宜家的第一步是与救助儿童会合作制定了童工行为准则——《杜绝童工的宜家方式》,清晰规定了一切行为必须以符合儿童最佳利益为前提。在这一原则的指导下,宜家意识到,仅仅监督宜家供应商是否遵守行为准则是远远不够的,我们需要走出工厂大门,到更广大的社区去履行自己的承诺。

4. 宜家物质文化

宽松的购物环境折射出宜家的企业文化——人性化、简单、方便、自给自足。逛宜家能给人一种方便、赏心悦目的购物体验。在一般的家具商店里。所有的商品都是按品种摆放的,如沙发区、茶几区、桌子区。而宜家的商品都是以展示厅形式陈设的,这里,你看到的是由各种各样的家具组成的一个又一个温馨、舒适的场景。不管在儿童房、餐厅,还是在卧室的展示厅里,你都可以看到多种不同的家具组合,还可以看到各种家具的说明书和组合图。这些样品和图片是从宜家分布在全球的1 500家家具供应商提供的款式中精选出来的。宜家的每种商品都用瑞典语命名,并被翻译成多种语言文字。在这里,你会感到这不是一个商店,而是一座现代家居生活的展览馆,买不买东西仿佛成了次要的,关键是你可以充分感受到这里与众不同的氛围。

到了宜家,你只要随着地板上画的箭头,就可以从头到尾走完整个商店。你会忘记自己是

"顾客",而是一个"参观者"。如果你不需要服务员,没有任何店员会来打扰你。如果你选购的家具比较大,在商场的入口处就有许多方便灵活的手推车。如果你带了孩子,可以把孩子"寄存"在有专人照看且有很多玩具的"大箱子"里,孩子们可以开心地玩,你就可以放心地观赏商品了。如果你逛累了、逛饿了,这里专门开设的餐馆为你准备了香浓的咖啡和各国的风味食品。

宜家创始人英格瓦·坎普拉德的愿景很奇特,他不仅要改善大多数人的生活水平,而且要改善这些人的本身。宜家公司提倡顾客"自给自足":自己在店里选购商品,自己把选好的商品带到结账处,自己把商品运回家,然后自己把它们组装起来。宜家公司说,这样做的目的不只因为宜家要降低成本,还因为这样做对顾客好,顾客会因此而变成一个更好的人。

宜家规定了全球员工统一着装,并且,宜家员工的工服是以其宜家标志的底色——蓝色为主色调,配以"IKEA"的黄色为辅助色,"黄色是典型的世俗颜色,而蓝色是典型的天堂颜色",强烈的突出工服的视觉效果,宜家全球各地的办公环境亦是如此。

第三节　企业文化实验操作

一、企业文化理论学习

(一)企业文化理论知识学习

进入软件后,点击"企业文化"选项,可以在页面右侧看到相关案例,如图10-7的南青企业文化和宜家家居等。

图10-7　企业文化学习模式

左侧为该案例所属的理论知识,点击【目录】可以概览理论知识的大纲,点击标题可以直接查看该部分内容(如图10-8所示)。

图 10-8　企业文化理论学习

(二)思考与问题

右侧为学习理论后回答的思考题,鼠标放在【参考答案】上会显示系统答案(如图 10-9 所示)。

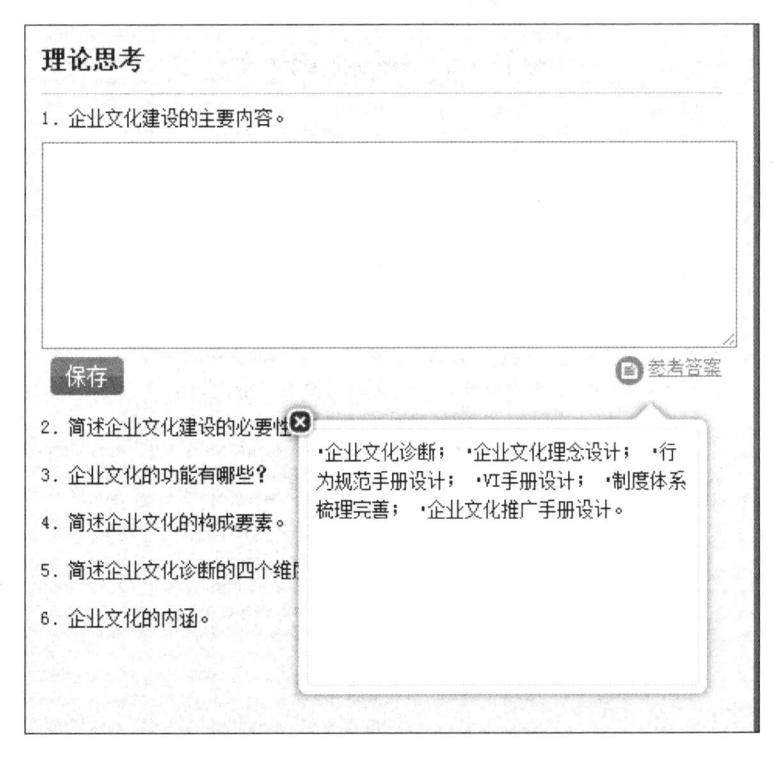

图 10-9　企业文化思考与问题

二、企业文化诊断实验操作

(一)案例定性分析

企业文化实训就是通过对所调查的案例进行分析,设计分析模型,进行数量分析。左侧为该案例内容,点击【目录】可以概览案例大纲,点击标题可以直接查看该部分内容(如图10-10所示)。

图10-10 企业文化案例分析

右侧为阅读案例后回答的思考题,鼠标放在【参考答案】上会显示系统答案(如图10-11所示)。

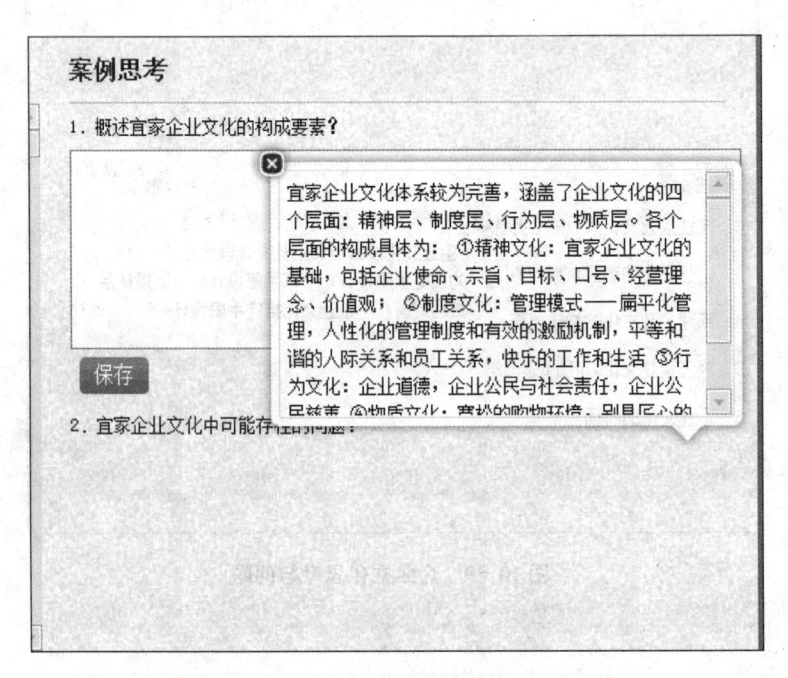

图10-11 企业文化案例思考

(二)案例量化分析

1. 指标构建

根据企业文化诊断理论,构建企业文化诊断指标体系。选择软件【指标构建】后,可以采用软件所提供的指标模型选用并创建指标,也可根据所分析的案例独立构建新指标体系(如图10-12 所示)。

图 10-12　企业文化指标构建

查看指标模板,可以此模板创建指标。点击"企业文化",选择【模型构建指标】或【构建新指标】(如图 10-13 所示)。

图 10-13　企业文化模型构建指标

2. 问卷设计

根据构建的企业文化诊断指标模型，设计调查问卷，以便各项指标数值的确定和相关指标的量化关系。

(1)选择"问卷设计"，学生可以根据模板创建适合相关案例的调查问卷。

(2)查看问卷模板，可以此模板设计新问卷。

编辑问卷基本信息，点击【保存】(如图10—14所示)。

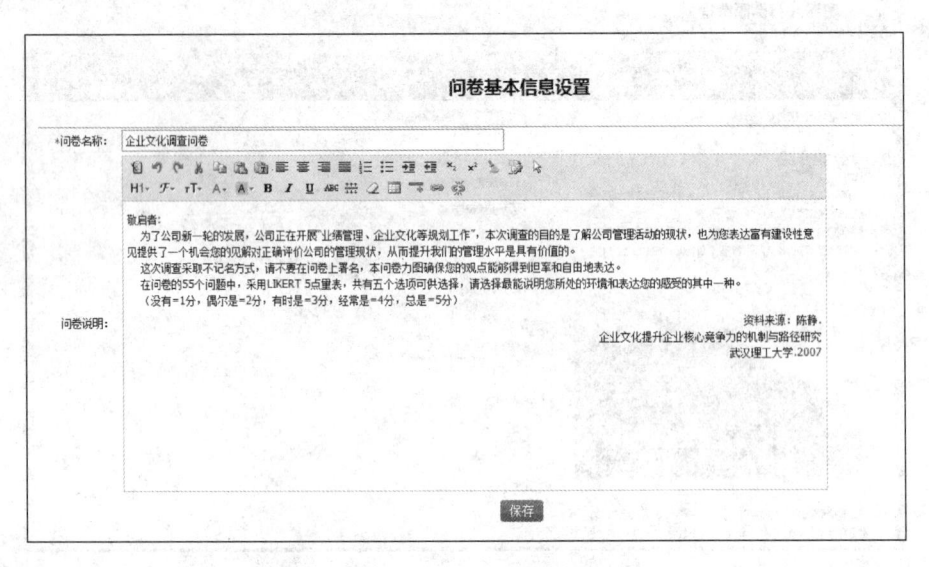

图10—14 企业文化诊断问卷基本信息

(3)添加问卷问题。问题类型分为单选题、多选题、量表题与开放式题，根据需要添加各类型的问题，也可直接编辑现有题目(如图10—15所示)。

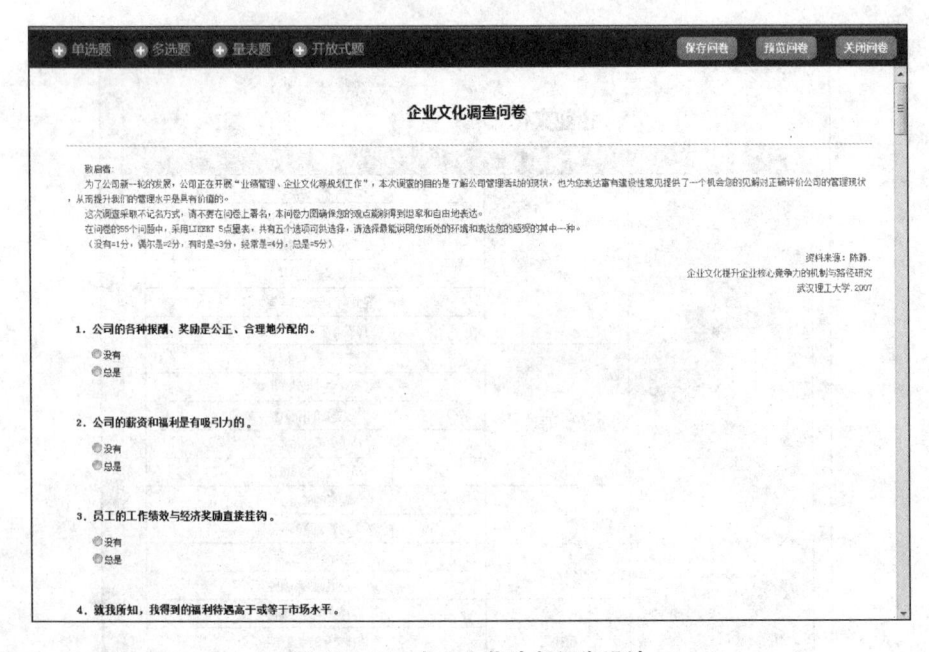

图10—15 企业文化诊断问卷设计

(4)在页面右侧点击【基本信息】,可以重新编辑问卷说明(如图10-16所示)。

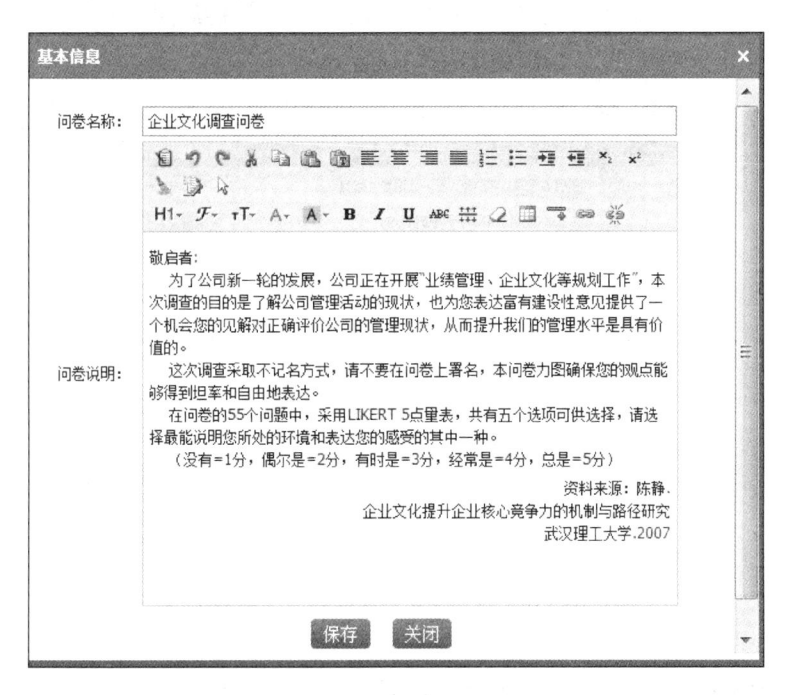

图10-16 企业文化诊断问卷说明

(5)点击【设置指标】,可以设置问题指标,最多可设置10个。每个指标名称编辑完成后,按回车键确认。全部指标添加完成后,点击【保存】(如图10-17所示)。

图10-17 企业文化诊断问卷与指标的关联

(6)若指标构建步骤,学生已创建指标,则此处显示指标模型的第二层,即维度层。学生亦可根据需要修改,但修改不影响前面的指标模型。

(7)接下来将添加的指标与题目绑定(如图10-18所示)。

(8)问卷题目和指标设置完成后,切记要点击页面上方的【保存问卷】。保存后,可以进行预览(如图10-19所示)。

(9)在"我的问卷"中,一个案例只能设计一份问卷,再次设计的问卷会覆盖已设计的问卷(如图10-20所示)。

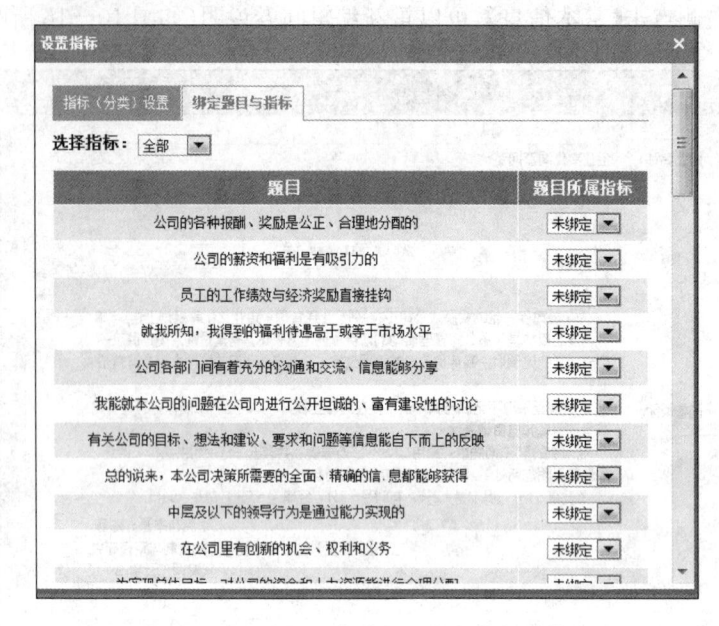

图 10-18　企业文化诊断问卷与指标的绑定

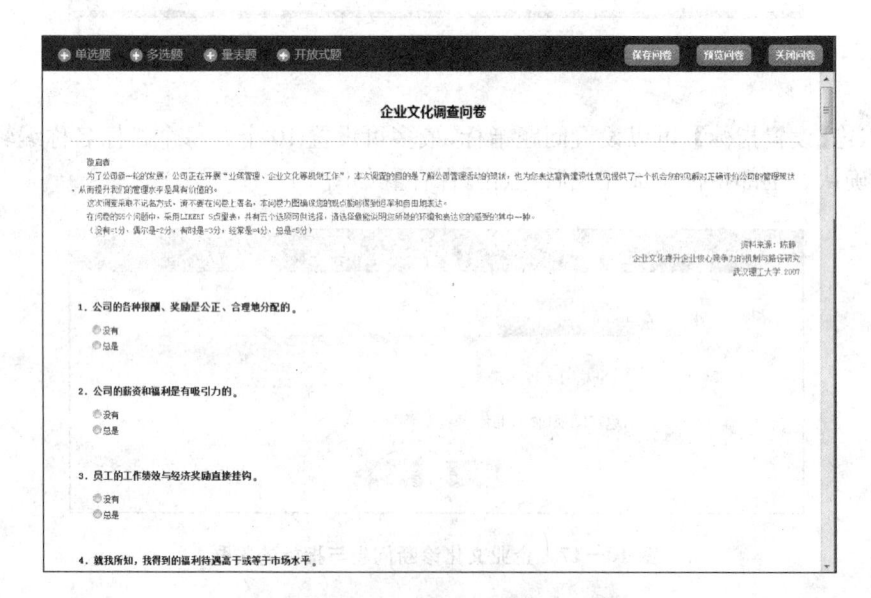

图 10-19　企业文化诊断问卷的生成

图 10-20　企业文化诊断问卷的保存

3. 量化诊断

选择"量化诊断"。

(1)点击【设计问卷】,可返回问卷设计部分,对问卷进行修改。如无修改需要,可点击"发布问卷"(如图 10—21 所示)。

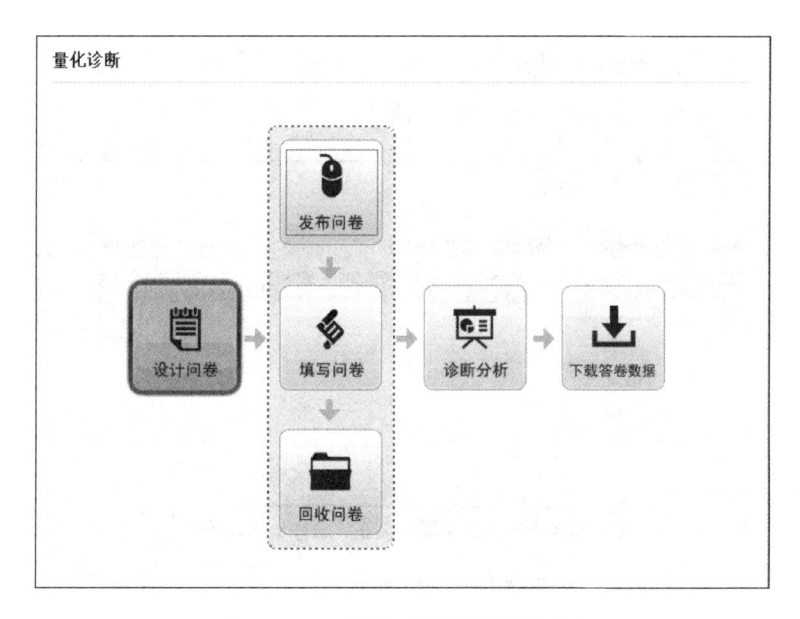

图 10—21 企业文化诊断问卷的发布

(2)点击【发布问卷】,则所发布的问卷发送到问卷库中,实验中的其他学生在问卷库中可以看见(如图 10—22 所示)。其他学生根据所读同一个案例的各自理解和分析,填写问卷。这是一个社会调查的过程。

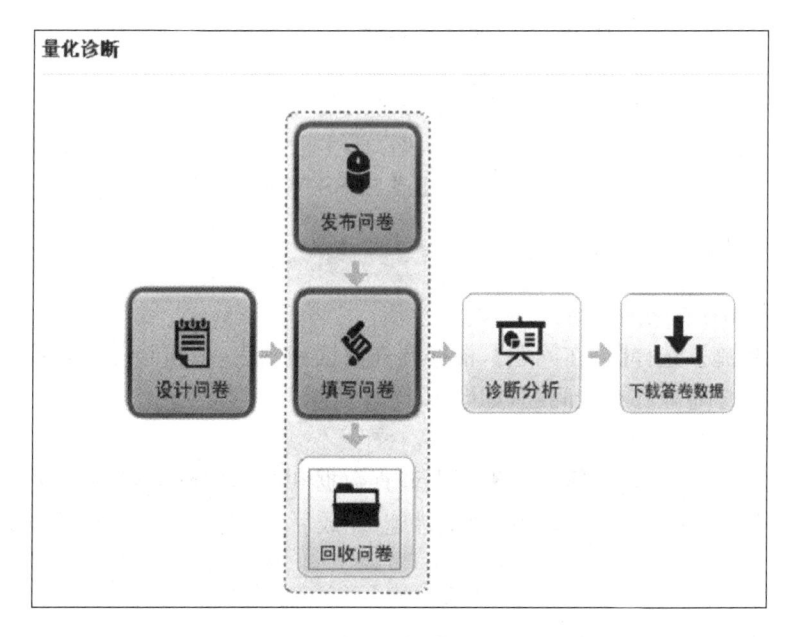

图 10—22 企业文化诊断问卷的回收

(3)点击【填写问卷】,根据自己所读案例的自我理解和分析,填写自己所发布的问卷。

(4)填写完所有问题后,点击问卷右上角的【提交问卷】。

(5)点击【回收问卷】,问卷回收后不在问卷库显示,其他同学无法填写。若需要收集多份答卷,请确认其他同学完成问卷填写后再回收(如图10—22所示)。

(6)问卷填写完并进行回收后,开始进行诊断分析。

(7)系统提供三类自动统计:单题统计、分类统计与汇总统计。

点击【单题统计】,可以查看每道题的回答情况(如图10—23所示)。

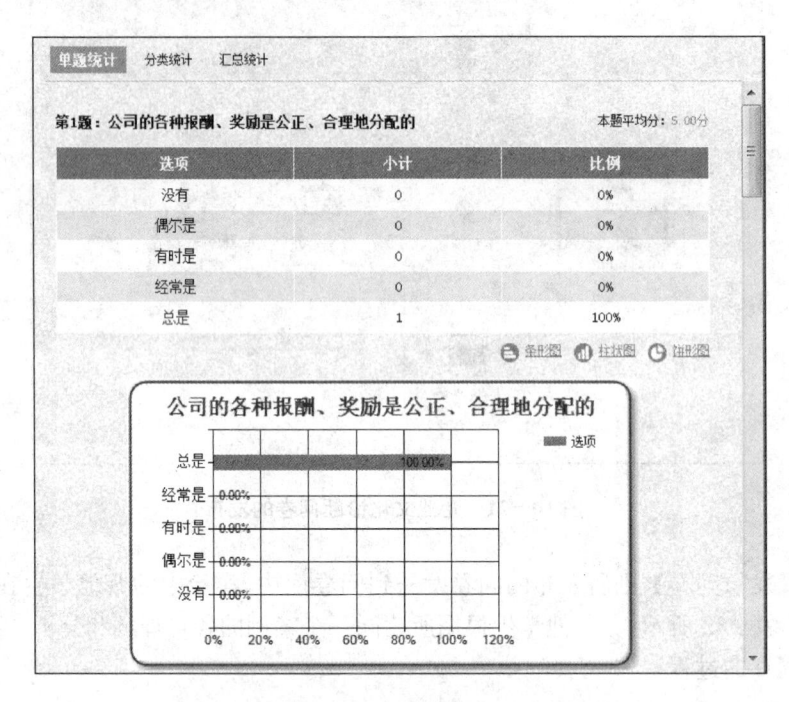

图10—23 企业文化诊断问卷的单题统计

(8)点击【分类统计】,可查看同一指标下各个问题的答题情况。

(9)选择"汇总统计",查看问卷汇总统计表。学生也可下载统计报告进行查看。

(10)用户也可下载答卷数据,使用Excel或SPSS等统计工具对问卷进行二次统计。

三、企业文化决策实验操作

(一)企业文化存在问题分析

点击【对策措施】,选择【存在问题】,根据调查数据和图表,分析该企业的企业文化所存在的问题,填写案例中企业存在的问题(如图10—24所示)。

(二)企业文化对策措施分析

点击【对策措施】,选择【对策措施】,根据调查数据和图表,分析出该企业的企业文化所存在的问题,填写案例中企业文化建设的对策措施,完成后点击【保存】(如图10—25所示)。

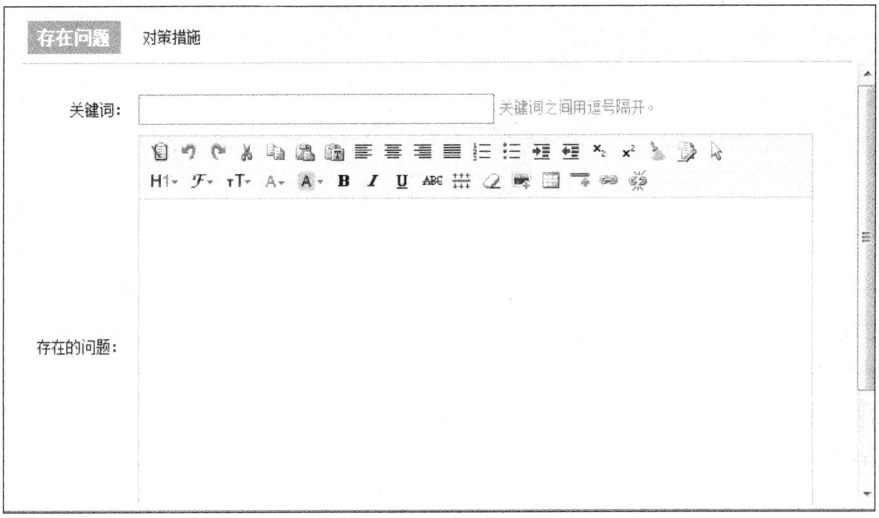

图 10－24　企业文化诊断存在的问题分析

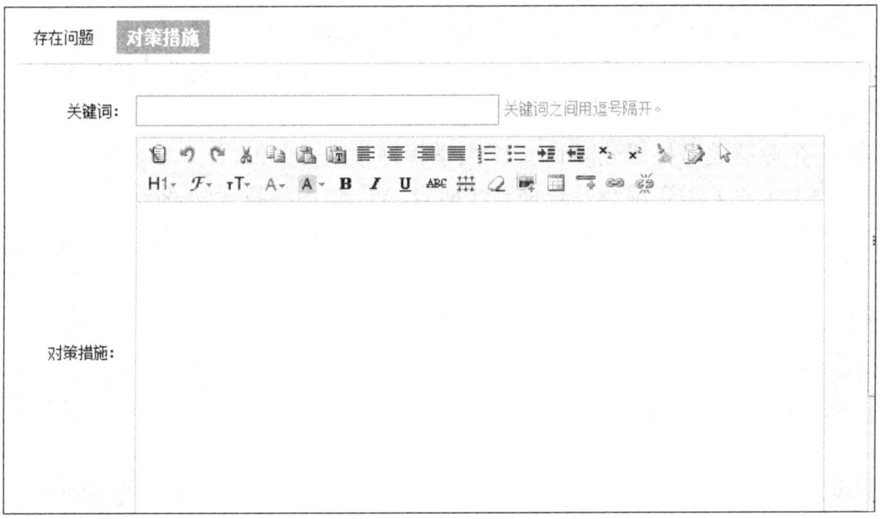

图 10－25　企业文化诊断对策措施分析

参考文献

[1]张奇.4C公司内的人力资源信息管理员工作分析研究[M].首都经济贸易大学,2014.
[2]彭靖.JQ电缆公司人力资源培训与开发体系优化研究[M].湘潭大学,2014.
[3]申玲美.SY企业绩效考核指标体系设计[M].吉林大学,2013.
[4]张中美.TLT公司员工培训与开发案例研究[M].大连理工大学,2008.
[5]高保东.YH公司招聘方案再设计[M].山东大学,2012.
[6]李健.城市社区卫生机构岗位设置研究[M].华中科技大学,2010.
[7]程瑜蓉.HTC公司人力资源战略管理的研究[M].电子科技大学,2003.
[8]申琳.人才招聘过程中影响因素研究[M].太原科技大学,2014.
[9]徐智华.富士康人力资源管理反思及其启示[M].广东湛江师范学院,2011.
[10]刘珊珊.高新技术企业员工流动管理研究[M].武汉理工大学,2006.
[11]辛海涛.个性化工作分析和工作设计在企业人力资源管理实践中的应用[M].中国海洋大学,2008.
[12]邵芸.企业绩效考核研究[M].天津大学管理学院,2009.
[13]蒋立伟.企业人力资源绩效管理系统研究[M].华中科技大学,2008.
[14]李明徽.房地产公司人力资源战略管理研究——以H公司为例[M].西南财经大学,2010.
[15]刘大平.国有企业管理人员培训体系优化设计[M].北京交通大学,2009.
[16]王飞.海尔长春分公司薪酬管理体系优化设计研究[M].吉林大学,2014.
[17]卢真.海关人力资源内部流动管理现状、问题与对策研究[M].天津大学管理学院,2006.
[18]陈斌.基于工作分析的图书馆岗位描述[M].武汉大学信息管理学院,2006.
[19]张曙.基于工作分析的养老护理员人力资源配置研究[M].杭州师范大学,2013.
[20]颜志华.基于绩效管理流程的企业绩效沟通研究[M].厦门大学,2006.
[21]吴茂林.绩效沟通才是绩效管理的关键[M].上海财经大学,2007.
[22]陈强,张丽平.绩效沟通中的反馈技巧[M].重庆科技学院管理学院,2006.
[23]张惠曼.绩效管理——与员工进行持续有效的绩效沟通[M].中国人民大学商学院,2004.
[24]高容.旅游企业人力资源流动性研究[M].湘潭大学,2003.
[25]杨哲.绿洲公司基于绩效考核的薪酬管理优化研究[M].燕山大学,2014.
[26]赵赫男.美乐家公司员工绩效管理案例研究[M].大连理工大学,2014.
[27]吴畏.普通高校学校体育绩效管理研究[M].河北师范大学,2010.
[28]胡薪,陈炳良,陈智斌.人力资源管理咨询方案[M].广东经济出版社,2008.
[29]王国基.白银绿色农业示范园人力资源诊断报告[D].兰州大学,2013.

[30]孟超.西蒙决策理论研究[D].西北大学,2007.

[31]陆继环.决策支持系统在物业服务企业人力资源管理中的研究[D].北京林业大学,2011.

[32]李之芳.人力资源管理系统中决策支持功能的设计与实现[D].暨南大学,2009.

[33]王晖.项目管理理论与方法体系研究[D].昆明理工大学,2004.

[34]王勇.管理咨询项目业主项目管理框架模型研究及应用[D].南京理工大学,2008.

[35]林伟伟.企业人力资源管理诊断的方法与技术研究[D].山东大学,2006.

[36]王薇.基于企业战略的人力资源战略选择研究[D].吉林大学,2011.

[37]戴晓峰.企业战略人力资源管理目标及过程控制研究[D].中国社会科学院研究生院,2013.

[38]张宝.用户研究中的背景资料分析与问卷调查方法[D].武汉理工大学,2009.

[39]仲家烨.项目管理理论方法及应用[D].天津大学,2006.

[40]周永军.项目管理现状与发展研究[D].东北师范大学,2006.

[41]嵇安奕.项目人力资源管理的实施研究[D].中国海洋大学,2009.

[42]李进.项目管理模式在企业人力资源管理方面的应用研究[D].河北工业大学,2005.

[43]王黎.咨询项目生命期管理研究[D].吉林大学,2011.

[44]宋煊.委托方咨询项目质量管理研究[D].北京邮电大学,2009.

[45]杨威.访谈法分析[J].齐齐哈尔大学学报,2001(7).

[46]张茂霞.论培训在人力资源管理环节中的重要作用[J].现代商贸工业,2010(18).

[47]蒋文艳,周颖.论培训与开发系统在人力资源管理中的现代商贸工业地位[J].中国市场,2011(40).

[48]宋玉.关于医院人力资源薪酬管理的几点思考[J].时代金融,2014.

[49]刘平,杨玉武,高映红.传统的绩效考评与系统的绩效管理[J].重庆商学院学报,2002.11.

[50]赵曙明.人力资源管理理论研究新进展评析与未来展望[J].外国经济与管理,2011.1.

[51]努尔古丽,卡地尔.企业岗位说明书的编写流程分析[J].经济论丛.

[52]侯良平,苗举.企业绩效管理中的绩效沟通问题及相关对策[J].重庆大学贸易与行政学院.

[53]范新灵.简析旅游企业人力资源管理的流动性及其管理对策[J].沿海企业与科技,2008(12).

[54]王从曼.教学案例分析[J].河北经贸大学学报.2003(4).

[55]修云.企业战略下的人员培训开发战略[J].合作经济与科技,2008.3.

[56]于苗,孔燕.企业战略与培训需求[J].华东经济管理,2001.6.

[57]刘慧.浅谈培训与开发在人力资源管理中的重要作用[J].科学之友,2012.3.

[58]宋昊,杜清玲.浅析绩效考核中的绩效反馈[J].企业家天地.2007.3.

[59]王青.浅析培训在人力资源管理中的重要作用[J].管理观察,2013.9.

[60]纪建伟.浅析人力资源绩效管理问题及其对策[J].科技与企业,2012.3.

[61]陈永忠,陈婷玮,戴雅萍.浅议人力资源管理中的工作分析和设计[J].经济研究导刊,2012(19).

[62]张艳霞.人才流动与人才流失的区别及对组织的影响[J].北京工业职业技术学院学

报,2006.7.

[63]张仕廉,黄慨,王俊才.论绩效反馈在激励下属中的影响[J].重庆建筑大学学报,2000.4(2).

[64]朱兰.人力资源测评在企业中的应用[J].中国管理信息化,2015.3.

[65]陈立坤.人力资源工作分析理论在铁路企业的运用[J].理论学习与探索,2014.2.

[66]李丹,寻延年,雷小霞.工作分析在企业人力资源管理中的一次成功实践.株洲时代新材料科技股份有限公司,2014.2.

[67]白洁,白晓宁.电力企业人力资源薪酬管理的创新路径.国网甘肃省电力公司张掖供电公司,2015.